新时代资源循环科学与工程专业重点规划教材

矿产资源循环利用与新材料

张以河　主编

中国建材工业出版社

图书在版编目（CIP）数据

矿产资源循环利用与新材料 / 张以河主编. －北京：中国建材工业出版社，2023.8
ISBN 978-7-5160-3707-2

Ⅰ. ①矿… Ⅱ. ①张… Ⅲ. ①矿产资源－资源利用－研究－中国 Ⅳ. ①F426.133

中国国家版本馆 CIP 数据核字（2023）第 007440 号

内容简介

本书主要介绍矿产资源循环利用与新材料的相关内容，共7章，包括矿产资源的定义、分类、储量和分布，以及各类矿产资源的循环或综合利用与新材料开发等。全书内容丰富，每章开头均设置教学要求、教学重点、教学难点，每章结尾设置思政小结，深入挖掘课程思政元素并有机融入教材中。

本书可作为资源循环科学与工程、材料科学与工程、复合材料、高分子材料与工程、无机非金属材料、金属材料、材料化学、材料物理、应用化学、矿物加工工程、建筑材料、土木工程材料、资源与环境、环境工程等等相关专业的本科生教材及研究生参考教材，也可供相关领域的科研工作者、教师、工程设计人员、企业经营管理与技术人员参考和借鉴。

矿产资源循环利用与新材料
KUANGCHAN ZIYUAN XUNHUAN LIYONG YU XINCAILIAO
张以河　主编

出版发行：中国建材工业出版社
地　　址：北京市海淀区三里河路 11 号
邮　　编：100831
经　　销：全国各地新华书店
印　　刷：北京雁林吉兆印刷有限公司
开　　本：787mm×1092mm　1/16
印　　张：17.75
字　　数：400千字
版　　次：2023 年 8 月第 1 版
印　　次：2023 年 8 月第 1 次
定　　价：69.80 元

本社网址：www.jccbs.com，微信公众号：zgjcgycbs
请选用正版图书，采购、销售盗版图书属违法行为
版权专有，盗版必究。 本社法律顾问：北京天驰君泰律师事务所，张杰律师
举报信箱：zhangjie@tiantailaw.com　举报电话：(010)57811389
本书如有印装质量问题，由我社市场营销部负责调换，联系电话：(010)57811386

《新时代资源循环科学与工程专业重点规划教材》编审委员会

顾　　　问：金　涌（中国工程院院士）

余艾冰（中国工程院外籍院士）

主任委员：李　辉（西安建筑科技大学材料科学与工程学院院长）

委　　　员：（按姓氏笔画排序）

王栋民［中国矿业大学（北京）化学与环境工程学院教授］

田文杰（洛阳理工学院环境工程与化学学院院长）

仝玉萍（华北水利水电大学材料学院院长）

朱书景（湖北大学资源环境学院教授）

刘明宝（商洛学院化学工程与现代材料学院资源循环工程系主任）

刘晓明（北京科技大学冶金与生态工程学院副院长）

李　明（武汉纺织大学化学与化工学院教授）

李贞玉（长春工业大学化学工程学院副院长）

李灿华（安徽工业大学冶金工程学院教授）

张以河［俄罗斯工程院、俄罗斯自然科学院外籍院士，中国地质大学（北京）材料科学与工程学院二级教授］

林春香（福州大学环境与安全工程学院教授）

周文广（南昌大学资源与环境学院资源循环科学与工程系主任）

钱庆荣（福建师范大学环境与资源学院、碳中和现代产业学院院长）

《矿产资源循环利用与新材料》编写委员会

主　　编：张以河

编　　委：（按姓氏笔画排序）

　　　　　王　珂　　王　琦　　王栋民　　王新珂　　吕国诚

　　　　　刘晓明　　孙　黎　　佟望舒　　张　娜　　周　熠

　　　　　赵增迎　　郝向阳　　黄洪伟

参编院校：中国地质大学（北京）

　　　　　北京科技大学

　　　　　中国矿业大学（北京）

序一

在"十四五"时期，我国进入新发展阶段。要实现更高质量、更有效率、更加公平、更可持续、更为安全的发展，离不开循环经济的支撑。循环经济要求物尽其用、综合利用、循环利用，"以少产多"，以更少的能源资源消耗和污染物排放，获得更多、更高附加值和更具可持续性的产品和服务，其核心本质是提高资源利用效率。

发展循环经济，将循环经济理念贯彻到资源开采加工、产品生产制造、商品流通消费、废物循环处置的各环节，达到"节流"与"开源"并重，全面提高资源利用效率，是缓解经济增长与资源环境矛盾、破解资源硬约束的根本出路，是保障国家资源安全、助力"双碳"目标实现的重要选择。

当前我国制造业占世界的 20%~30%，是世界上最大的工业制造国。即便到了 2060 年，我国仍然要保持全球制造业第一大国的地位。发展循环经济，提升资源利用效率是必须做而且必须做好的一件大事。因此，国家专门制定《"十四五"循环经济发展规划》，明确提出，到 2025 年资源循环型产业体系基本建立，覆盖全社会的资源循环利用体系基本建成，资源利用效率大幅提高，再生资源对原生资源的替代比例进一步提高，循环经济对资源安全的支撑保障作用进一步显现。

要实现这样的目标，关键在于人才培养，尤其需要高等院校技术人才。从 2010 年开始，教育部在一些重点院校批准设立了新兴交叉学科——资源循环科学与工程专业，以满足国家和社会对资源循环方面高素质人才的迫切需求。我们欣喜地看到，新专业开设 10 余年后，在业界各方的努力下，契合行业高等教育需求的《新时代资源循环科学与工程专业重点规划教材》即将面世。

教材编写团队牢牢掌握培养能在资源循环科学与工程领域从事科学研究、工程技术开发、工艺流程设计、产业经营管理和政策咨询等方面工作的创新型、应用型高级专门人才这一定位，实现了对材料科学、环境科学、经济、管理等诸多学科的交叉与融合，系统集成了资源循环科学与工程领域的基础理论和专业知识、发展动态和学科前沿；厘清了资源—产品—再生资源—产品的多向式资源循环与经济可持续发展规律，突出解决资源综合利用方面科学与工程实际问题的能力培养等。可以说，由中国建材工业出版社组织策划、西安建筑科技大学等多所高校参与编写的这套教材的出版是我国资源循环科学与工程领域的一项重大成果，具有十分积极的意义。

最后，我要重申，加强人才培养、提高科技水平的重要性怎么强调都不过分。破解我国经济发展面临的资源能源匮乏困扰，顺利推动我国从工业化时代转变为信息化时代，从化石燃料时代转变为可再生能源、资源循环利用时代，尤须加强资源循环领域的人才培养与技术创新。

中国工程院院士

序二

大力发展资源循环科学与技术，提高资源综合利用效率，解决资源短缺和环境污染突出问题，是可持续发展战略的重要内容，对于推进各类资源节约集约利用，加快构建废弃物循环利用体系，推动经济社会绿色低碳化发展，形成绿色低碳的生产、生活方式具有重要意义。

发展资源循环科学与技术，人才是关键。教育是培养相关科技人才，为资源循环事业源源不断提供高层次人才和后备力量的"百年大计"，必须给予足够的重视。我们欣喜地看到，经过10余年的建设与发展，目前国内已有30余所高校开设了资源循环科学与工程专业。为解决专业人才培养教材缺乏的问题，中国建材工业出版社与西安建筑科技大学等单位共同策划了《新时代资源循环科学与工程专业重点规划教材》系列丛书。丛书的出版将有效弥补行业专业教材不足的短板，可以更好地培养资源循环相关产业人才。

该丛书的编写基于资源循环与经济可持续发展规律，贯彻落实国家大政方针，聚焦培养具备科学研究、工程技术开发、工艺流程设计、产业经营管理和政策咨询方面能力的创新型、应用型高级专门人才这一目标，全面介绍了资源循环科学与工程领域的基础理论与技术，并跟踪学科发展动态与前沿，努力实现材料科学、环境科学、经济、管理等诸多学科内容的交叉与融合。

优质教材建设对于支撑人才培养、学科专业和行业发展、企业管理及科学技术进步都具有重要作用。资源循环科学与工程专业尚处于发展阶段，专业人才队伍急需壮大，相关产业发展方兴未艾，《新时代资源循环科学与工程专业重点规划教材》系列丛书的出版正当其时。期待该丛书早日出版，以更好助力资源循环科学与工程专业人才培养。

中国工程院外籍院士

丛书前言

推进资源循环利用是生态文明建设的重要举措。2005年，国务院出台加快发展循环经济的若干意见，提出大力发展循环经济，建设资源节约型和环境友好型社会。2010年，为了满足国家节能环保产业对资源循环利用领域高素质人才的迫切需求，教育部专门设立资源循环科学与工程专业，并将其定位为战略性新兴产业专业。资源循环科学与工程专业涉及材料科学与工程、化学工程、环境科学与工程、经济、管理等诸多学科的交叉与融合。

2020年以来，随着"双碳"目标的确立，资源循环利用的重要作用更加显现，推动资源循环利用对减少碳排放有重要作用已成为全球广泛共识。国家《"十四五"循环经济发展规划》指出，发展循环经济是我国社会经济发展的一项重大战略。大力发展循环经济，推进资源节约集约利用，构建资源循环型产业体系和废旧物资循环利用体系，对保障国家资源安全，推动实现碳达峰碳中和，促进生态文明建设具有重大意义。

经过10余年的发展，目前全国有30余所高校设立资源循环科学与工程专业，专业办学特色各不相同，总体可以分为三类：立足材料领域开展专业建设、立足化工领域开展专业建设和立足环境领域开展专业建设。办学特色不同，在满足专业建设标准的基础上，各高校对该专业教材的需求也必然存在一定的差异。

为适应这一重大需求变化，更好满足我国发展对相关专业人才的需求，中国建材工业出版社与西安建筑科技大学共同策划了以材料学科与环境学科交叉融合为特色的《新时代资源循环科学与工程专业重点规划教材》。丛书由西安建筑科技大学、中国矿业大学（北京）、中国地质大学（北京）、北京科技大学、安徽工业大学、福建师范大学、华北水利水电大学、湖北大学、商洛学院、武汉纺织大学、南昌大学、福州大学、长春工业大学、洛阳理工学院等十多所院校的众多专家共同完成编写。

本丛书定位为高校专业教材，针对"双碳"目标实现和全面推行循环型生产方式、提升资源利用效率对资源综合利用专业人才的需求，服务于高校相关专业人才培养；旨在培养熟悉资源循环与经济可持续发展规律，充分掌握相关技术原理、工艺装备、环境理论，了解行业领域发展动态和学科前沿，具有创新意识和解决资源综合利用方面科学与工程实际问题能力的创新型、应用型高级专门人才；同时，为保障国家资源安全、推进"双碳"目标落实、构建多层次资源高效循环利用体系、促进生态文明建设提供智力支撑。

在教材编写过程中，我们力争紧贴时代发展步伐，及时体现学科和行业发展的新成果；教材内容聚焦重点、难点、热点问题，启发学生积极思考，培养学生自主学习能力；为适应传统教育和信息化教学融合，我们基于纸质教材，将相关视频资料、彩色图片、拓展知识以二维码形式体现在书中恰当位置，实现传统教材向立体化教学素材的转变；另外，书中每章后面还设置了思政小结，将课程思政元素有机融入教材中，以达到

"春风化雨,润物无声"的育人效果。

丛书出版之际,我谨代表丛书编委会向为此付出辛勤劳动的作者、编委会委员和出版社的同仁们表示感谢。

西安建筑科技大学
材料科学与工程学院院长
李辉

本书前言

矿产资源作为重要的自然资源，是社会发展所需各类材料的重要物质基础和主要来源，广泛应用于国民经济的各个领域。随着矿产资源的不断开发、消耗和利用，矿产资源循环利用与新材料是现代化建设的必经之路，新时代"双碳"目标为促进矿产资源循环利用与新材料技术发展提供了良好契机。为了服务有关专业的人才培养目标，我们在认真学习贯彻习近平总书记关于教材建设的重要指示批示精神的基础上，依据《中华人民共和国国民经济和社会发展第十四个五年规划和2035年远景目标纲要》组织编写此教材，以实施教材精品战略为指导，紧跟国际学术前沿和新时代发展步伐，围绕新时代"资源循环科学与工程"学科建设和专业发展的要求，服务国家战略和经济社会发展对矿产资源循环利用与新材料领域的专业人才培养需求。编写组汇聚国内"双一流"高校有关矿产资源与新材料领域的优秀师资力量，发挥各自专业优势，聚焦金属矿产、非金属矿产、煤炭与石油天然气矿产等主要矿产资源领域，从矿产资源储量和分布、资源高效综合利用、资源循环再利用、新材料产品开发与加工等多个维度展开介绍。

随着生态文明建设的不断深入，开发利用矿产资源的同时，践行绿水青山就是金山银山的发展理念已成为共识。针对日益短缺的矿产资源，在满足社会发展对各种新材料需求的同时，急需重视和发展矿产资源循环利用与新材料的科技水平。有鉴于此，为了促进该领域的科学技术发展与专业知识普及，方便读者较全面地学习矿产资源循环利用与新材料的相关专业基础知识，我们组织编写了本书。

本书系统介绍了矿产资源循环利用与新材料的相关内容。全书包括7章内容，首先概述矿产资源的定义和分类、全球矿产资源储量和分布、"双碳"目标下矿产资源循环利用的发展机遇与意义、矿产资源循环利用与新材料的技术途径和共性问题；然后介绍国内外矿产资源循环利用概况，包括金属矿产、非金属矿产和能源矿产。在此基础上，对金属矿产、硅酸盐矿物矿产、其他非金属矿产、煤炭矿产、石油天然气矿产等子领域的矿产资源循环利用和新材料应用进行了分类介绍。本书内容丰富，参考文献翔实，每章开头均设置教学要求、教学重点和教学难点，每章结尾设置思政小结，深入挖掘课程思政元素并有机融入教材中，实现"润物细无声"的立德育人效果，面向国家战略需求、国际学术前沿和经济社会发展，提升资源循环利用科学与工程及新材料领域的专业人才培养质量。

本书由张以河主编，主持制定总体方案和编写大纲，统稿并编写部分章节，组织中国地质大学（北京）、北京科技大学、中国矿业大学（北京）等"双一流"高校中具有一线教学、科研经验丰富的教师等专业人员参加部分章节编写。各章节编写分工如下：张以河（第1章，第3章3.2节，第4章4.6、4.7节，第5章5.2、5.5节）、刘晓明（第2章2.1节，第3章3.5、3.9、3.10节）、张娜（第2章2.2节，第3章3.1~3.4节，第5章5.6、5.7、5.10、5.12节）、王栋民、房奎圳、孙睿（第2章2.3节，第6

章)、王琦(第 3 章 3.6、3.12、3.13 节,第 5 章 5.3、5.4 节)、周熠(第 4 章 4.1、4.2、4.4、4.11 节)、孙黎(第 3 章 3.7、3.8 节)、黄洪伟(第 3 章 3.11 节,第 4 章 4.7、4.8 节)、佟望舒(第 4 章 4.3、4.5 节)、吕国诚(第 4 章 4.9、4.10 节)、王珂(第 5 章 5.1 节)、王新珂(第 5 章 5.8 节)、郝向阳(第 5 章 5.9 节,第 7 章 7.1~7.6 节)、赵增迎(第 5 章 5.11 节,第 7 章 7.7 节)。另外,张佳乐、张有鹏、王祎迪、高路、王莹、肖辉腾、卢平、张帅、夏若芸、王宇、张未、刘新月、薛阳、魏超、武鹏飞、李彦天、曾庆森、马善亮、谢志清、郭松、王慧敏、谷佳睿、王令超、高坨悦、陈俊林、杨晓彤、魏长辛、钱玺、陶花语、张丁屹、王雪梅、张潇、李红芬等同学参与了部分资料收集、书稿格式修改和校对工作。

资源循环科学与工程是一门年轻且充满活力和发展潜力的学科,《矿产资源循环利用与新材料》的编写符合新时代"双碳"目标发展需求。由于篇幅所限,本书涉及的矿产资源、矿物及新材料种类繁多,无法深入阐述各类矿产资源循环或综合利用制备新材料的相关内容;加之矿产资源综合利用与新材料应用领域广泛,还在不断地探索和发展中,有关文献浩如烟海,难以收集完全。因此,书中难免存在疏漏、不妥之处,敬请读者不吝指正。

本书的出版得到了中国地质大学(北京)"双一流"建设经费、发展规划与学科建设处学科建设经费的资助,在编写过程中除了引用各位作者自己的科研成果外,还参阅、引用了其他大量文献,在此谨向资助单位和所引用文献的作者表示衷心的感谢。

编　者
2023 年 3 月

目录

1 绪论 ··· 1
   1.1 矿产资源的定义和分类 ·· 1
   1.2 全球矿产资源储量和分布 ··· 3
   1.3 "双碳"目标下矿产资源循环利用发展机遇与意义 ············· 5
   1.4 矿产资源循环利用与新材料的技术途径和共性问题 ············ 8
   思政小结 ·· 9
   思考题 ··· 9

2 国内外矿产资源循环利用概况 ··· 10
   2.1 国内外金属矿产资源循环利用概况 ································ 10
   2.2 国内外非金属矿产资源循环利用概况 ···························· 18
   2.3 国内外能源矿产资源循环利用概况 ································ 24
   思政小结 ·· 33
   思考题 ··· 33

3 金属矿产资源循环利用与新材料 ·· 34
   3.1 铁矿产资源循环利用与新材料 ······································ 34
   3.2 铝土矿产资源循环利用与新材料 ··································· 36
   3.3 铜矿产资源循环利用与新材料 ······································ 40
   3.4 镁矿产资源循环利用与新材料 ······································ 44
   3.5 钒钛矿产资源循环利用与新材料 ··································· 49
   3.6 金银矿产资源循环利用与新材料 ··································· 54
   3.7 锂矿产资源循环利用与新材料 ······································ 56
   3.8 钴镍矿产资源循环利用与新材料 ··································· 58
   3.9 铅锌矿产资源循环利用与新材料 ··································· 60
   3.10 锰矿产资源循环利用与新材料 ···································· 64
   3.11 铋矿产资源循环利用与新材料 ···································· 68
   3.12 稀土矿产资源循环利用与新材料 ································· 72
   3.13 深海矿产资源循环利用与新材料 ································· 76
   思政小结 ·· 77
   思考题 ··· 78

4 硅酸盐矿物矿产资源综合利用与新材料 ······························· 79
   4.1 石英矿产资源综合利用与新材料 ··································· 79

  4.2 膨润土矿产资源综合利用与新材料 ………………………………… 83
  4.3 凹凸棒石矿产资源综合利用与新材料 ……………………………… 88
  4.4 高岭石矿产资源综合利用与新材料 ………………………………… 93
  4.5 云母矿产资源综合利用与新材料 …………………………………… 98
  4.6 伊利石矿产资源综合利用与新材料 ………………………………… 102
  4.7 电气石矿产资源综合利用与新材料 ………………………………… 106
  4.8 埃洛石矿产资源综合利用与新材料 ………………………………… 112
  4.9 蛭石矿产资源综合利用与新材料 …………………………………… 115
  4.10 珍珠岩矿产资源综合利用与新材料 ……………………………… 120
  4.11 沸石矿产资源综合利用与新材料 ………………………………… 123
  思政小结 …………………………………………………………………… 128
  思考题 ……………………………………………………………………… 128

5 其他非金属矿产资源综合利用与新材料 ………………………………… **129**
  5.1 石墨矿产资源综合利用与新材料 …………………………………… 129
  5.2 硅藻土矿产资源综合利用与新材料 ………………………………… 136
  5.3 萤石矿产资源综合利用与新材料 …………………………………… 139
  5.4 钾钠长石矿产资源综合利用与新材料 ……………………………… 145
  5.5 重晶石矿产资源综合利用与新材料 ………………………………… 151
  5.6 水镁石/菱镁矿产资源综合利用与新材料 ………………………… 156
  5.7 大理石矿产资源综合利用与新材料 ………………………………… 160
  5.8 花岗岩矿产资源综合利用与新材料 ………………………………… 166
  5.9 石灰石矿产资源综合利用与新材料 ………………………………… 169
  5.10 玄武岩矿产资源综合利用与新材料 ……………………………… 174
  5.11 盐湖矿产资源综合利用与新材料 ………………………………… 178
  5.12 磷矿产资源综合利用与新材料 …………………………………… 181
  思政小结 …………………………………………………………………… 189
  思考题 ……………………………………………………………………… 189

6 煤炭矿产资源循环利用与新材料 ………………………………………… **191**
  6.1 煤炭矿产资源分类、储量和分布 …………………………………… 191
  6.2 采煤过程资源循环利用与新材料 …………………………………… 195
  6.3 燃煤过程资源循环利用与新材料 …………………………………… 203
  6.4 煤化工资源循环利用与新材料 ……………………………………… 216
  思政小结 …………………………………………………………………… 223
  思考题 ……………………………………………………………………… 223

7 石油天然气矿产资源循环利用与新材料 ………………………………… **225**
  7.1 石油天然气能源矿产资源分类、储量和分布 ……………………… 225
  7.2 废塑料资源循环利用与新材料 ……………………………………… 227

7.3 废橡胶资源循环利用与新材料 241
7.4 废纤维资源循环利用与新材料 248
7.5 废涂料资源循环利用与新材料 254
7.6 其他有机化工资源循环利用与新材料 256
7.7 油页岩矿产资源循环利用与新材料 257
思政小结 258
思考题 259

参考文献 260

1 绪 论

教学目标

教学要求：掌握矿产资源的定义和分类，了解国内外矿产资源的储量和分布，对矿产资源有完整和系统的认知。明确在"双碳"（"碳达峰""碳中和"）目标下，许多重要矿产资源特别是战略性矿产开发利用迎来前所未有的发展机遇，同时也面临着诸多困难与挑战。

教学重点：深入理解矿产资源与材料产业之间的关系，明确"双碳"目标下综合考虑矿产资源与材料开发产业科学发展的必要性与紧迫性。妥善处理高能耗矿产原料、产业附加值低的初级冶炼和加工制造产业发展格局与资源循环利用之间的关系。

教学难点：矿产资源循环利用与新材料研发共性问题的提炼与挖掘。

1.1 矿产资源的定义和分类

1.1.1 矿产资源的定义

矿产资源是指由地质作用形成的，具有利用价值的，呈固态、液态、气态的自然资源。地质作用通常会创造高温、高压等极端环境，在这样的环境下，固态岩石将发生成分、结构、构造的变化形成矿石。而被地壳封存的有机质也会在地质作用下转变为固态的煤炭或气态的天然气。矿产资源形成的周期相当长，且难以复制形成时的物理、化学环境，因此从人类的角度来看矿产资源是不可再生的珍贵资源。

自工业革命之后，人们大肆开采煤炭等化石能源，其中有很大一部分又被用于矿物的冶炼。经过百年来的发展，人们早已消耗了大量的矿产资源，并意识到这一资源的珍贵性不仅在于其对工业发展具有无可替代的巨大价值，还在于其有限的储量。储量本身虽然客观上依赖于地质作用，但由于技术方面的限制，实际可开采并使用的矿产资源十分有限，仍需要继续寻找更多的矿产资源。由于地质作用的特点导致矿产资源在各国的分布情况是不同的，甚至一些矿物因形成条件不同而导致品位差异巨大，因此可将矿产资源总结为以下4个特点：隐蔽性、耗竭性、分布不均衡性及可变化性。

（1）隐蔽性

矿产资源绝大部分隐伏在地面以下，不可能全面揭露，控制成矿的地质条件极为复杂，而且互不相同，所以无论多么详细的地质勘察，都只能求得相对准确的结果，即相对准确性。因此对它们的寻找、勘探以及进行矿山基建和生产准备工作等，都具有一定的风险。

(2) 耗竭性

矿产资源是亿万年地质历史的产物，在短暂的人类历史中不可能再生，在一定的技术经济条件下，它们总是有限的。因此，矿产资源迟早会被人们开发而最终枯竭。这就要求我们加强对已有矿产资源的合理开发利用和保护，讲求矿产资源利用率。

(3) 分布不均衡性

由于成矿地质作用的复杂性和特殊性，致使许多矿产资源在地壳中的分布有局部集中的现象。据统计，世界上29种金属矿产中的19种，其3/4的储量集中在少数几个国家，国外石油剩余储量的60%集中在中东地区。矿产资源这种地理分布的不均衡性，以及需求的差异，导致地区或国际贸易的必然性。

(4) 可变化性

矿产资源具有可变化性，它的内涵和外延取决于人类对自然界的认识和利用的深度及广度。例如人类从利用第一块"石头"开始，到现在可利用140余种矿产资源，就是这一可变化性的体现。同时，随着地质勘察工作的不断深入和科学技术的不断发展，人们综合利用矿产资源的能力不断提高，被利用的矿产资源品种会不断增加，这也说明矿产资源具有可变化性。

矿石中那些可被利用的矿物称为矿产资源。随着工业技术的不断发展，人们逐渐意识到尾矿同样具有利用价值，因此矿物的范畴还在不断地扩大。除了尽可能地利用尾矿外，将废弃的工业产品进行资源化的回收与再利用也是如今的重要课题。这种具有可资源化利用价值的废物也被称为工业矿物。尽管这种矿物不再属于我们所讨论的矿产资源的范畴，但是这种对珍贵资源重复利用的方法大大改善了因矿产资源有限而导致的诸多限制。

1.1.2 矿产资源分类

矿产资源有4种分类方式：①根据矿产的成因与形成条件，分为内生矿产、外生矿产和变质矿产；②根据矿产的物质组成与结构特点，分为无机矿产和有机矿产；③根据矿产的产出状态，分为固体矿产、液体矿产和气体矿产；④根据矿产特性及其主要用途，分为能源矿产、金属矿产、非金属矿产和水气矿产。其中第四种分类方式更为常见。

能源矿产包括煤、石油、天然气、天然沥青、铀、钍、地热等。除化石能源外，还包括核能以及地热能等其他的能源形式所必需的能量来源。化石能源的成分以碳元素为主，同时富集了多种金属、非金属元素。因此针对能源矿产的利用也不仅仅只是获取能源，还会利用其物理、化学性质的特点在化学工业领域实现多种现代工业产品的生产、加工。

金属矿产包括铁、铜、金、铌、镧、钪等。更细致的分类可根据金属的性质分为黑色金属矿产、有色金属矿产、轻金属矿产、贵金属矿产、稀有金属矿产、稀土金属矿产、分散元素矿产。金属矿产需要提取矿物中对应的金属元素，根据形成条件不同还存在伴生的矿物。金属矿产除提纯金属单质，生产合金，生产金属氧化物、氯化物等工业产品外，还会留下含有复杂成分的废液、废渣。针对这些副产物的资源化利用同样是重要的研究课题。

非金属矿产包括金刚石、刚玉、硅灰石、沸石、芒硝、重晶石、萤石、宝石、玉石、石灰岩、天然石英砂、硅藻土、页岩、玄武岩、火山灰、泥炭、镁盐等。非金属矿产的用途广泛，可据此分为机械加工工业非金属矿产、仪器仪表工业非金属矿产、电气工业非金属矿产、化学工业非金属矿产、硅酸盐工业非金属矿产、天然石材工业非金属矿产及美术工艺矿产。非金属矿产资源的价值、储量等跨度极大，一些储量较大的非金属矿物常被用于替代那些储量较小的珍贵矿产资源。

水气矿产包括矿泉水、地下水、二氧化碳气等。水资源本身并非矿产，其含有的水溶性金属、非金属成分是研究的重点。由于这些元素存在于液相、气相中，导致其浓度较低，或被固定在岩石中，导致提取时常常连同介质一同取出，因此此类资源无关储量也会受到开采方面的诸多限制。

1.2 全球矿产资源储量和分布

1.2.1 世界矿产资源储量与分布

矿产对全球来说是极为重要的战略资源，是世界各国博弈的焦点。在能源矿产中，石油的分布从总体上来看极端不平衡：从东西半球来看，约 3/4 的石油资源集中于东半球，而西半球只占 1/4；从南北半球看，石油资源主要集中于北半球；从纬度分布看，主要集中在北纬 20°～40°和 50°～70°两个纬度带内。全球天然气储量分布相对集中，截至 2018 年年底，全球天然气剩余探明可采储量为 196.9 万亿 m^3，约 72% 分布在中东和独联体国家。探明剩余可采储量前 5 名的国家分别为俄罗斯（38.9 万亿 m^3）、伊朗（31.9 万亿 m^3）、卡塔尔（24.7 万亿 m^3）、土库曼斯坦（19.5 万亿 m^3）和美国（11.9 万亿 m^3），合计占全球探明剩余可采储量的 64.5%。煤炭是目前全球储量最为丰富、分布最为广泛且使用最为经济的能源资源之一，全球近 80 个国家拥有煤炭资源，全球的聚煤盆地超 2900 个。截至 2020 年年底，全球已探明的煤炭储量为 1.07 万亿 t。分地区来看，亚太地区储量占比 42.8%，北美地区占比 23.9%，独联体国家占比 17.8%，欧盟地区占比 7.3%，以上 4 个地区储备合计占比超过 90%。铀矿资源集中于澳大利亚、哈萨克斯坦、加拿大、美国、南非、巴西、纳米比亚等少数国家，占世界铀矿资源的 92%。钍以化合物的形式存在于矿物内（例如独居石和钍石），通常与稀土金属连系在一起，世界各国已探明的独居石储量达几百万吨。随着各国对钍矿的勘探力度的加大，钍的探明储量也在增加。

在西方工业国家中，80% 以上的主要金属和非金属矿产的储量仍分布在美国、加拿大、澳大利亚和南非 4 个国家中。全球铁矿石资源主要集中在澳大利亚、俄罗斯、巴西、中国等地，4 个国家占比超过 70%。世界铜矿资源比较集中地分布于美洲、非洲中部和亚洲北部。世界铝土矿年产量超过 1000 万 t 的有澳大利亚、几内亚和牙买加。此外，铝土矿产量较多的国家还有俄罗斯、巴西、苏里南、圭亚那、委内瑞拉、印度和印度尼西亚等。全球镍矿探明储量大于 500 万 t 的国家有法属新喀里多尼亚、澳大利亚、印度尼西亚、菲律宾、俄罗斯和加拿大等，法属新喀里多尼亚储量占世界探明镍矿总储量超过 25%，居世界之首。锡矿主要分布在东南亚和东亚两大锡矿带，伴生有钨，储量占世界总储量的 60％。俄罗斯、美国、澳大利亚和加拿大等 4 国的铅矿石的年产量均超过 30 万 t，名列世界前茅。世界锰的储量，分布广泛又相对集中，超过 95％的世界锰矿总资源量集中分布在 14 个国家，分别为南非、巴西、乌克兰、澳大利亚、加蓬、中国、印度、加纳、哈萨克斯坦、墨西哥、玻利维亚、格鲁吉亚、保加利亚、俄罗斯，全球大型锰矿床也集中分布在这些国家。储量排名第一的国家是南非，锰矿储量 2.6 亿 t，占全球总储量的 32.02％。全球铬资源分布高度集中在南非、哈萨克斯坦、印度 3 个国家，资源储量占全球的 93％。世界稀土资源主要分布在北美洲、拉丁美洲、欧洲、亚洲、非洲及大洋洲这 6 个大洲，已发现的大、中型稀土矿床集中分布于加拿大、美国、巴西、格陵兰、俄罗斯、印度尼西亚、越南、朝鲜、蒙古国、中国、肯尼亚及澳大利亚等国家和地区。

典型的非金属矿中，根据美国地质勘探局（USGS）资料，2019 年全球石墨储量为 3 亿 t，其中土耳其为 9000 万 t，中国为 7300 万 t，巴西为 7200 万 t，这 3 个国家的合计储量约占全球总储量的 78.33％。高纯石英矿床分布于美国、挪威、澳大利亚、俄罗斯、毛里塔尼亚、中国、加拿大 7 个国家。美国、英国、巴西、印度、保加利亚、澳大利亚、俄罗斯等国家有优质高岭土资源，当前世界已查明高岭土资源量约为 209 亿 t；美国佐治亚州—南卡罗来纳州高岭土矿带是美国最大的高岭土矿床和产区；英国康沃尔地区高岭土矿床为热液蚀变原生矿床，其含铁量很低，具有极好的白度，这些特殊成矿条件使英国生产的高岭土驰名于世。世界上膨润土资源主要分布在中国、美国和俄罗斯，此 3 国探明储量约占世界总储量的 4/5；中国储量居世界首位，占世界总量的 60％。截至 2019 年年底，世界萤石总储备量为 3.1 亿 t，主要分布在墨西哥、中国、南非、蒙古国和西班牙。硅藻土主要分布在美国、中国、阿根廷、秘鲁、丹麦、日本等 122 个国家和地区，但是资源品位和经济价值较高、可直接开发利用的矿床不多。美国是全球硅藻土主要生产国，据统计，2019 年美国硅藻土产量为 98 万 t，占世界总产量的 34％，其次是丹麦、中国、土耳其等国。

1.2.2　中国矿产资源储量与分布

我国矿产资源具有以下 5 方面的特点：矿产资源总量丰富，人均资源相对不足；矿产品种齐全配套，资源丰度不一；矿产质量贫富不均，贫矿多、富矿少；超大型矿床少、中小型矿床多；共生伴生矿多、单矿种矿床少。

截至 2020 年年底，在全国已被发现的 173 种矿产中，包含 13 种能源矿产、59 种金属矿产、95 种非金属矿产以及 6 种水气矿产。已发现的矿产地 64846 处，其中约 57％为小型及以上规模的矿产地。省或自治区中拥有矿产地数量较多的有山东、新疆、云南、贵州、内蒙古等。4 种类型矿产的矿产地占比分别是：金属矿产 44％，非金属矿产 35％，能源矿产 15％，水气矿产 6％。

我国的能源矿产总体特点是"富煤、贫油、少气"。13 种能源矿产分别是石油、天然气、天然气水合物（可燃冰）、页岩气、煤层气、油页岩、油砂、煤、石煤、天然沥青、铀、钍、地热。矿产地主要分布于贵州、山西、新疆、四川、辽宁等地，并以煤为主要矿产，西藏、江苏、台湾、海南、天津则以地热为主。

我国的 59 种金属矿产被分为 6 大类，分别是黑色金属、有色金属、贵金属、稀有金属、稀土金属及分散金属矿产。黑色金属矿产主要分布于新疆、河北、西藏、云南、四川等地；有色金属矿产主要分布于新疆、云南、西藏、广西、四川等地；贵金属矿产主要分布于西藏、新疆、山东、黑龙江、青海等地；稀有金属、稀土金属及分散金属矿产则主要分布于福建、新疆、江西、广东、四川、海南等地。

我国的95种非金属矿产被分为4大类，分别是工业矿物非金属矿产、工业岩石（土）非金属矿产、宝玉石非金属矿产及观赏石非金属矿产。矿产地主要分布于新疆、福建、云南、河北、广西等。其中，工业矿物非金属矿产主要分布于新疆、西藏、浙江、青海、河北等地；工业岩石（土）非金属矿产主要分布于福建、新疆、河北、云南、广西等地；宝玉石非金属矿产主要分布于云南、内蒙古等地；观赏石非金属矿产则主要分布于内蒙古、福建、河北、山东等地。

我国的水气矿产共有6种，分别是地下水、天然矿泉水、氦气、氢气、二氧化碳气、硫化氢气。其中，查明有资源储量的仅有3种，分别是地下水、天然矿泉水、二氧化碳气。其中，地下水主要分布于河南、山东、青岛、内蒙古、陕西等地；天然矿泉水主要分布于山东、吉林、黑龙江、福建等地；二氧化碳气资源主要集中于南海，另外在四川、吉林、黑龙江、江苏、东海等地也有分布。

油气（石油、天然气、煤层气、页岩气）储量参照国家标准《油气矿产资源储量分类》（GB/T 19492—2020），为剩余探明技术可采储量；其他矿产储量参照国家标准《固体矿产资源储量分类》（GB/T 17766—2020）。

1.3 "双碳"目标下矿产资源循环利用发展机遇与意义

1.3.1 "双碳"目标下矿产资源开发利用面临的挑战

一直以来，中国的能源结构对煤的依赖性很强，至今仍以火力发电作为电力的主要来源。"双碳"目标重点在于对能源结构的优化，仅从矿产资源的角度来看，要削弱能源方面对煤、石油、天然气等化石能源的依赖，优化能源结构，加强新能源的充分利用。优化能源结构的阻力主要在于风能、太阳能等对环境的要求较高；尤其是太阳能还涉及成本的问题，这导致太阳能发电很难直接取代原本的发电方式。因此一方面可以优化发电过程的能量利用；另一方面可以优化终端的能量消耗。能量的利用方面应尽量避免用能部门作为终端直接燃煤，例如在我国北方全面推行的"煤改电"等措施可以有效地改善这一问题。

在绿色、低碳发展趋势下，许多重要矿产资源特别是新能源矿产开发利用迎来了前所未有的发展机遇，同时矿业开发也面临诸多挑战与困难。一是矿石工业品位和质量日益下降，优质矿产资源发现减少，高品位矿产资源开采殆尽，从低品位矿石中提取金属需要更多资源和能耗，比如，过去15年中，智利铜矿石的平均工业品位下降了30%，特别是很多稀有金属矿物比较稀散，如硬岩锂、硫化钴等的工业品位只有0.8%~1.2%和0.03%~0.50%，从开采选矿到冶炼加工会产生大量尾矿和废渣。二是矿产勘察开发周期长、难度大、风险高，必然增加矿产品的生产成本和产能供应的不确定性，对其资源风险、技术风险、经营管理风险、环境社会风险、政策风险等分析不全面或不透彻，会造成重大损失和投资失误。三是很多矿山集约化程度不高。到2021年，我国大中型矿山占比提高到30%以上，一些矿山企业通过资源整合扩大了规模，解决了开发周期短、基础设施简陋、资金不足等问题，但很多矿山集约化利用水平仍然不高，市场竞争力弱、升级能力不足，表现在基础设施投资不足、产业链短、行业标准执行难度大、生产运行不规范、融资能力差等方面，跟不上高质量发展步伐。四是矿产资源开采过程可能破坏矿区及周边的生态环境，产生污染，带来周边社区问题等，约束政策不断严苛，生态环境治理和移民搬迁等必然增加环境成本和社会成本。

虽然技术进步带来新能源成本的大幅下降，促进了新能源产业快速成长和飞速发展，但同时也必然使新能源矿产的需求激增。矿产资源开发具有投入大、周期长、风险高等特性，矿产投入成本在新能源技术总成本中的比例将越来越高，影响原材料有效供应的保障和效果。因此，矿业行业必须对标生态文明建设、绿色发展和"双碳"目标要求，紧扣行业发展现状和特点，通过绿色转型推动高质量发展，从粗放浪费到集约高效，构建资源利用效率高、环境友好、能耗低、排放少的高质量发展新模式，推动矿业向高端演进。

此外，当前国际地缘局势高度不稳定，进入新旧秩序调整的动荡期，造成国际能源、大宗商品、关键技术及产品供应链的不稳定；传统发达国家和地区显著提升了国际竞争力度，持续调整其关键产品和技术的供应链战略布局，力求在加强自身供应链稳定性和自主可控性的同时，通过国际调查等方式将其他国家关键矿产及材料的脆弱性作为恶意竞争的"筹码"。在此背景下，我国关键矿产及其材料供应链的安全和稳定成为影响产业发展、经济发展乃至国家安全的重要因素；构建以国内供应为主体、国内国际双循环的矿产及材料产业高质量发展新格局，尤为迫切。

高端材料供应不充分，支撑保障能力不强。例如，我国显示产业规模达到世界首位，但新型显示用材料仍然较多依赖进口；高速铁路列车已成为我国高端制造的"名片"，但牵引电机、变流器所用芯片进口比例较高。我国材料领域的整体创新能力不强，虽然在材料科学基础研究的众多方向取得良好进展，但在重大材料创制及突破方面的贡献与领域体量不成比例。例如铟瓦合金和艾林瓦型合金、半导体材料、富勒烯和石墨烯、光纤、蓝光发光二极管、拓扑相变与拓扑材料等划时代的新型材料，均不是我国科学家首先发现的。我国材料产业的关键基础依然薄弱，关键原辅材料、分析仪器、部分制造装备严重依赖进口；国产装备研发仍然较多采取跟踪、追随模式，多处于原型样机阶段而未开展产业应用，技术引领性不足，面临潜在的知识产权风险。

我国资源及材料的循环利用产业体系尚不健全，回收利用水平远低于传统发达国家和地区。2020年我国钢铁原料中的废钢占比仅为22%，而美国为70%以上、欧盟平均为55%~60%、韩国超过50%、日本为35%以上；我国铝、铜、铅的二次资源供应（"新废"与"旧废"合计）占消费量的比例分别为18%、16%、39%，均明显低于传统发达国家和地区水平，提升空间较大。当前，我国各类废旧产品的回收率普遍不高，如报废汽车回收率仅为0.7%（国际水平为4%~6%），家电、电子产品、废旧电池等的回收率也低于国际水平。此外，我国金属资源循环利用方面的法律与标准体系不健全、规范化水平低，大宗固废（全称为"大宗固体废弃物"，以下均使用简称）产生强度高、利用不充分、综合利用产品附加值低，技术水平及数字化、精细化管理水平亟待提升。

1.3.2 "双碳"目标下矿产资源循环利用发展的机遇

随着"双碳"目标共识的形成,全球能源绿色低碳转型意味着能源系统从燃料密集型向材料密集型转变,这将导致新能源产业所需重要矿产资源呈爆发式增长。毋庸置疑,技术创新突破的速度会超出预期,新能源需要海量矿物,矿产资源将在全球能源转型过程中发挥至关重要的作用。高新技术矿产、新材料矿产和新能源矿产的产业发展模式将使矿产品需求结构发生显著变化,必将带动相应矿产资源消费和需求的高增长,矿业也将迎来前所未有的发展机遇。

比如,新能源体系发展需要使用很多重要矿产资源,电池和储能需要锂、钴、镍、锰、石墨和磷等矿产资源,风力发电涡轮和电动发动机需要稀土等矿产资源,电力传输离不开铜和铝等矿产资源,太阳能板需要铜、硅、银等矿产资源。生产同样的电力,风力发电机对金属矿物的需求是燃料电力的11倍,光伏发电对金属矿物的需求是燃料发电的5倍,一辆电动汽车对金属矿物的需求是燃油汽车的6倍等。另外,新能源发电及基础设施对传统大宗矿产的需求也很大,风力发电和光伏发电每1MW用铜量分别为3~6t和4t,一座百米风电塔筒通常需要钢材260t以上,光伏组件中的钢、铝等用量同样巨大。为实现《巴黎气候协定》全球升温2℃以内的目标,国际能源署(IEA)发布的报告和国际货币基金组织(IMF)预测显示,未来20年与新能源相关的关键矿产需求总量将增加2~4倍,部分矿产需求也将大幅飙升,例如锂的需求量会增加13倍以上,石墨增加8倍以上,钴增加6倍以上,镍增加6倍以上,锰增加3倍以上,稀土增加3倍以上,铜增加2倍以上,钼增加2倍以上,硅增加2倍以上等。这些矿产资源将成为低碳社会的"粮食"或"新石油",新能源矿产的供需缺口必然会成为实现"双碳"目标的瓶颈,这将进一步刺激社会对矿产资源的需求;但未来很多矿产资源供应很有可能难以跟上新能源需求迅速增长的事实,很多重要矿产资源特别是新能源矿产供应紧张已经初露端倪。2020年年底以来,碳酸锂价格上涨超280%,钴价格上涨62%以上,锡价格几乎翻了一番,铝价格连续走高,镍价格反弹攀升,铜价格连续上行并达到历史新高。未来较长的一段时间里,由于供需关系发生了根本性的变化,这些重要金属的价格可能持续走高。同时,全球矿产品生产总量总体呈增长态势,矿业固定资产投资总体继续回升,矿业经济效益总体持续增长,矿业筹集资金和融资额增加,矿产勘探支出上升,特别是一些针对新能源矿产的勘探力度明显加大。

我国正处于工业化和现代化建设进程的关键时期,能源资源是经济社会发展的重要基础和支撑,在我国构建以国内大循环为主体、国内国际双循环的新发展格局之时,矿业行业面临实现"双碳"目标带来的新机遇和新挑战。在应对矿产资源迅速增长的需求与复杂多元的运营环境产生多重负内外部效应时,应坚持系统性思维,统筹经济发展与资源安全,统筹资源开发与环境保护,统筹国内市场与国际市场,打开新的增长空间,获得强劲上涨动能,提高重要矿产资源自主供应能力和产业链供应链的韧性。优秀的矿业公司要在产业链供应链的安全稳定上发挥重要作用,这是责任更是使命。

1.3.3 "双碳"目标下矿产资源全产业链可持续发展的意义

随着我国"双碳"目标的提出，碳达峰、碳中和的实现必将给高耗能和高排放的资源洗选、冶炼加工行业带来深远影响。一方面，需要从长期的视角寻求先立后破的能源结构调整和产能置换路径；另一方面，需要从系统的视角客观评价全产业链的可持续发展的资源需求和绿色保障策略，避免盲目降碳导致牵一发而动全身的系统性风险发生。深入理解实现"双碳"目标的总体要求和实施路径，不仅需要发展所需的矿产资源支撑，更要减小对环境的扰动和降低环境成本。绿色是高质量发展的底色，要高度重视生产方式的绿色转型，必须更好地平衡社会效益、环境效益和经济效益。矿业生产活动不可避免地对环境和社会产生冲击，各国对矿业开发要求和监管日趋严格，政府管理者、生产商和消费者之间要加强协调，必须提高环境、社会和管理标准，促进资源开发、生态保护和社会和谐关系的有序协调，走矿业健康可持续发展之路。

1.4 矿产资源循环利用与新材料的技术途径和共性问题

1.4.1 新材料在矿产资源循环利用中的地位和作用

战略性新兴产业或多或少与非金属矿及其制品有关，尤其是新材料产业中晶质石墨、萤石、叶蜡石、石英及其制品更是起到不可替代的重要支撑作用。当前，在复杂的国际环境下，我国关键矿产与材料产业供应链面临巨大风险。一是我国矿产和原材料整体对外依存度高，缺口仍在不断增大；二是部分国家结成联盟，对我国关键矿产与原材料的海外供应实施围堵和封锁；三是我国优势矿产开发利用水平低，原材料高值化利用程度低，优势矿种的高品质原材料仍然依赖进口，资源优势并未转化为产业优势，在国际分工中处于出口初级产品、进口优质加工产品的不利地位。但目前，我国对非金属矿有关战略资源储备制度尚未建立，资源安全供给保障程度低，我国基础工业原辅材料和高新技术产业关键材料的安全供给存在比较大的风险，循环利用成为保障关键资源供给的有力举措。

1.4.2 矿产资源循环利用制备新材料的技术途径

矿产资源是材料产业的基础，材料产业是矿产资源的下游，将矿产资源与材料产业串联起来，开展跨学科、跨领域战略研究，要严格限制高耗能、高耗矿产原料、产业附加值低的初级冶炼和加工制造产业（如粗钢、煤电铝、初级化工等）的发展规模，改变现有"纺锤形"产业发展格局。应全方位提升国内企业的国际市场竞争力，推进产业整合，引导企业加强自主创新，注重原始创新，鼓励龙头企业延伸产业链条，形成全产业链的控制力和影响力。推动资源产业绿色转型，提升产业绿色发展水平，建设绿色资源型产业，引导企业朝着支撑新能源、新材料、新一代信息技术所需资源方向转型。完善二次资源回收利用体系，优化二次资源回收政策体系，利用信息技术手段构建资源回收利用管理平台，提高钢铁、有色金属、稀贵金属等的二次利用水平。运用产品制造与使用全流程跟踪技术，产品回收、拆解和再利用技术，大幅度提高国内产品中的金属回收利用率，提高废钢、废铜、废铝、废旧电池中锂、钴、镍等金属资源的循环利用量，缓解资源保障安全压力。推动建设一批高环保标准、高技术水准的废弃物综合处置示范基地，加快资源循环利用体系的构建。

1.4.3 矿产资源循环利用与新材料研发共性问题

当前，国际地缘局势高度不稳定，进入新旧秩序调整的动荡期，国际能源、大宗商品、关键技术及产品供应链不稳定，对我国资源和材料产业高质量发展构成严重威胁。从产品产量和产值看，整个矿产及其材料产业集中于冶炼加工产业，而资源端、材料端、回收利用端的占比均较小，导致整个产业链形成"中间大、两头小"的纺锤形发展态势。虽然材料、回收利用产业近年来快速发展，但因过去"世界加工厂"发展模式的影响依然深远，产业上、下游不通畅，造成产业链上游（资源端）与冶炼端、冶炼端与材料端、回收利用与整个产业链流通等方面的卡点。在我国关键矿产资源需求保持增长的情况下，国内供应能力的下降造成对外依存度的进一步提升。我国主要冶炼产品产量的世界占比均在50%左右，绝大多数冶炼加工产品均能满足下游需求。然而，因产业规模庞大、对上游资源消耗大、难以完全转化成下游材料等高端产品，充沛的冶炼加工产能造成高能耗、高排放，成为产业链绿色发展的薄弱和突出环节。高端新材料研发能力有限，供应不充分，支撑保障能力不强。在资源及材料的循环利用方面，回收利用水平远低于传统发达国家和地区，产业体系尚不健全，成为资源与材料全链条最明显短板。此外，资源循环利用方面的法律与标准体系不健全、规范化水平低，大宗固废产生强度高、利用不充分、综合利用产品附加值低，技术水平及数字化、精细化管理水平均亟待提升。

🌱 思政小结

关键矿产和新材料是事关国民经济、国防建设、居民生活的基础原料，其供应链的稳定性意义重大。传统的经济发达国家和地区显著提升了国际竞争力，持续调整其关键产品和技术的供应链战略布局，力求在加强自身供应链稳定性和自主可控性的同时，通过国际调查等方式将其他国家关键矿产及材料的脆弱性作为恶意竞争"筹码"。与此同时，我国科技领域仍然存在一些亟待解决的突出问题，如科技投入产出效益不高、战略科技力量统筹不够、区域科技创新发展不平衡等。面对我国经济社会发展和民生改善的迫切需要，面对日益激烈的国际竞争，科技界和社会各界要谨记"四个面向"，努力走出适合国情的创新之路，更好地实施创新驱动发展战略。

🔍 思考题

(1) 分析对比我国矿产资源在世界范围内的优势和劣势，并给出具体的发展建议。
(2) 结合自己的专业，简述"双碳"目标给资源循环利用带来的机遇和挑战。

2 国内外矿产资源循环利用概况

> **教学目标**
>
> **教学要求**：了解各类矿产资源的定义、分类及分布特点，理解和掌握矿产资源的循环利用情况，总结各类矿物在应用过程中的异同点；熟悉矿产资源的主要应用领域、主流应用技术及其在新材料领域的应用，对矿产资源的未来发展趋势有清晰的思考；了解各类尾矿资源的循环利用途径，意识到保护矿产资源的重要性。
>
> **教学重点**：着重介绍各类矿产资源及其二次资源的循环利用现状、现有应用技术的异同点，结合"乱采滥用"矿产资源现象，提出保护矿产资源的措施。
>
> **教学难点**：(1) 各类矿产资源的定义、分类及分布特点。
> （2）各类矿产资源的应用情况。
> （3）各类尾矿资源的循环利用技术及应用情况。

2.1 国内外金属矿产资源循环利用概况

2.1.1 国内外黑色金属矿产资源循环利用概况

（1）铁

铁矿石是钢铁工业的主要原料。纯铁是柔韧而延展性较好的银白色金属，用于制作发电机和电动机的铁芯；还原铁粉用于粉末冶金；钢铁及其化合物还用于制作磁铁、药物、墨水、颜料、磨料、热氢发生器、凝胶推进剂、燃烧活性剂、催化剂、水清洁吸附剂、烧结活性剂、各种机械零部件制品、硬质合金材料制品等，广泛应用于建筑、机械、道路、制造业和家电等各行业。

在铁矿开采的过程中，无论是露天开采还是井下开采，都将产生大量的矿体表面围岩与不能作为矿石使用的夹石，即铁矿废石。我国铁矿资源"贫、细、杂"的特点则进一步加剧了铁矿废石的排放问题。国内外对铁矿废石的循环利用主要包括采空区充填、道路工程施工和填海造陆、回收铁矿石以及制备砂石集料等多种方式。

废石充填技术不仅能够处理采矿废石，还可以在一定程度上提升矿石开采率。东大山铁矿的相关研究人员针对分段采矿法及矿体形态复杂造成的矿石回收率低等问题，提出上向水平分层废石干式充填法并进行工业试验，通过采场短溜井向布置在穿脉内的矿车输送采掘废石。与之前的充填方式相比，东大山铁矿回采率从 49.25%～55% 提高到 83.6% 以上，取得巨大的经济效益。

矿山废石破碎处理后，可以用作修建高速公路的路基材料、铺路石砟、铺设铁轨的铁路道砟，满足道路工程对路基碎石的要求。同时，铁矿废石饱和抗压强度基本在120MPa以上，饱和抗剪切强度及抗腐蚀性能良好，伽马照射量率一般在3.0nc/(kg·h)以内，满足《天然石材放射性防护分类控制标准》的规定要求，可用作围海工程填充石料。

矿山废石中含有铁元素，可以通过干式磁选—磨矿—弱磁选—强磁选—脱水的富集工艺将废石中的铁元素选出来，获得产率3.50%、铁品位65%的弱磁选铁精矿，以及产率5.42%、铁品位35%的强磁选精矿，实现铁矿资源的高效利用。

此外，铁矿废石储量大、强度高且力学性能稳定，因此在对铁废矿石各项指标检测合格的基础上可将其用于制备砂石集料。这不仅可以缓解天然集料的供应压力，还能在一定程度上解决废石堆存过剩的难题，具备较高的社会效益、环境效益和经济效益。

(2) 锰

锰是一种金属元素，它以化合物形式广泛存在于自然界中，在地壳中锰的平均含量（质量分数）约为0.1%。在现代工业中，锰及其化合物广泛应用于国民经济的各个领域。其中钢铁工业是最重要的领域，占总用锰量的90%～95%，主要作为炼铁和炼钢过程中的脱氧剂和脱硫剂，以及用来制造合金。其余5%～10%的锰则用于化学工业（制造各种含锰盐类）、轻工业（用于电池、火柴、制皂等）、建材工业（玻璃和陶瓷的着色剂和褪色剂）、国防工业、电子工业等。

在开采锰矿和电解金属锰生产过程中分别会产生锰尾矿和电解锰渣这两种主要的含锰可回收利用二次资源。我国锰尾矿年均排放量约3358万t，但是综合利用率低于15%。湖南省、贵州省和广西壮族自治区是我国锰矿主要分布区，锰尾矿排放量巨大，其堆积不仅占用土地，而且会污染土壤和地下水，迄今为止，已发生多起土壤和地下水锰含量严重超标事故，不仅危害人类身体健康，而且影响周围生态环境。目前，我国锰尾矿二次资源循环利用方式主要有尾矿再选、制备建材、矿山充填、矿库复垦和制作肥料等。锰尾矿再选技术可回收锰尾矿中有价金属元素，如Mn、Fe等，是提高锰资源利用率的重要措施。近几年由于金属矿产价格迅速攀升，我国锰尾矿再选的规模发展非常迅速。一些特大型矿山企业在锰尾矿再选技术开发方面已经进行了很多探索，不仅提高了锰资源回收率，而且给企业带来巨大的经济效益。锰尾矿再选的方法主要有磁选、洗矿、重选、浮选以及化学选矿。锰尾矿的主要组分是富含SiO_2、Al_2O_3、$CaCO_3$的非金属矿物，可以通过现有的成熟工艺生产一种或若干种建筑材料，比如水泥、混凝土、免烧砖、路面基层材料等。此外，矿山充填是直接利用锰尾矿最有效的途径之一，尤其对无处设置锰尾矿库的矿山企业，利用锰尾矿回填采空区具有较大的环境和经济效益。另外，锰尾矿中含有植物生长所需要的多种微量元素，经过处理可制成用于改良土壤的微量元素肥料。

电解锰渣是电解锰金属过程排放的副产物，每生产1t金属锰排放8～10t的电解锰渣。电解锰渣中所含的组分主要有SiO_2、CaO、Al_2O_3、Fe_2O_3、MgO、MnO和SO_3等。其中环境污染物包含的第一类有Hg、Pb、As、Cd等元素，第二类则有Mn、Cu、Fe、Zn等元素。虽然锰渣中含有危害性的重金属离子，但是其所含的某些元素占比大，具有二次利用的价值，可进行锰渣的资源化利用。电解锰渣的资源循环利用主要可以分为有价组分回收和资源化利用两大部分。电解锰渣的有价组分回收主要包含锰的回收及氨氮组分的回收。生物法、酸浸出法和水洗沉淀法是锰回收的主要方法。电解锰渣的资源化利用方式主要包括制备肥料、处理废水和制备建材等。电解锰渣除了含锰元素外，还含有硒、氨、氮、钾、钠、铁、硼等元素和有机质，这些都是植物正常生长需要的营养成分，使电解锰渣成为良好的多元素肥料。铁、铝、硅作为电解锰渣的主要成分，在不同形态下可对水起到净化作用，锰元素对砷和铜具有吸附作用，因此电解锰渣可以作为废水的净化剂。电解锰渣用于水泥生产，可作为水泥的矿化剂、胶凝料、轻集料、缓凝剂等。

（3）铬

铬在地壳中的含量为0.01%，居第17位。自然界几乎不存在游离状态的铬，铬铁矿是主要的含铬矿石。世界铬铁矿矿床主要分布在东非大裂谷矿带、欧亚界山乌拉尔矿带、阿尔卑斯-喜马拉雅矿带和环太平洋矿带。近南北向褶皱带中的铬铁矿资源量，占世界总量的90%以上。据美国地质勘探局统计，全球可用铬资源超过120亿t，足可维持数个世纪的消耗需求。铬矿资源分布较为集中，主要集中在哈萨克斯坦和南非两国，这两个国家所拥有的资源量约占世界总储量的95%。亚铬酸盐在地壳中的自然储量超过18亿t，可开采储量超过8.1亿t。

由于铬具有质硬而脆、耐腐蚀等优良特性，因此被广泛应用于冶金、化工、铸铁、耐火及高精端科技等领域。铬常被掺进钢里制成既硬又耐腐蚀的合金，主要用来炼制不锈钢、耐热钢及各种电热元件材料。不锈钢在遇到具有腐蚀性的物质时，其表面就会形成一种细致而坚实的氧化铬薄膜，保护内部的金属不继续受腐蚀，有些不锈钢甚至在800℃的高温中，还能保持其优良的性能。铬钢是制造机械、坦克和装甲车的好材料。

用铬铁矿加工制造成的各种铬盐是化学工业上的主要原料。铬盐是无机盐的主要品种之一，在日常生活中用途极为广泛，主要用于电镀、鞣革、印染、医药、燃料、催化剂、氧化剂、火柴及金属缓蚀剂等方面。

同时，金属铬已成为最重要的电镀金属之一，在大多数情况下镀铬层专门作为零件的最外部镀层。镀铬的时候，铬层越薄，越紧贴在金属的表面，一些炮筒、枪管的内壁，所镀的铬层厚度仅有千分之五毫米，但是发射千百发炮弹、子弹以后，铬层依然存在。没有镀铬层提供的物理性能，大部分零件的使用寿命会因磨损、腐蚀等原因而大大缩短，必须经常更换或维修，因此电镀铬在许多工业制造中的应用越来越广泛。

由于铬铁矿的熔点高达1900～2050℃，并在高温下保持体积不变，而且跟任何矿渣不起反应。因此它可作为耐火材料，用于炼钢炉及有色金属冶炼炉的炉衬。因此在耐火材料方面，铬铁矿可用来制造铬砖、铬镁砖和其他特殊耐火材料。另外，铬还应用于铸铁，如铬铸态球铁具有强度高、延伸率高、冲击值高和硬度低等特点。

2.1.2　国内外有色金属矿产资源循环利用概况

2.1.2.1　重金属

（1）铜

铜是人类最早发现的金属之一，也是人类最早开始使用的金属。铜在地壳中的含量约为0.01%，在个别铜矿床中，铜的含量可以达到3%～5%。从铜矿中开采出来的铜矿石，经过选矿成为含铜品位较高的铜精矿，铜精矿需要经过冶炼为精铜及铜制品。金属铜具有优良的导电性、导热性、延展性、耐腐蚀性、耐磨性等，被广泛应用于电力、电子、能源及石化、机械及冶金、交通、轻工、新兴产业等领域，在我国有色金属材料的消费中仅次于铝。随着铜矿资源开采规模剧增，产生的尾矿数量也不断增加。铜尾矿含有Fe、S、Ca、Fe、Cu等元素，可用于提取有价金属、制作陶瓷玻璃、作为建材或建筑掺和料、井下充填等。

铜尾矿中有价元素含量低，难分离，回收时需要经过特殊的工艺流程。针对某铜尾矿有价矿物种类繁多、嵌布粒度细、含泥高的特性，研究人员制定了磨矿擦洗-先硫后氧原则技术方案，获得铜品位11.35%、铜回收率为51.42%的铜粗精矿。针对某选铜尾矿中硫化物残留较多以及重晶石与脉石矿物可浮性接近的特点，采用浮选工艺回收尾矿中的重晶石，获得$BaSO_4$含量95.76%、回收率82.21%的重晶石精矿，实现了该尾矿中重晶石的有效回收。

铜尾矿中SiO_2、Al_2O_3、Fe_2O_3、CaO等成分含量较高，含有水泥生产所必需的硅、铝、铁等氧化物成分，可作为原料煅烧水泥熟料，主要表现在作为矿化剂、铁质原料、代替黏土等方面。研究表明，铜尾矿与黏土按一定比例在1400℃条件下烧制，熟料中矿物含量增加，熟料强度良好。用铜尾矿制备水泥材料机理主要为硅酸盐水泥熟料水化后产物与铜尾矿中活性氧化硅、氧化铝等反应，晶体结构生长更好，有效地提高了水泥强度。

铜尾矿可以用作混凝土中的掺和料代替部分砂石，当在混凝土中掺入适量铜尾矿时，其抗压强度、透水性、耐久性以及抗氯离子渗透能力都会有明显提升。学者利用废弃铜尾矿与抛光泥、水泥、石灰等制备了蒸压加气混凝土砌块，其最大抗压强度达5.1MPa，平均抗压强度达4.7MPa，满足《蒸压加气混凝土砌块》（GB/T 11968—2020）的要求。

作为矿山二次资源，将铜尾矿用于井下采空区充填具有铜尾矿来源充足、取材方便以及不需要扩建尾矿库等优势。安徽安庆铜矿采用大直径深孔嗣后充填采矿法开采，矿房采用分级尾砂胶结充填，矿柱采用非胶结分级尾砂充填，填充成本低，性能良好。

(2) 铅

我国铅资源广泛，矿石类型复杂，共伴生组分多。铅资源的特点和开发的总体条件是特大型、大型矿山数量较少，但储量较丰富；伴生元素较多，矿石类型复杂；分布上是贫矿多富矿少。自然界中铅矿石主要有硫化矿石和氧化矿石两种；主要有硫化铅矿、氧化铅矿、硫化铅锌矿、氧化铅锌矿以及混合铅锌矿等。

铅冶炼工艺是在铜冶炼技术的基础上再改进而发展起来的一种冶炼方法。目前，我国铅冶炼工艺以火法为主，湿法炼铅技术还不成熟。火法炼铅工艺主要有传统炼铅法和直接炼铅法，约85%以上的铅是由传统烧结焙烧—鼓风炉熔炼技术生产的。直接炼铅法有基夫赛特法（Kivcet法）、富氧底吹熔池熔炼法（QSL法）、浸没式顶吹（ISA或Ausmelt）熔炼—鼓风炉还原法、氧气顶吹卡尔多（Kaldo）转炉法、氧气底吹熔炼（SKS）—鼓风炉还原熔炼法等。

铅冶炼渣主要有鼓风炉渣和烟化炉处理废渣。铅冶炼渣具有双重性，一方面对环境存在直接或间接的危害；另一方面在冶炼渣中又残留大量有价金属，对有价金属进行回收后，铅炉渣主要包含FeO、SiO_2、Al_2O_3、CaO、MgO、ZnO等，可用于制备灰砖材料或者水泥的添加料，用于生产水泥及建材。此外，烧结废气中主要包括粉尘、烟尘和烟气。烟粉尘中包含许多稀贵金属，常返回配料炉中进行二次提炼。烟气中含有一定浓度的 SO_2，可制取硫酸。

目前，再生铅的产量在逐渐增加，有些国家的再生铅量甚至已经达到总铅产量的 50%。由于蓄电池用铅量在铅的消费中占很大一部分，因此废弃的旧蓄电池是再生铅的主要原料。再生铅的冶炼方法有火法、湿法和固相电解还原工艺。但主要的再生方法还是火法，通常用铁屑、石灰、碎焦、苏打等作为溶剂，在反射炉或者其他炉中熔炼成粗铅。

(3) 锌

锌是用量仅次于铝和铜的重要有色金属。因其具有良好的性能，被广泛应用。随着我国多年的开采利用，传统的硫化锌矿已经使用殆尽。氧化锌矿资源的开发利用已经提上日程。我国西南地区蕴藏大量的低品位氧化锌矿资源，难以采用传统的冶炼工艺提取并回收其中的有价组元，因此开发新的、针对我国资源特点的处理工艺势在必行，并具有重要的实际意义和应用价值。

锌是一种银白色、较活泼的重金属，为正六方形晶体结构，是自然界第四储量的金属，仅次于铁、铝及铜。锌在元素周期表中位于ⅡB族，原子序数为30。

锌化学性质活泼，易失去外层4s电子，在化学反应中以二价离子参与成键；易溶于无机酸和强碱性溶液，缓慢溶于乙酸和氨水并均能发生反应，且放出氢气并转化为相应的盐；也能从溶液中置换金、银、铜等。由于锌对氧的亲和力比较好，故硫化锌在空气中被加热氧化会生成较稳定的氧化锌。氧化锌既能很好地溶解在稀硫酸中，又可以在高温下被碳还原，因此硫化锌的氧化焙烧无论对湿法冶金还是火法冶金，都是很重要的冶炼预处理过程。更重要的是，锌是负电性的金属，且电位比铁更小（锌的标准电位为 $-0.76V$，铁的标准电位为 $-0.44V$）。电化学作用会使锌比铁先腐蚀，故锌镀覆在钢铁表面能代替钢铁被腐蚀；又因其廉价易得，在电化学中被广泛应用在负极材料中。锌能与许多金属形成合金，其中最为主要的是与铜形成黄铜，与铝、镁等形成压铸合金。由于锌的熔点较低，具有液态流动性好的特点，使其在压力浇铸时能充满模内很多精细地方，所以它常被作为精密铸件的原料。

锌矿物按锌的存在形态划分，主要分为硫化型矿和氧化型矿两类。锌矿的特点主要是铅锌共生，世界上极少出现单独的锌矿和铅矿。锌在自然界中多以硫化物形态存在，其中可利用的硫化矿主要为闪锌矿（ZnS）和铁闪锌矿（$nZnS \cdot mFeS$）。氧化矿为次生矿，主要是硫化矿表层风化所得。可利用的氧化矿主要是菱锌矿（$ZnCO_3$）、硅锌矿（Zn_2SiO_4）、水锌矿 $[3Zn(OH)_2 \cdot 2ZnCO_3]$ 和异极矿 $[Zn_4Si_2O_7 \cdot (OH) \cdot H_2O]$ 等。氧化矿一般与硫化矿伴生，但也存在大型单独的氧化矿床。中国、澳大利亚、泰国、巴西、伊朗等都有单独的氧化矿床。

目前，中国是世界上最大的锌生产国，我国锌精矿的供应能力已经不能满足国内对此资源的消耗，需要从国外大量进口。缺少锌精矿资源的直接制约我国锌冶金工业可持续性。为了保持我国锌资源开发利用的可持续性，一方面需要加大勘探力度，增大可利用资源总量；另一方面，根据我国锌资源的特点，需要研究新的生产工艺和技术，充分利用我国丰富的低品位氧化型锌矿资源。

2.1.2.2 轻金属

(1) 铝

铝是一种金属元素，元素符号为 Al，原子序数为 13。其单质是一种银白色轻金属，有延展性、质量轻和耐腐蚀的特点。商品常制成棒状、片状、箔状、粉状、带状和丝状。在潮湿空气中能形成一层防止金属腐蚀的氧化膜。铝粉在空气中加热能猛烈燃烧，并发出炫目的白色火焰。易溶于稀硫酸、硝酸、盐酸、氢氧化钠和氢氧化钾溶液，难溶于水。相对密度 2.70，熔点 660℃，沸点 2327℃。铝元素在地壳中的含量仅次于氧和硅，居第三位，是地壳中含量最丰富的金属元素。

2018 年我国进口废铝 157 万 t，国内废铝回收量约 500 万 t，占铝总产量的 18.34%。而西方发达国家再生铝产量比例已超过 50%，日本甚至达到 99% 以上。

废铝再生分为预处理、熔炼和熔体净化 3 个工序。回收的废铝原料成分复杂，常有塑料、油脂等各种夹杂物，需采用物理、化学方法进行预处理。对塑料、纸屑等密度较低的杂物，可通过风选分离；对表面涂漆的废铝罐，采用流化床或脱漆窑进行高温脱漆；对金属杂质，采用磁选、重选、涡流电选等方法脱除。

铝灰产自炼铝过程中的高温过程，如铝电解、铝合金生产和废铝再生等过程，2018 年我国铝产量 3580 万 t，铝灰产量在 200 万 t 左右。一次铝灰中金属铝占 50%，氧化铝占 30%，氟化盐、氮化铝和其他占 20%；阴极炭块中炭占 50%，氟化盐占 30%；阳极炭渣中炭占 30%，氟化盐占 70%。

对一次铝灰中金属铝的回收技术较多，根据企业情况的不同选择不同的方法，总体来说分为高温法和冷态法两种，高温法是在铝熔融状态下将金属铝与其他成分分离，如炒灰法、回转窑加热法、压榨法和离心分离法。冷态法常用的有光电选、重选、筛分等方法。

(2) 镁

镁被誉为"国防金属"，因其密度小，强度大，延展性、可塑性强，并且具有很好的减振及铸造性能，常常作为轻质金属材料被广泛应用在化工、国防、医药、电子、环保、合金制造及航空、汽车工业等诸多领域。目前，自然界中已发现的镁的主要存在形式包括固体镁矿和液体镁矿两种。固体镁矿主要指菱镁矿、水镁石和白云石等，液体镁矿主要赋存于海水、盐湖及地下卤水中。

菱镁矿是我国重要的优势矿产之一，随着菱镁矿资源的不断开发利用，优质菱镁矿开始短缺，而大量低品位菱镁矿被丢弃，加强低品位菱镁矿石的分选提纯，以及对其高附加值产品的开发十分必要。目前，对低品位菱镁矿的回收主要有浮选药剂、浮选工艺、化学处理方法等，回收后的菱镁矿可用于进一步提取金属镁，也可以利用菱镁矿制备优质耐火材料、新型建筑材料、精细化工材料等。

对高镁锂比卤水而言，由于大量镁的存在，不能直接采用日晒除盐沉淀 Li_2CO_3 的简单方法，否则会造成卤水精制时用碱量大和锂盐损失严重的问题。因此，针对高镁锂比盐湖卤水中锂镁资源的分离提取，国内外特别是国内在持续开展大量研究。目前，从盐湖卤水中分离锂、镁离子主要采用盐田蒸发结晶、离子交换吸附、沉淀、煅烧浸提，以及溶剂萃取等方法。

白云石是地球上重要的钙镁资源，我国白云石资源品质优秀，有着极其丰富的蕴藏量,易于开采且价格低廉,其主要产地在山东、山西、湖南、湖北、河北等地。目前,根据钙、镁性质的差异,对白云石制备轻质氧化镁及其副产品,全世界主要采用碳化法、二次碳化法、碳氨双循环法等。

目前,国内外从海水中提取镁的工艺方法主要有沉淀法、煅烧浸取法、纳滤膜分离技术、离子交换吸附法、电渗析法、许氏法、盐析法、液膜法和碳化法等。其中,针对前4种方法的研究比较深入。

迄今为止,关于用水镁石制备高纯氧化镁的研究非常少,大多还是以菱镁矿以及海水、卤水为主要原料,但是随着近些年的大量开采,菱镁矿等的品位降低,从而导致生产的产品档次低,纯度很难达到要求,生产高纯氧化镁的成本、难度较大。这个时候水镁石自然进入了人们的视野。有研究表明,可用硫酸铵溶液直接与水镁石进行复分解反应,浸出得到硫酸镁溶液,同时用水吸收反应所产生的氨气;然后将硫酸镁浸出液与回收的氨水进行沉镁反应得到中间体氢氧化镁;最后将氢氧化镁在高温下煅烧制取高纯氧化镁。

(3) 钾

钾属于碱金属元素,单质是一种银白色的软质金属,蜡状,可用小刀切割,熔沸点低,密度比水小,化学性质极度活泼(比钠还活泼)。钾在自然界没有单质形态存在,钾元素以盐的形式广泛分布于陆地和海洋中。钾是农作物生长必需的元素之一,同时也是土壤中因为供给不足而影响农作物产量的重要元素之一。

目前世界上通常从可溶性的钾矿石中提取钾或者直接用钾盐作为原材料来制造钾肥。钾肥在农业生产过程中担负着不可或缺的作用,也是农作物生长中必不可少的肥料之一。

世界范围内的主要钾资源的来源为可溶性的钾盐矿床,它的获取最为普遍,也最为经济。地球上拥有非常丰富的钾盐矿床储量,根据地质调查统计,世界钾盐资源总量在2002年尚未开采的已多达2500t(按K_2O计),其中已经探明的储量超过83亿t,在目前情况下静态可以保证300年之久,而大部分170亿t的基础储量可保证600年左右。

我国非金属矿产报告显示,钾盐已成为中国最紧缺的五种矿产之一。目前,我国已探明的钾盐储量仅占世界钾资源总储量的2.6%左右,这导致N、P、K的施肥比例严重失调。中国的可溶性钾矿资源不仅储量少,而且分布极不平衡。已经探明的储量中可供开采的也并不多,并且集中分布于我国的西北和西南边远地区。相比较而言,难溶性的钾矿相对丰富一些。我国已经探明的难溶性钾矿的储量超过100亿t,较多分布在中国的中部及东部农业发达地区。

(4) 钠

钠是碱金属元素的代表,质地柔软,能与水反应生成氢氧化钠,放出氢气,化学性质较活泼。钠是热和电的良导体,具有较好的导磁性,钾钠合金(液态)是核反应堆导热剂。钠单质还具有良好的延展性,硬度低,能够溶于汞和液态氨,溶于液氨形成蓝色溶液。钠元素以盐的形式广泛地分布于陆地和海洋中,也是人体肌肉组织和神经组织中的重要成分之一。

在工业中,钠主要用来测定有机物中的氯;还原和氢化有机化合物;检验有机物中的氮、硫、氟;去除有机溶剂(苯、烃、醚)中的水分;除去烃中的氧、碘或氢碘酸等杂质；制备钠汞齐、醇化钠、纯氢氧化钠、过氧化钠、氨基钠、合金、钠灯、光电池、制取活泼金属。在生物方面钠是细胞外液中带正电的主要离子，参与水的代谢，保证体内水的平衡，调节体内水分与渗透压；维持体内酸和碱的平衡；是胰液、胆汁、汗和泪水的组成成分；与ATP（腺嘌呤核苷三磷酸）的生产和利用、肌肉运动、心血管功能、能量代谢都有关系；参与糖代谢、氧的利用；维持血压正常；增强神经肌肉兴奋性。

钠资源储量非常丰富，地壳丰度为 2.64%。地球上主要的含钠资源大致可分为 3 种：①可溶性的钠盐矿，主要是硫酸盐、氯化物及它们的复盐，同时还伴有少量的硝酸盐，它们皆可溶于水，例如光卤石、钠盐镁矾及它们的混合盐矿；②海水和盐湖卤；③不溶性的含钠矿物岩石，主要是硅酸盐矿物和硫酸盐矿物两大类，明矾石、杂卤石属硫酸盐矿物，钠长石、霞石、伊利石等则属硅酸盐矿物类。

2.1.2.3 贵金属

贵金属主要指金、银和铂族金属（钌、铑、钯、锇、铱、铂）。贵金属大多拥有美丽的色泽和稳定的化学性质，在一般条件下不易发生化学反应。贵金属不仅具有储值交换的货币功能，更是现代工业的重要原材料，在能源、化工、环保、医药、微电子、汽车、航空、航天、航海等领域发挥重要作用，代表一个国家的储备、实力和高技术的总体水平。

如今，贵金属已成为人们生活的重要消费品和现代工业及国防建设的重要材料，但由于矿产资源储量有限、生产困难、产量不高，所以价格不断上涨，许多工业发达国家把目光纷纷投向贵金属再生资源回收这座取之不尽的"富矿"。这些国家把贵金属废料回收与矿产资源开发置于同等重要的地位。

目前的回收技术主要以阳极泥提炼为主，阳极泥主要来自精炼电解铜的剩余产物。国内外铜阳极泥处理仍以传统的火法工艺为主，此法因操作环境差、污染严重、生产周期长、有价金属得不到综合利用等诸多问题而面临挑战。近来铜阳极泥的湿法处理成为研究的热点，该过程在提取金、银的基础上，同时提取铜、硒、碲、铋、锑等，并有适应性强、投资少、见效快等优点。生物技术也日益广泛地应用于电子线路板中贵金属的回收，采用黄弧菌从废旧线路板中回收金和钯，回收率超过95%；采用以肺炎克雷伯菌为主的生物气体，从含线路板的电子废弃物浸出液中回收金、银和钯，回收率高达 99%。废旧电器中贵金属回收是贵金属回收市场今后的主要走向，并将在很长一段时间内是贵金属再生资源回收原料增加最快的领域，将电子废件进行火法和湿法冶金工艺处理可以有效回收贵金属。贵金属元素中，除金和银很少用作催化剂外，其他 6 种元素均被广泛使用。特别是近年来由于汽车尾气净化用的贵金属催化剂的使用日益普及，催化剂中起催化作用的铂族金属的用量逐年增加。

总体来讲，无毒、高效、温和的贵金属回收技术，越来越受到人们的青睐。灵活度高、污染少、节约能源、有价成分回收率高的技术将是贵金属再生资源回收的主要发展方向。

2.1.2.4 稀土金属

稀土金属又称稀土元素，是元素周期表ⅢB族中钪、钇、镧系 17 种元素的总称，常用 R 或 RE 表示。从 1794 年发现第一个稀土元素钇，到 1972 年发现自然界的稀土元素钷，历经 178 年，人们才把 17 种稀土元素全部在自然界中找到。稀土金属的光泽介于银和铁之间，稀土金属的化学活性很强，它们是一种重要的战略资源，具有优异的光、电、磁、超导、催化等物理特性，能与其他材料组成性能各异、品种繁多的新型材料，因此有"工业味精""新材料之母"的美誉。在军事领域，稀土金属能大幅提高制造坦克、飞机、导弹和卫星的钢材及合金的战斗性能。

稀土工业始于 19 世纪 80 年代，当时需要从独居石（钍和稀土矿物）中提取制汽灯纱罩用的钍，而稀土则是无用的副产品。到 20 世纪初，稀土在打火石、碳弧棒、玻璃着色和抛光粉等方面得到应用。同时电灯取代了汽灯，因而在处理独居石过程中，钍和稀土主副易位。第二次世界大战期间，钍因为核技术的需求而被大量生产，稀土又成为处理独居石过程的副产品，但纯度不高，应用不广。到 20 世纪 50 年代，由于离子交换和溶剂萃取新技术成功地应用于稀土的分离和提纯，稀土产品纯度提高，价格下降；60 年代，稀土用作石油裂化催化剂和制取荧光粉；70 年代出现稀土钴永磁体，并在炼钢中添加稀土。这些都促进了稀土工业的迅速发展。中国于 20 世纪 50 年代末制得除钷以外的全部稀土金属，60 年代初开始工业生产。

目前，中国已成为世界上稀土消费量和出口量最多的国家，产品结构也从早期的初级矿产品转变为目前的高附加值单一高纯产品，功能材料的开发和生产初具规模，稀土永磁、发光等功能材料的产量也居世界前列。

此外，冶炼分离技术使中国走出仅靠出售廉价资源获取利润的窘境，但同时也带来过度开采、分离产品过剩的困扰。目前，全球局势复杂，一些突发因素超出预期，稀土金属等多个产业发展面临严峻考验，希望稀土金属矿产资源循环利用，冲出重围，提高发展速度。

2.2 国内外非金属矿产资源循环利用概况

2.2.1 国内外硅酸盐矿物矿产资源循环利用概况

硅酸盐是自然界最重要的矿物，其基本骨架均由硅氧多面体以各种方式联结构成。硅氧多面体以四面体为主，少数为八面体。四面体既可孤立地被其他阳离子所包围，又可彼此以共角顶方式联结，形成架状、层状、链状、环状、岛状硅氧骨干。硅酸盐矿物则是根据其结构中硅氧骨干的形式进行分类的。

2.2.1.1 架状硅酸盐

（1）石英

石英矿经过"破碎—筛分—擦洗—分级—脱泥—磁选"选矿工艺处理后，得到工业原料石英、石英砂及石英尾矿。石英在工业上主要用作压电材料、光学材料、工艺水晶和熔炼水晶等。

石英尾矿包括矿石开采中的废渣、加工过程中的尾砂和尾泥，其中尾砂占绝大多数。尾砂主要是粒度较细的晶质石英集合体，化学成分主要是 SiO_2，杂质矿物主要是黏土、长石、云母、铁矿物等，将其精细化处理后，可广泛应用于建材生产、填料、熔制熔融石英等方面。

在水泥生产中通过添加石英尾砂，可有效地改善生料的易磨性和易烧性，生产出强度较高的水泥熟料。石英尾矿还可用于制备加气混凝土应用在墙体材料中,国内学者研究发现,砂加气砌块用作外墙时无须用保温材料就能达到建筑节能标准,其抗渗性比黏土砖墙高85%,防火性能好,可广泛用作防火墙材料。

微晶玻璃又名玻璃陶瓷,兼有玻璃和陶瓷的优点,具有高机械强度、低电导性、良好的可加工性、耐化学腐蚀等优良性能。根据化学成分分析,石英尾矿是制造微晶玻璃的理想原料,经过人工调制,由石英尾矿烧制的微晶玻璃在耐磨性、清洁维护性、安全性等方面均优于天然石材的理化性能。

将石英尾矿改性或超细后用作填料也是主要的应用方法。国内学者用钛酸酯偶联剂对石英尾矿进行了表面改性,改性后的石英尾矿最高使用温度211℃,最大抗水高度3.5m,有优良的防水性能,可作为聚乙烯等塑料的填充剂。有学者发现,粉石英尾砂经过超细后得到的产品纯度与硅粉产品相近,白度提高近12%,完全可以用作精细陶瓷、优质微孔硅酸钙、绝缘材料和橡胶等的填料。

(2) 长石

长石族矿物是组成地壳最主要的矿物,同时也是重要的工业原矿。长石在工业中主要用作玻璃、陶瓷原料。长石在陶瓷工业中的用量约占其总用量的30%。钾长石不仅熔点低,熔融间隔宽,熔体黏度高、透明,而且这些性能随温度的变化速率缓慢,有利于工艺过程的烧成控制,防止制品变形。长石也常用于陶瓷釉料中,其助熔作用可使釉料熔融充分,釉面光亮,平滑透明。

长石尾矿由于富含K、Ca、Si等元素,主要应用于提取金属元素、制备微晶玻璃和用于建筑材料。有学者采用硫酸焙烧—水浸工艺提取长石尾矿中的稀土和铌,研究发现,硫酸与尾矿质量比2:1、300℃焙烧2h、浸出液固比$L/S=3.0$、80℃水浸出2h后,稀土和铌浸出率分别达到83.3%和75.9%。

有学者利用花岗伟晶岩精选钾长石后的尾矿,采用"强磁选—酸浸—煅烧—水淬—二次酸浸"的提纯工艺,制备出SiO_2含量为99.9928%的高纯石英粉,并以此高纯石英粉为原料,采用熔盐电解法制备冶金级多晶硅,拓宽了太阳能电池用冶金级硅的来源渠道,同时有利于实现花岗伟晶岩矿物的综合开发利用。

(3) 沸石

沸石是工业中重要的硅酸盐矿物原料之一,主要用于石油化工、废水废气净化、核废料处理、建材和农业等领域。

有学者研究发现,由于沸石中含有大量的SiO_2和Al_2O_3,其火山灰活性介于粉煤灰和硅灰之间,且具有优异的吸水性和支撑性,将其以5%~15%的掺量加入混凝土中,可以有效地提高混凝土的后期强度,沸石粉的火山灰效应和填充效应能改善混凝土的微观结构,有助于降低混凝土的渗透性,显著提高混凝土的耐久性。

对沸石尾矿的应用,目前的做法多是应用沸石尾矿烧制陶粒。有学者应用浊沸石尾矿为原料,凹凸棒石黏土为黏结剂,煤粉为造孔剂,通过高温煅烧工艺制备多孔陶粒。该技术为沸石尾矿综合利用提供了一种有效途径。

2.2.1.2 层状硅酸盐

(1) 滑石

世界滑石的主要消费领域是纸张和塑料填料、涂料、陶瓷,其次为封泥和化妆品。

不同类型的滑石适用于不同造纸用途：低档造纸填料机滑石，主要用于中低速纸机、中低档纸填料；高钙滑石，白度高、磨耗度低、便于超细加工，可用于高速纸机造纸填料；含有纤维状矿物的滑石，作为填料有助于提高纸张的抗张强度、松厚度、灰分和填料保留率。滑石作为塑料的主要填充剂，可改善塑料的化学稳定性、耐热性、尺寸稳定性、硬度、抗冲击强度、热导率、电绝缘性等性能。

滑石还多用于涂料的填料：滑石的极完全底面解理及其超细粉的分散性、吸附性、覆盖力可以控制涂料的稠度，增强涂料的层膜均匀性，防止涂层下垂，控制涂料的光泽度；滑石还可用作陶瓷的原料，滑石粉以不同含量掺入陶瓷坯体，可控制陶瓷的性能。

滑石尾矿可应用于制备碳化营养土，以滑石尾矿、活性白土废渣、泥煤、凹凸棒石黏土为主要原料，经过高温炭化处理后得到滑石尾矿炭化土，其中含有大量的氮、磷、钾、有机质和多种微量元素，是一种营养成分齐全、性能优良的优质营养土。有学者利用菱镁矿尾矿和滑石尾矿富含 MgO 和 SiO_2 的特点，通过理论计算控制 MgO/SiO_2 比在橄榄石-方镁石组成范围内，加入添加剂，高温合成了耐火性能优异的高纯镁橄榄石。

(2) 云母

云母主要产于白云母花岗岩、二云母花岗岩、伟晶岩中，还常出现在云英岩、片岩、片麻岩中。工业可利用云母被称为工业云母，主要用于电子工业中作为电绝缘材料，在冶金、机械和高科技领域做射线管窗、飞机发动机垫圈、氧气呼吸器隔膜，以及用于计算机、雷达、导弹、卫星和激光器材料中。

利用硅烷改性剂对云母粉进行表面改性，并分别将改性前后的云母粉应用于工业防腐涂料体系中，结果表明，相对未经改性的云母粉，改性云母粉能够明显降低体系黏度，提高涂料生产效率，并能够提高在体系中的添加量，改善工业防腐涂料的防腐性能。云母还可应用在烧结黏土建筑制品领域，在黏土中掺用一定粒径和用量的云母，可抑制坯体干燥和烧成过程中龟裂和翘曲的出现，提高黏土制品合格率。

由于云母具有特殊的片状结构，常作为基体搭载功能材料。利用湿法研磨方式，将纳米 TiO_2 负载于白云母片体表面制得复合光催化剂。白云母/纳米 TiO_2 复合光催化剂在紫外光照射下，30min 时可使甲基橙溶液完全降解，与纳米 TiO_2 效果类似。该复合光催化剂易于从水中回收，经过 5 次循环使用后，其光催化降解性能保持不变。

目前对云母尾矿的综合应用大多为提取有价元素，如从锂云母矿中提取锂元素。有研究人员采用碱性矿浆阴阳离子混合捕收剂浮选法除去尾矿中的云母后，通过一次粗选、三次精选、三次扫选，最终得到的长石和石英产品都达到国家一级精矿质量标准，可用作陶瓷釉面用料。

(3) 高岭石

高岭石分布很广，主要是由富铝硅酸盐在酸性介质下，经风化作用或低温热液交代变化的产物。高岭石是典型的黏土矿物，在工业上主要应用于陶瓷原料、造纸原料、橡胶和塑料的填料、耐火材料原料，以及合成分子筛等。

优质高岭土是玻璃纤维工业的主要原料之一，可用于制造各种高级光学玻璃、有机玻璃、水晶等的熔炼坩埚及拔制玻璃纤维的各种拉丝坩埚。

近年来，高岭石因具有丰富的吸附和反应活化中心、典型的层状结构、化学惰性硅氧烷表面、环保和低成本等特点，常被作为光催化剂载体。有学者将铁磁 $BiFeO_3$ 纳米离子装饰在高岭石表面提升了其光催化活性,增强了$BiFeO_3$的吸附能力,降低了纳米离子聚集程度,抑制了空穴-电子的复合过程。

总体来说,高岭石作为催化剂基底材料具有广泛的应用前景,因其良好的化学稳定性、高分散性、成本低廉以及绿色无污染等优点,目前已成为催化领域的研究热点。

2.2.1.3 链状硅酸盐

莫来石属于链状硅酸盐中的一种,常见于高温变质岩或火成岩的富铝包体中,是硅铝质耐火材料最主要的物相。莫来石的热膨胀系数低,耐高温,耐腐蚀,导热性中等,抗压强度高,不与金属熔体反应,故莫来石耐火制品广泛用于冶炼金属的炉腔内衬。莫来石还是硅酸盐陶瓷制品的主晶相。莫来石质陶瓷的密度高,具有良好的耐磨性,可经受温度骤变,工业上用于制作高温测量管和电绝缘陶瓷等。

在发泡陶瓷配方中引入莫来石颗粒可强化发泡陶瓷,研究表明莫来石的引入使发泡陶瓷保温板中出现堇青石相,当引入适量的莫来石时,成功制备出低密度、高强度、高孔隙率的发泡陶瓷保温板。

在海水淡化及含盐废水处理领域,有学者制备了具有较高渗透性能及较好机械强度的晶须状莫来石陶瓷中空纤维膜载体,采用化学气相沉积的方法在其表面原位生长一层碳纳米管(CNTs)网络结构,制备得到超疏水莫来石-CNTs复合膜,通过在不同盐浓度溶液中进行测试发现具有很好的稳定性和盐截留性。

2.2.1.4 环状硅酸盐

在20世纪80年代以前,属于环状硅酸盐中一种的电气石在我国仅作为低档宝石;至90年代后,随着专家对电气石理化性质的不断深入,电气石的应用迅速扩展。压电性良好的电气石晶体可用于无线电工业中的波长调整器、偏光仪中的偏光片或作为测定空气和水冲压用的压电计。

利用电气石超细粉的热释电性,可制备保健涂料、声电材料、保健制品等。利用电气石的自发电极性可净化工业废水,改善饮用水水质。利用电气石极性晶体的天然电场、远红外辐射及产生负离子性能,制备电气石-PE塑料复合薄膜。

有学者通过溶胶-凝胶法制备TiO_2负载电气石功能复合材料,并用于光催化降解甲醛(CH_2O)。借助扫描电子显微镜、透射电子显微镜、X射线衍射仪、傅里叶变换红外光谱仪、紫外-可见漫反射光谱仪对功能复合材料进行表征,结果表明TiO_2/电气石功能复合材料对CH_2O的降解能力是纯TiO_2的6倍,表现出优异的光催化活性。

2.2.1.5 岛状硅酸盐

(1) 锆石

锆石的化学性质稳定,在酸性和碱性岩浆岩中广泛分布。锆石以不同的物理、化学形态应用于多种工业领域。其中以锆砂形式用于耐火材料、磨料和铸造砂,锆砂经化学加工制成的金属锆,具有耐高温、抗腐蚀、高强度及吸收中子的能力,故锆及其合金广泛用于工业和国防尖端技术中;以锆石粉形式多用于陶瓷、熔模铸造和耐火材料等。

锆石的耐火度高达2000℃,且热膨胀系数低、耐热震性强。用于生产AZS熔铸耐火材料或与Al_2O_3制成莫来石-ZrO_2砖,与MgO制成镁橄榄石-ZrO_2砖,高温性能优异。

锆石还可用作白色陶瓷的乳浊剂。锆石的折射率仅次于金红石,色彩淡雅,能与陶瓷色彩混融。超细锆石粉用于釉料中具有极好的遮光作用。

(2) 红柱石族

蓝晶石、红柱石、夕线石均为红柱石族硅酸盐矿物，在工业上有很重要的应用。红柱石族矿物相变后生成莫来石。制品热膨胀系数低，耐高温，耐腐蚀，导热性中等，常用于熔炼金属的炉腔内衬；也用于铸件涂层，以获得高光洁面的铸件。

红柱石、夕线石具有较好的体积稳定性，可直接制成不烧砖，其相变在使用时依靠环境的高温来实现，黏合剂或添加剂可抵消相变时微小的体积变化；红柱石、夕线石的密度与莫来石接近，热膨胀系数低，在窑炉工业中得到广泛应用；夕线石、蓝晶石也可以用来制作莫来石质、堇青石质陶瓷，产品密度高，具有良好的耐磨性，可经受温度骤变，用于制作高温测量管、电器陶瓷等制品。

红柱石尾矿目前主要应用在制备建筑材料和蜂窝陶瓷等领域。有学者利用红柱石尾矿、页岩和高温熔剂，在1300℃下烧成蜂窝陶瓷蓄热体，主要用于RTO蓄热式焚烧炉装置中，还可用于冶金工业加热炉中作为蓄热体以及过滤废气、废水的蜂窝陶瓷载体等。

2.2.2 国内外其他非金属矿产资源循环利用概况

2.2.2.1 碳酸盐矿物

碳酸盐矿物是指金属元素的阳离子与碳酸根离子化合而成的矿物，自然界中分布很广泛，目前已发现的碳酸盐矿物种类就已超过100种，其中含碳酸钙和碳酸镁的矿物分布最广。碳酸盐矿物的晶体形态主要取决于晶体结构和形成条件，主要表现为柱状、板状、菱面体状，集合体多呈现块状、晶簇状、放射状。目前，人类对碳酸盐的应用比较广泛，工业催化、石油化工、脱硫防腐等方面均有所建树。

(1) 石灰石

石灰石主要成分为碳酸钙，是无臭、无味的白色粉末，大量用于建筑材料、工业的原料。摩氏硬度为3，性质较脆。具有抗腐蚀性，许多侵蚀性物质都不能侵蚀，只有在高温、高压的条件下才能反应。

目前石灰石主要作为水泥的掺和料被广泛应用于建筑领域。石灰石对水泥主要有两方面的作用，分别为物理作用和化学相互作用。其中物理作用又可分为稀释作用、填充作用和晶核作用。石灰石粉的加入会对水化产物造成影响，包括改变AFt和AFm的生成并生成碳铝酸盐和碳硅酸盐产物。虽然石灰石粉不具备胶凝性，但是在常温水中有非常小的溶解度，溶解得到的CO_3^{2-}能与水泥中的C_3A和水化产物CH发生反应，生成碳铝酸盐。在石灰石粉-水泥复合体系中，石灰石粉的溶解度受水化过程中的碳铝相反应的影响较大，包括体系中铝源的提供和产物的生长空间等都有较大影响。

石灰岩尾矿的主要成分为碳酸钙和碳酸镁。砂石集料加工及生产过程中产生的石屑，经锤式破碎机整形筛分后，大部分可作为混凝土细集料利用，但仍有少量的石屑因其石粉含量和针片状粒形颗粒较多，而不能作为混凝土细集料利用，在部分建筑工程中，常利用这部分石屑替代天然砂和碎石混合后作为工程基础。

目前石灰石脱硫技术成熟、运行稳定，是我国电厂烟气脱硫最主要的方法。砂石加工过程中产生的石灰石粉经过进一步研磨加工，能有效降低电厂脱硫工艺成本，为尾矿石灰石粉变废为宝提供了良好的市场。

(2) 白云石

白云石属三方晶系的碳酸盐矿物。化学成分为 $CaMg(CO_3)_2$。白云石可以作为耐火内层、造渣剂、水泥原料、玻璃熔剂、肥料、油漆等各种用途，广泛应用于建材、陶瓷、玻璃、化工、农业、环保、节能等领域。

白云石尾矿富含大量的磷元素，因此常对白云石质磷尾矿进行回收循环利用。可对白云石尾矿进行煅烧、分离、碳化、焙烧等过程，加工成镁、碳酸钙和复合肥，从而提高白云石的利用效率，降低能耗。部分地区的白云石尾矿还具备高镁、高钙、低硅的特性，从而能够用于制备全废渣的烧结墙体材料。

(3) 方解石

方解石是碳酸盐矿物中最常见的一种，分布广泛。方解石分子式为 $CaCO_3$，其化学成分主要为氧化钙、少量的氧化镁、二氧化硅等。由于方解石具有白度高、硬度低、色泽柔和、耐磨性强等的优良性质而被广泛应用于化学工业、建材装潢、工艺品雕刻、环境修复等。

有学者经过研究发现，钼尾矿中含有透辉石、斜长石、石英、云母、方解石、白云石、黄铁矿、磁铁矿等矿物。以水玻璃为抑制剂，油酸钠为调整剂，十二烷基胺为起疏剂，采用浮选方法对尾矿进行处理，可获得方解石矿物。通过对河南夜长坪钨钼矿床开采后尾矿的矿物组成和赋存状态进行工艺矿物学表征，同时根据其尾矿特性，对尾矿进行处理，获得方解石，并将其作为填充料，填充到丁苯橡胶中，从而获得与白炭黑的补强效果相当的丁苯橡胶，其拉伸强度、扯断伸长率、断裂力达到最大，分别能够达到 13.96MPa、541.68% 和 167.52N。

2.2.2.2 硫酸盐矿物

硫酸盐矿物是金属阳离子与硫酸根（SO_4^{2-}）进行化合形成的含氧盐类矿物。硫酸盐矿物的物理性质主要特征是硬度较低，一般在 2~3.5 之间。密度一般不大，在 2~4g/cm³ 之间，含钡和铅的硫酸盐矿物多在 4g/cm³ 以上，甚至可达 6~7g/cm³。颜色一般呈白色或无色，含铁者呈黄褐或蓝绿色，含铜者呈蓝绿色，含锰或钴者呈红色；透明至半透明；玻璃光泽，少数为金刚光泽。

硫酸盐矿物中石膏、硬石膏、明矾石、芒硝、重晶石等都是重要的非金属矿物原料，部分硫酸盐矿物是提取铅、铀等元素的金属原料产物。石膏主要用在建筑材料、水泥工业、化学工业、轻工业及农业、医学等许多行业和领域。

磷石膏是磷酸工业生产制备磷肥过程中排放的固废，是一种黄白、灰白或黑灰色的细颗粒粉体。磷石膏的主要成分为二水石膏，同时还含有少量有害杂质，pH 为 2~4，显酸性。用磷石膏制硫酸联产水泥，可以解决磷石膏大量堆积的问题，同时制备出的硫酸可以直接投入磷肥生产，并且在制备流程中生成副产品——水泥。基本原理是先将磷石膏煅烧脱水转化为无水硫酸钙，再继续将无水硫酸钙煅烧分解为 SO_2 和 CaO，CaO 与其他熟料原料一起配料后被制成水泥熟料，SO_2 被催化氧化为 SO_3 后被水或硫酸吸收生成浓硫酸或发烟硫酸。

目前，关于磷石膏制过硫酸盐水泥砂浆的力学性能和抗钢筋锈蚀性能的研究较多，但对其抗碳化性能的研究较少。近年来，关于此技术的研究日渐成熟。采用磷石膏、钢渣、矿渣和少量硅酸盐水泥熟料混合后制成胶凝材料，制备出的磷石膏过硫酸盐混凝土，具有良好的孔结构，水化产物能够吸附和固化氯离子，抗氯离子渗透性优异。

除此之外，磷石膏还被用作水泥中的缓凝剂。磷石膏制水泥缓凝剂的机理是磷石膏分解产生的 SO_4^{2-} 和水泥水化产物水化铝酸钙反应生成水化硫铝酸钙，俗称钙矾石。该沉淀物质附着在水化产物的表面，延缓了水化反应，使水化产物强度较高。

2.2.2.3 其他盐类矿物

(1) 锰方硼石

锰方硼石从发现至今还不到60年的时间，而我国锰方硼石矿的发现也仅有40多年的历史。锰方硼石分子的同构替换作用能够产生特殊的铁电、热电和压电性能。有学者对锰方硼石性能进行了系列研究，发现其具有良好的发光、吸收中子辐射、耐摩擦和抗肿瘤等性能。由于锰方硼石在光学、电磁学、医学、力学等领域的应用表现出优异的性能，因此有望用于药物、热能转换材料、耐磨损材料、微波衰减材料、吸波材料等方面。对这种稀缺矿产资源，在对其研究的过程中更要加以合理利用，相信在未来的国防建设以及航空航天等领域，锰方硼石将有重要的应用前景。

(2) 鸟粪石

鸟粪石是一种常见的矿石，亦称鸟兽积粪，是由聚积的鸟类、蝙蝠和海豹的粪便和尸体所形成的，是一种优质氮磷肥料、一种含水的磷酸盐矿物；含五氧化二磷28.92%、氧化镁16.43%；斜方晶系，晶体常呈等轴状、楔状、短柱状或厚板状；无色，有时呈白、棕或淡黄色；玻璃光泽；硬度为2~3，密度为 $1.65\sim 1.71 g/cm^3$；产于鸟粪堆积的硬块中，系有机物经细菌作用而成，与镁磷石、水磷铵镁石等共生。近年来，污水中磷的回收产物主要是磷酸钙或鸟粪石以及其他的磷酸盐等。磷酸钙与磷矿石相似，而鸟粪石则是一种可用于农业生产的缓释肥替代磷肥。如果考虑到经济成本因素，鸟粪石作为回收产物无疑具有更大的应用前景和经济价值。

2.3 国内外能源矿产资源循环利用概况

2.3.1 国内外煤炭矿产资源循环利用概况

煤炭矿产资源是包括煤炭资源在内的，连同煤炭开采、加工及利用过程中产生的有利用价值的副产物的总和。其中，煤炭资源是最重要的能源矿产资源之一，在世界一次能源消费中占25%。世界探明可采储量为9842.11亿t，主要集中在美国（2466.43亿t）、俄罗斯（1570.10亿t）、中国（1145亿t）、澳大利亚（904亿t）、印度（747.33亿t）、德国（670亿t）、南非（553.33亿t）、乌克兰（343.56亿t）、哈萨克斯坦（340亿t）、波兰（143.09亿t）、巴西（119.50亿t）等国。根据国际能源署（IEA）发布的报告称，2000年世界煤炭总产量为46.61亿t，消费量为46.59亿t，然而2022年全球煤炭使用量首次突破80亿t，并预计这样的煤炭消耗量将至少持续到2025年。因此，煤炭资源是世界上储量最多、分布最广的常规能源资源，也是重要的战略资源。煤炭资源广泛应用于钢铁、电力、化工等工业生产及居民生活领域。

在煤炭资源的开采、加工及利用过程中通常会产生如煤矸石、粉煤灰、脱硫石膏等工业副产物。在工业粗犷发展的早期，这些工业副产物或被视作固废而填埋处理。但随着研究水平的提升，此类工业固废逐渐被利用在农业、建筑业等领域，因此从广义的角度上可以将此类工业固废与煤炭资源一起纳入煤炭矿产资源中。

2.3.1.1 国内煤炭矿产资源循环利用概况

煤炭是我国的基础能源，为了满足我国经济社会高速发展带来的能源需求，我国原煤产量由 21 世纪初的 13.8 亿 t 快速增长至 2013 年的峰值 39.7 亿 t。2013 年后，受到经济发展进入新常态、能源结构调整、产业转型和淘汰工业落后产能等诸多因素的影响，我国的原煤产量依然保持在 35 亿～39 亿 t 的水平。煤炭是我国工业燃料动力基础。目前，工业部门占终端能源总消费量的 2/3。其中煤、焦炭和烧煤电站生产的电力约占 3/4；化学工业消耗的燃料和电力以及用作原料的能源也有 2/3 来自煤炭，民用生产能源主要也是煤炭，煤炭占城镇民用能源的 80%。

（1）国内煤炭资源的利用特点

① 我国煤炭资源开采难度大。可采煤层埋藏一般较深，开采方式历来以矿井开采为主，据不完全统计，地下开采占 97.1%，露天开采只占 2.9%。国内煤矿开采深度一般较大，近年来，平均每年增深 10～20m，2007 年平均开采深度达到 730m，有的老矿区超千米，如山东新汶矿业集团的孙村矿，采深达到 1350m。随着开采深度的增加，与世界煤矿一样，煤矿井下作业条件日益恶化，地压增大，地温升高，煤层瓦斯含量增加。

② 我国煤层瓦斯含量高。全国重点煤矿中，高瓦斯和有瓦斯突出危险的矿井占 43%，有煤尘爆炸性危险矿井占 88%，有自燃发火危险的矿井占 53%，煤矿安全生产显得越来越重要。

③ 我国煤炭资源利用率不高。国内不到 1.3m 的煤层约占 12.7%，1.3～3.5m 的中煤层占 43.3%；超过 3.5m 的约占 44.0%。薄煤层产量低、效率低、劳动条件差且机械化难度大，是我国目前尚未解决的问题。在煤炭开采过程中，采主弃副、采富弃贫的现象普遍存在，小煤窑私挖滥采现象很难杜绝，煤炭资源浪费较大，中国煤炭利用率与世界平均水平相差 10%，煤炭回采率只有 40%，不到国际先进水平的 1/2。

④ 我国煤炭资源储备相对不足。我国虽有 1000 亿 t 资源储量，但按可供开采的煤炭资源人均占有量仅为世界平均水平的一半，大型煤炭企业后备资源短缺给今后煤炭生产、供应带来问题。

（2）国内煤炭资源循环利用概况

经历了"十一五"和"十二五"初期的高速增长，进入"十三五"以来，我国煤炭生产规模保持在较为稳定的水平，国家统计局数据（图 2-1）显示，2020 年我国原煤产量为 39 亿 t，与"十二五"末期相比增加 1.5 亿 t。2020 年煤炭进口规模与 2015 年相比也有较大幅度的增长，进口量由 2015 年的 2.04 亿 t 增加至 2020 年的 3.04 亿 t。"十三五"期间我国煤炭消费总量保持在每年 40 亿 t 左右，与"十二五"末期煤炭消费总量约为每年 40 亿 t 基本持平，根据国家统计局发布数据计算，2020 年我国煤炭消费约为每年 40.6 亿 t。整体看，"十三五"期间我国的煤炭生产总体保持在相对平稳的高位。

（3）国内其他煤炭矿产循环利用情况

"循环利用"是践行"循环经济"的主要原则，从人与自然关系的角度来主张人类的经济活动应当遵循自然生态规律，维护生态平衡，尽可能少利用或回收资源。煤炭矿

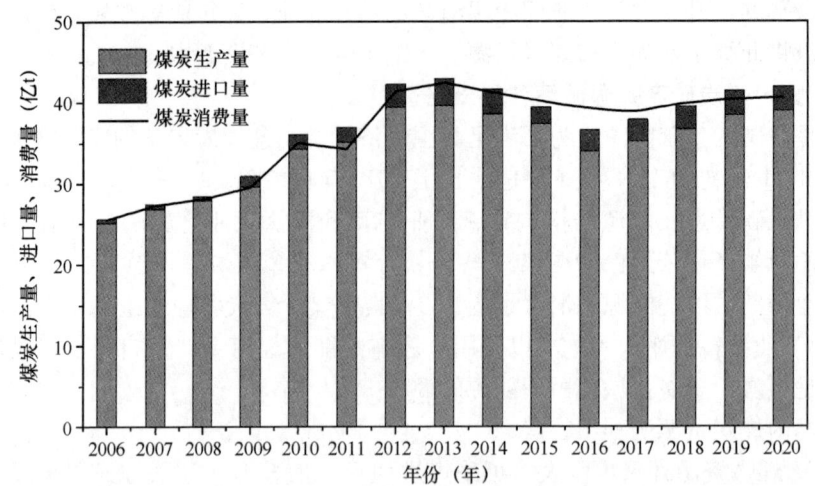

图 2-1　2006—2020 年我国煤炭生产、进口及消费量情况（数据来自国家统计局）

产资源作为规模巨大的矿产资源之一，如果坚持不断地改进粗犷落后的开采、加工及利用方式，必然会产生巨大的可持续发展效益。针对开采及加工过程中产生的煤矸石以及其他煤炭共伴生矿产资源，我国自 20 世纪 70 年代起就开始了相关的研究与应用。目前经过品质分类后的煤矸石通常会被用于电厂发电、建筑材料制品等方向，而油母页岩、煤系高岭土、硫铁矿、石墨、膨润土、硅藻土、耐火黏土等煤炭资源共伴生矿产资源则经过分选加工后流入相应的应用市场。

① 煤矸石及其循环利用概况

我国每生产 1 亿 t 煤炭，排放矸石 1400 万 t 左右；在煤炭洗选行业，每洗选 1 亿 t 炼焦煤，排放矸石 2000 万 t；每洗 1 亿 t 动力煤，排放矸石量 1500 万 t。近三年新增煤矸石产生量约为 6.5 亿 t。我国作为全世界第一的产煤大国，具有大量堆存的煤矸石，能实现其资源化利用，可改善矿区生态环境，以保证现代煤矿企业的绿色可持续发展。

1998 年国家经贸委（全称为"中华人民共和国国家经济贸易委员会"）等八部门联合发布《煤矸石综合利用管理办法》，并在 2014 年进行修订，为引导和规范煤矸石综合利用行为，减少其对土地资源占用和环境影响，促进循环经济发展，推进生态文明建设，对其综合管理和鼓励措施做出了详细指导。1999 年发布的《煤矸石综合利用技术政策要点》，将煤矸石发电、生产建材、回填和无害化处理作为综合利用技术的主攻方向，发展高科技含量、高附加值的煤矸石综合利用技术和产品。2012 年的《煤矸石利用技术导则》对煤矸石用于不同领域进行了详细的要求。2021 年的《关于"十四五"大宗固体废弃物综合利用的指导意见》对煤矸石等大宗固废的综合利用指明了方向。目前，煤矸石的综合利用受铝硅比值、碳硫含量等因素的影响，主要作为生产氧化铝、燃料、化工原料、陶瓷原料、制备建筑材料和道路工程填充等方面。

② 煤炭共伴生矿产及其循环利用概况

长期以来，针对我国矿产资源种类多、分布广，富矿、单一矿产少，贫矿以及共伴生组分多矿种赋存的特征和主要问题，专家学者们的理论研究成果表明，从事油气的只研究油气，从事煤炭的只研究煤炭，从事金属、非金属各类矿种的只研究与其相关的矿种,对一些多矿种矿之外连体赋存共伴生资源的研究不多或研究的方式方法存在问题,造成大量资源浪费和环境破坏问题。这是当前我国在矿产资源开发利用领域存在的一个重要问题,更是未来需要高度重视并要以科学的方式方法努力解决的问题。同时,相对而言,固体多金属共伴生资源开发利用和各类金属与非金属共伴生资源开发利用的研究基础和成果要好一些,能源、水气矿产以及与相关金属、非金属共伴生资源开发利用研究资料和成果不多,而煤系共伴生资源开发利用研究更是一个薄弱环节。

1989年,国家计委(全称为"中华人民共和国国家计划委员会")和能源部组织科技人员对煤系中5种共生伴生矿物(高岭土、耐火黏土、膨润土、硅藻土、石墨)的调查表明,其储量十分可观,如高岭土(岩)绝大多数分布在煤系地层中。全国几十个煤矿煤系中都有高岭土(岩)赋存各矿井估计储量在千万吨到几千万吨不等,这些资源引起世界黏土界的高度关注。当时调查的煤系地层中的共生高岭土(岩)已探明储量为16.73亿t,远景储量为55.29亿t,预测储量为110.86亿t,而当时全国非煤系高岭土储量为12亿t,世界高岭土储量为121.57亿t,因此在我国凡是有煤的地方大多有黏土,而且储量巨大。

2.3.1.2 国外煤炭矿产资源循环利用概况

(1) 国外煤炭资源循环利用概况

1963年以前,煤炭一直是世界第一大能源。1963年以后,随着洁净能源的占比增加,煤炭被石油替代,煤炭成为仅次于石油的第二大能源。1973年,西方发生的能源危机震撼了世界。1979年石油价格第二次上涨后,人们越来越认识到煤炭的重要性,因而煤炭产量有了明显的增长,煤炭在能源消费构成中的比例也有所增长。2008年,世界煤炭产量为12.942亿t油当量,比1998年的12.479亿t增加4630万t油当量,增长3.6%。除中国外的主要9个产煤国(占比在1%以上)占世界产量的35.5%。其中,美国煤产量占世界煤总产量的18.0%,位居除中国外的第一位,此外还有俄罗斯、南非、哥伦比亚、德国、哈萨克斯坦、乌克兰等国都是产煤比较多的国家。在地区分布上,北美洲占19.2%,中南美洲占1.7%,欧洲及欧亚大陆占13.7%,非洲占4.36%。2019年年底,美国探明煤炭储量为2495.37×10^8t,占世界的23.3%,居世界第1位,储采比390。美国是煤炭净出口国,主要出口冶金煤和动力煤两类;其煤炭生产以露天开采为主,产量占煤炭总产量的比例比世界露天开采的平均占比高出约20个百分点。

根据英国石油公司(BP)发布的《BP世界能源统计年鉴2022》报告,煤炭价格在2021年大幅上涨,欧洲价格平均为121美元/t,亚洲市场价格平均为145美元/t,为2008年以来的最高水平。煤炭消费量在2021年增长了6%以上,略高于2019年的水平和自2014年以来的最高水平。中国和印度占2021年煤炭需求增长的70%以上。全球产量与消费量相当,供应量增加了4.4亿t。中国和印度在产量增长中占了很大一部分,而产量增长主要是由国内消费的;此外,印度尼西亚也支撑了出口的增长。值得注意的是,在经历了近10年的连续下降后,欧洲和北美的煤炭消费量在2021年都出现了增长。

全球煤炭价格大幅上涨的原因错综复杂:最近数十年全球"去煤化"趋势导致全球煤炭供应弹性下降,而疫情后在需求暴发、极端天气、地缘冲突以及能源替代和联动等多重因素扰动下，共同导致自2021年以来全球煤炭价格大幅上涨。除了能源价格的大幅上涨，全球能源结构方面也出现从"去煤化"到"去煤化纠偏"的阶段性变化。

从技术层面看，煤炭资源循环利用主要体现在以下几个方面。

一是煤炭行业在生产过程中的环境污染问题。对煤炭行业的环境污染方面的主要研究内容包括：煤炭资源的开采所产生的环境污染；煤炭生产过程中产生的废水、废气、固废以及噪声等。以德国鲁尔矿区为代表的煤炭产业的成功转型就是世界煤炭矿产资源循环利用的示范。德国西部的鲁尔矿区被称为煤的故乡，在德国经济发展和社会生活中占有十分重要的地位。矿区的发展经历了由资源开发到资源枯竭、由钢铁振兴到企业没落的过程。通过清理改造和产业结构调整，鲁尔工业区经济走出了低谷，从以煤炭和钢铁工业为中心的资源型生产基地，转变为以煤炭和钢铁生产为基础，以电子计算机和信息产业技术为龙头，多种行业协调发展的新型经济区，产业结构调整取得了明显的成果，成为世界老工业区改造和矿区经济转型成功的典范。

二是煤炭行业生产中产生的矿井水、煤矸石等废弃物的综合循环利用。大量技术人员评估了世界范围内煤炭粉尘与炉渣的产生情况及其对环境产生的污染，并分析了粉尘和炉渣等在水泥生产、房屋建设、道路建设以及水土保持等方面的综合利用情况，目前建筑材料已经成为煤炭生产加工过程中产生废弃物的良好利用通道，美国、加拿大、日本等国家的相关技术水平位于世界前列。

三是清洁煤理论和相关技术措施的研究。采取清洁煤战略能有效减轻煤炭排放的二氧化碳和粉尘所带来的污染。20世纪80年代开始，美国、加拿大等国家经常遭受"酸雨"破坏，人们发现其大多数污染物均来自大型燃煤电厂，从此开始了清洁煤炭技术的研究。传统意义上的清洁煤技术主要是指煤炭的净化技术及一些加工转换技术，即煤炭的洗选、配煤、型煤以及粉煤灰的综合利用技术。国外煤炭的洗选及配煤技术相当成熟，已被广泛采用；更为先进意义上清洁煤技术是指高技术含量的清洁煤技术，发展的主要方向是煤炭的气化、液化、煤炭高效燃烧与发电技术等。清洁煤技术是指在煤炭从开发到利用全过程中，旨在减少污染和提高效率的煤炭加工、燃烧、转换和污染控制新技术的总称，是当前世界各国解决环境问题的主导技术之一，也是高新技术国际竞争的一个重要领域。

(2) 国外其他煤炭矿产循环利用情况

美国在1970年制定了《资源回收法》，并于1976年制定了《资源保护再生法》。美国至少有292座自然煤矸石山，煤矸石量达2.7亿t。矿业局从20世纪70年代开始，对所有矸石山进行采样分析，并做出煤矸石综合利用规划。美国利用煤矸石生产水泥、轻集料或作为筑路材料；对含煤量大于20%的煤矸石，一般采用水力旋流器、重介质分选回收煤炭；成功研究出从燃烧着的煤矸石山中直接回收热能，这样既能回收热能，又能达到控制污染的目的。此外，可以利用煤矸石发电、生产有机矿质肥料等，对不便利用的矸石山，采用复垦法，使其变为牧场或果园。

英国煤炭局在全国共管辖着191个矿井，煤矸石山有800个，煤矸石量达16亿t。英国煤炭局重点目标是尽可能减少矸石山对环境的影响，并有计划地进行土地恢复和更新，在占地面积约9000万m^2的矸石山中已有2000万m^2进行复田。此外，把自燃煤

2 国内外矿产资源循环利用概况

矸石与铝土矿按 4∶1 的比例混合，可制成防滑简易路面。还可以利用煤矸石生产建材，如制备强度等级较低的混凝土、预制混凝土砌块等。

法国的煤矸石产量约为 850 万 t，堆存量达 10 亿 t。根据煤矸石矿物成分、化学成分和工程特性分别应用到不同领域。从 20 世纪 70 年代起，煤矸石年用量已达 40 万～50 万 t，对灰分为 65%～70% 的煤矸石进行洗选用于发电；其他的主要用来制砖、生产水泥和铺路。此外，法国将自燃煤矸石进行破碎并划分等级，用于空地和公共场所表面装饰，铺路或停车场。法国道路公路技术研究部和道路桥梁试验中心发现，煤矸石是很好的建筑充填材料，很容易分层铺成 30～40cm 的路基，易于压实，干密度可达 1.18g/cm³，使路基具有良好的不透水性。

2.3.2 国内外石油、天然气矿产资源循环利用概况

2.3.2.1 国内石油、天然气矿产资源循环利用概况

（1）国内石油矿产资源利用概况

石油是指气态、液态和固态的烃类混合物，具有天然的产状。石油又分为原油、天然气、天然气液及天然焦油等形式，但习惯上仍将"石油"作为"原油"的定义用。石油被称为"工业的血液"，80% 左右的石油被用作燃料，其他的 20% 作为化工业的原料。

200 多年来，化石能源的使用，推动了工业革命，大大提高了劳动生产率。虽然化石能源不可再生，但由于全球的化石能源资源比较丰富，至今全球的一次能源消费结构中，化石能源仍然占主导地位。"富煤、缺油、少气"是我们对过去我国的能源资源禀赋的通常评价。我国的第一大油田是长庆油田，年产量超过 6500 万 t 油气当量；大庆油田年产量约 4000 万 t 油气当量，继续位居第二；渤海油田、塔里木油田、西南油气田年产量均超过 3000 万 t 油气当量；胜利油田年产量超过 2000 万 t 油气当量；其余的新疆油田、延长油田、辽河油田等 6 个油田，年产量在 1000 万 t 油气当量以上。

根据我国自然资源部发布的《中国矿产资源报告（2022）》，截至 2021 年年底，中国石油、天然气剩余探明技术可采储量分别达 36.89 亿 t、63392.67 亿 m³，2021 年全国新发现矿产地 95 处。近年来，为实现石油矿产资源的可持续发展，我国继续加大油气勘探开发力度，超深水、非常规油气勘探开发理论及技术有所突破，老油田产量衰减速度放缓，新油田投产加快。如图 2-2 所示，中国原油产量自 2018 年以来保持增长趋势。

中国消耗了世界石油产量的近 16%，成为世界第二大消费国。尽管中国也是世界上最大的石油生产国之一，但其产量远远低于其消费量。1990 年，中国石油消费量为 233 万桶/日，2000 年增至 469 万桶/日，2010 年增至 918 万桶/日。2021 年，中国石油产量为 499 万桶/日，石油消费量为 1527 万桶/日。预计 2023 年全球石油消费量将达到 11605 万桶/日。"新的炼油厂产能和战略库存储备，加上国内石油产量下降"，被视为导致中国原油进口增加的主要因素。中国是俄罗斯石油最大的单一买家（占俄罗斯出口量的 20%）。

（2）国内天然气矿产资源利用概况

我国天然气产业的发展历程大致可以分为 3 个阶段。

发展起步阶段：从 1949 年到 1977 年，历时 28 年，我国天然气工业在四川盆地发

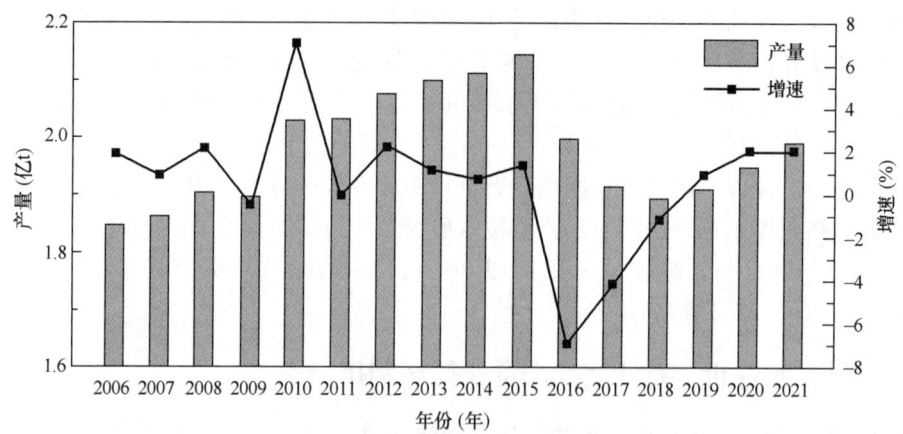

图 2-2　2006—2022 年我国原油产量（数据来自国家统计局）

展起步，天然气年产量从 0.1 亿 m^3 逐步增加到 100 亿 m^3。

缓慢增长阶段：从 1977 年到 2001 年，历时 24 年，全国天然气年产量稳步上升到 303 亿 m^3。

快速发展阶段：2001 年到 2020 年，历时 19 年，全国天然气产量年均增长 83.4 亿 m^3；到 2021 年，全国天然气产量 2076 亿 m^3，同比增长 7.8%，连续 5 年增产超 100 亿 m^3。截至 2021 年年底，我国天然气探明储量为 63392.67 亿 m^3，当年新增探明地质储量 16284 亿 m^3。

2021 年，我国天然气消费量约为 3726 亿 m^3，其中我国自己生产 2092 亿 m^3，累计增长 8.2%，大概占我国天然气消费总量的 55%。2021 年我国天然气进口量达到 1675 亿 m^3，占我国总消费量的 45%。为改善能源结构，近年来中国天然气行业产供储销体系建设取得阶段性明显成效，天然气在一次能源消费结构中占比稳步提升。目前，中国的天然气矿产资源利用具有以下特征。

一是天然气消费快速增长，在一次能源结构中占比稳步提升。2021 年全国天然气消费量 3690 亿 m^3，增量 410 亿 m^3，同比增长 12.5%。2021 年中国天然气占一次能源消费总量的比例升至 8.9%，较上年提升 0.5 个百分点。从消费结构看，工业用气占天然气消费总量的 40%；发电用气占比 18%；城市燃气占比 32%；化工化肥用气占比 10%。分省看，广东、江苏、四川、山东、河北消费量位居前 5 位，广东、江苏消费量超 300 亿 m^3，四川、山东、河北超 200 亿 m^3。

二是勘探开发持续发力，新增储量产量再创新高。2021 年全国天然气新增探明地质储量 16284 亿 m^3。其中，常规气（含致密气）、页岩气、煤层气新增探明地质储量分别达 8051 亿 m^3、7454 亿 m^3 和 779 亿 m^3。

三是天然气进口稳步增长，管道气进口增速超过 LNG（液化天然气）。2021 年进口天然气 1680 亿 m^3，同比增长 19.9%。其中，管道气进口量 591 亿 m^3，同比增长 22.9%。LNG 进口量 1089 亿 m^3，同比增长 18.3%。

四是天然气基础设施建设加快推进，储气能力快速提升。2021 年全国主干天然气

2 国内外矿产资源循环利用概况

管道总里程达到 11.6 万 km。"西气东输"三线中段、"川气东送"二线等一批重大工程加快推进。储气设施开工建设全面提速，采暖季前地下储气库实现"应储尽储"。2021年全国已建成储气能力同比增长 15.8%。

2.3.2.2 国外石油、天然气矿产资源循环利用概况

（1）国外石油矿产资源利用概况

全球近 48% 的石油由 5 个国家消耗。2021 年，每天消耗 9739 万桶。

美国的石油消费量占世界的 20.31%，是世界上最大的石油消费国。美国不仅作为消费者，甚至作为石油生产国，都位居榜首。美国能源信息管理局（EIA）的数据显示，2021 年，美国石油总产量平均约为 1877 万桶/日，而石油消费量平均约为 1978 万桶/日。自 1990 年美国石油消费量为 1699 万桶/日以来，美国的石油消费量没有大幅增长。据估计，2022 年和 2023 年美国的石油消费量分别为 2051 万桶/日和 2078 万桶/日。去年，美国从 73 个国家每天进口 847 万桶石油，出口量约 863 万桶。原油占进口量的 72%、出口量的 35%。美国石油总进口量排名前五的来源国是加拿大、墨西哥、俄罗斯、沙特阿拉伯和哥伦比亚，2021 年，从加拿大原油总进口占比 62%。

印度的石油日消费量为 465 万桶，是世界第三大石油消费国。早在 1990 年，印度的日消费量为 117 万桶，到 2000 年增加到 218 万桶，到 2010 年达到 314 万桶。考虑到过去几年印度经济增长、人口增长和现代化的活力，印度的能源需求持续攀升。然而，鉴于其国内产量约为 89 万桶/日，该国严重依赖进口来满足其需求（石油产品和原油）。即使面对巨大的需求，由于油井老化、投资不足以及技术上具有挑战性的深水油井开发问题，增加国内石油产量仍然具有挑战性。政府一直在鼓励更多的投资进入该行业，以减少印度对石油进口的依赖。据估计，到 2023 年，勘探和生产将投资约 580 亿美元。IEA 的印度能源展望："印度的石油需求到 2040 年将达到 870 万桶/日，这是所有国家中增幅最大的。"

俄罗斯的石油日消费量为 361 万桶，位居第四位。俄罗斯是世界第三大石油生产国，仅次于美国和沙特阿拉伯。2021 年，俄罗斯每天生产 1078 万桶原油，相当于世界产量的 11.28%。高产能和低消费使俄罗斯有充足的原油出口；2021 年，该国石油产量的 45% 用于出口。俄罗斯是仅次于沙特阿拉伯的第二大原油出口国。

（2）国外天然气矿产资源利用概况

根据英国石油公司（BP）发布的《BP 世界能源统计年鉴 2021》，截至 2021 年年底，俄罗斯已探明天然气储量全球排名第一，共有 37.4 万亿 m³；排名第二的为伊朗（32.1 万亿 m³）；其次是卡塔尔（24.7 万亿 m³）、土库曼斯坦（13.6 万亿 m³）和美国（12.6 万亿 m³）。截至 2021 年年底，BP 公司评估全球已探明天然气总量为 188.1 万亿 m³，全球天然气探明储量最大的 5 个国家储量占全世界储量的 65.44%。

尽管全球努力减少对化石燃料的依赖，但天然气消费量在 2021 年创下历史新高，比 2019 年高出 3.3%。根据国际能源署的数据，到 2025 年需求将保持低迷状态。表 2-1 展示了全球天然气主要生产国 2021 年的天然气产量。

2022 年 7 月，由国际能源署（IEA）、北京大学能源研究院（IEPKU）和国际燃气联盟（IGU）共同举办的国际能源署《天然气分析及展望 2022—2025》发布会，对全球天然气供需及贸易情况进行了系统分析。

表 2-1　全球天然气主要生产国家 2021 年的天然气产量

排序	国家	2021年产量（亿 m^3）	占比（%）
1	美国	934.2	23.10
2	俄罗斯	701.7	17.40
3	伊朗	256.7	6.40
4	中国	209.2	5.20
5	卡塔尔	177.0	4.40
6	加拿大	172.3	4.30
7	澳大利亚	147.2	3.60
8	沙特阿拉伯	117.3	2.90
9	挪威	114.3	2.80
10	阿尔及利亚	100.8	2.50
11	土库曼斯坦	79.3	2.00
12	马来西亚	74.2	1.80
13	埃及	67.8	1.70
14	印度尼西亚	59.3	1.50
15	阿拉伯联合酋长国	57.0	1.40
16	乌兹别克斯坦	50.9	1.30
17	尼日利亚	45.9	1.10
	世界其他国家和地区	671.8	16.60
	全球总计	4036.90	100.00

从需求端看，早在 2021 年下半年，国际天然气市场已经形成高价格和供应紧张局势。2022 年 2 月 24 日俄乌冲突爆发，导致全球天然气市场进一步受挫，欧洲和亚洲的天然气现货价格到达历史最高点。2022 年上半年，欧洲的天然气需求同比下降 10% 以上。受高温和创纪录的高昂天然气价格影响，工业和电力部门的天然气使用大幅下降，低于其 2020 年水平。潜在的俄气供应中断可能性带来了进一步的下行风险。在价格上涨的情况下，市场对北美天然气的需求继续增长，2022 年上半年美国液化天然气的增量占总供应量增加的近 90%。亚太地区将主导需求增长，但供应紧张会限制其增长步伐。

从供应端看，到 2025 年全球天然气增产将集中于北美和中东地区，但增长量仍有限，而俄罗斯则因预期出口下降导致增产潜力下滑。据 IEA 预测，2021—2025 年，基础情景中俄罗斯对欧盟的管道气出口量将下降约 55%，加速情景中降幅将进一步提高至 75%。

从贸易量看，2021—2025 年，全球液化天然气贸易的年平均增长率将略低于 4%，接近 6000 亿 m^3。欧洲对 LNG（液化天然气）的需求激增以及 LNG 液化能力增长的显著放缓将提升全球天然气市场长期紧张的风险。扩大低碳天然气生产和甲烷减排的规模有助于在缓解供应压力的同时减少排放。欧盟摆脱俄罗斯管道气供应将给全球天然气发展带来长期影响，未来市场不确定性较大。

思政小结

2.1 节从金属矿产资源分布、新材料领域应用及其二次资源循环利用等方面阐述了矿产资源相关理论;阐释了可持续发展理论的基本内涵、具体目标;从系统的概念、特征切入,讨论了系统分析与系统协调的具体内容;介绍了资源循环利用的相关概念,总结了资源循环利用技术的具体特征。当代青年应当学好各自专业的知识,在课堂和实践中提高个人素养,培养资源循环利用的大局观。

2.2 节介绍了非金属矿产资源的循环利用,引入非金属材料的生产、制备和应用相关行业的发展历史、伟大成就、伟大工程、龙头企业、典型人物、尖端技术、国际地位、国家战略、国家标准、环保理念、中外差距、反面案例、热点问题、针对性问题以及行业在国家经济社会中的贡献和地位等素材,深入挖掘其中的思政元素。同时,注重课程内容所蕴含的哲学、科学、心理、情感、认知、逻辑等思政元素的挖掘,从政治认同和国家意识、学术志向和专业伦理、品德修养和人格养成三方面对学生进行价值引领,使学生树立正确的世界观、人生观、价值观,践行社会主义核心价值观,增强"四个自信"。

2.3 节介绍了煤炭、石油及天然气矿产资源作为一次能源资源具有重要的战略地位,我国年均投入大量的资金、人员在此类矿产资源的探寻、开采及循环利用方面。掌握能源资源的主动权是实现国家话语权的重要策略,当代青年应当学好各自专业的知识,在实践中精炼技术,为提高我国煤炭、石油及天然气矿产资源利用价值而做出贡献。

思考题

(1) 结合矿产资源"乱采滥用"现象,提出几条保护金属矿产资源的措施。
(2) 选一种感兴趣的金属矿产资源,设计一个金属矿产资源循环利用的方案。
(3) 结合现有应用技术,谈一谈关于金属尾矿资源重复利用的理解。
(4) 选一种感兴趣的非金属矿产资源,提出一种全资源循环利用的方案。
(5) 就目前非金属矿产资源的利用情况,谈一谈个人对非金属矿产资源利用未来的发展方向的看法。
(6) 煤炭矿产资源有哪些?当前全球煤炭矿产资源的储量与消耗量是怎样的?
(7) 石油与天然气的关系是什么?其开采方式有哪些?
(8) 当前全球石油、天然气矿产资源的储量与消耗量是怎样的?

3 金属矿产资源循环利用与新材料

> **教学目标**
>
> **教学要求**：系统了解各类矿产资源的定义、分类及分布特点，理解和掌握矿产资源的关键提取技术原理和实施过程，总结各类矿物提取过程中的异同点，熟悉矿产资源的主要应用领域及其在新材料领域的应用，对矿产资源的未来发展趋势有清晰的思考，厘清锰尾矿及其二次资源的循环利用途径和方法。
>
> **教学重点**：各类矿产资源循环利用技术与应用。
>
> **教学难点**：(1) 各类矿产资源选矿、提取技术。
>
> (2) 各类矿产资源综合利用及发展前景。
>
> (3) 各类矿产资源循环利用技术及应用领域。

3.1 铁矿产资源循环利用与新材料

3.1.1 铁矿产资源分类、储量及分布

3.1.1.1 铁矿产资源分类

铁矿产资源丰富、种类繁多，目前，世界范围内已知铁矿达300多种。铁矿产资源可根据矿物组成以及矿床类型等进行类别划分。按照矿物组成，铁矿产资源可分为磁铁矿、赤铁矿、褐铁矿、钛铁矿和菱铁矿等。按照矿床类型，铁矿产资源可分为沉积变质型铁矿、岩浆型铁矿、火山岩型铁矿、矽卡岩型铁矿、沉积型铁矿和风化淋滤型铁矿。

3.1.1.2 铁矿产资源储量

铁矿石是钢铁生产企业的重要原材料。2020年全球铁矿石原矿储量约1800亿t，比上年增加100亿t。其中，含铁量高的铁矿石储量在840亿t左右，占全球铁矿石原矿储量的46.67%。

3.1.1.3 铁矿产资源分布

全球铁矿石资源分布较不均衡，主要集中在澳大利亚、俄罗斯、巴西、中国等地，4个国家占比超过70%。我国铁矿资源主要集中分布在鞍山、本溪、冀东、密云、五台吕梁、宁芜庐枞、包头白云鄂博、鲁中、邯郸、邢台、鄂东、海南等矿区。我国铁矿资源的特点为资源储量大、分布相对集中、难选矿多、易选矿少。

3.1.2 铁矿资源选矿与提取技术

3.1.2.1 铁矿资源选矿技术

铁矿资源选矿需要经过分选前矿石预处理、分选、脱水和尾矿循环复用等步骤。分

选前矿石的预处理,目的是使有用矿物与脉石矿物单体分离,使各种有用矿物相互间单体解离。分选过程是关键的步骤,主要借助重选、磁选、电选、浮选和其他选矿方法将有用矿物同脉石分离,使有用矿物相互分离获得铁精矿等选矿产品。在铁矿石选别过程中,开头的选别称为粗选;将粗选得到的富集产物做进一步选别以获得高质量的精矿的选别作业称为精选;将粗选后的贫产物做进一步选别,分出中矿返回粗选或单独处理,以获得较高回收率的选别作业称为扫选。扫选后的贫产物即为尾矿,但是根据不同化学成分,铁矿资源选矿存在差异。

3.1.2.2 铁矿资源提取铁技术

在高温下,用还原剂将铁矿石还原得到生铁的生产过程就是炼铁。炼铁的主要原料是铁矿石、焦炭、石灰石、空气。铁矿石的含铁量称为品位,在冶炼前要经过选矿,除去其他杂质,提高铁矿石的品位,然后经破碎、磨粉、烧结,才可以送入高炉冶炼。铁矿资源提取铁主要依托高炉法、直接还原法、熔融还原法和等离子法。

3.1.3 铁矿资源应用与新材料技术

3.1.3.1 铁矿资源在铁电材料上的应用

铁电陶瓷是具有铁电性的陶瓷,在低于居里温度时具有自发极化性能。陶瓷中有许多电畴,铁电陶瓷的重要特征是其极化强度与施加电压不呈线性关系,具有明显的滞后效应。由于这类陶瓷的电性能在物理上与铁磁材料的磁性能相似,因而称为铁电陶瓷。铁电陶瓷近年来得到广泛研究。

铁电薄膜是具有铁电性且厚度在数十纳米到数十微米的薄膜材料,可具备介电性、铁电开关效应、压电效应、热释电效应、电光效应、声光效应、光折射效应和非线性光学效应等一系列特性。

3.1.3.2 铁矿资源在铁磁材料上的应用

铁磁材料只要在很小的磁场作用下就能被磁化到饱和,不但磁化率>0,而且数值大到 $10\sim10^6$ 数量级,其磁化强度 M 与磁场强度 H 之间的关系是非线性的复杂函数关系。常见的铁磁材料分为软磁材料、硬磁材料和矩磁材料。

软磁材料的特点是磁导率很大,易被磁化也易去磁。典型的软磁材料有硅钢片、铸铁、坡莫合金等。硅钢片主要用来制作变压器的铁芯,坡莫合金用来制造小型变压器、高精度交流仪表和磁放大器等。硬磁材料的特点是需要较强的外磁场的作用才能使其磁化,而且不易退磁,故被称为恒磁性材料(恒磁)或永磁性材料(永磁)。其典型材料有钴钢、碳钢等。因其剩磁强,不易退磁,常用来制造各种形状的永久磁铁。从 20 世纪 80 年代起,除了传统烧结磁体,含各种元素的铁基永磁体被大量研究并制备。国外对钕铁硼硬磁材料的研究同样广泛。矩磁材料的特点是只需很小的磁场就能使它迅速磁化,并达到最大值,去掉外磁场仍能保持原来的强度。矩磁材料主要用于制造计算机中存储元件的环形磁芯,具有矩形磁滞回线的软磁材料,起着选择、控制、放大、开关及记忆等作用。

3.1.4 铁尾矿及二次资源循环利用技术

3.1.4.1 铁尾矿产生及现状

铁尾矿是铁矿产资源开发利用过程中排放的危险固体废弃物。随着高品位的铁矿石储量的逐渐下降，较低品位铁矿逐渐被大量挖掘，这一举动导致更多的铁尾矿产生。铁尾矿难以得到有效利用，大多以在矿区建立尾矿库的方式进行储存。铁尾矿大多数以泥浆的形式导入尾矿库中。尾矿库中的水分无论是渗透进入周围土壤，还是混入周围的水源，都将造成环境污染，甚至影响当地生态群落的发展。当矿区周围存在人员生活区时，尾矿库的溃坝风险是人们生命财产安全的重大隐患。在不考虑其他因素的情况下，尾矿库的建立会占用大面积土地，并且难以修复。故而，铁尾矿的处理问题逐渐引起全球的广泛重视。

3.1.4.2 铁尾矿二次利用技术

目前的研究中，铁尾矿的应用主要集中在元素回收利用（包括铁、钴、镍等有价金属回收）、土壤改良剂和肥料以及建筑材料，分别涉及水泥熟料、免烧砖、3D打印材料和路基材料等。

（1）元素回收利用

铁尾矿由采矿矸石泥浆、低品位矿石等组成，但是组分中可能含有铁、金、锌、钨和镍等元素，具有回收利用价值，因此一直有专业技术人员从事铁尾矿元素回收的研究。近年来，有研究人员利用预浓缩和悬浮磁化焙烧技术，再经过磁选和浮选，获得含铁率58.67%的精铁矿，铁回收率达57.82%。

（2）土壤改良剂和肥料

随着工业的发展，氮肥和磷肥等工业肥料被广泛应用在耕地中；过度利用造成土壤环境破坏，过度利用耕地，使土壤中钾、钙、镁和锌等矿物元素流失严重。铁尾矿富含多种金属和非金属元素，配合其他原料，经过煅烧或水热等处理工艺可以作为土壤改良剂和肥料应用，低成本、高效率地解决土地资源问题。

（3）建筑材料

固废资源化利用是国家近年来的政策导向。铁尾矿作为绿色建材，其开发利用的形式也十分广泛，主要体现在无机非金属建筑材料方面，如水泥胶凝材料和混凝土。

3.2 铝土矿产资源循环利用与新材料

3.2.1 铝土矿资源分类、储量及分布

3.2.1.1 铝土矿资源分类

铝土矿是生产金属铝的最佳原料，也是最主要的应用领域。铝土矿由母岩在湿热气候下经红土化而成。全球铝土矿矿床类型通常可以分为两大类：红土型和沉积型。

3.2.1.2 铝土矿资源储量及分布

美国地质勘探局（USGS）的数据显示，世界铝土矿资源量为 $5.50 \times 10^{10} \sim 7.50 \times 10^{10}$ t。世界铝土矿已探明储量约 2.80×10^{10} t，主要分布在非洲（32%）、大洋洲

（23%）、南美及加勒比海地区（21%）、亚洲（18%）及其他地区（6%）。

近年来，我国铝土矿勘察取得了许多研究进展，大型和超大型新类型、隐伏矿与铝土矿伴生的稀有稀土矿床相继被发现。铝土矿矿产资源在目前的社会生产实践中有着重要的利用价值。铝土矿矿石主要应用于炼铝工业、精密铸造，用于耐火制品及制造矾土水泥，铝土矿在非金属方面的用途十分广泛。

3.2.2 铝土矿资源提取氧化铝技术

从矿石提取氧化铝有多种方法，包括拜耳法、碱石灰烧结法、拜耳-烧结联合法等。拜耳法一直是生产氧化铝的主要方法，其产量占全世界氧化铝总产量的95%左右。

(1) 拜耳法

拜耳法由奥地利的拜耳（K.J.Bayer）于1888年发明。其原理是用氢氧化钠（NaOH）溶液加温溶出铝土矿中的氧化铝（Al_2O_3），得到铝酸钠溶液。溶液与残渣（赤泥）分离后，降低温度，加入氢氧化铝作为晶种。经长时间搅拌，铝酸钠分解析出氢氧化铝，洗净，并在950～1200℃温度下煅烧，便得到氧化铝成品。析出氢氧化铝后的溶液称为母液，蒸发浓缩后循环使用。

现代拜耳法的主要进展在于：①设备的大型化和连续操作；②生产过程的自动化；③节省能量，例如高压强化溶出和流态化焙烧；④生产砂状氧化铝以满足铝电解和烟气干式净化的需要。拜耳法工艺流程如图3-1所示。

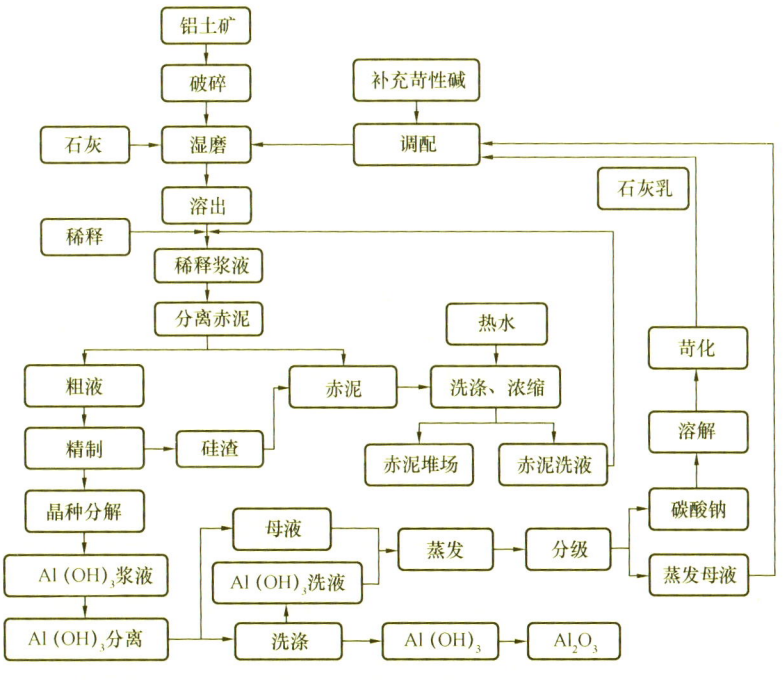

图 3-1 拜耳法工艺流程

拜耳法的优点主要是流程简单、投资省和能耗较低，每1t氧化铝的最低能耗仅 3×10^6 kcal（12.56×10^6 kJ）左右，碱耗一般为100kg左右（以 Na_2CO_3 计）。矿石中每1kg SiO_2 大约造成 1kgAl_2O_3 和 0.8kgNaOH 的损失。铝土矿的铝硅比越低，拜耳法的经济效果越差。直到20世纪70年代后期，拜耳法所处理的铝土矿的铝硅比均大于7~8。由于高品位三水铝石型铝土矿资源逐渐减少，如何利用其他类型的低品位铝矿资源和节能新工艺等问题，已是研究、开发的重要方向。

(2) 碱石灰烧结法

该方法适用于处理高硅的铝土矿，将铝土矿、碳酸钠和石灰按一定比例混合配料，在回转窑内烧结成由铝酸钠（$Na_2O \cdot Al_2O_3$）、铁酸钠（$Na_2O \cdot Fe_2O_3$）、原硅酸钙（$2CaO \cdot SiO_2$）和钛酸钙（$CaO \cdot TiO_2$）组成的熟料，然后用稀碱溶液溶出熟料中的铝酸钠，铁酸钠水解得到的NaOH也进入溶液。

(3) 拜耳-烧结联合法

拜耳-烧结联合法可充分发挥两法优点，取长补短，利用铝硅比较低的铝土矿，求得更好的经济效果。该方法有多种形式，均以拜耳法为主，而辅以烧结法。按拜耳-烧结联合法的目的和流程连接方式不同，又可分为串联法、并联法和混联法3种工艺流程。

3.2.3 铝土矿生产陶瓷与耐火材料技术

3.2.3.1 铝土矿生产陶瓷技术

使用铝土矿资源可生产出与氧化铝原料制成的耐磨瓷同等性能的产品，成本是使用氧化铝耐磨瓷的50%~70%，产品价格比同级别品种的氧化铝瓷低20%~40%。我国作为世界上最大的建筑卫生陶瓷生产国，节电、降低成本、高产增效是该行业关注的重点。氧化铝可以生产出不同纯度产品，典型纯度范围为90.0%~99.9%，99.7%的氧化铝陶瓷材料通常适用于精密陶瓷，通过注塑成型、压制、等静压、滑浇、烧结工艺成型。

3.2.3.2 铝土矿生产耐火材料技术

铝矾土在耐火材料的应用：生产各种高铝制耐火制品和不定型耐火材料，耐火精密器件或耐火砖、耐火纤维毡等，用在钢铁、有色、石化、机械、建材、电力、环保乃至国防军用领域。

其中，铝硅酸盐耐火材料是以Al_2O_3和SiO_2为主要成分的耐火材料。按耐火材料中的Al_2O_3含量不同可分为半硅质（质量分数15%~30%）、黏土质（质量分数30%~48%）和高铝质（质量分数>48%）耐火材料。该耐火材料具有质量轻、热稳定性好、保温性能好等优点。在制备耐火材料过程，铝矾土煅烧阶段分为分解、二次莫来石化、重晶烧结三个阶段，主要参数见表3-1。

表3-1 制备耐火材料过程各阶段情况

阶段名称	温度范围（℃）	主要特征
分解阶段	400~1200	700~800℃完成脱水，水铝石逐渐向刚玉转变，950℃以上偏高岭石转变为莫来石和非静态SiO_2，后者在高温下变为方石英
二次莫来石化阶段	1200~1400	1200℃以上游离SiO_2形成莫来石、二次莫来石；1300~1400℃铝矾土中Fe_2O_3和TiO_2及杂质成分形成液相或固溶体
重晶烧结阶段	1400~1500	刚玉和莫来石晶体长大，由10μm（1500℃）分别增至60μm和90μm，微观气孔1200~1500℃基本不变，维持在100~300μm，1500℃以上气孔率降低，物料趋向致密

3.2.4 赤泥及铝土矿尾矿循环利用制备建筑材料技术

3.2.4.1 混凝土、水泥

赤泥含有较高的钙质成分，赤泥中有效钙质含量达26%。同时赤泥中含有相当数量的无定形铝硅酸盐物质，它们在水泥水化过程中放出的氢氧化钙的作用下产生火山灰反应，从而产生胶凝性。所以，赤泥可以作为一种具有胶凝性的钙质材料取代部分水泥，鉴于赤泥的这种矿物特性，可选择水泥-赤泥为胶结物来制取混凝土。

3.2.4.2 免烧材料

赤泥本身含有硅、钙等胶凝成分，可利用赤泥和其他固废通过混合、成型等工艺制备出各类免烧材料，如图3-2所示。国内对赤泥免烧砖材料进行了大量研究，由于市场和部分技术问题，大规模应用仍然受到限制，主要原因：①赤泥免烧砖所使用的固化剂成本高；②赤泥潜在活性的激发，限制赤泥的添加量；③赤泥免烧砖有泛霜问题；④砖制品具有放射性。

3.2.4.3 烧结功能材料

利用赤泥制备的多孔材料有环保、功能化等优点，烧结制备多孔材料可用于微晶玻璃建材、陶瓷滤料等水处理方向，如图3-3所示。添加合适的晶核剂，可在合适的热处理制度下得到微晶玻璃，同时可以利用赤泥制备多孔材料用于废水处理领域。

图3-2 赤泥免烧砖块样品

图3-3 赤泥烧结功能材料样品

3.2.5 赤泥循环利用制备功能材料技术

3.2.5.1 赤泥-高分子复合材料

赤泥复合材料可广泛用于建筑、园林设施、工业包装盘等领域；可以利用超高分子量聚氯乙烯和赤泥、炭黑、增塑剂及其他助剂共混制备出复合导电材料，材料性能优良。Zhang等研究了赤泥/聚丙烯矿物负载复合材料的力学和热学性能，研究表明，在一定范围内，随着赤泥含量的升高，复合材料的冲击强度、断裂伸长率下降，弯曲强度上升，拉伸强度在15%达到最大值，热变形温度和维卡软化点温度都有所提高。

3.2.5.2 赤泥用于路基材料

赤泥路基由赤泥路基中心土、包边土（一般黏性土或其他材料）、边坡防护和排水系统等部分组成。随着路拌法施工的进行，改性赤泥被应用到公路路基，流程如下：①施工前准备→②地表处理→③检测合格→④赤泥运输→⑤整平→⑥撒布赤泥改性材料→⑦路拌机拌和→⑧稳压→⑨振动压实→⑩终压→⑪检测合格→⑫养护→⑬下一层施工（返回第④步循环施工直至达到规定的填筑高程）。

3.2.5.3 农业、土壤修复领域

赤泥中除含有硅、钙、钾、磷外，还含有多种农作物必需的微量元素，赤泥经过高温（120～300℃）处理研磨，可复配制备硅钙农用肥料，增强作物生理效能和抗逆性能，提高作物产量和品质。由于赤泥中含有大量碱性物质，可用于酸性土壤改良研究。研究发现，土壤中施加赤泥可有效减少磷元素的渗漏，改善土壤酸性，促进牧草生长。赤泥在土壤修复中的作用主要在于重金属离子、放射性离子、磷酸盐等的固定和去除。

3.2.5.4 吸附材料

赤泥在废水处理中的应用一方面是由于其含有较高的 Fe 和 Al，通过添加其他物质将其回收制备混凝剂，另一方面是赤泥中的金属氧化物和硅酸盐成分以及疏松多孔的微观结构，可对废水中的污染物有吸附作用。

3.3 铜矿产资源循环利用与新材料

3.3.1 铜矿产资源分类、储量及分布

铜是一种金属元素，化学符号 Cu，英文 copper，原子序数 29。铜在地壳中的含量约为 0.01%，自然界中的铜多数以化合物即铜矿石存在。

3.3.1.1 铜矿产资源分类

世界上铜矿类型繁多，主要类型有斑岩型、沉积岩型层状铜矿床、岩浆硫化物型、火山块状硫化物型、铁-氧化物铜-金型（IOCG）、矽卡岩型六大类，占世界总资源储量的 97.7%，其他次要类型如沉积铜（-铅-锌）多金属矿（SEDEX 型）、浅成低温热液金-银矿伴生的铜矿床等占 2.3%。其中斑岩型铜矿床共计 17.0843 亿 t，占世界储量的 68.95%。

3.3.1.2 铜矿资源储量及分布

世界铜矿资源非常丰富，世界铜储量为 8.47 亿 t。储量大于 1 亿 t 的国家有智利、秘鲁。全球已探明的铜资源储量（均指资源量与储量之和，且为铜金属量）为 24.78 亿 t。保有铜矿资源储量超过 1 亿 t 的国家为智利、美国、秘鲁、刚果（金）、澳大利亚。

中国铜资源储量较为丰富，其类型涵盖较广，在全国各地区均有铜探明资源储量。自然资源部统计，2018 年中国铜矿产量占比在全球范围内是 7.62%，同年精矿进口量同比增长 13.66%，在 2012—2018 年间中国铜矿消费量复合增长率达到 14.49%。

3.3.2 铜矿资源提取技术

3.3.2.1 铜矿资源选矿技术

国内许多矿床的开采品位为 0.4%～0.5%，我国铜矿的平均品位仅为 0.87%。目前国内开发的矿区多数是综合性铜矿床，其矿石的结构构造复杂，嵌布粒度不均，多为

不均匀浸染粒度矿石；矿石化学成分多样，伴生、共生多种有益有害组分，选冶工艺条件复杂，综合利用这些资源，变害为益，是选矿的主要工作。处理低品位铜矿的方法主要有浮选法和化学选矿法（浸出法）。

3.3.2.2 铜矿资源提取铜技术

从铜矿中开采出来的铜矿石，经过选矿成为含铜品位较高的铜精矿或铜矿砂。铜精矿需要经过冶炼提成才能成为精铜及铜制品。铜的冶炼仍以火法冶炼为主，其产量约占世界铜产量的85%。现代湿法冶炼的技术正在逐步推广，湿法冶炼的推出使铜的冶炼成本大大降低。

（1）火法炼铜

该技术通过熔融冶炼和电解精火炼生产出阴极铜，即电解铜，一般适于高品位的硫化铜矿。火法冶炼一般是先将原矿石通过选矿使其成为铜精矿，再在另一种反射炉内经过氧化精炼脱杂或铸成阳极板进行电解，获得品位高达99.9%的电解铜。该技术流程简短、适应性强，铜的回收率可达95%，但因矿石中的硫在造锍和吹炼两阶段作为二氧化硫废气排出，不易回收，易造成污染。

（2）湿法炼铜

湿法炼铜就是将铜矿进行浸出、萃取和电积得到阴极铜，一般适于低品位的氧化铜，生产出的精铜为电积铜。现代湿法冶炼技术有硫酸化焙烧-浸出-电积、浸出-萃取-电积、细菌浸出等，适于低品位复杂矿、氧化铜矿、含铜废矿石。

3.3.3 铜资源综合利用与新材料技术

铜是与人类关系非常密切的有色金属，不仅在自然界资源丰富且具有较优良的导电性、导热性、延展性、耐腐蚀性、耐磨性等优良性质，被广泛地应用于电力、电子、能源及石化、机械及冶金、交通、轻工、新兴产业等领域，在我国有色金属材料的消费中仅次于铝。

3.3.3.1 铜在电力领域的应用

铜在电力领域的应用体现在：电力输送如线电缆、变压器、开关、接插元件和连接器等；电机制造如定子、转子、轴头和中空导线等；通信电缆及住宅电气线路也需使用大量的铜导线。

3.3.3.2 铜在电子领域的应用

铜在电子领域的应用体现在：电真空器件如高频和超高频发射管、波导管、磁控管等，它们需要高纯度无氧铜和弥散强化无氧铜；铜印刷电路需要大量的铜箔和铜基钎焊材料；集成电路中以铜代替硅芯片中的铝作为互连线和引线框架。

3.3.3.3 铜在能源与化工领域的应用

铜在能源与化工领域的应用体现在：能源工业火力发电厂的主冷凝器管板和冷凝管均使用黄铜、青铜或白铜制造；太阳能加热器也常使用铜管制造；石化工业大量使用铜和铜合金，用于制造接触腐蚀性介质的各种容器、管道系统、过滤器、泵和阀门、各种蒸发器、热交换器和冷凝器等；海洋工业已在海水淡化工厂、海洋采油采气平台以及其他海岸和海底设施中广泛应用铜和铜合金。

3.3.3.4 铜在交通运输领域的应用

铜在交通运输领域的应用体现在：在船舶行业中铜和铜合金一般用于制造铝青铜螺旋桨、螺栓、冷凝管、铆钉、含铜包覆油漆等；在汽车行业铜和铜合金主要用于散热器、制动系统管路、液压装置、齿轮、轴承、配电和电力系统、刹车摩擦片、垫圈以及各种接头、配件和饰件等。

3.3.3.5 铜在机械和冶金工业领域的应用

铜在机械和冶金工业领域的应用体现在：机械工程除了电机、电路、油压系统、气压系统和控制系统中大量用铜以外，各种传动件和固定件如缸套、连接件、紧固件、齿轮、扭拧件等，都需要以铜或铜合金减磨和润滑；冶金设备连续铸造技术中的关键部件——结晶器，大都采用铬-铜、银-铜等高强度和高导热性的铜合金制造。合金添加剂铜是钢铁和铝等合金中的重要添加元素。

3.3.3.6 铜在轻工业领域的应用

铜在轻工业领域的应用体现在：铜及铜合金可用于制造空调器的热交换器、钟表机芯、造纸机的网布、辊轮发酵罐内衬、蒸馏锅、建筑装饰构件等。

3.3.3.7 铜在新兴产业及高科技领域的应用及技术

铜可应用于新兴产业及高科技领域。目前高科技领域铜材料主要分为以下几类。

（1）高强高导铜合金

高强高导铜合金广泛应用于大规模集成电路引线框架、大型涡轮发电机转子导线、大型电力机车架空导线等。近些年，以 Cu-Ni-Si 系合金为代表，被广泛应用于框架材料、电子工业、超大规模集成电路、电力电气领域等。

（2）超高导电铜合金

超高导电铜可分为纯铜、合金铜和铜基复合材料。纯铜材料主要通过减少晶界、杂质缺陷来改善导电率。某些合金元素的添加可以改变电子结构来提高导电性，一般使用 Sn 和稀土来进行改善，通过增加自由电子的数量从而提高导电率。

（3）超高强弹性铜合金

一般抗拉强度超过 1000MPa 的导电弹性铜合金称作超高强弹性铜合金。目前，国内超高强弹性铜合金主要分为 Cu-Be 系、Cu-Ti 系、Cu-Ni-Si 系等。其具有高强度、高硬度、高弹性极限、耐腐蚀、耐疲劳和耐低温的优异性能，主要应用于有高强、高弹性、高耐磨要求的器件材料，可广泛应用于制造各种形式的弹性元件、仪器仪表和耐磨元件中。

（4）弥散强化铜基复合材料

铜基复合材料是众多高端装备所需的材料，对铜基复合材料的导电率影响最大的因素是增强体的选择，碳纳米管和石墨烯具有特殊的结构和性质且物理和力学性能优异，最有希望作为研发高强高导铜基复合材料的增强体。

3.3.4 铜尾矿及再生铜资源循环利用技术

3.3.4.1 铜尾矿资源循环利用技术

铜尾矿又被称作铜尾砂，是天然铜矿石经粉碎、分选、精选等作业后产生的粉状或砂砾状固体废弃物。我国不断堆积的尾矿库，不仅占用大量农田和林地，而且尾矿中所含的重金属以及尾矿表面含有的浮选药剂会对尾矿库周边生态环境造成严重危害。

铜尾矿中含有大量的有用组分，回收尾矿中有用组分是目前降低尾矿品位、综合利用铜尾矿以及提高企业效益的重要方式之一。

(1) 铜的回收

从铜尾矿中回收铜能够二次利用铜尾矿，增加企业的利润，我国铜尾矿资源中约有25%具有二次利用的经济价值。

(2) 铁的回收

为减少尾矿排放和资源浪费，提高经济效益，采用"磁选粗选—再磨—磁选精选反浮选"新型工艺流程，可提高铁品位及产率。在广西，采用浮选尾矿重选工艺能够得到品位为63.66%、回收率为16.89%的铁精矿以及品位为16.70%、回收率为40.06%的铜精矿。

(3) 硫的回收

含硫尾矿堆存不仅给企业带来巨大经济损失，也对周围环境带来较大影响。聂琦蔚等对江西某铜矿进行了选矿试验研究，得到了品位为20.32%、回收率为92.38%的铜精矿和含硫48.14%、回收率79.37%的硫精矿。

(4) 其他有用组分的回收

铜尾矿中除了铜、铁、硫等常规成分可回收外，还有部分其他金属可再利用，如镍、钨、金、银等。赵迎锋等对江西某铜尾矿中的钨进行了回收利用，获得了产率为2.35%、品位为1.15%、回收率为43.95%的钨粗精矿。

(5) 铜尾矿回填

尾矿用于采矿区充填是充分利用尾矿最有效的方式之一。尾矿回填主要有两大作用：其一是清除采选后留在井上的废料；其二是将因采矿遭到掏空的井下地理环境得以充填补实，尽量恢复开采前的地下物理状态，保持地质结构的稳定。

(6) 铜尾矿作为煅烧熟料的原料

铜尾矿中含有的微量元素 Mn、Zn、Cu、Ti 等，对熟料的煅烧有利，在熟料的煅烧过程中能使液相的温度降低；同时微量元素如 Cu、Ti 等还起到助熔剂的作用，有利于提高生料的易烧性。

(7) 铜尾矿作为水泥矿化剂

金属尾矿一般含有丰富的微量元素，微量元素在水泥烧成中起着重要的作用，因此金属尾矿用作水泥矿化剂将具有重要的意义。

(8) 铜尾矿作为混凝土中的掺料

当在混凝土中掺入适量铜尾矿时，其抗压强度、透水性、耐久性以及抗氯离子渗透能力都会有明显提升。利用废弃铜尾矿制备的混凝土砌块，其平均抗压强度达4.7MPa，满足《蒸压加气混凝土砌块》(GB/T 11968—2020) 的要求。

(9) 铜尾矿制作陶瓷、玻璃

铜尾矿中富含 SiO_2、Al_2O_3，与制作陶瓷的原料基本相同。张国涛等利用山西某地铜尾矿制作了发泡陶瓷墙板，符合标准要求。廖力利用某铜尾矿生产出 CaO-MgO-Al_2O_3-SiO_2 四元系统形成的微晶玻璃，其主要技术指标达到标准要求。张雪峰等以60%的山西铜尾矿为主料制备的泡沫玻璃抗压强度达1.03MPa。

（10）制作免烧砖

利用铜尾矿制作免烧砖具有工艺简单、投资少、见效快等优点，其对铜尾矿的消纳发挥积极作用。冯启明等以四川某铜尾矿为主要原料，成功制备了轻质免烧砖，符合建筑物承重和非承重砌块的使用要求。

3.3.4.2 再生铜资源循环利用技术

铜是一种具有优良再生特性的金属，可以反复利用。再生铜资源按来源主要分为两大类：一类是新资源，是在铜材加工过程中产生的废料，主要包括加工余料和边角废料以及加工碎屑等；另一类是废旧资源，是各类工业产品和配件中的铜制品以及其他民间废铜。

（1）国际再生铜资源利用状况

世界废铜的产生量与经济情况、人口密度存在一定的相关性。当经济景气、人口密度较大时，废铜产生量多；反之则废铜产生量少。近年来，随着亚洲地区经济的快速发展，亚洲地区废铜产生量在全球废铜量中所占的比例逐渐升高。

（2）国内再生铜资源利用状况

我国再生铜工业主要经历了3个发展阶段：第一阶段（中华人民共和国成立初期），我国的铜工业刚刚起步，此时再生铜量约占我国铜总产量的65%；第二阶段为20世纪50年代末到70年代初，由于废杂铜的积蓄量逐渐减少、大型铜矿被陆续探测发现，以及各大型铜矿冶炼厂的陆续建设，再生铜占铜产量的比例有所下降。第三阶段，随着我国改革开放政策的不断推进、深化，铜的需求量开始呈现爆发式增长。1978年我国铜产量仅为29.9万t，而2018年我国年精炼铜产量已达903万t，其中矿产铜578万t，再生铜325万t。

（3）废杂铜再生工艺技术

废杂铜由于来源广、成分杂、铜品位不同，其再生综合处理的工艺技术也不同。部分高品位废杂铜直接生产铜制品，绝大部分废杂铜通过火法精炼，采用一段法、二段法或三段法生产合格的阳极铜，然后电解产出高品质阴极铜。目前，国内大多采用一段法或二段法工艺，三段法在国内暂无实际应用。

3.4 镁矿产资源循环利用与新材料

3.4.1 镁矿产资源分类、储量及分布

镁是地球上储量最丰富的轻金属元素之一，地壳丰度2%，海水中含量第三。中国是世界上镁矿资源最为丰富的国家之一，总储量约占全世界的22.5%，居世界第一。中国镁矿资源有地区分布不广、储量相对集中、大型矿床居多的特点。目前已探明储量的镁矿矿区有27处，分布于全国9个省（自治区）。

（1）菱镁矿

全球已探明的菱镁矿资源量达120亿t，储量约78亿t。蕴藏丰富的国家包括中国、朝鲜、俄罗斯等。根据《中国矿产资源报告2018》，2018年我国已探明菱镁矿储量36.42亿t，占世界总储量的28.85%，居世界首位。

我国菱镁矿资源丰富、质地优良，主要分布在辽宁、河北、安徽、山东、四川、西藏、甘肃、青海、新疆等9个省（自治区），其中以辽宁省资源储量最大，占全国总储量的89.28%，其次是山东，占全国总储量的6.8%。储量稍大的还有西藏、新疆和甘肃等省（自治区）。

（2）白云石

白云石是构成白云岩和白云质灰岩的主要矿物成分，与白云石共生或伴生的矿物主要有方解石、菱镁矿、长石、石英、石膏等。我国白云石矿产资源有分布广、储量丰富、质量优的特点。2018年已探明可开采白云石矿资源储量超过200亿t，主要分布在山西、河北、宁夏、吉林、河南、辽宁、内蒙古等地。

（3）水镁石

水镁石是自然界中比较稀少的富镁非金属矿，是镁金属原料最有效的来源，国外具有工业规模的水镁石矿床主要有美国内华达州，加拿大魁北克省、安大略省、新斯科舍省，俄罗斯，朝鲜，日本。中国水镁石矿储量约2500万t，属中等规模。

（4）盐湖镁矿

我国的盐湖镁资源相对比较丰富，呈现不同的类型（现行盐湖型、地下卤水型、沉积型），并且以青海的盐湖资源最具有代表性。据统计，氯化镁累计查明资源储量42.81亿t，其中基础储量19.08亿t；保有资源储量40.70亿t，其中基础储量17.98亿t。硫酸镁累计查明资源储量17.22亿t，其中基础储量12.29亿t。

3.4.2 镁矿产资源制备氧化镁和镁合金技术

3.4.2.1 镁矿资源生产镁

镁的生产方法分为两大类：氯化镁熔融盐电解法和热还原法。

1. 氯化镁熔融盐电解法

（1）以菱镁矿为原料的无水氯化镁的电解法（此法又称IG法）

采用此法生产金属镁时，将菱镁矿、石油焦、沥青混合制团；也可将菱镁矿、石油焦直接加入氯化炉，通氯气进行氯化，制成无水氯化镁，然后送去电解制成金属镁。

（2）卤水或盐湖水为原料经脱水后制取无水氯化镁的电解法

卤水或盐湖水经蒸发浓缩，除去钾盐、钠盐、溴、硼、硫酸盐等以后，经喷雾（或喷雾造粒）脱水制得含水较少的固体氯化镁，再经熔融氯化（或通氯化氢）彻底脱水制得无水氯化镁，送去电解制取金属镁。

（3）以海水为原料经脱水后制取无水氯化镁的电解法

此法又称道屋（DOW）法。此法以海水、贝壳为原料，用电解镁的副产品盐酸进行处理，制成氯化镁水溶液，再经干燥脱水制成$MgCl_2 \cdot 5H_2O$，然后在外加热的电解槽中生产金属镁。

2. 热还原法

（1）皮江法

皮江（Pidgeon）法是我国金属镁冶炼最具代表性、应用最广泛的硅热还原法工艺。该工艺过程可分为白云石煅烧、原料制备、还原和精炼四个阶段。将煅烧后的白云石破碎，和萤石粉（含氟化钙95%）混合，再加入硅铁粉（含硅75%）混合制球（制球压力 9.8～29.4MPa）压成团块，装在由耐热合金制成的还原罐内，在 1150～1200℃及 1.33～10Pa 条件下还原得到镁蒸气，冷凝结晶成固态镁。

（2）巴尔扎诺法

巴尔扎诺法所用原料同皮江法一样，在设备上加大了真空罐的尺寸，内部采取电加热。其基本的工艺流程与皮江法很相似，最主要的区别就在于反应器中煅烧后的白云石与硅铁被压制成团块，电加热器直接对团块加热，而不是加热整个反应器，能量消耗比其他热还原法低得多。

（3）熔融炉渣半连续热还原法

此法又名马格尼特（Magnetherm）法，仍然是用硅铁还原煅烧白云石，直接制取金属镁。其特点是配料中附加煅烧铝土矿，反应炉中采取电加热，在更高的温度（≥1500℃）下反应生成较低熔点的炉渣。

（4）MTMP 法

该法是在电弧炉中提取白云石或者氧化镁中的镁，利用硅铁作还原剂，反应温度为 1700～1750℃，镁蒸气以液态形式在冷凝室内富集。反应采取标准大气压，允许瞬间排放废渣，以达到连续性生产的目的。

3.4.2.2　镁矿资源生产氧化镁

氧化镁是一种重要的无机化工产品，其用途非常广泛。重烧镁砂可用于钢铁、水泥、玻璃等行业，轻烧镁粉可用于建材工业，轻质氧化镁可用作医药行业中的抗酸剂和轻泻剂，食品加工业中的脱色剂，农业中肥料和牲畜的饲料等。

氧化镁的生产方法很多，以煅烧菱镁矿、白云石等固体镁矿为主，近年来逐渐向以地下卤水、盐湖卤水为原料转变。

3.4.2.3　镁合金生产技术

（1）镁合金简介

镁合金是以镁金属为基础加入其他元素组成的合金。合金元素主要有铝、锌、锰、铈、钍以及少量锆或镉等，目前使用最广的是镁铝合金，其次是镁锰合金和镁锌锆合金。主要用于航空、航天、运输、化工、火箭等工业部门。

（2）镁合金成型工艺

① 铸造镁合金

铸造是镁合金的主要成型方法，包括砂型铸造、金属型铸造、熔模铸造和压铸等在内的多种铸造方法均可用于镁合金成型。目前，90%以上的镁合金产品是压铸成型的。

② 变形镁合金

变形镁合金通过在 300～500℃ 温度范围内挤压、轧制、锻造的方法固态成型。由于变形加工消除了铸造组织缺陷及细化了晶粒，变形镁合金具有更高的强度、更好的延展性和更好的力学性能，同时生产成本更低。

3.4.3　镁资源综合利用与新材料技术

虽然我国拥有巨量的镁资源，但是我国对镁资源的利用与世界先进国家相比还存在着不小差距，需要进一步开展研究，以加强镁资源的开发与利用。

3.4.3.1 镁资源在镁质耐火材料的应用

镁质耐火材料主要是以菱镁矿、海水镁砂和白云石等为原料制成的耐火材料,其主晶相为方镁石,氧化镁含量在80%以上,耐火度高,对碱性渣和铁渣有很好的抵抗性,是一种重要的高级耐火材料。

镁质耐火材料按产品可分为冶金镁砂和镁质制品两大类;此外,也可以加入某些化学结合剂,制成免烧砖和不定形耐火材料。

3.4.3.2 镁资源在化学工业中的应用

在化工领域应用的镁资源主要为镁矿资源生产的碳酸镁、氧化镁、氢氧化镁、硫酸镁等镁质化工材料。白云石矿在满足一定成分要求时可加工成不同类型的碳酸镁,主要有轻质碳酸镁、轻质球状碳酸镁和轻质透明碳酸镁。以白云石为原料还可生产轻质透明碳酸镁,其主要特点是颗粒细小且粒径均匀,属于精细无机化工产品,主要用作透明或浅色橡胶制品的填充补强剂。利用白云石矿还可生产多种化工产品,如氧化镁、硫酸镁和氢氧化镁等。

3.4.3.3 镁资源在冶金行业的应用

白云石矿是生产金属镁的重要原料,其冶炼方法主要分为两大类:电解法和硅热还原法。目前,国内冶炼金属镁一般采用硅热还原法;菱镁矿也是提炼金属镁的重要原料之一,多用氧化或氯化电解法,或采用硅铁合金和固体碳直接还原等方法从菱镁矿中制取金属镁;利用卤水脱水电解法也是很重要的炼镁方法。

3.4.3.4 镁资源在水泥行业的应用

镁水泥是一种气硬性镁质胶凝材料,包括氯氧镁水泥(MOC)、硫氧镁水泥(MOS)和碱式硫酸镁水泥(BMSC)。菱镁矿在水泥行业中也用作黏结剂。利用轻烧镁与氯化镁或硫酸镁溶液按一定比例混合,可配制成含镁水泥(称为索勒尔水泥)。这种水泥具有很好的黏结性和很高的可塑性,与有机物质结合力大,硬化后坚硬而且色彩艳丽,适用于建筑装饰。利用白云石矿可加工制作成氯氧镁水泥制品,其可塑性与黏结性优良,与有机、无机材料黏结力大,在空气中会逐渐硬化。这种材料在气候干燥地区可作为一种建筑材料取代木材。此外,煅烧白云石生成苛性白云石后,也可加工成氢氧化镁和硫酸氧化镁水泥。这两种产品具有生产工艺简单、凝结硬化快、强度高、黏结力强、弹性好和成型方便等优点,有较好的开发和使用价值。

3.4.4 镁渣及再生镁资源循环利用技术

3.4.4.1 镁渣的综合利用

镁渣主要为皮江法炼镁过程中排放的固体废弃物,镁渣的再利用主要用于水泥行业,具体为煅烧水泥熟料、活性混合材和胶凝材料等,少部分作为脱硫剂、肥料等。

(1) 利用镁渣制作新型墙体材料

在国内,已有研究报道将镁渣直接与磨细的矿渣按照一定比例混合,添加复合激发剂,配制胶结料。研究表明,这种利用镁渣生产墙体材料的工艺简单,节省能源,并且具有良好的胶凝性能,产品质量符合相关标准。

(2) 利用金属镁渣制作矿化剂

镁渣是近年来开发的新型矿化剂,经过1200℃左右高温煅烧后的镁渣,具有一定的化学活性,能够降低晶体的成核势能,诱导晶体,加速矿物的转化及形成,减少了从生料到熟料的热耗。

(3) 利用镁渣生产水泥混合材

镁渣可以替代部分矿渣生产水泥混合材,生产出的水泥质量较稳定,但是随着镁渣掺入量的增加,水泥早期强度有降低的趋势,凝结时间延长。Oliveira 等对镁渣做了初步研究,结果表明,在砂浆掺入镁渣,可以提高砂浆的耐久性。彭小芹等发现,镁渣作为水泥混合材,具有一定程度的减水缓凝效果,掺入的镁渣还可以和水泥熟料水化产物作用,使水泥浆体的结构更为致密。

(4) 利用镁渣做脱硫剂

循环流化床锅炉脱硫技术主要运用氧化钙实现脱硫,而镁渣中含有 50% 左右的氧化钙,因此将镁渣作为脱硫剂具有重要的意义。目前,煤粉炉用镁渣进行湿法烟气脱硫也经过了试验,取得了良好的脱硫效果。

(5) 镁渣作复合肥

Xia 等利用镁渣制备得到 Ca-Mg-Si 复合肥的应用效果优于市场上同类化肥,抗虫性更高,作物生长周期缩短且产量提高。

3.4.4.2 镁合金废料的综合利用

近年来,随着镁合金产品应用范围的逐渐扩大,生产过程中产生的废料以及使用后报废的镁合金零件逐渐增多,特别是在镁合金压铸生产过程中,只有 50% 的金属投料最终成为铸件,其余均为工艺废料,因此,高效低成本的镁合金回收技术广受重视。

我国在镁合金废料再生过程中,最常用的方法是溶解法。将废料熔化,目的是去除废料中的氧化物,实现除铁;调整化学成分完成除气;最后压铸铸件。还有一种方法是将回收的镁合金废料分类后,直接在熔炼炉中精炼,重熔废料时会导致大量的二氧化物产生,需用特殊的过滤器;该方法增加了收尘装置的投资费用,但工艺较简单。

国外的镁合金回收技术有些已成熟,常见的有如下几种方法。

(1) 坩埚炉法

生产工艺流程:首先在坩埚底部加入底熔剂,加热到熔融状态后加入废料,并添加覆盖剂,精炼过程中要进行搅拌,使非金属夹杂物与熔剂充分接触并被熔剂吸附;根据需要对回收合金的成分进行调整,并吹氩除气、静置;最后在保护气氛下浇注合金锭。该方法适用于中小规模镁合金压铸厂进行废料的回收。

(2) 双室炉法

此方法的操作过程中需用两个炉子,即熔化炉和处理炉。首先把废料输送到熔化炉中熔化,再通过吸管将再生镁合金液体输送到处理炉进一步净化。双室炉法是典型的无熔剂法,适用于回收清洁的镁合金废料。

(3) 盐浴槽法

生产工艺流程:炉料通过旋转切割机切碎后直接加进罐式熔化炉进行重熔;熔化炉罐中装有加热电极的底部填充有一层盐熔剂,用另一种盐覆盖熔体,并紧贴其上。

(4) 固相合成法

固相合成法不需要对镁合金边角料进行重熔和预备成型,在制备过程中也不需要加入覆盖剂或通入保护气体,直接通过热挤压即可将边角料制成高性能的型材。

3 金属矿产资源循环利用与新材料

3.5 钒钛矿产资源循环利用与新材料

3.5.1 钒钛矿产资源储量及分布

3.5.1.1 世界钒钛矿产资源储量及分布

(1) 世界钒资源储量及分布

钒按金属的丰度进行排列位于第 12 位，比铜、镍、锌、铅都要丰富，其平均含量为 150g/t。世界上钒资源超过 6300 万 t，主要出现在钒钛磁铁矿、含铀砂岩、钒钾铀矿、铀钒矿、钒云母中。部分钒矿物的组成见表 3-2。

表 3-2 部分钒矿物的组成

矿物名称	颜色	化学式	品位(V_2O_5,%)	密度(g/cm^3)
钒钛磁铁矿	黑灰色	$FeO \cdot TiO_2$-$FeO(Fe,V)_2O_3$	0.1~0.2	—
钒钾铀矿	黄色	$K_2O \cdot 2U_2O_3 \cdot V_2O_5 \cdot 3H_2O$	20	4.5
钒云母	棕色	$2K_2O \cdot 2Al_2O_3 \cdot (Mg,Fe)O \cdot 3V_2O_5 \cdot 10SiO_2 \cdot 4H_2O$	21~29	2.8~2.9
绿硫钒矿	深绿色	$V_2S_n(n=4\sim5)$	19~25	2.8
硫钒铜矿	赤褐色	$2Cu_2S \cdot V_2S_6$	—	—
钒铅矿	红棕色	$Pb_5(VO_4)_3Cl$	19	6.8~7.1
钒铅锌矿	樱红色	$(Pb,Zn)(OH)VO_4$	18	6.2
铜钒铅锌矿	绿棕色	$4(Cu,Pb,Zn)O \cdot V_2O_5 \cdot H_2O$	18	5.5~6.2

(2) 世界钛资源储量及分布

钛（Ti）是地壳中分布最广的元素之一，约占地壳质量的 0.61%，排在第 9 位。世界钛资源的储量十分丰富，仅次于铁、铝、镁资源，居第 4 位。据资料显示，全球钛资源的储量约为 24.84 亿 t（以 TiO_2 计），其中具有经济利用价值的储量为 13.8 亿 t，占总资源储量的 55%。全球钛资源分布比较广，七大洲中除了南极洲之外均有分布，主要集中在以澳大利亚、中国、印度、南非、巴西等为首的 40 多个国家。全球金红石资源（注：金红石即较纯的 TiO_2，一般含 TiO_2 在 95% 以上，是提炼 Ti 的重要矿物原料）主要分布在澳大利亚、印度、南非和乌克兰。其中澳大利亚占据全球金红石储量的一大半，其次依次是印度、南非和乌克兰，这 4 个国家的金红石储量合计起来占世界金红石总储量的 95% 左右。目前，全球已发现百余种 TiO_2 含量大于 1% 的含钛矿物，但其中只有 10 余种具有工业利用价值。

3.5.1.2 我国钒钛矿产资源储量及分布

(1) 我国钒资源储量及分布

我国目前以钒钛磁铁矿为原料生产了全国 90% 以上的金属钒或钒铁合金。我国具有丰富的钒钛磁铁矿资源，已探明钒资源储量占世界总储量的 21%，主要分布在四川攀西地区、河北承德地区，其他的零散分布在陕西、广东、新疆等地。

我国另一个重要的钒资源为含钒石煤矿。含钒石煤主要分布在湖南、湖北、河南、陕西、江西、贵州等地。全国探明含钒石煤储量为 618.8 亿 t，占我国钒资源总储量的

87%，超过世界其他国家和地区钒的总储量。

(2) 我国钛资源储量及分布

我国钛资源储量十分丰富，居世界之首，现已探明的储量约为 9.65 亿 t（以 TiO_2 计），约占全世界钛资源储量的 48%，主要集中在四川攀西地区以及海南、河北、广东、云南等地。

3.5.2 钒钛矿产资源提取技术

3.5.2.1 钒钛磁铁矿有价元素提取技术

(1) 钒钛磁铁精矿直接钠化焙烧-水浸提钒工艺

该工艺是第一代以钒钛磁铁精矿为主要原料回收钒的工艺，铁以副产品的形式被回收。该工艺对钛资源关注度较低，目前主要有南非和澳大利亚采用该法生产氧化钒，其产量占全球初级钒产品总产量的 25%～30%。

(2) 钒钛磁铁精矿高炉冶炼-铁水提钒及含钛高炉渣提钛-转炉钒渣生产氧化钒工艺

该工艺是以炼铁为主、提钒和钛为辅的工艺，也是目前钒钛磁铁精矿回收钒最主要、经济上最合理的工艺。钒元素在高炉内被还原进入铁水，钛元素在高炉内主要进入高炉渣，得到含钛高炉渣，钛在含钛高炉渣中富集了 2～3 倍。攀枝花含钛高炉渣的化学成分见表 3-3。此外，通过转炉提钒得钒渣和半钢，钒在转炉钒渣中富集了近 20 倍，因此从炉渣提取氧化钒就显得更为经济合理。

表 3-3　攀枝花含钛高炉渣的化学成分分析

项目	TiO_2	Al_2O_3	MgO	CaO	SiO_2	TFe
空冷	23.35	11.09	7.06	28.64	25.44	2.82
水淬	29.19	7.36	7.36	26.70	24.74	2.59

注：表中含量不包括其他微量元素的化合物。

目前，从含钛高炉渣中提取钛的相关工艺主要有硫酸法处理工艺、稀盐酸处理工艺、碱熔盐法处理工艺、高温选择性结晶分离法处理工艺和高温碳化法处理工艺。

含钒炉渣为钒钛磁铁矿提钒的中间产物，从含钒炉渣中提钒的工艺主要有钠化焙烧提钒、钙化焙烧提钒、亚熔盐法提钒等。

(3) 钒钛磁铁矿精矿非高炉冶炼-电炉熔分（或电炉深还原）-熔分渣提钒、钛（或铁水提钒、电炉钛渣提钛）工艺

该工艺是以炼铁为主、提钒和钛为辅的工艺。电炉熔分后钒和钛同时进入熔分渣中，钒钛回收率高，但熔分渣中钒含量较低，且钒钛分离困难。

3.5.2.2 钛精矿有价元素提取技术

(1) 钛精矿硫酸法制钛白技术

钛精矿硫酸法制钛白是一种比较成熟的方法，可直接以钛精矿为原料。但是钛精矿中的 TiO_2 含量较低，制钛白过程中会产生大量硫酸亚铁废料。一般利用电炉熔炼钛精矿得到电炉铁渣，电炉钛渣则作为硫酸法或氯化法制钛白的原料。使用电炉钛渣作为硫酸法制钛白的原料可避免硫酸亚铁的产生，并减少硫酸的损耗。

(2) 钛精矿氯化法制铁白和海绵钛技术

氯化法具有流程简单、污染小、产品质量好的特点，目前已逐步占据钛白粉工业的主导地位。单氯化法要求矿石中钙镁含量小于1%（质量分数），因此攀枝花钛精矿不能直接用于氯化法的生产。为了避免上述问题，一般利用盐酸浸出或电炉熔炼的方法处理钛精矿制取富钛料，然后氯化得到四氯化钛，最终得到钛白或通过镁还原得到海绵钛。

3.5.3 钒钛资源应用与新材料技术

3.5.3.1 钒的资源利用

钒主要用于冶金工业，用来生产合金钢、工具钢或其他铁基合金；另一重要应用领域为航空、航天用的含钒钛基合金；在其他领域则主要作为化工及石油领域的催化剂，还有一些其他用途，如陶瓷染料、电子、电池、超导材料等。世界钒的应用领域及所占比例如图3-4所示。

(1) 钒在钢铁行业的应用

金属钒的熔点是（1919±2）℃，属于高熔点稀有金属，很少单独使用。金属钒能与其他金属形成各种各样的合金，素有"金属维生素"之称。钒在各个领域中应用广泛，但生产的85%的钒应用在钢铁冶金及其相关领域。钒具有多价态，因此可以充当脱氧剂，且钒具有立方体结构，在钢铁中可以作为支撑骨架，起到强化钢的强度的作用。此外，少量的钒即可有效地细化钢组织和晶粒；降低过热敏感性；提高韧性、强度和服役性能；增加淬火钢的回火稳定性。钒在钢铁领域的应用如图3-5所示。

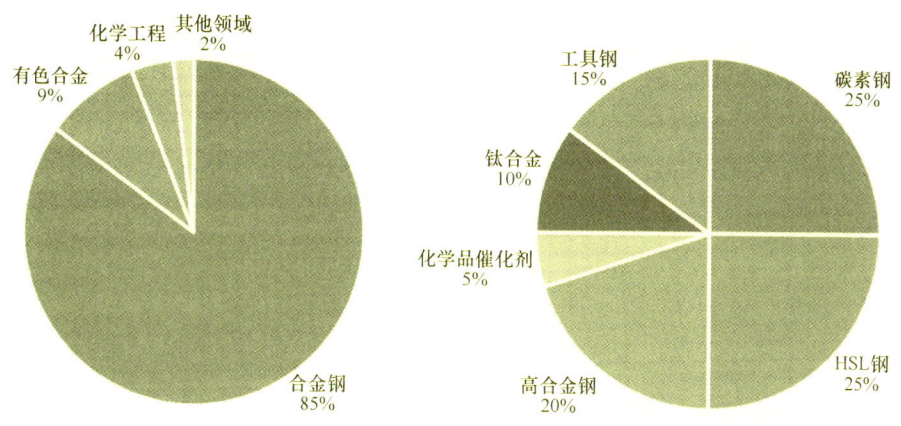

图3-4 世界钒的应用领域及所占比例　　图3-5 钒在钢铁领域的应用

(2) 钒化合物作为催化剂的应用

钒化合物和在生物体系中的含钒元素的酶具有氧化催化作用，主要基于V(V)的氧化性和V(V)~V(IV)之间的电子快速转移。钒化合物作为聚合反应的催化剂则是基于钒的配位作用。目前，工业钒系催化剂中，1/3用于硫酸生产，1/3用于乙丙橡胶合成，其余主要用于顺酐和苯酐生产、选择性催化还原（SCR）氮氧化物等。钒可以取代假单胞菌的周质硝酸还原酶中的钼，催化硝酸还原生成亚硝酸。

(3) 钒化合物的生物活性及在医学领域中的应用

钒化合物的生物活性在 20 世纪 70 年代就引起了科学家的注意。钒进入体内后会与血清蛋白结合，取代磷酸根并导致对酶的抑制。近年来关于钒化合物的生物活性的研究主要集中在抗糖尿病和抗肿瘤研究上。

3.5.3.2 钛的资源利用

钛是制造飞机、火箭、导弹、宇宙飞行器、核潜艇、舰艇等的优异材料，被称为"太空金属""海洋金属"。钛的优异耐腐蚀性能，使其在化工、轻工、电力、冶金、汽车、建筑等民用工业中有着极其广泛的应用。在人们日常用品中也广泛应用钛制品，钛制骨架和器官已广泛应用于人体手术中。总之，钛的应用越来越广泛，大到核潜艇，小到人体心脏支架，逐渐扩展到各个领域。

(1) 钢铁工业

在合金钢中加入少量的钛，可以大大改善钢的性能，提高钢的强度、韧性和耐腐蚀性能。钛是钢的优良脱氧剂、脱氮剂和脱碳剂，形成 TiC 和 TiN，使钢的内部组织致密，细化晶粒，增加强度；降低时效敏感性和冷脆性；改善焊接性能。钛在钢铁工业中的应用如图 3-6 所示。

(2) 航空航天

航空工业是钛应用最主要的领域。钛的比强度是目前使用材料中最大的，是不锈钢的 3 倍、铝合金的 1.3 倍。所以，在飞机制造工业上，很重视钛这种金属。

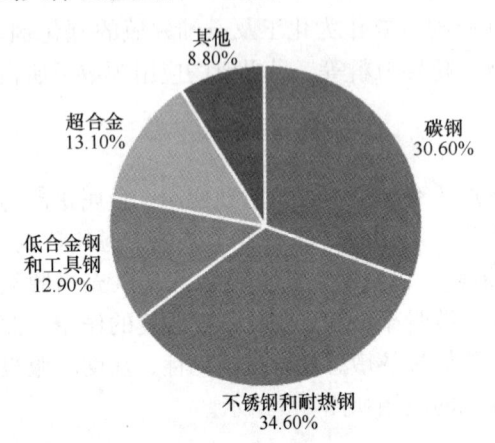

图 3-6 钛在钢铁工业中的应用

(3) 船舰工业和海洋工程

钛的耐腐蚀能力非常强，是可以与铂相媲美的几乎不被海水腐蚀的金属，是舰船、海洋工程的理想材料。钛因其强度高、耐腐蚀，可用于制造核潜艇的外壳。同时，钛不是铁磁体物质，在很大的磁场中也不会被磁化，因此钛制外壳的舰艇不会被磁水雷发现，可以避免磁性雷的爆炸。因此，钛是制造舰艇的良好材料。

除此之外，钛还在医疗领域和特种功能材料领域有广泛的应用。

3.5.4 钒钛尾矿和二次资源循环利用技术

3.5.4.1 钒钛尾矿和二次资源来源及危害

钒钛磁铁矿矿石经选矿后产生的尾矿不仅含有未被回收的铁、钛和钒等元素，而且含有钴、镓和钪等稀散和稀有元素。利用钒钛磁铁矿进行钒、钛、铁等有价元素回收或其他产品制备的同时不可避免地产生了提钛尾渣、提钒尾渣等大量弃渣。这些弃渣常常富含钒、钛、铁等元素，构成重要的二次资源。钒钛尾矿及其二次资源至今还没有合理的综合利用方法，且处于长期堆存的状态。相关研究表明，钒钛磁铁矿尾矿及其利用过程产生的弃渣中的有害金属元素会对周围生态环境和居民的生活造成危害。目前，我国利用钒钛磁铁矿尾矿及弃渣的技术方向大致可分为有价金属的回收技术、制备建筑或耐火材料、综合利用等技术。如何根据尾矿及二次资源的物化特性，研究出一套具有经济效益和环境效益的解决方案对资源的高效利用和环境保护具有重要意义。

3.5.4.2 钒钛尾矿及二次资源循环利用

(1) 钒钛尾矿的循环利用

① 有价元素回收

钒钛磁铁矿尾矿作为一种典型的多金属尾矿，具有较高的经济价值，根据各有价金属在尾矿中的赋存状态与物理性质，可采用物理选矿、化学选矿和联合选矿等方法实现回收利用。

a. 铁元素回收：钒钛磁铁矿尾矿可以用磁选机进行预选抛尾，之后采用湿式弱磁选，最终可以得到合格的铁精矿。

b. 钛元素回收：钒钛磁铁矿尾矿中主要含钛矿物为钛铁矿，钛铁矿是弱磁性矿物，相对于脉石矿物具有较大密度和表面性质差异，可采用浮选、重选和磁选等方法进行分选。

c. 钒元素回收：钒被称为"工业味精"，广泛应用于钢铁工业、化工工业和有色金属工业。

d. 其他元素回收：钒钛磁铁矿尾矿还含有镓、镍、钴和钪等稀散、稀有金属元素。利用"浮选-碱浸出"的技术工艺可以对陕西某钒钛磁铁矿尾矿中的金、银、镍、钴和铜等多种贵金属进行高效利用回收。

② 制备建筑材料

钒钛磁铁矿尾矿中含有大量 SiO_2、Al_2O_3 和 CaO 等化学成分，能提供水泥和混凝土等建筑材料所需的硅铝质成分。河北承德某地用钒钛磁铁矿尾矿、石英砂与石灰石为混合原料，经高温煅烧后可制备出性能优于 42.5R 普通硅酸盐水泥标准的水泥熟料。将钒钛磁铁矿尾矿与水泥、石灰和石膏以适当比例混合，可制备出综合性能满足《蒸压加气混凝土砌块》(GB/T 11968—2020) 标准中 A5.0 等级的加气混凝土砌块。

③ 制备土壤改良剂及微量元素肥料

尾矿中往往含有 Fe、Cu、V、B、P 等元素，这正是维持植物生长和发育的必需元素，可以作为土壤改良剂或微量元素肥料。

④ 综合利用

钒钛磁铁矿尾矿量巨大，含有大量有价元素，可进行尾矿再选，先进行有价元素回收，再进一步加工形成建筑材料或土壤改良剂，开发高附加值产品，可实现尾矿整体综合利用。

(2) 提钒尾渣循环利用

①有价元素回收。提钒尾渣是钒渣钠化焙烧-水浸后的水浸渣，其中含有大量的 Fe、Ti、V、Mn、Cr、Ga 等黑色和稀有金属。②制备远红外涂料。将提钒尾渣高温焙烧并粉磨后的熟料与黏结剂、烧结剂、固化剂、分散剂、消泡剂按一定的比例混合均匀，即可制得远红外涂料。③生产含钒生铁。采用火法处理，即利用电炉碳热还原法熔炼提钒尾渣，生产含钒生铁和块状炉料。

(3) 提钛尾渣循环利用

①制备陶粒。烧结陶粒不仅可以去除提钛尾渣中的氯离子，还能够使用大量的提钛

尾渣。②制备泡沫混凝土。提钛尾渣、钛石膏和水泥以一定比例混合可制备泡沫混凝土，且其各项性能均满足《泡沫混凝土》（JG/T 266—2011）标准要求。③制备精炼脱硫剂。以提钛尾渣为主要原料，添加活性 CaO 作为改质剂，可制备出无氟无污染的超低硫钢用精炼脱硫剂。④处理钛白废水。研究发现水洗后的提钛尾渣能够代替部分石灰水中和钛白废水，处理过后水的 pH、滤液以及中和渣的化学成分都在正常范围之内。

3.6　金银矿产资源循环利用与新材料

3.6.1　金银矿产资源储量及分布

我国黄金、白银矿产资源丰富，黄金开采历史悠久。我国每个省、自治区和直辖市都有金银资源；台湾的黄金资源是仅次于石油和煤炭的重要矿产之一。据报道，目前我国黄金储量仅次于南非、俄罗斯、美国、加拿大，居世界第 5 位。我国现有探明金矿储量约 4000t，其中独立岩金矿占 58％、砂金矿占 14％、伴生金矿占 28％。其资源现状及存在的问题主要表现在以下几个方面。

① 金矿类型多，尚有新发现。就金矿类型而言，我国除了尚未发现具一定规模的兰德式、霍姆斯塔克式和菱刈式金矿，世界上现已发现的金矿类型我国大多都有。主要有绿岩型（构造蚀变岩型和含金石英脉型）、沉积岩型、斑岩型、火山岩型、红土型等五大类型。

② 成矿时代广泛。中国的金矿成矿时代从太古代、元古代、古生代、中生代至新生代 5 个成矿时期均有成型矿床，而前寒武纪是最主要的成矿期，探明储量占总储量的 50％以上，其次是中生代至新生代，约占 20％。

③ 资源分布广。我国大多数省份均发现了金矿，已探明储量超过 100t 的省（自治区）有山东、辽宁、陕西、贵州、河北、河南等 13 个，储量约占全国总储量的 70％。除山东省金矿储量超过 500t，其他省（自治区）均在百吨左右，资源分布相对分散，大、中、小型矿床遍地开花。

④ 超大型（>100t）金矿床不多。我国大型、特大型矿床少，仅占 6.3％，而绝大多数为中小型矿床，约占 93.7％。

⑤ 富矿少，中低品位的矿床多。多数岩金矿床的地质品位在 $4 \times 10^{-6} \sim 7 \times 10^{-6}$。

⑥ 资源利用程度高，地质储量不足。在现已探明的大型金矿床中，除低品位、难选冶类型外，均被开采利用或正在建设。全国现已建成的黄金矿山有 900 多座，已占 90％以上的探明金矿储量；中、小型矿床中的 98％已被开采利用。

⑦ 微细粒、含砷、含碳的难选冶金矿储量占比较高。

⑧ 老矿山资源紧张。据 248 个矿山资料统计，服务年限在 20 年以上的仅占 20％，不足 5 年的占 34％，其中有 25％的矿山服务年限不足 3 年。因此，老矿山多数处于资源危机状况。

⑨ 存在重开发、轻勘察问题。目前普遍存在着重开发、轻勘察、急功近利的思想，缺乏长远发展的战略眼光。

⑩ 金矿勘察面临资金短缺的局面。由于开发部门重开发、轻勘察的思想比较普遍，

缺乏对金矿勘察投入的积极性。而国家财政又难以支持，所以金矿勘察面临资金短缺的局面。

⑪ 资源浪费严重。在民采矿山中相当多的低品位工业矿藏被废弃浪费。

⑫ 无大矿山，工作效率低。一些大矿山由于条块分割，地方保护主义造成多头开采，不能形成大规模开发利用。

据1994年统计，我国已探明银矿储量约24919t，储量基础82866t。近年来又不断发现一批特大型和大中型银矿床，这些银矿床的发现结束了我国伴生银矿占统治地位的时代，而成为世界上银矿资源丰富的国家之一，银矿储量已跃居世界前列。我国银矿床类型齐全，已发现世界上所有已知的银矿床类型，特别是与火山-次火山岩热液型银矿床在东南沿海、内蒙古和江西等地区被发现，大大丰富了我国的银矿资源。但是，银矿仍然是我国资源保证程度较低的矿种之一。在近10年间虽然取得了突破性进展，但仍不能满足建设的需要，特别是缺少经济效益好的富银矿。我国银矿具有找矿潜力，但找矿风险大、市场Ag/Au比欠合理、市场筹资困难。我国银矿资源存在的问题主要表现在以下几个方面。

① 探明储量不足。我国银矿探明储量在世界总探明储量中仅占5%，人均占有量只有世界人均占有量的1/3左右。

② 特大型银矿床少。特大型银矿床少，在很大程度上影响了我国银矿产量和自给能力。

③ 对银矿的科研程度低。对银矿成矿理论研究程度较低，对成矿预测的研究也不深入。这是银矿地质工作目前所面临的问题。

3.6.2 金银矿产资源提取技术

黄金工业化生产已有一百余年，就浸出金工艺而言，有硫脲法、硫代硫酸盐法、石硫合剂法、氯化法、溴化法、碘化法、类氰化物法等。目前，世界上的黄金生产大多来自氰化法生产；用氰化物溶液浸取金矿时有难易之分。

常规氰化法提金属于湿法冶金的范畴，是当今世界上提取黄金的最主要方法。氰化法在20世纪初就已应用于提金工艺，因其所具有的回收率高、工艺简单、单位成本低等优点，迅速普及至世界各地金矿山，主要方法有氰化炭浆提金法、堆浸提金法、浮选-精矿氰化法和树脂法。

堆浸法多用于含金银矿石的处理；炭浆法、树脂吸附法以及炭浸法对单一金银矿石或低品位精矿较为有效，对处理品位较高的银精矿效果较差；搅拌浸出-电解法对回收银效果较好，但对回收较低品位的伴生金则效果较差。搅拌浸出-锌置换法是处理金银精矿历史最悠久、最为普通的方法。它具有流程简单、投资少、回收率高、成本低、适应性强、易于管理等优点。

3.6.3 高纯金银资源综合利用与新材料技术

高纯金（Au）、银（Ag）金属广泛应用于电子、航空航天、半导体及磁控溅射靶材等行业。高纯Au一般用作电子行业中内引线、靶材、飞机、火箭上钎焊料，半导体中连接线，集成电路中与半导体形成欧姆接触的金属，且其在医药、夜视等领域的应用也越来越广泛,而我国高纯 Au 仍大量依赖进口。Ag 有良好的导热、导电性,一般作为微电子、半导体行业接触点用导电材料、靶材、航天、军工中重要元件的焊料。随着各行业朝着高端化、精细化方向发展,对 Ag 的纯度要求越来越高,高纯 Au、Ag 的需求量将越来越大,其制备应用研究也将引起更多的关注。

3.6.4 金银尾矿和再生资源循环利用技术

这些技术包括从铜阳极泥中综合回收贵金属;从铅阳极泥中综合回收贵金属;从其他冶金副产品中综合回收贵金属(如锡阳极泥、堆浸独立银矿浮选银精矿、电解生产双氧水的阳极泥回收铂和铅、氯化渣中综合回收金);从二次资源中综合回收贵金属(高品位贵金属及合金废料的回收和利用,如贵金属合金废料的回收、废旧铂网和铂铑坩埚等的再生利用);含贵金属催化剂的综合回收和利用(化学和石油化学工业用催化剂、汽车尾气净化用催化剂);从废感光材料中回收银;从含少量贵金属的固体废料中再生回收贵金属(废耐火材料及其他低品位废料、电子废料)。

铅冶炼阳极泥中含有较高的金、银及少量的铂、钯,但铂、钯不能直接回收,只有在金银冶炼过程中富集后才具有回收价值。金冶炼后产生大量金冶炼渣,我国每年排放的金冶炼渣超过 24.5 万 t。金冶炼渣中除含少量金外,还含有铁、银、铜、铅、锌等有价金属,对其进行综合回收既有经济效益又有环境效益。传统的处理金冶炼渣的方式大多为简单堆存或填埋,这不仅占用大量土地,而且对环境有一定危害,并且造成资源浪费。

昆明理工大学孟智广针对铜阳极泥物料的性质和特点,采用硫脲法浸出脱铜阳极泥中金银,并以电沉积法对浸出液中的金银进行回收,得到脱铜阳极泥中金银浸出最佳工艺条件:浸出时间为 24h,液固比为 20∶1,硫脲浓度为 50g/L,浸出温度为 40℃,搅拌速度为 400r/min。经过三段浸出,金银的浸出率分别达到 96.15% 和 99.36%,新工艺的开发及应用确保了金银回收更加完全。

为了进一步提高国内黄金、银以及铂族金属的回收总量和回收率,还需要构建我国贵金属回收完善体系,建立政府专门管理部门,开发系列回收电子垃圾相关技术和设备。回收贵金属必须采用先进的技术、设备、工艺,充分利用贵金属废料的同时,保证二次废弃物能符合环保要求。此外,国家应充分发挥技术监督和监管的作用,制定一批符合现阶段中国国情的贵金属回收的技术规范、原料及产品标准,加快贵金属回收体系市场化的建立,规范贵金属回收市场;充分发挥新标准的技术拉动作用,推动贵金属回收企业进行技术创新,从而加快贵金属回收再生技术的快速发展。

3.7 锂矿产资源循环利用与新材料

3.7.1 锂矿产资源分类、储量及分布

随着新能源技术的发展和应用,锂这一资源逐渐被人们所重视。相对来说,锂矿分布区域高度集中。就储量而言,全球近 91.09% 的储量主要分布在智利、阿根廷、美国、津巴布韦、葡萄牙、澳大利亚、中国、加拿大和巴西等 9 个国家。在中国,锂资源

主要分布在青海、西藏、新疆、四川、江西、湖南等省（自治区）。锂资源分布总体相对集中，青海、西藏和四川锂资源储量占总量达 85.23%，其中西藏和青海为盐湖卤水型，固体型锂矿主要分布于四川、新疆、江西等地，属花岗伟晶岩型的锂辉石或锂云母矿。

3.7.2 锂资源加工提取技术

按锂资源的不同存在形式区分大类加工提取技术：一种是从天然锂矿石中提取锂，另一种则是卤水提锂。

矿石提锂方法主要有硫酸法、石灰烧结法、硫酸盐烧结法、氯化焙烧 4 种方法，目前被广泛工业应用的方法是硫酸法。全世界的硬岩矿物提锂生产 90% 集中在中国，基本都采用硫酸法。

此外，卤水提锂是目前提取锂的主要方法之一，取决于锂资源的另一种主要存在方式——盐湖。目前较为成熟的方法包括煅烧法、选择性膜分离法、吸附法、溶剂萃取法等。

在这些方法中，煅烧法和溶剂萃取法存在腐蚀设备、环保压力大等问题，甚至存在安全隐患。选择性膜分离法和吸附法虽然绿色环保，但是都需要对应的技术支持。

3.7.3 锂资源综合利用与新能源材料技术

当前，锂资源的应用方向更多的就是制作锂离子电池。包括手机电池、电动车电池等都广泛地应用锂这一资源。关于锂离子电池未来的发展方向，其中一个是采用纯锂作为电极，搭配不同正极材料（例如硫、O_2）形成不同的锂金属电池。但是，锂金属电极本身会有很多安全上的缺陷导致该材料的应用受限。主要原因有以下几点。

① 锂离子电极在反应过程中会形成固体电解质界面膜（SEI），但是在形成过程中会产生枝晶，这种尖锐的枝晶成长起来有可能刺穿电池隔膜从而导致电池短路甚至发生爆炸。

② 电池充放电循环过程中，表面不会仅在二维方向沉积/脱嵌锂，一旦生成枝晶，哪怕没有刺穿隔膜，也会发生断裂，严重影响电池性能。

③ 部分 SEI 膜随死锂脱离电极表面，新的锂就要被用来填补 SEI 膜的空缺，也会严重影响电池性能。

④ 有研究表明，锂离子在锂金属负极表面脱嵌的时候会有明显的体积膨胀，这会进一步导致已经钝化的 SEI 层破裂，暴露出新锂去反应消耗变成新的 SEI 层。

在锂离子电池方面，低温应用是一个需要克服的关卡。锂离子电池都存在低温下（通常为 −40～0℃）表现不佳，锂离子电池的性能会受到输出降低和循环寿命缩短的影响。

抛开锂电池，锂资源本身还有一些别的用途。例如在核能工业里，锂是制备氢弹和核聚变不可缺少的原料，既可以在核反应堆中发挥作用，又可以作为高能燃料应用。铝锂合金作为一种新的材料，具有低密度、高比强度、高比刚度等性质，受到航空航天领域的青睐。也有采用电磁成型加工技术开发碳纤维、玻璃碳纤维、氧化铝纤维和碳化纤维增强的铝锂合金这一发展方向，还有继续低密度、高强度、高刚度的发展方向。

3.7.4 锂电池等资源回收与循环利用技术

到目前为止，中国已经是全球最大的基础锂电生产国和消费国，但是正如产量分布展现出来的，锂资源的回收利用就显得更为关键，尤其是锂离子电池。近年来，回收企业普遍将注意力集中在镍钴的高值化转变，弱化了锂的回收价值，锂通常作为副产物析出或者富集在矿渣中，未能实现高效回收。结合当前锂资源现状，亟须提高对废锂离子电池中锂元素资源化回收的重视程度。

目前，采用的回收方法分为以下几大类。

① 火法回收。火法冶金工艺通常发生在高温条件下，废锂离子电池正极材料受热发生一系列物理化学变化，再根据所得产物性质差异实现有价金属元素的分离。

② 湿法冶金。该回收方法是指将电池中的有价金属通过浸出剂溶解在溶液中或沉淀在新的固相中，再通过萃取和沉淀分离金属组分的过程。常规的湿法回收工艺包括预处理、浸出、萃取和沉淀等过程。

③ 机械活化。该方法在改变材料物理性质上一直具有较大优势。机械化学法是借机械力作用诱导反应物在较温和条件下发生反应，实现金属的有效提取。

④ 电化学方法。该方法是指通过直流电在电极上引发的化学反应来回收有价金属。

3.8 钴镍矿产资源循环利用与新材料

3.8.1 钴镍矿产分类、资源储量及分布

3.8.1.1 钴的矿产分类

目前已商业开发的钴矿资源都是陆地矿床且大多数为伴生矿床，含钴的矿产资源有不同的分类方式，其中主要的矿产类型可以分为4个种类：沉积型层状铜-钴矿床、岩浆岩型铜-镍-钴硫化物矿床、风化型红土镍-钴矿床、热液和火山型钴矿床。

3.8.1.2 钴的资源储量及分布

全球范围内钴矿资源比较丰富，目前陆地剩余探明储量超过700万t。这些资源大多分布在刚果、澳大利亚、古巴和菲律宾等国家。我国的大部分钴矿资源来源于伴生矿，钴资源在铜、镍、铁矿中共生最多，现已知钴矿产地150处，分布于24个省（自治区）。其中以甘肃省储量最多，约占全国总储量的30%。我国钴矿品位较低，钴主要作为矿业加工的副产品加以回收。生产过程中金属回收率低、工艺复杂、生产成本高。

3.8.1.3 镍的矿产分类

镍矿按成因分为岩浆熔离矿床和风化壳矿床两大类。岩浆熔离矿床即硫化镍矿，矿石类型为硫化铜镍矿，镍主要以游离硫化镍形态存在于镍黄铁矿或以类质同象赋存于磁黄铁矿中。风化壳镍矿床即红土型镍矿，矿石类型为氧化镍矿，镍主要呈类质同象或吸附状态分布在镍褐铁矿中。

3.8.1.4 镍的资源储量及分布

全球的镍矿资源储量非常丰富，在全球矿产资源排行中镍占到第5位，只比硅、氧、铁、镁少，地核中含镍最高。世界镍储量主要集中分布在澳大利亚、巴西、俄罗

斯、古巴、菲律宾、印度尼西亚、南非、中国、加拿大等地，上面提及地区的镍矿资源约占全球镍矿资源的90%。我国的镍矿资源储量分布高度集中，矿产主要分布在西北、西南和东北地区，其中甘肃、新疆、云南、吉林、湖北、四川储量占90%以上，但开采难度较大，镍矿地下开采所占比例较大，占总保有储量的68%，单一矿种少，伴生矿种多，伴有多种稀有贵金属，对冶炼技术要求较高，工艺步骤多。

3.8.2 钴镍矿提取分离技术

3.8.2.1 钴矿提取分离技术

钴大多和铜矿物伴生，而氧化铜钴矿多采用湿法浸出。湿法提取的主要步骤是搅拌浸出、萃取、电积、除铁沉钴，通过增加萃取后的沉钴工艺回收矿中的钴。氧化矿大多处于地表或掩埋不深，与空气接触多、氧化率高、开采难度不大、矿石破碎不难。

其中，氧化铜钴矿石的浸出方式分为3种，即常规性浸出、选择性浸出及直接还原浸出。常规性浸出主要用于矿床品位较低、回收价值不高的情况，直接采取硫酸进行搅拌浸出。当钴矿床品位较高时，则选择使用选择性浸出及直接还原浸出。对氧化铜钴矿石，采取堆浸的方式可以提高铜的浸出率。

3.8.2.2 镍矿提取分离技术

对红土镍矿的提取方式主要有火法冶炼和湿法冶炼两大类。其中，火法冶炼包括镍铁合金处理、镍硫工艺处理，湿法冶炼则包括氨浸法和加压酸浸法。

对硫化镍矿有湿法冶炼、火法冶炼和生物冶炼几种方式。湿法冶炼可细分为加压氨浸、加压酸浸等方法。火法冶炼是造硫熔炼的体现，不同的金属硫化物与硫化亚铁可以形成低熔点的共晶熔体。共晶熔体液态能完全互溶，但熔渣互不相溶且密度不同。熔炼时金属硫化物可以富集于熔硫中，杂质氧化物形成熔渣而分离。生物冶炼的方式是指通过微生物自身的氧化-还原把镍钴金属从矿石中浸出，得到溶液，最后分离沉淀。

3.8.3 镍钴矿资源综合利用与新材料技术

3.8.3.1 钴矿资源综合利用

国内许多电解金属锰厂家以菱锰矿为原料制备金属锰，废料中含有镍钴元素，可以通过湿法回收。制液时回收镍钴，硫化剂的选择很重要，选择不当会造成锰矿浸出液的锰元素损失。甘昌远等学者试验后发现二甲氨基磺酸钠和硫化钠作为硫化基，浸出液中锰元素损失最少，回收体系中镍钴含量最多。

3.8.3.2 镍矿资源综合利用

目前镍金属产量60%由硫化镍矿提供，但是全球红土镍矿资源更多，占世界镍资源总储量的60%。红土镍矿床风化后由于铁的氧化，矿石呈现红色，所以统称为红土矿。对红土镍矿，可以采用还原熔炼生产得到镍铁合金。

3.8.4 钴镍矿资源回收与循环利用技术

3.8.4.1 钴矿资源回收与循环利用技术

钴在锂电池中的应用非常广泛，阴极材料的湿法冶金回收是一个很好的循环利用办法。采取氨浸法，选择性更高的镍、钴、锂和铜等可与氨络合的金属会被浸出，其余金属元素不会发生反应,可以保证镍、钴、锂三者的回收率都达到99%以上。

3.8.4.2 镍矿资源回收与循环利用技术

中国是镍资源短缺的国家,镍资源的循环利用非常重要。大部分镍都以合金产品的形式被使用,因而很少以纯金属形式回收利用。其中,不锈钢就是镍的消费结构中的大头,不锈钢的回收有3个途径:内部废钢,即生产不锈钢的企业生产过程中的废料;工业废料,是不锈钢加工企业加工中产生的废料和边角料;社会回收废料,即从生活中回收的民用工业不锈钢产品。对回收的废料,一般采用返回吹氧法,用不锈钢废钢直接进行冶炼,这种方法成本低、效益高。这种方法用到的不锈钢回收废料能占再生产原料总量的50%~80%。

3.9 铅锌矿产资源循环利用与新材料

3.9.1 铅锌矿产资源储量及分布

3.9.1.1 世界铅锌矿产资源储量及分布

铅锌是仅次于铁、铝、铜的重要工业原料。世界铅锌矿资源储量较丰富,分布相对集中。2021年的美国地质勘探局(USGS)数据显示,全球已经确定的铅资源量约为20亿t,储量约为0.9亿t,主要分布在澳大利亚、中国、秘鲁、墨西哥、美国和俄罗斯等国,这6国的储量占全球的84.4%。全球已经确定的锌资源量约为19亿t,储量约为2.5亿t,主要分布在澳大利亚、中国、俄罗斯、秘鲁、墨西哥和哈萨克斯坦等国。前述6个国家的储量占全球的73.8%。

3.9.1.2 中国铅锌矿产资源储量及分布

铅和锌是我国重要的战略性资源。我国铅锌矿分布广泛,资源储备丰富,矿床类型众多,其分布受成矿地质条件和矿床类型影响,资源储量相对集中;还具有贫矿多而富矿少、共伴生组分多而单一组分少、成矿物质成分复杂等特征。截至2020年年底,中国铅矿和锌矿的储量分别为1233.10万t、3094.83万t。目前,除北京、天津、上海、海南、宁夏外,其他省(自治区、直辖市)均发现并勘察了铅锌资源。

3.9.2 铅锌矿产资源提取技术

铅是最早从铅锌矿中提炼出来的金属之一,锌在我国有色金属的消费中仅次于铜和铝。尽管近年来有色金属行业不景气,金属价格跌落,中小企业发展举步维艰,但我国铅锌产量总体保持增长势头。数据显示,2020年,我国铅、锌产量分别为644万t和643万t,同比增长9.4%和2.7%,居世界首位。我国铅锌冶炼企业分布广,为了满足生产和消费需求,铅锌冶炼企业数量和规模在不断扩张,冶炼工艺也在不断改进,因而铅锌冶炼技术获得快速的发展。

3.9.2.1 铅冶炼工艺

铅冶炼工艺是在铜冶炼技术的基础上再改进而发展起来的一种冶炼方法。目前,我国铅冶炼工艺以火法为主,湿法炼铅技术还不成熟。火法炼铅工艺主要有传统炼铅法和直接炼铅法,约85%以上的铅是由传统烧结焙烧-鼓风炉熔炼技术生产的。

传统炼铅法是应用较早的工艺，受到工艺条件和设备的限制，存在能耗高、工艺流程复杂、返料量大、装备自动化水平低、SO_2 气体捕集回收困难且无法制酸等诸多难以解决的问题。直接炼铅法将传统生产流程的氧化-还原两个过程合并在一个装置内完成，利用硫化铅精矿的表面能和燃烧热等特性，在熔池熔炼或闪速熔炼过程中加入氧气强化熔炼，解决了传统炼铅工艺中出现的诸多问题。在上述方法中，氧气底吹熔炼-鼓风炉还原法和浸没式顶吹熔炼-鼓风炉还原法已实现稳定持续的生产，并达到良好的技术经济指标，为我国的大多数铅冶炼厂所采用。直接炼铅法的出现减少了铅冶炼过程中"三废"的产生，有利于铅锌冶炼行业清洁发展。目前，国外最具竞争力的3种铅冶炼方法分别是基夫赛特法、闪速熔炼法和富氧底吹熔池熔炼法。

3.9.2.2 锌冶炼工艺

炼锌方法较多，归纳起来可以分为火法和湿法两大类。火法炼锌有鼓风炉、竖罐、平罐、电炉等方法。自20世纪50年代以来，鼓风炉法炼锌被采用后有了一定发展，具有处理铅锌混合精矿直接生产铅锌的特点。竖罐炼锌由于过程中的能耗高和环境污染等问题难以克服，几乎被淘汰。火法炼锌的前景远不如湿法炼锌。密闭鼓风炉炼锌工艺是当下主要的火法炼锌方法。目前，主要的火法炼锌产量只占总锌产量的10%左右。

湿法炼锌可分为常规酸浸（或低温酸浸）和高温高酸浸出。湿法炼锌生产的锌占全球锌产量的85%以上，因此湿法炼锌技术占据主导地位。由于湿法炼锌技术具有能耗低、环境友好、对有价金属的回收率高和易于实现工业化规模生产等优点而得到快速发展。湿法工艺主要工序为"沸腾焙烧—两段浸出—净化除杂—电积"，是火法和湿法相结合的冶炼技术。全湿法炼锌工艺有硫化锌精矿氧压浸出法。由于锌所具有的独特性质，且锌精矿中含有少量的铁闪锌矿和黄铁矿，在沸腾焙烧过程中会不可避免地产生铁酸锌类物质。铁酸锌在后续的浸出过程中难以溶出，因而会产生大量铁酸锌渣，因此在常规浸出法的基础上发展出一些针对除铁的高温高酸浸出新工艺。这些新工艺的出现使锌冶炼工艺经历了缓慢发展到快速发展的过程。高温高酸浸出包括高压浸出—赤铁矿法、热酸浸出—针铁矿法、热酸浸出—黄钾铁矾法和热酸浸出—喷淋除铁法等。

3.9.3 铅锌资源利用与新材料技术

3.9.3.1 铅资源利用与新材料技术

铅作为一种可再生循环利用的重要有色金属原材料，可用来制造蓄电池、电缆套、防腐材料、红丹铅白、汽油防爆剂、合金、子弹头、原子反应堆及放射性防护材料，还可以用于建筑工业隔声和装备上的防震材料等，广泛地应用于军工、核能技术、冶金、化工、电子、轻工、农药、医药、石油等领域。

我国铅的下游需求主要为铅酸蓄电池、氧化铅、铅材、铅合金、铅盐和电缆等，其中铅酸蓄电池制造是铅消费最主要的领域，占铅消费领域的80%以上。铅合金、铅材、氧化铅、铅盐分别占比6.8%、3.2%和1.8%。

3.9.3.2 锌资源利用与新材料技术

金属锌具有良好的压延性、耐磨性、抗腐蚀性、铸造性，且有很好的常温机械性，能与多种金属制成性能优良的合金。主要以镀锌、锌基合金、氧化锌的形式广泛应用于汽车、建筑、家用电器、船舶、轻工、机械、电池等行业。目前，在有色金属消费中仅次于铜和铝。

由于锌在常温下表面易生成一层保护膜，充分发挥了其抗大气腐蚀性能，因此锌被广泛应用于镀锌工业，主要被用于钢材和钢结构件的表面镀层（如镀锌板），在汽车、建筑、船舶、轻工等行业得到广泛应用。例如，含锌粉的涂料、起连接作用的锌块（连接船舶、桥梁和近海油气井架的钢构件）、镀锌铁板（锌合金板）做的屋顶、钢带热浸镀锌等。

锌本身的强度不高，但具有适用的机械性能，因此在与铝、铜等组成合金后，其强度和硬度均大为提高。具有优越超塑性能的锌合金被广泛应用于汽车制造和机械行业中压铸件及各种零部件的生产。同时，含少量铅、镉等元素的锌板可制成印花锌板、有粉腐蚀照相制版和胶印印刷板等。

锌粉做电池原本就是锌的消费端之一，如锌锰电池以及最新研究的锌空气蓄电池。其中锌-空气电池具有安全、零污染、高能量、大功率、低成本及材料可再生等优点，因而被专家们认为是装备电动汽车等的理想动力电源。

锌具有良好的抗电磁场性能。在射频干扰的场合，锌板是一种非常有效的屏蔽材料，同时由于锌是非磁性的，适合做仪器仪表零件、仪表壳体及钱币；另外，锌自身与其他金属碰撞不会发生火花，适合做井下防爆器材。

3.9.4　铅锌尾矿与二次资源循环利用技术

3.9.4.1　铅锌尾矿与铅锌矿冶炼渣

铅锌冶炼工艺复杂，生产过程伴随着废水、废气、尾矿和废渣的大量产生，每生产1t铅/锌会产生0.9t尾矿、0.7～1.0t废渣。其危害主要有以下几个方面：①堆积占用大量土地面积，制约土地的开发利用；②冶炼渣和尾矿中含有较多的重金属元素，其中的重金属离子下渗，严重危害周围的土壤、水质等环境安全；③铅锌尾矿库结构疏松，稳定性差，存在滑坡、泥石流等地质灾害风险。

铅锌尾矿和铅锌冶炼渣的资源化利用，可以缓解土地资源的紧张，减小对环境的污染，同时金属资源的回收利用具有较高的经济效益，是铅锌行业可持续发展的重要途径，符合国家绿色发展的战略。

3.9.4.2　铅锌尾矿的二次循环利用和技术

我国的铅锌尾矿利用率不高，仅为10%，远低于国外60%的综合利用率。目前对铅锌尾矿的综合利用主要包括以下两种方法：一是对铅锌尾矿进行再选，回收尾矿中有价成分，降低尾矿品位；二是将铅锌尾矿直接利用，如利用尾矿生产建材、尾矿充填、尾矿区复垦等。

（1）回收有价组分

对不同铅锌尾矿中的有效组分，采取不同的工艺进行回收利用。对混合铅锌矿，通过混合—部分浮选工艺或者混合—优先浮选工艺进行分离，依次将氧化铅锌矿、铅精矿和锌精矿分离出来；对含难选磁黄铁矿的铅锌尾矿，通过浮选—弱磁选—浮选联合工艺回收铅锌尾矿中的硫、铁；铅锌尾矿通过螺旋溜槽—脱硫浮选—再磨—重结晶浮选工艺，可有效回收铅锌尾矿中的低品位重晶石。

(2) 资源化利用

① 尾矿填充。对目前技术下得不到充分利用的铅锌尾矿，可采用尾矿填充技术将其填入采空区，是直接利用尾矿最有效的途径之一。尾矿填充技术主要包括全尾砂胶结充填技术和高水固结全尾砂充填技术。尾矿作为良好的填充材料，可以就地取材，降低采集运输的成本，减小对生态环境的破坏。

② 尾矿区复垦。尾矿区复垦能够有效减少尾矿库存，解决土地资源的浪费问题。我国的尾矿区复垦技术主要包括以下 3 种：针对正在使用的尾矿库复垦，在其尾矿坝上种植草藤灌木，不仅能够增加坝体稳定性，并且植物根部的土质得到改善，土壤肥力显著增强；针对已满或局部干涸的尾矿库，可用铅锌尾矿作为路基材料铺路，在尾矿上建设体育设施等；将尾矿直接复垦，进行围池造田，缓解了土地紧张问题，同时尾矿中的锌、钼、锰等微量元素还可以促进植物的生长发育。

③ 制造建筑材料。铅锌尾矿作为一种复合材料，其主要成分为脉石矿物、铝硅酸盐矿物、钙镁碳酸盐矿物，主要化学成分为硅、铝、钙、镁、铁的氧化物，并含有少量的磷、硫，其成分和粒度与主要的建筑材料相似，可用作生产建材的原材料或添加剂。典型的建材有免烧砖、微晶玻璃、水泥等。

3.9.4.3 铅锌冶炼渣的二次循环利用和技术

(1) 铅冶炼渣二次循环利用技术

目前对铅冶炼渣的资源化利用技术，主要包括两类：有价金属的回收利用、生产建筑材料等。

① 有价金属的回收利用。现有的方法有回转窑挥发法和烟化炉吹炼法，通过加入煤粉和少量石灰石粉等材料，熔渣中的铅、锌、锗等金属氧化物在还原剂作用下被还原成金属蒸气进入气相，在气相中又氧化成氧化物进入收尘系统中，回收铅、锌、锑、铟的混合氧化物。

② 生产建筑材料。铅渣的物理机械性能与河砂接近，可代替河砂作为集料。铅渣的粒度较细，有利于物料的均匀化。利用铅渣、煤矸石、磷渣作为主要原料生产出合格的水泥熟料，产品性能明显提高。

(2) 锌冶炼渣二次循环利用技术

主要分为两类：有价金属的回收利用、生产建筑材料等。

① 有价金属的回收利用。回转窑挥发法：把干燥的锌渣和煤粉加入回转窑，渣中 90%～95%的锌在 1100～1300℃时可还原挥发，挥发的锌粉进入烟尘中，同时大量的 Pb、Ga、In 等元素也进入烟尘，经收尘装置进行回收。浸出渣中的 Fe、SiO_2 进入窑渣中，可作为建筑材料使用。

热酸浸出法：将含锌废渣与高浓度酸溶液混合，渣中的 Fe、Cu、Zn 等金属元素进入浸出液中，通过铁屑置换反应将有色金属与铁分离开。

将喷枪插入熔池，以改善传质、传热、搅拌等冶炼条件，锌和铅的挥发率分别达到 99.5%和 99.8%，银的挥发率达 98%，镓的挥发率为 43.96%。浸没熔炼炉与回转窑相比，具有设备简单、占地面积小、有价元素回收率高、能耗低等特点。

② 生产建筑材料。含锌废渣作为生产建筑材料的原料，可大量消耗冶炼废渣，降低废渣的处理成本，生产出的建材制品及微晶玻璃等材料，具有良好的经济效益。Quijorna 等利用回转窑烟化法产生的废渣和铸造砂代替部分黏土制砖；肖忠明等利用冶炼渣作为原材料生产水泥；Karamberi 等使用钢渣、铁镍渣与褐煤粉煤灰生产玻璃和微晶玻璃材料。

3.10 锰矿产资源循环利用与新材料

3.10.1 锰矿资源储量及分布

3.10.1.1 世界锰矿资源储量及分布

据美国地质勘探局（USGS）统计，截至 2021 年年底，世界上已探明的陆地锰矿储量约为 15 亿 t（金属量）。其中，南非、澳大利亚、巴西和乌克兰 4 个国家的锰矿储量占全球锰矿总储量的 85% 以上。在世界陆地锰矿资源中，高品位的锰矿主要分布在南非、澳大利亚、加蓬和巴西，其主要矿床类型为风化壳型和沉积变质型。此外，世界大洋底所蕴藏的锰结核是锰的另一重要潜在资源。据估算世界范围内海底锰结核储量每 $1km^2$ 约为 4400t，总储量大约在 3 万亿 t 以上，是未来 20 年可以开发的重要锰矿资源。

3.10.1.2 国内锰矿资源储量及分布

我国锰矿资源储量位居世界第 6 位，仅次于南非、澳大利亚、巴西、乌克兰和加蓬。我国锰矿资源分布较为广泛但不均衡，根据自然资源部的统计，截至 2020 年年底，我国探明锰矿石资源储量 21.30 亿 t，保有资源储量 18.53 亿 t，主要分布在广西、贵州、湖南以及重庆、四川、云南等地。表 3-4 统计了截至 2020 年年底我国锰矿石保有储量及分布。

表 3-4 2020 年我国锰矿石保有储量及分布统计（$\times 10^4$ t）

地区	锰矿石储量	地区	锰矿石储量
全国	21295.7	湖北	280.6
广西	11892.0	陕西	277.5
贵州	1996.8	福建	73.8
湖南	1537.6	江西	64.1
甘肃	1421.4	广东	64.0
云南	1231.4	内蒙古	34.0
辽宁	971.0	山西	11.2
重庆	830.7	四川	6.4
新疆	566.7	吉林	0.3

注：表中不含其他地区 0.2 万 t。

3.10.2 锰矿产资源提取技术

目前，我国锰矿石的情况及现状是富锰矿少，而高铁高磷难选锰矿占我国锰矿储量的 40% 以上，因此需要对铁锰矿和贫锰矿进行富集处理。目前主要有机械选矿、化学选矿和火法富集选矿 3 种选矿富集方法。

金属锰冶炼主要分为火法冶炼和湿法冶炼两大类。

(1) 火法冶炼

金属锰的火法冶炼方法主要有铝还原法（铝热法）和硅还原法（电硅热法）两种。铝还原法具有生产设备和操作工艺简单的优势，但是耗铝量大、成本高、对原料要求高，通常只能采用含硅杂质极低的富锰渣为原料；硅还原法具有生产成本低的优点，所得金属锰含量高于铝还原法，可达94%～98%。

(2) 湿法冶炼

金属锰的湿法冶炼主要是电解金属锰法，占我国锰冶炼工艺的95%以上。电解金属锰法可获得品位高的金属锰$w(MnO)>99.7\%$，使用的锰矿石类型和品级比较广。现有工艺是利用锰矿硫酸浸出得到的硫酸锰溶液经过净化电解得到金属锰。

3.10.3 锰资源应用与新材料技术

锰被广泛应用于钢铁（全球90%以上）、有色冶金、化工、电子、电池、农业等领域。目前，绝大多数锰被用于锰合金中。锰资源新材料化利用方式如图3-7所示。

3.10.3.1 锰在锰合金中的应用

含锰的合金材料种类很多，有锰钢合金、锰铝合金和锰铜合金等；最常见的含锰合金是锰钢合金，它是炼钢过程中不可或缺的材料，用于炼钢过程的脱氧和脱硫。锰基合金也被广泛用于钢铁、有色金属、机械、铸造、国防军工、航空航天等领域，是中间基础合金，具有附加值高、成熟度高、应用广泛的特点，主要包括锰氮合金（氮化锰铁和氮化金属锰）和锰铝合金。

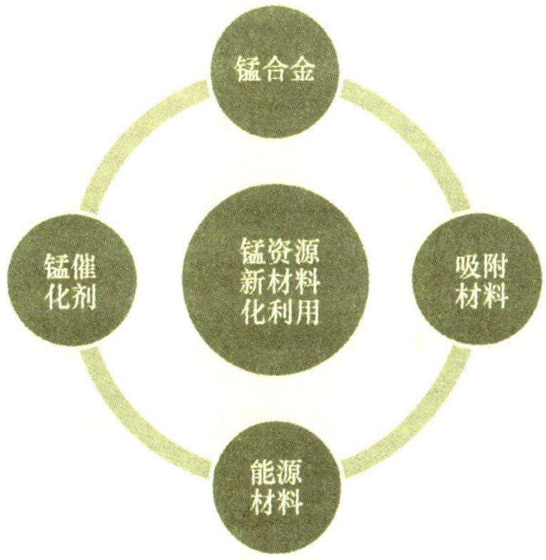

(1) 锰氮合金

由于氮能提高钢的强度、韧性和蠕变抗力，因此被广泛应用于合金材料中。在不锈钢中，氮属于

图3-7 锰资源新材料化利用方式

强奥氏体形成元素，锰、氮联合具有促进形成和扩大奥氏体的作用，既可代镍、节镍，又可合金化、细化晶粒，稳定奥氏体金相组织。锰氮合金制造方法有液态氮化法和固态氮化法两种，主要用于高强低合金钢、特殊合金钢、不锈钢、耐热钢等钢种的制备，尤其在天然气、大口径石油输送管以及造船和汽车用高强钢等方面，具有良好的应用前景。

(2) 锰铝合金

锰是炼钢过程中主要的合金化和重要的脱氧元素，铝是强脱氧元素。因此，锰铝合金在炼钢生产中既是合金剂又是强脱氧剂，可以减少铝消耗并降低炼钢成本。目前，我国工业化生产锰铝合金有两种方法，即重熔熔合法和粉末成型法。锰铝合金作为轻金属合金材料的铝中间合金锭，主要用于铝合金、镁合金，在固溶强化、调整成分、增加合金强度等方面有重要作用。

3.10.3.2 锰在能源材料中的应用

(1) 锰基电池

锰作为能源材料，应用最多的是电池领域。尖晶石型锰酸锂是良好的正极材料，热稳定性高、安全性能好、耐过充电，但其循环性能不佳，主要用于高能量的二次电池、手机等电池的原料。目前电池种类众多，相比于镍铬电池、镍锌电池、锂电池等二次电池，一次锌锰电池在干电池市场中仍占主导地位，其中碱性锌锰电池凭借更优的电性能和更环保的特性，应用更加广泛，需求量仍将不断上升。

（2）含锰催化材料

锰化合物因其资源丰富、成本低廉、催化活性较高、制备简单等特点，被作为催化剂广泛研究。锰氧化物被认为是催化性能极好的催化剂，但由于制备方法不同，催化性能也有所不同。锰氧化物经过掺杂其他氧化物（如 CuO、NiO、Co_2O_3、Ag_2O 等）可大幅提高其催化活性。其中，铜锰催化剂对 CO 氧化、VOC 去除、低温 NO 还原、加氢、重整制氢、变换及有机污染物湿法催化氧化等反应都显示出良好的催化性能，受到广泛关注；而碳酸锰、硝酸锰等锰氧化物则能够通过吸附等方式很好地抑制碳氧化物的氧化活性，同时催化作用也可以最大限度地消除燃烧过程中所产生的碳尘颗粒，对抑制燃烧过程中产生的氧化物的氧化活性、控制碳排放具有重要意义。

（3）锰基吸附材料

近几年，锰吸附技术得到了长足发展，锰吸附剂被广泛应用于气相和液相的吸附中，如二氧化锰吸附剂脱硫技术、新型复合铁钛锰吸附剂除砷，锰系吸附剂对碳酸盐型盐湖卤水中锂的吸附等。同时锰氧化物多用于材料活化，如二氧化锰对粉煤灰活化从而提高溶液中重金属离子的去除率。锰氧化物作为一种良好的吸附剂和氧化剂，其深入开发研究对环境保护有重要影响，具有广阔的应用前景。

3.10.4 锰尾矿与二次资源循环利用技术

3.10.4.1 锰尾矿及其循环利用

（1）锰尾矿

中国是世界上锰生产大国，锰尾矿是锰生产过程中排放的固体废弃物，我国锰尾矿年均排放量约 $3.358×10^7 t$，但是综合利用率低于15%。其堆积不仅占用土地，还会污染地下水，具体的环境污染主要表现在：①因锰尾矿的长期囤积，一些有害元素通过土层渗透，进入地下水，形成难降解的污染源，导致河流生物绝迹，危害人体健康；②锰尾矿缺乏营养物质，且锰、铁等重金属含量过高会毒害植物根系，延长植被的自然恢复时间，同时造成生物迁徙受阻；③大量锰尾矿堆积在田野山间无法处理，不仅占用农业耕地，还诱发泥石流等地质灾害，严重影响山区人们的居住环境。

（2）锰尾矿的循环利用技术

为了提高锰尾矿综合利用率，解决锰尾矿大量堆存带来的资源、环境、土地等问题，2021年9月，发展改革委（全称为"中华人民共和国国家发展和改革委员会"）颁布的《"十四五"循环经济发展规划》强调，加强我国锰尾矿资源化综合利用，进一步拓宽锰尾矿等二次资源循环利用渠道。目前，我国锰尾矿二次资源循环利用方式主要有尾矿再选、制备建材、矿山充填、矿库复垦和制作肥料。

3.10.4.2 锰渣及其循环利用

（1）锰渣

电解锰渣是电解锰时产生的酸性滤渣，每生产1t金属锰排放8~10t的电解锰渣，其中含有大量有害元素（Hg、Pb、As、Cd等）。

(2) 电解锰渣的危害

① 电解锰渣对人体健康的危害。锰是人体所需的微量元素之一，成人平均每日摄取量应控制在3~7mg之间。过多的锰元素摄入会影响身体的健康，引发慢性锰中毒，严重时甚至导致死亡。

② 电解锰渣对土壤的危害。锰渣的处理方法一般分为堆放和填埋，锰渣呈酸性，大量堆积填埋的锰渣，不仅侵占了土地农田，还使土壤酸化，破坏了土地的结构。

③ 电解锰渣对水体的危害。锰渣内含有大量的可溶性锰，作为食品行业用水，会影响产品的色香味；若作为工业中的漂洗水使用，则会破坏产品外观的色泽度和新鲜度。

④ 电解锰渣对生态环境的危害。长期露天堆存的电解锰渣，可造成尘害、泥石流、滑坡、塌方等自然灾害。

(3) 电解锰渣的处理和利用

电解锰渣的堆存占用土地，造成一定的环境污染，因此电解锰渣的处理迫在眉睫。

① 锰渣处理技术

a. 分选技术。分选技术是利用物料的差异分离锰渣。早期，锰矿的低回收率导致尾矿中锰矿石含量较高，利用锰矿与其他矿石之间较大的比磁化系数，通过强磁选的方法对锰渣进行分选。采用SHP型分选机对电解锰渣进行二次分选，可得到含锰27%的精矿和50%的回收率。

b. 化学处理技术。化学处理技术即利用化学反应破坏电解锰渣中的有害成分，从而使电解锰渣无害化。锰渣的有害物质主要包括氨氮和重金属，而在锰渣中加入石灰可将氨氮转化成氨气，将重金属变为残渣，从而将锰渣中有害物质分离出去。

c. 固化技术。将水泥加入锰渣后，锰渣中有害成分被固定，在pH=1的酸性环境下仅有少量的锰浸出，从而实现电解锰渣的无害化处理。

② 电解锰渣有价组分回收

a. 锰的回收。生物法、酸浸出法和水洗沉淀法是锰回收的主要方法。生物法是利用微生物氧化或分解锰渣中的有机物并浸出锰渣中的锰；酸浸出法是利用酸性溶液将锰渣中的有些成分选择性地浸出；水洗沉淀法是利用清水洗渣-沉淀技术从锰渣中回收锰，将锰渣磨细于蒸馏水中浸出，固液分离后，调节浸出液pH并通入二氧化碳和氮气，锰最终以碳酸锰沉淀形式析出。

b. 氨氮回收。电场法和硫酸铝铵结晶法是氨氮回收的主要方法。电场法是采用鸟粪石[$Mg(NH_4)PO_4·6H_2O$]沉淀法从浸出液中回收氨氮；硫酸铝铵结晶法是先将锰渣在水中溶解，过滤后向滤液中加入硫酸铝，反应生成复盐沉淀以除去铵根，氨氮回收率最高可达95.2%。

③ 电解锰渣资源化利用

a. 电解锰渣制备肥料。电解锰渣除了含锰元素外，还含有硒、氨氮、钾、钠、铁、硼等元素和有机质，这些都是植物正常生长需要的营养元素，因此，电解锰渣可制备多元素肥料。

b. 电解锰渣处理废水。铁、铝、硅作为电解锰渣的主要成分，在不同形态下可对水起到净化作用,锰元素对砷和铜具有吸附作用,因此电解锰渣可作为废水的净化剂。

c. 电解锰渣制备建筑材料。电解锰渣用于水泥生产,可作为水泥的矿化剂、轻集料、缓凝剂等。电解锰渣中含有二水石膏等,可作为水泥的添加料,其工艺发展已经较为成熟。电解锰渣制备混凝土,不仅降低成本,而且解决环境污染问题。

3.11 铋矿产资源循环利用与新材料

3.11.1 铋矿产资源分类、储量及分布

3.11.1.1 简介

铋具有一系列优良的物理化学性质,因此用途广泛。铋常应用到合金冶炼中,同时也是理想的超导材料之一,蓄电池、半导体和核工业材料中都有铋的应用。铋被多国定为战略性矿产,也是我国的关键矿产之一。

3.11.1.2 铋矿产资源分类

铋为稀有金属元素,自然界中,铋以单质和化合物两种状态存在,但自然铋罕见。绝大部分铋呈硫化物、碲化物、硫盐矿物和铜、铂族等金属互化物等矿物产出,如图3-8所示。主要矿物有辉铋矿(Bi_2S_3)、泡铋矿[$Bi_2(CO_3)O_2$]、菱铋矿($nBi_2O_3 \cdot mCO_2 \cdot H_2O$)、铜铋矿($3Cu_2S \cdot 4Bi_2S_3$)、方铅铋矿($2PbS \cdot Bi_2S$)。

图 3-8 不同铋矿的实物
(a) 铋华;(b) 菱铋矿;(c) 金属铋;(d) 辉铋矿

3.11.1.3 资源储量及分布

铋在自然界中以游离金属和矿物的形式存在,在地壳中的浓度相当小(0.5~1.0mmol/kg),这使它被视为一种相当稀少的金属矿物。除玻利维亚(Tasna Mine)和广东省怀集县外,几乎没有单独的铋矿床产出。铋的矿物大都与钨、钼、铅、锡、铜等

金属矿物共生，很少形成有单独开采价值的矿床，所以需在其他主金属选矿过程中分离出铋精矿。另外，铋常进入其他主金属提炼过程的副产物中，如铅阳极泥、铜熔炼及吹炼的烟尘。

中国的铋储量丰富，居世界首位，储量大约为 24 万 t，占世界总储量的 2/3。我国铋资源主要分布在 13 个省（自治区、直辖市）。其中储量最多的是湖南、广东和江西，这 3 地的储量占全国总储量的 85% 左右。湖南柿竹园有色金属矿铋的储量占全国总储量的 74%，具有品位高、易开采的特点，是我国最重要的铋基地。

我国目前已有铋矿 70 多处，铋金属储量在 1 万 t 以上的大中型矿区有 6 处，储量占全国总储量的 78%。其中 5 万 t 以上金属储量的大型矿区 2 处，储量占全国总储量的 66%。

3.11.2 铋矿资源选矿与新材料技术

（1）铋矿资源选矿

工业上对以铋为主的矿石和伴生铋的矿石有不同要求，作为铋矿石单独开采时，最低工业品位为 0.5%；在多金属矿石中作为副产品回收时，首选矿石含铋最低工业品位为 0.05%～0.1%，机选矿石最低工业品位为 0.1%～0.2%。

原生硫化铋矿物多采用浮选的方法获得铋精矿，重选法是目前回收自然铋矿物所采用的经典方法。由于自然铋大多呈片状出现，加之石灰等药剂残渣在摇床上严重结垢，大量的生产实践证明，用该法所获得的指标不佳。

辉铋矿是提炼金属的重要矿物原料，其选矿工艺有 3 种回收方案：自粗钨精矿中直接优先浮选；自硫化矿混合精矿中优先浮选；自硫化物混合精矿中浮去其他硫化矿而让辉铋矿作为尾矿产出，通常还含有较多的脉石和黑钨矿，需进一步用摇床选和磁选分别除去。分离顺序为辉钼矿→辉铋矿、方铅铋矿→黄铜矿→闪锌矿→黄铁矿。辉铋矿同方铅矿可浮性非常相似，一般混出待冶炼再行分离。细粒采用浮选法，粗粒采用粒浮。

（2）铋冶金的国内外研究现状

铋的冶炼一般要经过粗炼和精炼两个阶段。粗炼是将含铋物料经过火法或湿法两种方法处理，得到粗铋。精炼是将粗铋采用火法或电解法提纯，得到精铋。

在 20 世纪 50 年代以前，铋的粗炼通常采用火法冶炼（高温熔炼法），根据铋精矿中成分不同，火法冶炼可分为还原熔炼、沉淀熔炼和混合熔炼 3 种方法。

3.11.3 铋矿的工业应用与新材料技术

铋素有"绿色金属"之称，广泛应用于医药、化妆品、工业颜料、催化剂、阻燃剂、电子陶瓷与晶体、半导体制冷器件、冶金添加剂、易熔合金、铋基合金、超导、铋电池和核子反应堆等领域。目前主要的铋产品有精铋、高纯铋、铋合金、氧化铋、氯氧化铋、次硝酸铋、枸橼酸铋钾、次没食子酸铋、复方铝酸铋等。

（1）易熔合金

用铋配制易熔合金是铋的主要用途之一。铋金属可与其他金属配制成易熔合金，如锑、镉、铟、镓、锡、钛等，一般含铋的合金熔点在 200℃ 以下。含铋易熔合金的主要用途可归纳如下：

① 利用它的低熔点性，可制作在预定温度熔化的安全装置、保险丝、保险阀、易熔片等；也可制作低熔点焊料，如著名的伍德合金，用于透镜定位、玻璃密封、电子元件焊接等。

② 利用它的熔点能准确控制的特点，可用作核能反应堆中的载热体或冷却剂；也可用于热处理池对特殊金属材料做退火等热处理。

③ 铋含量不同的合金应用场景也不同。含铋55%以上的合金凝固时体积有冷胀性，可用于矫正变形工件、印刷铸字。含铋48%～55%的合金尺寸稳定，可用于制造低熔点合金模具。著名的Bi-Sn模具合金可用于金属薄板材（铝板、钢板）的冷冲压成型，如汽车车身外壳、油箱、水箱冷冲压工艺。这种合金模具的硬度不低于钢模，且具有成型快、更新快、合金可多次反复使用等优点。

(2) 冶金添加剂

铋还可作为冶金添加剂使用。在钢、铁、铝、青铜中添加少量铋可显著改善材料的加工性能。铋做添加剂的用量正在逐年增加，成为主要用途之一。在易切削钢中加入0.1%～0.4%的铋，可改善钢的切削性能。在铝中添加0.2%～0.6%的铋可改善铝的切削加工性能，其机理和钢类似。在铜中加入铋，可用来制作耐磨合金和齿轮。在铸铁中加入0.002%～0.005%的铋，可改善铸铁的铸造性能，增加白口倾向和缩短退火时间，零件的延伸性能变好。

(3) 医药行业

铋的一些化合物是治疗效果良好的胃药，可用来治疗胃功能失调，如腹泻、结肠炎、消化性溃疡等。铋药剂具有收敛止泻、防腐的作用，可吸附毒素、细菌、病毒，在肠黏膜创面形成一层薄保护膜，使之不受食物刺激；铋药剂以无机盐次硝酸铋和次碳酸铋为主。此外，也发展了很多有机铋化合物，如酒石酸铋钠、酒石酸铋钾等是具有抗锥虫及螺旋体效力的水溶性药剂，次水杨酸铋能治疗腹泻、恶心、腹痛等症状；胶体枸橼酸铋钾具有低毒性、疗效好的特点而获得日益广泛的使用。医药行业作为抗周期性较强的行业，对金属铋的需求一直呈现稳定增长的趋势。

(4) 化工领域

铋的化学品广泛用于半导体、超导体、阻燃剂、催化剂、颜料、化妆品、化学试剂、电镀、电池及其他方面。

含铋半导体材料广泛应用于电子工业中，较为广泛的是Bi-Te-Se温差制冷元件。采用多级热电制冷可使温度降至200K以下，这在军事、宇航工业、科研试验中大有用武之地，可维持或降低固体电路激光源、红外线探测器和电荷耦合器件的温度。

在法国、日本、美国、中国等国相继发现铋锶钙铜氧化物在液氮冷却下的高温超导性之后，铋系超导材料近年来一直是国际上研究的热点，铋锶钙铜超导线目前已经成为四大超导材料系列之一。高纯超细氧化铋应用于制造新型高性能陶瓷和半导体，还可用于颜料、涂料的制备和铋基氧化物超导体的研制和开发。

3.11.4 铋矿资源循环利用技术

20世纪90年代以来，铋的使用范围迅速扩展，被各国作为一种战略物资储备。我国铋矿资源丰富，但独立铋矿床少，从各种有色金属矿石副产物中回收的铋精矿产量低。重视和提高现有选矿对铋的综合回收效果，有利于收获更多的精铋，提高矿山的经济效益。铅阳极泥中含铋量较高，综合回收利用效益好，已日益受到各企业的重视。对铋的回收主要有以下几种方法。

(1) 铋的富集回收

在传统工艺中，铅阳极泥经过配料后在贵铅炉中还原熔炼，产出贵铅、一次烟灰、稀渣。贵铅再进分银炉吹炼，产出前、中、后期渣和分银炉烟灰。中、后期渣含铋量很高，达30%~40%，但由于含金银量亦高，其中含银量高达6%~8%，因此需沉淀熔炼，其目的就是在高温下使炉渣熔化、充分沉淀，降低炉渣中的金银含量。经过沉淀熔炼后，炉渣（氧化铋渣）含银量可降至2%~4%，但炉渣含铋量也由原来的30%~40%降低到15%~25%，这是由于燃料燃烧形成的还原性气氛导致一部分铋被还原进入合金中，对铋的富集造成了不利的影响。

(2) 氧化铋渣的粗炼

氧化铋渣又称造渣，是回收铋的重要原料，从其中回收铋可以采用火法和湿法两大类工艺。氧化铋渣中的铋全部以Bi_2O_3的形式存在，含砷、锑量低，这给湿法浸出提供了非常有利的条件。氧化铋渣的湿法处理工艺有两种：酸浸法和盐浸法。处理氧化铋渣，湿法工艺较火法工艺显示出明显的优越性——成本低，直收率和回收率高。其中，盐浸法又较酸浸法更常使用，因为盐浸法较酸浸法成本更低，直收率和回收率更高。盐浸法的直收率和回收率分别可达到90%和95%以上。但此两种方法有一个共同的不足之处，那就是在氯氧化铋的处理上，用盐酸重溶，铁粉置换成海绵铋后碱熔成高质量的粗铋的过程中，盐酸使用量大，成本增高，铁粉置换速度慢，且过滤困难。虽然粗铋质量好，主金属品位高，杂质含量低，给精炼提供了极有利的条件，但这些缺点也极大地影响到它们的应用。据有关资料介绍，把氯氧化铋直接碱熔，控制好还原温度、时间和各种熔剂的加入量，铋的直收率达到97%以上，而且设备投资少，生产成本低，是一种十分有效的处理氯氧化铋的方法。

(3) 粗铋的精炼

随着粗铋质量的提高，从20世纪60年代起，工业生产中开始采用火法精炼代替电解精炼。

经熔炼所获得的粗铋一般为85%~95%，其他含有的杂质主要有铅、铜、砷、铁、锡、锑、银等，含有如此多的杂质的铋是不能用于工业上的，特别是医药、电子、原子能行业。因此，粗铋必须精炼。精炼的方法主要有湿法精炼、火法精炼和电解精炼3种。

(1) 湿法精炼

湿法精炼中，先用有机溶剂萃取剂将铋离子萃入有机相，然后进行反萃，将铋与大多数重金属离子分离，然后用纯铁粉置换。该反应可得到较纯净的铋，但在实践中往往得到的铋纯净度并不理想。最终获得的是较净的海绵铋，应进一步进行火法精炼除杂。

(2) 火法精炼

铋的火法精炼是在精炼锅内进行。火法精炼一般包括以下工序：熔析及加硫除铜；氧化精炼除砷、锑；碱性精炼除锡、锑；加锌除银；氯化精炼除铅、锌；最终精炼。各工序的确定以及工序次序的安排，因各厂粗铋原料成分的不同和操作习惯的不同而有差异，但一般有如下规律：当粗铋含锑高时，为了回收锑，常将除锑工序安排在除砷、锑工序之后，使锑富集在锑渣中以利于回收；当粗铋中含锑低时，常省略除锑工序，粗铋中微量的锑经最终碱性精炼除去。此时最终精炼时间将较常规延长 2h 左右。当粗铋含砷、锑低时，常省去除砷、锑工序，粗铋中微量的砷、锑，将在最终碱性精炼中除去；当砷、锑含量高时，必须首先氧化挥发除砷、锑。

氧化铋经过火法粗炼所得粗铋由于含有银、铜量较高，所以加锌除银是精炼过程中的主要工序。加锌后，锌会与铋液中残余的铜和微量的金形成 Cu-Zn 与 Au-Zn 化合物，然后才与铋液中的银形成难溶的 Ag-Zn 化合物，这些化合物几乎不溶于铋液中，相对密度比铋小，呈浮渣状态产出与铋分离。最后，再经过除锌等复杂作业获得纯度较高的铋。

(3) 电解精炼

粗铋电解精炼，主要有氯化溶液电解精炼和硅氟酸溶液电解精炼两种方法。

氯化溶液电解精炼：铋冶炼产出的粗铋经初步火法精炼后铸成阳极，在盐酸和三氯化铋组成的电解液中电解。电解液含 Bi 90~115g/L、HCl 100~120g/L、NaCl 80~100g/L，电流密度 $100A/m^2$。为防止铋电解精炼过程中可能发生的阳极钝化，必须造出含铋浓度高的电解液补充到已贫化的电解液中去。造液有坩埚造液和碱性造液两种方法。

硅氟酸溶液电解精炼：冶炼产出的粗铋经初步火法精炼后铸成阳极，在硅氟酸和硅氟酸铋电解液中电解。电解液含 Bi 80~100g/L，H_2SiF_6 330~350g/L，电流密度 40~$80A/m^2$，槽电压 3V，每 1t 铋加 1g 胶，温度为 20℃，电解液循环速度适当加大，保持电解液干净的条件下，可获得致密的阴极铋，其纯度可达 99.9%。若铜、铅、银等杂质过高，可以进一步用火法去除。

3.12 稀土矿产资源循环利用与新材料

稀土元素独特的电子层结构使其具有独特而优异的磁、光、电、催化等物理化学特性，是全球公认的未来科技发展必须依赖的关键战略金属，被誉为"现代工业维生素"和"21世纪新材料宝库"，在新能源汽车、风力发电、新型显示与照明、工业机器人、电子信息、航空航天、国防军工、节能环保及高端装备制造等战略性新兴产业中均发挥着不可或缺的核心关键作用。

3.12.1 稀土矿产资源储量及分布

我国不仅稀土资源居世界首位，而且稀土生产量、出口量和应用量均居世界第一。美国地质勘探局 2018 年数据显示，中国稀土储量的占有率达到世界稀土的 33.84%。此外，美国、巴西、澳大利亚、印度等国稀土资源比较丰富，这些国家和我国的稀土资源基本上构成世界稀土资源的主体。

我国稀土矿主要分为矿物型稀土矿和风化型稀土矿。矿物型稀土矿主要分布在北方，以轻稀土配分为主，多采用浮选法回收稀土。风化型稀土矿主要产于我国南方，以中重稀土配分为主，工业上主要以铵盐浸取获得稀土。

根据稀土矿床的成因，稀土矿主要可分为矿物型和风化型两类。由含稀土元素的基岩通过沉积作用、变质作用、交代作用 3 个阶段及其他复杂变化形成的矿床被称为矿物型;由含稀土元素的花岗岩和火山岩通过强烈风化作用形成的矿床被称为风化型。两者有其各自显著的矿石特征并由此延伸出不同的选别工艺。

我国稀土资源集中分布地区有四川、江西、内蒙古、山东、福建、湖南、广东、广西等省(自治区),总体上呈现出南重北轻的分布格局。我国内蒙古白云鄂博、山东微山等地区主要出产轻稀土配分的氟碳铈矿,江西赣南、广东粤东、福建闽西等地区则出产富含中重稀土的风化壳淋积型稀土矿。

3.12.2 稀土提取及冶炼分离技术

中国稀土冶炼分离技术研发起步于20世纪50年代,70多年来国内稀土工作者根据稀土资源的特点,开发了一系列具有原创性的稀土冶炼分离提纯技术,各个时代应运而生的代表性成果有力地推动了中国稀土工业的进步和发展。历经几十年的发展,中国建立了较完整的稀土采选冶、材料加工与应用工业体系,已成为全球最大的稀土资源国、生产国、出口国和应用国。稀土冶炼分离能力达30万t/年以上,稀土冶炼分离产品产量达18万t/年以上,占世界总产量的85%左右,稀土分离提纯技术全球领先。我国稀土工业开发利用的稀土矿物主要有3种,即包头混合型稀土矿、四川氟碳铈矿、南方离子吸附型稀土矿。由于矿物种类、成分和结构不同,所采用的稀土冶炼工艺也不一样。

常见的稀土冶炼工艺中P507、P204、C272、环烷酸等为酸性萃取剂,其萃取能力(分配比)与水相$[H^+]$浓度的3次方成反比。一般萃取一个Re^{3+}要置换3个H^+进入水相,因此须采用氨水等无机碱对萃取剂预先皂化,将氢离子去除。

包头稀土矿冶炼分离工艺:包头稀土矿是由氟碳铈矿和独居石组成的混合型稀土矿。由于其矿物结构和成分复杂,被世界公认为难冶炼稀土矿种。

四川氟碳铈矿冶炼分离工艺:目前工业上大多采用氧化焙烧-盐酸浸出法。该工艺的特点是投资小,铈产品生产成本较低,但存在工艺不连续。盐酸浸出过程中四价铈、钍、氟不溶解留在渣中,渣经过碱转化后,氟以氟化钠形式进入废水排放,钍、氟分散在渣和废水中难以回收,对环境造成污染,而且铈产品纯度仅为97%~98%,价值低。

南方离子型稀土矿冶炼分离工艺:由于萃取分离过程中有机相采用氨水或液碱皂化,萃取分离1t稀土氧化物需消耗1t左右的液氨,导致稀土分离成本高,并产生大量氨氮废水,而且氨氮回收处理成本高,处理不完全,对水资源造成严重污染。

进入21世纪以来,随着稀土应用需求及产业规模快速增长,资源浪费和环境污染问题日益突出,引起国家对稀土行业绿色化、清洁化发展的高度重视。有研稀土新材料股份有限公司开发了离子型稀土矿浸出液高效富集提取工艺,代替了传统的南方离子型稀土矿冶炼分离工艺,从源头减少氨氮废水污染,为离子型稀土资源开发开辟了新思路。

另外,模糊萃取分离技术、联动萃取分离技术、氨氮废水回收技术、高浓度氨氮废水采用蒸发回收氯化铵技术、低浓度氨氮废水采用膜分离/吹脱方法、液碱代液氨皂化技术、钙皂化技术、非皂化萃取分离技术等也相继开发以降低稀土冶炼分离成本,降低污染,实现CO_2和镁盐的循环利用。

3.12.3 稀土资源应用与新材料技术

随着稀土应用领域的不断拓展，稀土元素的本征性质的充分体现与材料性能指标关联越加明显，稀土元素的晶体材料、光纤材料、光学玻璃、显示发光材料、电子材料、磁性材料、超磁致伸缩材料等均需要高纯稀土来保障其高性能。

3.12.3.1 稀土磁性材料

在众多稀土材料中，稀土磁性材料的应用最为广泛，已发展成为稀土行业的核心产业，带动着整个稀土产业的持续发展。稀土磁性材料主要包括稀土永磁材料、磁致伸缩材料及磁制冷材料等。稀土永磁材料具有极优异的磁性能，在新一代信息技术、航空航天、先进轨道交通、新能源汽车、高档数控机床和机器人、风力发电及节能家电等领域有着十分广泛的应用。全球钕铁硼永磁材料生产主要集中在中国和日本两国。2017年，烧结钕铁硼全球年产量达15万t，我国的产量占比约90%。

稀土磁致伸缩材料（GMM）是在20世纪80年代末开发的新型磁功能材料，主要是指稀土铁系金属间化合物TbDyFe。这类材料室温下的磁致伸缩系数比传统压电陶瓷伸缩材料高10倍以上，且具有响应速度快、功率密度高的特点，在军事工业、航空航天、机器人、海洋工程、地质勘探等诸多方面应用广泛。如美国Etrema公司研制的GMM水声换能器和电声换能器，目前已成功用于海军声呐、油井探测、海洋勘探等领域，美国航空航天局（NASA）已成功将GMM制造的高精度伺服阀、高速开关阀应用到卫星变轨系统。

稀土磁制冷材料是利用磁热效应达到制冷目的的材料，主要利用磁热效应达到制冷的目的，与传统制冷材料相比具有噪声小、可靠性好、效率高等优点，且不会破坏臭氧层，被誉为绿色制冷材料。目前主要研究的磁制冷材料包括Gd系和La系合金。国内在Gd系和La系磁制冷材料的研究中取得了较大进展，并已向国内外提供了样品。

3.12.3.2 稀土发光材料

我国稀土发光材料的研发始于20世纪70年代，目前已在理论研究及产业化方面取得了丰硕成果，产量和产值均居世界前列。

我国目前已经掌握高品质铝酸盐系列荧光粉及其批量制备技术，产品性能及批次稳定性等方面均达到国际先进水平，同时，国产高显色用纯铕铝酸盐绿粉已成功进入海外市场。高端稀土发光材料的研发及产业化极大地提高了我国白光LED荧光粉的自给程度，促进了我国半导体照明产业的快速健康发展。然而，白光LED荧光粉的原始专利多被日亚化学、三菱化学及通用电气等外国企业所垄断，我国在高端稀土发光材料领域缺少核心知识产权和关键技术，产品品质不高，市场占有率低，研发具有自主知识产权的新型稀土发光材料迫在眉睫。

3.12.3.3 稀土催化材料

稀土催化材料是一种高科技材料，可以促进高丰度轻稀土元素La、Ce等大量应用，有效缓解并解决我国稀土消费失衡的问题，提升能源与环境技术发展，改善人类生存环境。由于稀土元素具有独特的4f电子层结构，稀土在化学反应中具有良好的助催化性能，在石化、环境、能源、化工等催化应用领域已成为不可或缺的重要组分，并产生石油裂化催化剂、移动源（机动车、船舶、农用机械等）尾气净化催化剂以及固定源

（工业废气脱硝、天然气燃烧、有机废气处理等）尾气净化催化剂等产品。目前，稀土催化材料最大的两个应用市场是石油裂化催化剂和机动车尾气净化催化剂。我国稀土催化材料在近几年取得了较好发展，绿色、环保、高性价比的稀土催化材料制备技术成为研发重点。

稀土催化材料的未来发展趋势是进一步体现创新、绿色、高效的特点。机动车尾气催化剂未来发展的重点是开发满足更高的国家尾气排放标准的汽车尾气净化催化剂、储氧材料及多种后处理集成技术等。工业废气脱硝催化剂方面，未来需要发展耐高温、非钒系、无毒、高效的脱硝催化剂，并进一步发展其在非火电脱硝领域的工业应用。要着重开发高性能有机废气 VOC 消除燃烧催化剂技术、天然气催化燃烧高温催化剂及应用工程化技术，实现工业锅炉、汽轮机等方面的应用示范。

3.12.3.4 稀土储氢材料

稀土储氢合金具有储氢量大、易活化、不易中毒、吸放氢速度快、充电曲线平坦以及抗中毒性能优越等优点，在混合动力汽车、氢能存储等领域都有着十分重要的应用。稀土储氢合金主要使用 La、Ce 轻稀土原料，是轻稀土元素的一个重要应用领域。目前，我国稀土储氢合金容量达 340mA·h/g，电池放电倍率 30C，工作温度 -40 ~ $80℃$，能够满足混合动力汽车电池使用要求。

3.12.4 稀土尾矿与二次资源循环利用技术

稀土是一种不可再生的战略资源，事关我国经济发展和国家安全，对推动我国稀土资源实现循环再利用和保护资源，保障稀土供应链、产业链安全，以及实现"双碳"目标，都具有重要的意义。当前稀土循环存在几个主要问题：一是稀土循环技术不完善，利用效率低；二是稀土循环体系缺失，没有得到重视；三是稀土循环秩序混乱，运行不规范。

2020 年中国稀土矿产品 14 万 t，各种稀土材料数百万吨，相应产出大量二次资源。稀土二次资源是一种特殊的资源，对其综合利用是节约资源、防治污染的有效途径，也是社会发展的迫切要求和必然选择。目前，国内 NdFeB 回收料 55% 来源于稀土生产加工环节，45% 来源于社会回收，永磁磁材生产过程中产生 25%~35% 的边角废料。钕铁硼磁性材料中稀土含量约为 30.97%，硼为 1%，其余为纯铁。在 30.97% 的稀土中各元素含量分布：钕为 21%，镨为 7%，镝为 0.85%，铽为 0.12%，钆为 1.8%，钬为 0.2%。

关于稀土资源的循环利用，建议保护珍贵资源，一是搭建可循环技术和产业体系，加大财政支持力度，实现稀土二次资源中有价元素的高效综合利用，为实现我国的稀土循环经济战略提供硬件支撑；二是健全制度和标准，完善回收体系，通过提高稀土二次资源再生利用准入标准的方法实现稀土再生资源集中、系统管理，高效回收，进一步推动稀土产业高质量发展；三是做好顶层设计，绘就产业发展蓝图。建议组织稀土行业主管部门和相关领域专家认真梳理现状，尽快出台我国稀土循环利用的规划和路线图。

3.13 深海矿产资源循环利用与新材料

3.13.1 深海矿产资源种类、储量及分布

国际海底区域内蕴藏着丰富的资源，主要包括海洋能源、水资源、海洋水产品、海洋生物活性天然物质及矿产资源。其中，具有商业开发前景的战略金属资源包括多金属结核、多金属硫化物和富钴结壳等金属矿产资源。

多金属结核又称锰结核，主要分布于水深4000～6000m海底的表层，富含铜、钴、镍和锰（平均品位分别为1.00%、0.22%、1.30%和25.0%），主要集中在太平洋的CC区（资源总量约为150亿t）、东南太平洋秘鲁海盆和北印度洋中心。

富钴结壳（又称富钴铁锰结壳、钴结壳、铁锰结壳、富钴锰结壳等）是在水深400～4000m的海底山脉、岛屿斜坡等水下高地上经年累月生长而成的锰铁氧化物和氢氧化物沉积矿产，富含铁、锰、铜、钴、镍、锌、钼、钒、铅、铂、稀土等多种金属和稀有金属。

海底热液硫化物是继大洋多金属结核、富钴结壳后的另一种新的海底重金属矿产资源，海底热液硫化物主要为结晶矿物组分，富含多种金属和稀有金属，主要出现在2500m左右水深的大洋中脊和断裂活动带上，主要分布在太平洋、大西洋及红海中。海底热液硫化物主要组分有铜、铅、锌、铁和贵金属银、金、钴、镍、铂。

3.13.2 深海矿产资源开发与利用技术

在深海金属矿产资源开采技术和装备的研究中，开采对象是人类至今尚未涉足、地形和环境复杂多变、最大水深6000m的洋底，开采作业受到风浪、海流、高压及腐蚀等恶劣自然条件的影响，具有很大的不确定性。迄今美国、日本、加拿大、德国、法国等已提出多种开采方案，诸如液压提升式、气压提升式、链斗提升式、深潜器开采等，作业深度为5000～6000m。

深海采矿系统必须始终解决最基本的问题是如何以最高的效率将海底的矿石采集、提升到海面，经脱水后运输到港口。西方发达国家早期探索过几种开采系统，按提升方式主要划分为拖斗式采矿系统、连续绳斗（CLB）开采系统、自动穿梭艇式开采系统和集矿机与管道输送相结合的采矿系统。

国际海洋金属联合组织（IOM）成立于2001年，通过两个"五年计划"，在深海采矿系统的可行性研究方面做了大量的工作，并设计出适合所属矿区的地形地质特征的深海采矿概念系统。概念系统由许多复杂的元件和子系统组成，主要包括采矿船或浮力平台、自行式集矿机、中间仓、操作和测控系统以及动力子系统。

我国的深海采矿技术于1991年启动，经过"八五""九五"和"十五"3个五年计划的基础试验与研究，在集矿、扬矿和遥控遥测等方面取得了较大进展。在中国大洋协会（COMRA）10余年的努力下，通过不同原理采矿模型机的研究、综合比较，确定了我国"海底履带自行水力集矿机采集—水力管道矿浆泵提升—海面采矿船支持"的深海采矿技术方案，在此基础上完成了大洋多金属结核中试采矿系统的技术设计和样机的加

工制造。大洋多金属结核中试采矿概念系统由集矿系统、扬矿系统、水面支持系统、测控及动力系统组成。

深海矿产资源的开发涉及的技术还包括集矿技术、扬矿技术、水面支持系统、测控及动力系统等。

① 集矿技术是深海采矿系统技术链中的首要环节，主要功能是在能够按照预订的轨迹在海底矿区稀软的土质表层行走，连续采集存在于海底沉积物表面的金属结核矿石，并能根据扬矿工艺的要求，对所采集的矿石进行脱泥和破碎处理，然后将矿石输送至扬矿系统。

② 扬矿是深海矿产资源开采技术的重要组成部分，可用于不同矿种的开采，属于深海采矿工艺系统中的共性技术。深海矿产资源赋存在最深达 6000m 的海底，如何在这段漫长的距离中克服海流、温差、高压、腐蚀和海面恶劣的自然天气等因素的影响，用最大提升能力、最高提升效率、最安全和稳定的提升方法将海底集矿机采集的矿石输送到海面，是扬矿技术必须解决的问题。

③ 水面支持系统是采矿作业的中心，为水下设备提供存放、布放回收、作业支撑和维修，并储存结核矿石。同时，该系统又是人员居住、工作的基地，在采矿系统中占据重要的位置。在 20 世纪 70 年代末进行的几次试验开采中都是使用改装的钻井船或打捞船作为水面支持系统。鉴于目前成熟的海洋油气开发平台技术，开采深度已达金属矿产资源的赋存深度，我国正积极研究用海洋石油平台取代造价巨大的采矿船这一项目。

④ 测控及动力系统是为整个采矿系统提供动力和能源支持，集成所有子系统的信息，并具备安全可靠和符合要求的控制、通信、监测和导航定位等功能的深海采矿综合管理系统，保障开采作业安全、可靠、高效、连续地运行。我国的测控技术发展迅速，出色地完成了集矿测控系统、扬矿测控系统和动力输配方案的设计。

3.13.3 深海矿产资源应用与新材料技术

多金属结核是重要的矿产资源种类，含有 60 多种金属元素，以铜、镍、钴、锰最具经济价值，是现代化工、电子、能源、机械、钢铁工业等的重要原材料。

钴结壳中的钴、锰、镍一般用于钢铁生产中，以增强其硬度、强度及抗腐蚀性。26% 的钴用于生产航天领域的超合金。钴、锰、镍还可用于化学及其他高科技产业，如生产太阳能电池、超导体、高级激光系统及切削刀具。

热液硫化物矿体富含锌、铜、铅、金和银。由于海底热液硫化物富含大量的贵金属，矿藏量大、水浅、易开采，按照深海技术发展，热液硫化物有望成为深海采矿的首采对象，是对贵金属利用的有效补充。

深海多金属结核、钴结壳和热液硫化物将在新能源领域如锂离子电池电极材料、液流电池等领域具有很大的应用。

思政小结

我国矿产资源开发利用取得了举世瞩目的成就，为工业化、城镇化、信息化和农业现代化建设快速发展提供了有力的资源支撑保障。2021年我国提出"双碳"目标，碳达峰和碳中和目标的达成将对我国和世界的发展产生深远影响。与此同时，国内矿产资源循环利用潜力巨大。大力推动资源循环利用，努力提高资源利用效率，对未来提高矿产资源供应能力意义重大。在当下"双碳"目标的大背景下，我国各类矿产资源的需求量带动世界相关行业经济的发展，与此同时，国内矿产资源的开发利用更要着眼于绿色环保、低碳高效的发展要点，进一步提高采选技术的同时，注重创新和发展，抓住机遇，合理规划产业结构，因地制宜，取长补短，实现经济效益和生态环境的双重发展。

思考题

（1）在"双碳"目标背景下，分析我国矿业行业的发展前景及机遇和挑战。对比分析锰的火法冶炼与湿法冶炼技术、工艺和装备。

（2）简述我国矿产资源开发利用技术和行业发展方向。

（3）分析在"双碳"目标背景下，各类矿产资源与尾矿循环利用方向及技术，简述未来发展前景及趋势。

（4）对比分析不同矿产资源的冶炼技术、工艺和装备。

4 硅酸盐矿物矿产资源综合利用与新材料

教学目标

教学要求：系统了解硅酸盐矿物结构和矿产资源开发状况，了解硅酸盐矿物矿产资源利用的基础原理和工艺流程，对硅酸盐矿物矿产资源综合利用有完整、成体系的认知。

教学重点：重点掌握几种重要硅酸盐矿物的物理化学性质，熟悉硅酸盐矿物在传统工业、循环利用产业以及新材料领域的应用。

教学难点：深入理解不同硅酸盐矿物的相似性质在各自应用领域的独特优势，明确每种矿物在某些领域的可替代性和某种领域的不可替代性。

4.1 石英矿产资源综合利用与新材料

4.1.1 石英矿产资源的储量及分布

石英是一种主要的造岩矿物，大量分布于岩浆岩、沉积岩、变质岩中，在伟晶岩和热液脉型岩也有其成分存在。主要成分为 SiO_2 的岩浆岩和变质岩类型有花岗伟晶岩、热液脉型岩和变质型石英岩。花岗伟晶岩是岩浆缓慢结晶而成，常有大颗粒纯净石英聚集物。脉石英是与岩浆岩有相似的较大粒径（>2mm）同时纯度较高（SiO_2>99%）。沉积岩型的石英砂岩由砂粒胶结而成，变质型石英岩是一种重结晶的中高度变质石英砂岩。石英资源是一种稀缺资源，最大的产地为美国，其次为我国。目前，全球高纯石英原料矿床分布于美国、挪威、澳大利亚、俄罗斯、毛里塔尼亚、中国、加拿大 7 个国家。除中国外共有 14 处矿床，其中尚未开采生产的有 7 处。

截至目前，我国石英资源包括天然石英矿、石英岩、石英砂岩和脉石英 4 种，主要分布于江西、湖南、贵州、福建、广西及广东省，其中已探明资源储量的矿区有 4 个，累计探明资源储量 140 亿 t 上。

4.1.2 石英选矿与尾料综合利用

石英矿一般为透明、半透明、白色或黄褐色，通常以颗粒状或颗粒的集合体产出，且常伴生云母、长石、绿泥石、蒙脱石、高岭石等矿物。其中含铁杂质组分会显著影响石英或石英制品的白度或透明度，石英提纯过程主要是降低铁质和其他杂质的含量。少量的 Fe、Ti 杂质主要分布于石英颗粒间隙中，而相对较多的 Al 杂质主要分布于石英晶体中。石英矿经粉碎和酸处理后可以达到高纯石英指标。石英在生长发育过程中，受地质环境的影响在构造中会形成一定量的包裹体，粒度较细，总体积一般小于晶体体积的 0.1%。然而，除了金属杂质，包裹体的存在也对石英的纯度产生负面影响。石英中可见的流体包裹体分为液相、气相、气液两相和三相包裹体 4 种。其中液相成分为 H_2O，气相成分为 CO_2，气液两相成分为 H_2O 和 CO_2，三相成分为 H_2O、CO_2 和固相。

对大量低品位石英资源而言，需采用多种联合提纯工艺，包括浮选、介质擦洗、深度提纯等选矿流程，以满足各个工业部门特别是高新技术产业的需求，但同时也需注重"三废"（注：即废水、废气和废渣）处理、设备防腐处理等方面。国内外学者对石英的选矿和提纯过程进行了大量的探索，葛鹤松等在对粉石英选矿的研究中采用擦洗、旋流器脱泥、浮选、混合酸浸的选矿工艺获得品位大于 99% 的高纯硅微粉产品。李成福等在对青海某脉石英矿选矿提纯研究中采用煅烧、水淬、破碎、粉碎、磁选、浮选、酸浸、洗涤、脱水干燥等工艺将石英矿的 SiO_2 含量从 99.04% 提高到 99.91%，达到了高纯石英砂的要求。

砂质高岭土资源在开采与分选过程中会产生大量的含石英尾矿，大量尾矿的堆存侵占土地、破坏生态环境，因此对尾矿中的石英砂进行提纯回收，提高资源利用率的同时降低了环境污染压力。对含石英高岭土尾矿的处理主要是根据石英应用方向的不同而针对性地进行提纯。胡廷海等为使广西合浦石康某高岭土尾矿中石英砂达到光伏玻璃用砂的要求，对其进行提石英除铁试验研究，试验流程如图 4-1 所示。研究发现，此尾矿 Fe_2O_3 含量较高且主要赋存于云母及电气石中。

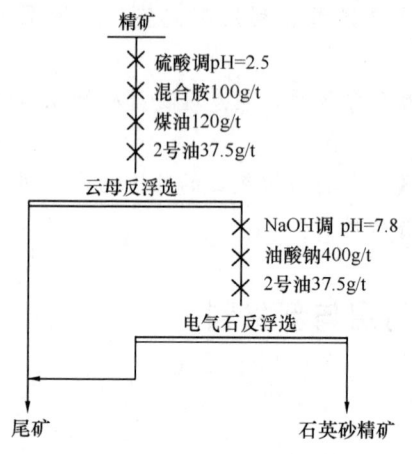

图 4-1 某高岭土尾矿产石英砂浮选除铁试验流程

通过在酸性介质中用混合胺和煤油反浮选云母，在偏碱性介质中用油酸钠反浮选电气石，最终将 Fe_2O_3 含量由 113μg/g 降至 74μg/g，SiO_2 含量达到 99.89%。

4.1.3 石英的晶体结构与理化性质

石英矿石一般含有黄铁矿、磁铁矿、金红石、电气石、赤铁矿、云母、长石等杂质矿。石英中的杂质主要由晶格杂质和包裹体两种形式存在，如图 4-2（a）所示。晶格杂质点缺陷与外来离子的掺入有关，由于 Al^{3+}、Fe^{3+}、B^{3+}、Ti^{4+}、Ge^{4+}、P^{5+} 离子与 Si^{4+} 半径相近，可替代原有的硅离子，Li^+、K^+、Na^+、H^+、Fe^{2+} 等离子直接进入平衡空位引起的电子缺陷，达到电荷中性。根据原子微团簇理论，铝、铁和碱金属倾向于形成微小的原子团簇，这些原子团簇沿着特定的生长轴合并，解释了晶格缺陷和纳米尺寸的夹杂物之间的过渡。如图 4-2（b）所示构型主要由铝、碱离子和 H 组成，其中 H 是以 OH^- 和水分子的形式存在，A 位置可以被 P^{5+}、B^{3+} 和 Fe^{3+} 等羟基吸引离子占据。由傅里叶红外光谱（FTIR）观察到的相对高丰度的氢补偿铝缺陷和结构结合水分子可能表明这种微团簇的存在。

石英是一种物理和化学性质均十分稳定的矿产资源，其分子式为 SiO_2，常伴生长石、云母、含铁矿物等杂质。石英外观常呈白色、乳白色、灰白半透明状态，莫氏硬度

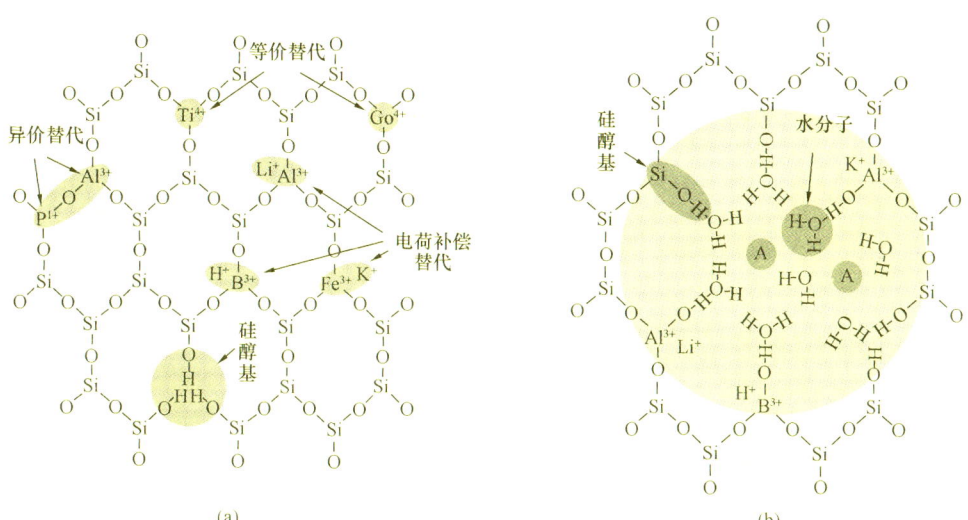

图 4-2 石英的晶体结构与理化性质
(a) 石英晶体中典型的类质同象替换;(b) 原子微团簇理论

为 7,机械强度较高,无解理,断面具玻璃光泽或脂肪光泽。密度因晶型而异,在 $2.22 \times 10^3 \sim 2.65 \times 10^3 \, \text{kg/m}^3$ 之间变动。其电学、热学和某些机械性均具有明显的异向性。石英的化学性质稳定,不溶于酸(HF 除外),微溶于 KOH 溶液中,熔化温度为 1710~1750℃,冷却后即变为石英玻璃。

自然界中石英主要以脉石英、石英砂岩、石英岩和水晶等形式存在。当 SiO_2 结晶完美时为水晶,胶化脱水后为玛瑙,含水的胶体凝固后为蛋白石;SiO_2 晶粒小于几微米时,就组成玉髓、燧石、次生石英岩。石英是 $[SiO_4]^{4-}$ 四面体各个顶点互相连接而成的三维架状结构。Si 原子和 O 原子以共价键紧密连接,空隙很小,使熔融温度很高。$[SiO_4]^{4-}$ 四面体在不同温度和条件下呈现不同的连接方式。SiO_2 相图如图 4-3 所示。

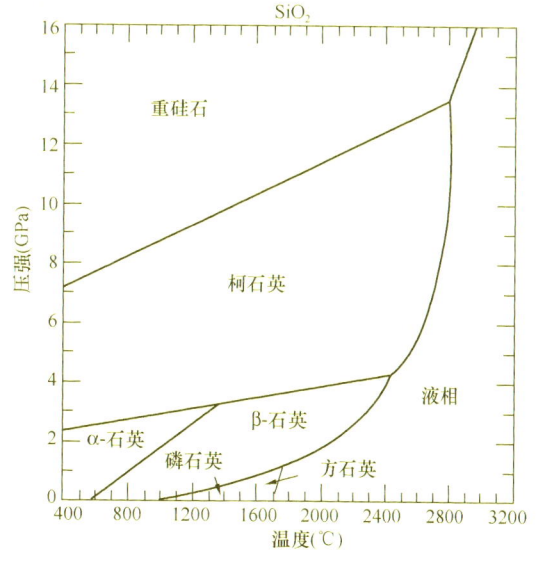

图 4-3 SiO_2 相图

4.1.4 石英的工业应用与新材料技术

石英砂是一种重要的非金属原料,根据其硅和杂质含量的不同,应用范围不尽相同,图 4-4 是石英的应用领域汇总。普通石英砂是指 SiO_2 含量在 96%~99%,杂质 $Fe_2O_3 < 0.5\%$、$Al_2O_3 < 2.0\%$ 的石英砂,主要应用于玻璃制品、陶瓷制品、机械铸造、水泥制品、耐火材料等领域。由于其对原矿纯度要求不高,只需根据不同领域要求对原

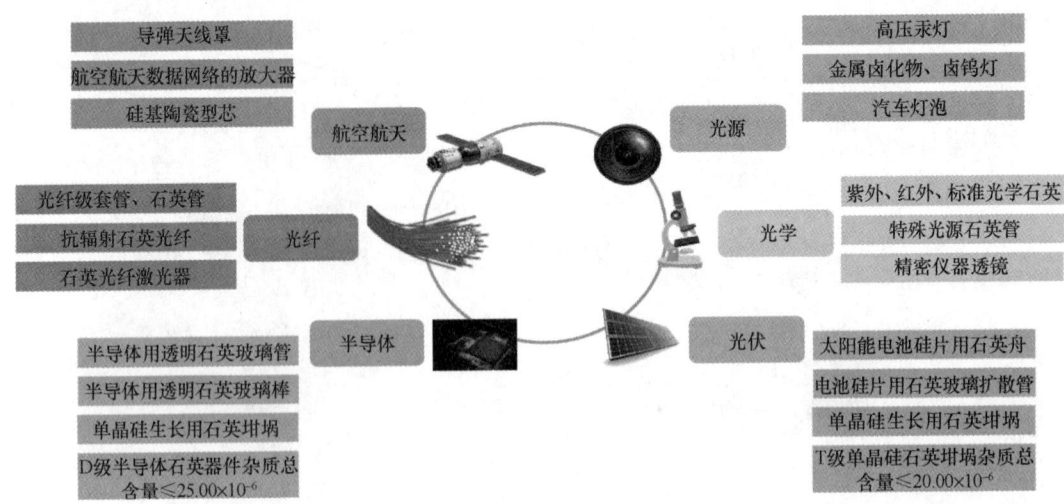

图 4-4 石英的应用领域汇总

矿进行简单的选矿、分级等加工即可，制备简单。然而，有些场合甚至不经过加工就已经符合要求，因此需求量比较大。比如在玻璃产业，石英用量占总原料用量的70%以上；在机械制造业，每1t铸件约要1t石英砂。

高纯石英砂是指SiO_2的含量在99.9%以上，Fe_2O_3含量在0.0001%以下，Al_2O_3含量在0.01%以下的石英砂。高纯石英熔炼成的石英玻璃具有耐高温、热膨胀系数小、高度绝缘、耐腐蚀、高光通率等特点，主要应用在高新技术产业，如航空航天、生物工程、高频率技术、电子技术、光纤通信和军工等领域。目前，根据产品应用的不同，高纯石英砂存在多个品种，见表4-1。

表4-1 石英砂产品及规格

产品名称	规格（目）	质量		主要用途
		SiO_2(%)	Fe_2O_3($\times 10^{-6}$)	
超高纯石英砂	40~70，70~140	99.99	<2	高级石英玻璃
高纯石英砂	40~70，70~140	99.98	2	电子元件的绝缘体
高纯石英砂	40~70，70~140	99.96	<5	大型集成电路的封装（硅微粉）
高纯石英砂	40~70，70~140	99.96	<10	不透明石英玻璃
精制石英砂	齐全	99.96	<200	高级光学玻璃，硅酸钾、硅酸钠等化学材料等
普通石英砂	齐全	>96	<500	光学、仪器玻璃等，不同剥离、铸造、耐火材料

在新一代信息技术领域中，高纯石英砂制备得到的高性能石英玻璃制品，是通信工业光导纤维及附属光电元件生产的基本原料，用来生产单模和多模光纤预制棒、石英套管。高纯石英也是制备信息显示玻璃的重要原料，主要用于智能手机、智能穿戴设备、OLED电视中的TFT-LCD基板玻璃等。

在高端装备制造领域中，高精度显微光学仪器，高清晰度、高透光率的光学透镜，准分子激光光学装置，投影仪等高级光学仪器的生产制备中都以高纯石英为基础性原料。高纯石英也是生产耐高温石英灯管的基本原材料，常用来生产高性能、耐高温灯具，如紫外灯、高强度气体放电灯等。

在新材料领域中，石英纤维是以高纯石英或天然水晶为原料制得的一种无机纤维。它具有固体石英的一些优良性能和特点，是一种优良的耐高温材料，也可以被用作先进材料的一种增强相。同时石英纤维具有高电绝缘性能、耐烧蚀、抗热震、优良的介电性能和良好的化学稳定性等，在军事、国防、航空、航天等工业中具有重要用途。

在新能源领域中，利用晶体硅材料生产的太阳能电池可以直接将太阳能转化为电能，实现迈向绿色能源革命的开始。其中单晶硅太阳电池是当前开发得最快的一种太阳能电池，它的构成和生产工艺已定型，产品已广泛用于宇宙空间和地面设施。

4.2 膨润土矿产资源综合利用与新材料

4.2.1 膨润土矿产资源的储量及分布

膨润土是以蒙脱石为主要成分的黏土岩，是开发应用最早、最广泛、具有较高经济价值的非金属矿之一。我国膨润土矿资源丰富，分布广泛，全国 24 个省（自治区）皆有膨润土产出，如图 4-5 所示。其中查明资源储量超过亿吨的省（自治区）有 10 个，分别是广西、新疆、内蒙古、江苏、安徽、河北、黑龙江、浙江、山东、辽宁。截至 2019 年，我国膨润土矿区共 223 个，查明资源储量 30.05 亿 t，基础储量 6.74 亿 t，储量 2.70 亿 t，资源量 23.31 亿 t。而目前已开发的主要膨润土矿区有辽宁的建平、黑山和葫芦岛，河北的宣化和崇

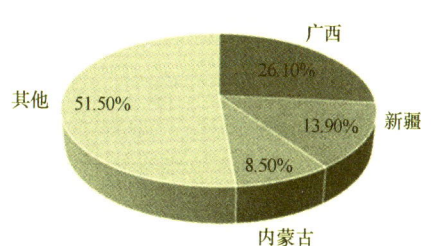

图 4-5　全国膨润土分布

礼，吉林的公主岭和九台，内蒙古的固原等。中国膨润土资源有两个特点：一是分布广泛，有 20 多个省（自治区、直辖市）拥有膨润土资源；二是浅埋，易开采，中国大部分膨润土矿均可露天开采；三是品种齐全，主要是钙膨润土，90%以上是钙膨润土，优质膨润土矿物也占 24% 左右；此外，还有氢、铝等膨润土；其次，有更多的矿物质与膨润土共生，而且很少有膨润土具有较高的晶体位置。

膨润土矿床类型分为火山岩型、火山-沉积型、沉积型、侵入岩型 4 种，其中以沉积型为最多，储量占全部储量的 70% 以上。膨润土矿的颜色有白色、乳酪色、淡灰色、淡黄绿色、淡红色、褐红色以及黑色、斑杂色等，具有油脂光泽、蜡状光泽或土状光泽，断口常为贝壳状或锯齿状。采出原矿有块状、微层纹状、角砾状、土状及斑杂状等，微细结构以泥质结构为主，也有变余火山碎屑、角砾凝灰及粉砂状结构等。

4.2.2 蒙脱石的晶体结构与理化性质

一般蒙脱石化学式为 $(M_{x+y}^{+} \cdot nH_2O)(R_{2-y}^{3+}R_y^{2+})[(Si_{4-x}Al_x)O_{10}](OH)_2$。其晶体结构如图 4-6 所示。阳离子交换性是蒙脱石最重要的特征性能，液相环境中的高浓度阳离

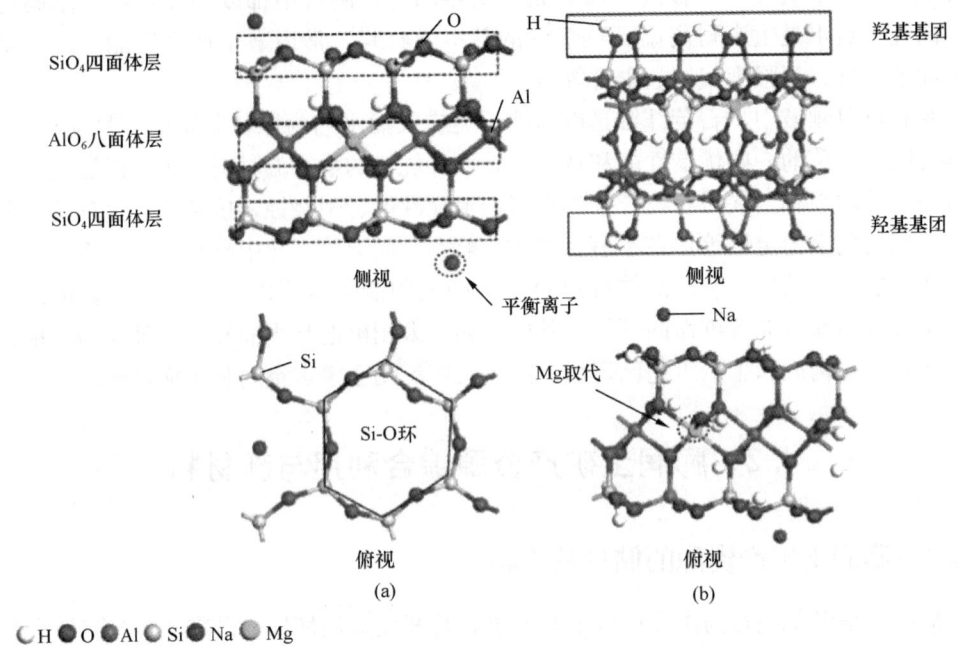

图 4-6　蒙脱石的晶体结构图
(a)（001）面；(b)（010）面

子替换层间低浓度的阳离子，层间距也因阳离子体积改变而变化。其中，M 表示 Na^+、K^+、Ca^{2+}、Mg^{2+} 等层间阳离子或其他有机分子。蒙脱石层间的阳离子能够水化，通过和水分子形成水和阳离子而互相替换，从而使蒙脱石具备很强的阳离子交换能力。由于蒙脱石的物理化学性质主要取决于离子交换量的种类和含量，一般认为蒙脱石中某一阳离子交换量（E_x）占总阳离子交换量的一半以上时，就以这一离子来定名该蒙脱石，例如钙基蒙脱石（$E_{Ca^{2+}}/E_{总}>50\%$）或钠基蒙脱石（$E_{Na^+}/E_{总}>50\%$），其中，$E_{总}$ 表示总的阳离子交换量。蒙脱石的离子交换性则体现层间离子被 Na^+、Ca^{2+}、K^+、Mg^{2+}、Li^+、H^+、Al^{3+} 等的交换，交换作用在一定条件下是可逆的。蒙脱石的电负性、离子交换性也使其对有机物具有强吸附、交换、脱色等性能，吸附及交换后的蒙脱石层间距可达原始层间距的数倍。

蒙脱石八面体层中的 R^{2+} 主要为 Mg^{2+} 和 Fe^{2+}，R^{3+} 一般为 Al^{3+} 和 Fe^{3+}，也可能由 Ni^{2+}、Zn^{2+}、Cu^{2+}、Cr^{2+}、Li^+ 等离子通过类质同象形成体系；而蒙脱石四面体层中，通常大量的 Al^{3+} 置换 Si^{4+}，同时可能有少量的 Fe^{3+} 置换 Si^{4+}。

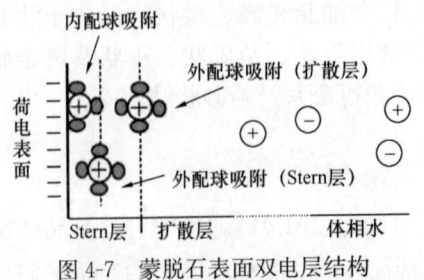

图 4-7　蒙脱石表面双电层结构

蒙脱石表面存在不受 pH 影响的永久性负电荷，如图 4-7 所示。同时蒙脱石表面通常含有大量的各类官能团，例如硅羟基（Si—OH）、铝羟基（Al—OH）、铁羟基（Fe—OH）等。当蒙脱石表面的 Si—O、Al—O 或 Al—OH 键在水中断键时，留在晶体端面的断键能够吸引其他离子，并在 pH>7 时呈现负电性；同时，八面体片层在介质水中能解离出 Al^{3+}、OH^- 或 AlO_3^{3-} 官能团,也会使蒙脱石端面在 pH 大于 7 时带负电,由层间域内的 Na^+、K^+、Ca^{2+} 等阳离子平衡。

蒙脱石层间域内四面体、八面体之间的稳定性有差异,有着多种不饱和填充、扭曲和同晶置换等现象,层与层之间的结合力主要由弱分子间力提供,彼此联结不紧密,在外界作用或极性水分子的影响下易分散,发生相对运动从而被剥离。因为蒙脱石晶胞片层之间联结不紧密,蒙脱石分散性很好,层面间距可变,易制备成混层矿物。上述这些影响决定蒙脱石的结构层间、层内和颗粒表面具备一定的可变性和活性,这也是黏土矿物应用到实际中去的重要依据和基础。

蒙脱石比表面积很高,颗粒细小,内表面积很大的同时外表面积很小,表面活性很强,在地质变化过程中对有机分子的迁移和储存起着十分关键的作用,同时也被广泛应用于制作吸附有机污染物的环境修复材料。天然条件下,蒙脱石层间多被水合无机阳离子或水分子占据,外界环境中弱交换的分子则较难进入层间,表面结构和层内阳离子的水合作用极大地强化了其亲水特性,从而影响其对疏水有机污染物的吸附性能。

4.2.3 膨润土的工业应用与新材料技术

我国开发使用膨润土的历史悠久,早在唐代医学名著《本草拾遗》中就记载了膨润土的吸附与去污能力。2016—2020 年,我国膨润土产量总体上呈上涨趋势,2016 年为 814 万 t,2020 年产量上涨至 900 万 t。其中,18% 用于铸造工业,24% 用于钻井泥浆,32% 用于铁矿球团,其他用于石油化工、纺织、食品油脂、农业和建材工业、造纸等行业的精细化工等。膨润土产品应用领域及主要用途见表 4-2。

表 4-2 膨润土产品应用领域及主要用途

应用领域	主要用途	适用膨润土种类
铸造	型砂黏结剂	钠基或钙、镁基土
	水化型砂的黏结剂,表面稳定剂	有机膨润土、锂基土
冶金	铁精矿球团黏结剂	钠基土为主
钻井泥浆	配制具有高流变和触变性能的钻井泥浆悬浮液;钻机解卡剂	钠、钙、镁基土、有机膨润土
食品	动植物油的脱色和净化;葡萄酒和果汁的澄清,啤酒的稳定处理,糖化处理,糖汁净化	漂白土、钙、镁基膨润土
石油	石油、油脂、石蜡、石蜡油(煤油的精炼)脱色和净化;石油裂化的催化剂载体	漂白土、钙、镁基膨润土
	制备焦油-水的乳化液	钠基土(活化或天然)
	沥青表层的稳定剂;润滑油(油脂)的稠化剂	有机膨润土

续表

应用领域	主要用途	适用膨润土种类
农业	土壤改良剂；混合肥料的添加剂；动物饲料的添加料、黏合剂	钙基膨润土最好，其他膨润土也可用
纺织印染	填充、漂白；抗静电涂层；代替淀粉上浆及做印花糊料	漂白土，钠基土（活化或天然）
化工	催化剂、杀虫剂、农药和杀菌剂的载体；橡胶和塑料的填料；干燥剂、过滤剂、洗涤剂、香皂、牙膏等日用化工用品的添加剂；颜料、原浆涂料触变和增稠，在合成树脂及铁、铅、锌等系列颜料的油漆中防尘、沉降助剂	漂白土，钠基土（活化或天然），锂基、镁基膨润土
	防油墨沉降助剂	有机膨润土
水净化和污水处理	处理工业废水（液）；游泳池水的净化；食品工业废料处理；放射性废物的吸附剂	漂白土，钠基膨润土（活化或天然）
民用及企业建筑	泥浆槽的悬浮液、土的稳定剂、打夯的润滑剂、混凝土的增塑剂和添加剂；水泥混合材料	各种膨润土
造纸	复写纸的染色剂、颜料填料	漂白土，钙、镁基膨润土
陶瓷工业	陶瓷原料的增塑剂（提高陶瓷坯体的抗压强度）；制造釉料及搪瓷	各种膨润土
医药、化妆品	药物的吸着剂和药膏、药丸的黏结剂、化妆品的底料	镁、钙、锂、钠基土（活化或天然）
机械工业	高温润滑剂	有机膨润土

  由于蒙脱石的高比表面积、强的表/界面反应活性、独特的层间域纳米结构特征，矿物结构及性能可调整，可选用热或酸处理、硅烷嫁接、插层功能试剂等不同方法制造改性蒙脱石。蒙脱石改性后通常可作为吸附剂、混凝剂或催化剂，在保护环境工程中用来去除阻隔重金属、剧毒有机污染物或放射性元素，在净化水体工程中用来固定有机污染物、制作抗菌剂去除细菌等。

  按照蒙脱石层间的阳离子种类，膨润土分为钠基、钙基、镁基、铝基等多种类型。我国膨润土矿资源丰富，种类齐全，但以钙基膨润土为主，约占总储量的80%。而钠基膨润土比钙基膨润土的膨胀性、胶质价和阳离子交换容量高，分散性、黏性、润滑性及热稳定性良好，应用更广泛。美国的钠基膨润土储量居世界首位，怀俄明膨润土以储量多、质量好著称于世。

  根据改性方法的区别，可以将改性后的蒙脱石划分成热处理、有机、柱撑、酸化和复合蒙脱石等种类。这些不同种类的蒙脱石可以通过多样化的作用机制来治理环境污染物。其中，柱撑蒙脱石的层间域能够容纳多种无机试剂，从而完成对无机污染物的去除吸附，柱撑蒙脱石还能依靠催化或氧化-还原反应过程降解有机污染物来治理污染问题；复合蒙脱石能同时负载无机和有机改性剂，从而具有更强的控制无机/有机污染的性能；酸处理过的蒙脱石则具有非常大的比表面积和较强的阳离子交换能力，从而适用于对阳离子污染物的治理；有机蒙脱石吸附剂具有疏水性，便于治理疏水性有机污染物。以上各类蒙脱石改性产物的各种应用已经被大量科研学者进行研究报道，而蒙脱石优良的结构性能和改性蒙脱石良好的应用前景，也促使这一研究热点受到了持续且广泛的关注，在污染控制机理认识、材料性能优化、新型改性蒙脱石制备方法等方面取得一系列的研究新进展。

Zou 等采用锌离子插层钠基蒙脱石（Na-MMT）水热法制备负载锌的蒙脱石（Zn-MMT）涂层，如图 4-8 所示。涂层显著改善了镁合金的耐腐蚀性、生物相容性和抗菌性，从测定的抑菌区来看，Zn-MMT 涂层对大肠杆菌和金黄色葡萄球菌的抑制作用高于 Na-MMT，且 Zn-MMT 涂层对大肠杆菌和金黄色葡萄球菌的良好抑制作用可能是由于 Zn^{2+} 从涂层中缓慢而持续地释放到培养基中（可达 144h），导致大肠杆菌和金黄色葡萄球菌菌膜严重破损，细菌细胞释放细胞质物质。

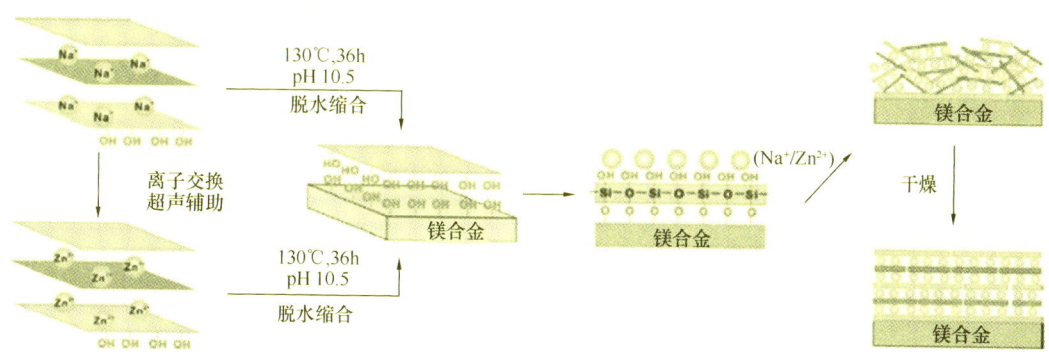

图 4-8　Zn-MMT 和 Na-MMT 包覆镁合金的制备原理

Dutta 等采用阳离子交换法将不同剂量的 TCH 药物（分别为 MMT 的 1/2、1 倍、2 倍和 3 倍 CEC）加入 MMT 黏土的层间中，制备 MMT-TCH 插层纳米复合材料。药物分子被插入蒙脱石黏土，以保护其在体内循环时免受酶的降解。此外，在纳米黏土的辅助下，药物可以很容易到达目标部位，实现 TCH 药物的连续缓释。如图 4-9 所示，通过抑菌圈法分析，这些黏土基制剂对革兰氏阳性菌和革兰氏阴性菌均具有抗菌活性，在抗菌治疗的可控给药策略方面具有巨大的潜力。同样，也有将其他药物插层到 MMT

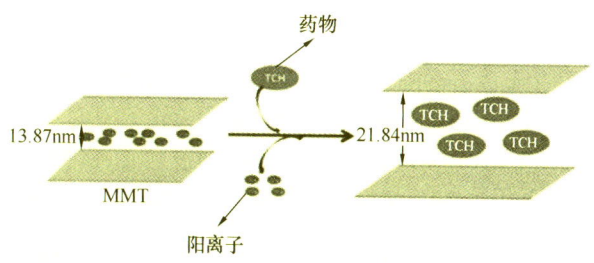

图 4-9　MMT-TCH 夹层复合材料的结构排列示意图

中，如马来酸（TM）和布洛芬（IBU）。

4.3 凹凸棒石矿产资源综合利用与新材料

4.3.1 凹凸棒石矿产资源的储量及分布

凹凸棒石和海泡石同属海泡石族，是一类新型黏土矿物，广泛存在于世界各国。目前，凹凸棒石矿产资源主要分布国家有美国、中国、西班牙和澳大利亚等国，据不完全统计，世界探明储量约1.5亿t。

国外凹凸棒石黏土探明储量超过4000万t，凹凸棒石矿床主要形成于整个白垩纪和第三纪。美国凹凸棒石资源的分布通常与膨润土、海泡石黏土密不可分，佐治亚州南部和佛罗里达州北部的大型矿带是美国最大的凹凸棒石产地。位于西班牙西部的托雷洪盆地是西班牙主要的凹凸棒石产地，属于典型的湖相沉积型矿床，无论是从规模、质量还是历史、经济意义来说，各个方面均闻名于世。在澳大利亚，由于其独特地理环境，凹凸棒石兼有外生路相沉积型矿床和大陆边缘封闭海湾盆地相沉积型矿床两种结构，赋予其优异的性能。澳大利亚境内目前已在5个州发现具有较高经济价值的凹凸棒石，尤其在西澳大利亚州的莱克内拉梅恩，其凹凸棒石黏土矿床规模最大，具有广泛的发展前景。

我国凹凸棒石黏土资源虽然发现较晚，但分布范围较广，已探明储量较丰富，远景储量也非常可观。我国的凹凸棒石资源储量约占全球储量的60%，超过6000万t，属优势非金属矿产，是非常重要的战略资源。我国已发现的坡缕石黏土按资源分布区域可分为三大区域，即苏皖区（江苏、安徽）、西北区（甘肃、青海、新疆）、华中区（湖北、河南）等，其他一些省份也有零散分布。

苏皖地区是我国目前已探明的凹凸棒石储量丰富、开发利用较好的地区。安徽嘉山凹凸棒石黏土矿发现于1980年，矿带分布于皖东偏北的皖苏交界一带，呈北西向分布，本区位于该矿带的西北部，由官山、清明山、羊山头和花果山等4个矿床点所组成。近年来江苏盱眙凹凸棒石已经成为当地特色资源和经济支柱产业。盱眙凹凸棒石是我国凹凸棒石资源勘察较为详尽的地方，资源量约8.89亿t，由于开发较早，此地区的凹凸棒石资源勘察工作最为详尽。目前甘肃省内发现的凹凸棒石黏土储量高达4亿t之多，而远景储量达10亿t以上，除分布在白银市会宁县和靖远县以外，大量分布在张掖市临泽县。

4.3.2 凹凸棒石的晶体结构与理化性质

凹凸棒石又称坡缕石，是一种具有大比表面积、悬浮分散性好、吸附性强、耐酸碱腐蚀的硅酸盐黏土矿物。凹凸棒石是一种典型的天然纳米矿物材料，具有一维棒状结构，其理想化学式为$Mg_5Si_8O_{20}(OH)_2(OH_2)_4·4H_2O$。凹凸棒石的晶体结构是2:1的层链结构，四面体的晶片角顶在其每个单元结构层中以一定的距离反转，从而形成了层链形状，如图4-10所示。凹凸棒石晶体的基本结构单元由平行于c轴的硅氧四面体双链组成，链中硅氧四面体自由氧原子的指向（即硅氧四面体的角顶）每四个一组，上

4 硅酸盐矿物矿产资源综合利用与新材料

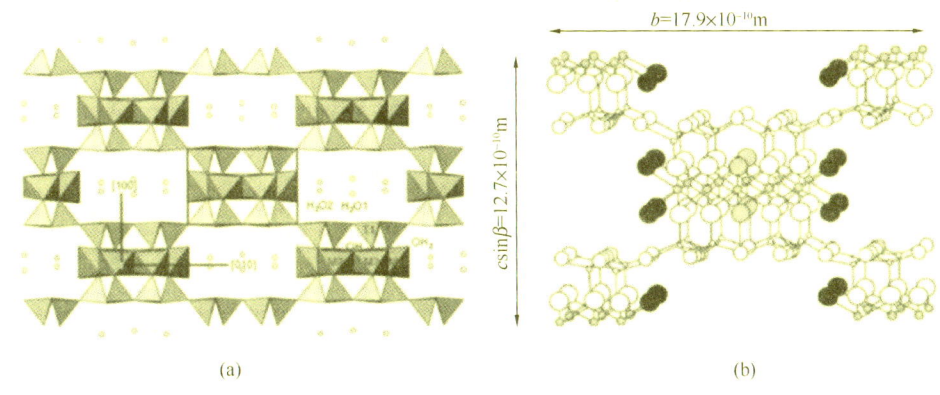

图 4-10 凹凸棒石的晶体结构
(a) 凹凸棒石晶体沿 (001) 方向投影的结构图；(b) 凹凸棒石的基本结构参数

下交替排列。顶点氧原子分别指向（010）和（100）晶面方向，与 Mg（Ⅱ）、Al（Ⅲ）等八面体组成离子进行配位，形成由连续的四面体层和不连续的八面体层组成的、沿（001）方向无限延伸的 2∶1 型链层单元，其中四面体基平面之间距离约为 $0.66×10^{-9}$ m，与云母中四面体结构相类似，并且在填充沸石水和结晶水的四面体条之间形成与链平行的通道，这使其易于与某些分子形成氢键。凹凸棒石具有巨大的比表面积，并且在其外表面上存在一些缺陷，且其表面与内部电荷分布不均，从而为其负载正电粒子提供了可能性。

凹凸棒石的主要性能分为 3 种：①吸附性。凹凸棒石具有较大的比表面积和特殊的表面物理化学结构，使其有较好的吸附性。其吸附性能可以分为物理吸附和化学吸附。物理吸附是表面分子具有的表面能与吸附质分子间分子力产生的吸附。其化学作用由于硅氧四面体内类质同象现象置换产生弱电子，以及与水分子等其他有机分子作用形成的氢键和共价键等。②催化性。凹凸棒石具有细微的孔隙结构、高比表面积以及具有一定的稳定性使其具备异相催化反应所需的条件，且可以作为催化反应的载体。除此之外，凹凸棒石表面的 Si—OH 表现出微酸性的特征可以作为催化反应的活性位点。③离子交换性。凹凸棒石的高价阳离子被低价阳离子替代所产生的过剩的负电荷，会使凹凸棒石所带的电荷不平衡，从而使凹凸棒石具有一定的阳离子交换容量。因此，凹凸棒石表现出优异的吸附、载体和补强性能。

4.3.3 凹凸棒石的工业应用与新材料技术

我国凹凸棒石黏土矿虽然储量第一，但是发现较晚，研发、生产水平相对较低，因此对高质量、高水平的凹凸棒石研发的探究是必要的，充分利用凹凸棒石的优势，改善其发展水平，促进凹凸棒石应用的多样化，更快发展。

作为一种吸附材料，凹凸棒石比表面积大，晶体表面含活性中心和 Si—OH 基使天然凹凸棒石本身就是一种很好的吸附材料，可以吸附有机酸和金属离子。但是天然凹凸棒石矿物除了含有凹凸棒石之外，还有很多结晶水和酸性易溶物质。因此，为了提高凹凸棒石的吸附性能，常对凹凸棒石进行酸处理和热处理等，以打通其内部通道，暴露出更多活性基团，从而增强凹凸棒石的吸附性能。然而，这样处理后凹凸棒石吸附的稳定性还不够，容易发生脱落，因此研究人员逐渐发现化学改性和接枝改性可以改善凹凸棒石的吸附性。Guo 等人选择了 4 种改性剂（盐酸、十八烷基三甲基氯化铵、次氮基三乙酸和乙二胺），并研究了水溶液中苯酚的去除性能，十八烷基三甲基氯化铵改性的凹凸棒石可能是一种经济高效的苯酚去除材料，在室温和 pH 为 2 的低钠离子浓度水溶液中去除率超过 90%。结果证明，在 200g/L 的吸附剂量下，苯酚的去除率达到最大。Zhang 等人通过简单的一步水热法用腐植酸钠（SA）修饰天然 APT 以提高其吸附能力，并系统地研究了其从水溶液中去除亚甲蓝（MB）的能力，如图 4-11 所示。结果表明，改性 APT 具有 227.27mg/g 的高吸附容量，并且在初始浓度为 150mg/L 的染料溶液中对 MB 的去除率高达 99.7%，与原始凹凸棒的吸附性能相比增加了 64.7%。

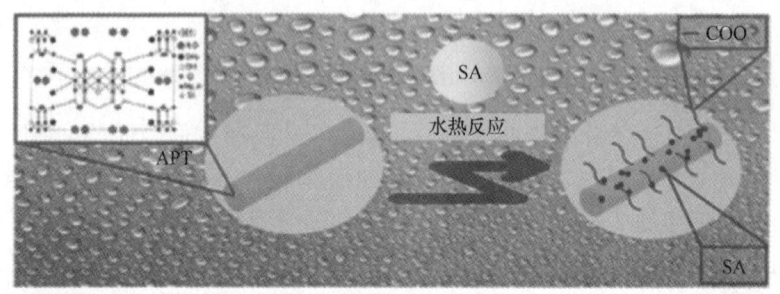

图 4-11　SA-APT 材料合成路线示意图

作为一种催化载体，凹凸棒石表面的活性位点可以负载催化剂，制备具有催化效果的凹凸棒石复合材料。Lu 等人采用酸改性凹凸棒土（ATP）负载的 Fe-Mn-Cu 多金属氧化物作为催化剂，进行了类 Fenton 多相紫外光催化氧化处理。如图 4-12（a）和图 4-12（b）所示，在初始 pH 为 2 时，催化剂用量和过氧化氢浓度为 10g/L 和 0.5mol/L 时，废水 COD 去除率达到 65%。除此之外，负载催化剂的凹凸棒石复合材料可以利用催化性能实现光催化固氮，Li 等人采用微波水热法合成了一维凹凸棒石（ATP）矿物负载 $Pr^{3+}:CeF_3$ 纳米复合材料，如图 4-12（c）所示，Pr^{3+} 的适当掺杂有利于可见光向紫外光的转化，扩大了太阳能的吸附范围。ATP 的部分金属离子结合到 CeF_3 晶格中并产生丰富的氟空位作为活性中心，促进了 N_2 的吸附，削弱了光催化反应中的氮氮三键。负载 40%（质量分数）的 $Pr^{3+}:CeF_3$ 表现出最高的光催化固氮性能，不仅改善了光激发载流子的分离，而且保持高氧化-还原电位，为利用基于天然矿物凹凸棒石和其他物质的太阳能结合进行固氮提供了一种可持续的方法。

黏土矿物被广泛用作回填和缓冲材料，凹凸棒石分散在水中或者其他溶液浓度较低的体系中，棒晶束部分分散，形成单个棒晶或较小棒晶束，然后在分子力作用下相互缠绕形成网状结构，进而形成黏度较高的悬浮液，呈现出良好的胶体性能，在增稠剂、钻井泥浆和涂料涂层等领域起着重要的作用。Rakshith 等人研究分散抑制性钻井液体系，是采用 PAM 复合物在 KCl 溶液中配以凹凸棒石（作为增黏剂）、无铬木质素硫酸盐（作为分散剂）和除氧剂配制而成的。结果表明，PAM 络合物在抑制性泥浆体系中会与凹凸棒石形成有效搭桥，具有高耐盐性、适度的温度稳定性，从而形成凝聚相，增加体系的流体保留能力。

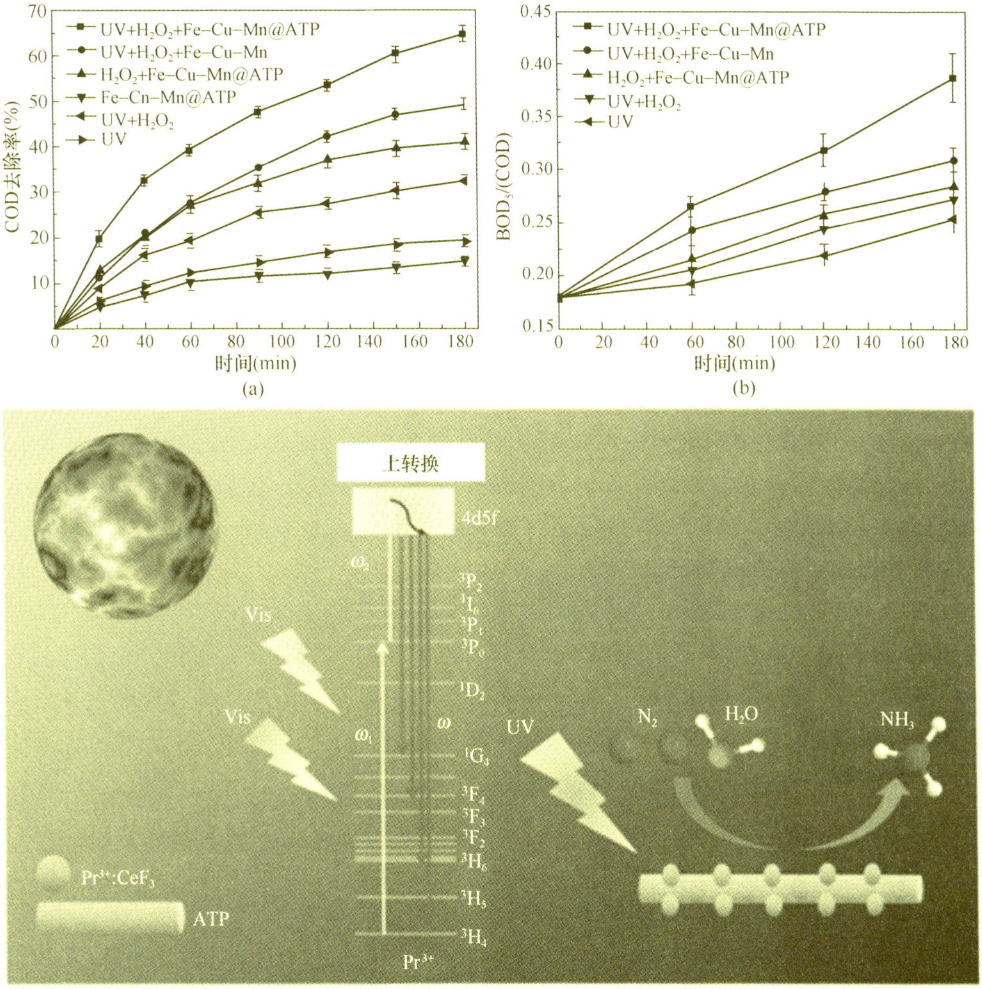

图 4-12 凹凸棒石催化效果分析

(a) COD 去除率；(b) 不同处理系统对化学制药废水的 BOD_5/COD 变化；(c) 光催化固氮机理

Zhao 等人以天然凹凸棒石为原料，通过简便的水热法制备了植酸@凹凸棒石（PA@ATP）纳米球。当纳米球与水性环氧树脂共混时，所获得的纳米复合涂层表现出优异的防腐性能。Mao 等人将多种天然层状硅酸盐矿物引入水凝胶中，综合研究了凹凸棒土纳米复合水凝胶的多孔结构对水溶液中 Pb^{2+} 吸附的影响，提高水凝胶的机械强度的同时可以提高水凝胶对 Pb^{2+} 的吸附强度，如图 4-13 所示。Langmuir 等温吸附模型的拟合度达到 98.2% 以上，吸附量最大可达 864.5mg/g。吸附热力学研究表明，加入 10% 凹凸棒石后，水凝胶的化学吸附焓变由 62.31kJ/mol 降低到 51.01kJ/mol。

凹凸棒石在农业应用中也有广泛的发展前景。凹凸棒石优异的性能使其不仅可以作为一种农作物辅料，而且有利于畜牧业的生产。目前，已有研究人员进行了凹凸棒石包衣肥、复混肥配方制造工艺的研究，其产品具有保水、缓释、改土、增产和提质作用。试验表明，小麦施用包衣肥的处理与对照相比产量提高 13.8%～25.3%，千粒质量提高 7.1%～10.4%，而且肥效明显后延，叶片衰老期推迟。凹凸棒石作为添加剂使用

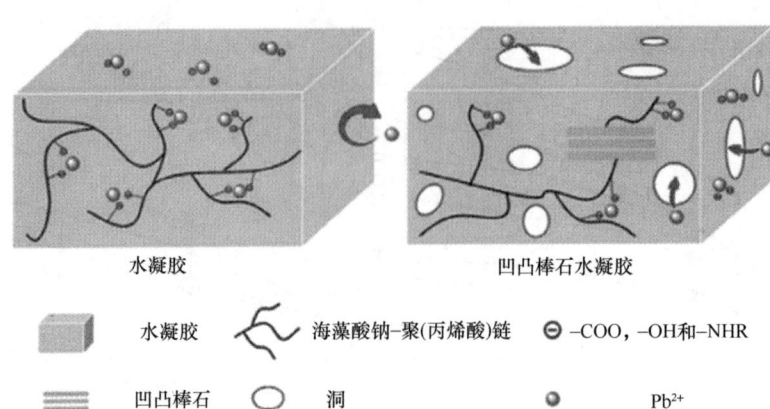

图 4-13 水凝胶单独吸附 Pb^{2+} 和水凝胶与凹凸棒石吸附 Pb^{2+} 的机理

时,可有效提高畜禽的生产性能,提高免疫力。利用凹凸棒石纳米级多孔结构的特性作为土壤调理剂使用,可有效改善和缓解土壤板结,使土壤密度明显降低,孔隙度有效增加,保水能力和通透能力明显提高。

4.3.4 凹凸棒石的大健康应用与新材料技术

大健康是根据时代发展、社会需求与疾病谱的改变,提出的一种全局的理念。它追求的不仅是个体身体健康,还包含精神、心理、生理、社会、环境、道德等方面的完全健康,所以在此背景下,大健康材料应运而生。

天然凹凸棒石绿色无毒,来源广泛,具有优异的理化性质,例如,高比表面积、良好的阳离子交换容量、快速水合速率、低廉的价格和出色的耐盐性等,目前被广泛用于大健康领域,如药物、药物载体、抗菌剂和催化剂等。

在医药领域,汤庆国等人研究了提纯凹凸棒石及其磁性靶向药物载体对抗癌药物氟尿嘧啶的吸附性能,以及载体中所吸附的氟尿嘧啶在模拟胃液、肠液中的解吸行为。结果表明,在药物浓度为 10mg/mL、pH 为 6 的 60℃药液中,提纯凹凸棒石及其磁性药物载体具有极好的酸、碱中和能力和药物缓释性能,预示着它们可作为理想的长效缓释药物载体,用于消化道疾病的治疗,具有较好的应用前景。Wu 等人制备了一种基于酶-凹凸棒土-黏土纳米杂化物,测定细胞 ROS(活性氧物种)有助于更好地了解 ROS 浓度增加的临床后果,并有助于研究细胞内 ROS 的生物学效应。该方法基于 HRP 凹凸棒土/GC 生物传感器释放 H_2O_2 的电催化还原。该传感器是通过将辣根过氧化物酶-凹凸棒土纳米杂化物沉积在玻碳(GC)电极上制备的。该生物传感器以天然矿物(凹凸棒石)为固定化底物,具有响应速度快、线性范围宽、灵敏度高、检出限低、稳定性和重复性好等优点。因此,这项工作展示了一个简单有效的传感平台,用于检测从细胞中释放的细胞 H_2O_2,对细胞生物学和病理生理学具有潜在的应用价值。

因此,凹凸棒石既可以作为药物载体,实现药物缓释,又可以通过负载其他药物实现抗菌的功能。所以,凹凸棒石在生物大健康领域有较为广阔的应用前景,对生物大健康领域的发展有重要的作用。

4 硅酸盐矿物矿产资源综合利用与新材料

4.4 高岭石矿产资源综合利用与新材料

4.4.1 高岭石矿产资源的储量及分布

高岭土因其最早在我国江西省景德镇高岭村被发现而得名，是一种重要的非金属矿产资源。它是一种以高岭石族黏土矿物（高岭石、地开石、珍珠陶土、埃洛石）为主的黏土或黏土岩。我国高岭土资源排名世界前列，其成因类型齐全且质地优良。我国高岭土资源分布广泛，遍布全国六大区 21 个省（自治区、直辖市），但又相对集中，江西省是探明高岭土储量最多的省，其次为吉林、新疆、福建、广西、湖南等省（自治区），河北、山西、内蒙古等其他省（自治区）也有分布。

根据成因类型，中国的高岭土资源可分为 3 种基本类型：风化型高岭土、热液蚀变型高岭土和沉积型高岭土。风化型高岭土矿床主要分布在广东省和四川省；沉积型高岭土矿床主要分布于山西、河北、福建等地区；热液蚀变型高岭土矿床主要分布于河北、江西等地区。此外，风化淋滤型与第四纪沉积型高岭土矿床在全国境内各地区均有零星分布。

风化型高岭土矿床有两种成矿模式：第一种为原岩就地风化形成高岭土矿床，此原岩主要包括酸性脉岩、花岗岩类、混合片麻岩等；第二种为先淋滤后沉积。热液蚀变型高岭土矿床又可分为两个亚型：热液蚀变和现代热泉蚀变。大多数此种类型的高岭石矿床与岩浆侵入或与火山活动有关的中、低温热液作用紧密相关。沉积型高岭土矿床常与煤及铝土矿伴生，还有一部分属于河湖滨海沉积。在以上三种基本类型中，风化型高岭土矿床和与煤系地层有关的沉积型高岭土矿床在我国分布最广、储量最大，因而是我国主要的非金属矿产资源类型。

根据矿床赋存状态，中国高岭土可分为非煤建造型高岭土（或软质高岭土和砂质高岭土）和含煤建造沉积型高岭土（或煤系高岭岩）。非煤建造型高岭土已探明储量为 5.46 亿 t，储量居世界第 5 位，主要分布在广东、陕西、福建、江西等地，且因为其纯度高、自然白度高，主要被应用于造纸、涂料、橡胶等领域；煤系高岭岩的资源储量居世界首位，已探明储量和推算储量总和将近 180 亿 t，分布在山西大同、内蒙古准格尔、内蒙古乌达、安徽淮北等地。其自身硬度大、白度低，但煅烧后白度高，比较适合用于陶瓷的制造，因为对陶瓷原料来说，煅烧后的白度更重要，煅烧白度越高，质量越好。

4.4.2 高岭石的晶体结构与理化性质

高岭石是一种天然的黏土矿物，化学式为 $Al_2Si_2O_5(OH)_4$，化学成分为 Al_2O_3（39.50%）、SiO_2（46.54%）和 H_2O（13.96%），属于三斜晶系的层状硅酸盐矿物。由以 Si 为中心的四面体$(Si_2O_5)^{2-}$和以 Al 为中心的八面体$[Al_2(OH)_4]^{2+}$按照 1∶1 型的空间结构组合而成，如图 4-14 所示。高岭石除了含有吸附水、层间水和结晶水，表面还存在许多活性基团，如 Al—OH 键、Si—O 键等。此外，晶格边缘有许多破碎的化学键，使化学键不平衡，容易优先溶解、解离和吸附，导致部分负电荷附着在高岭石表面。

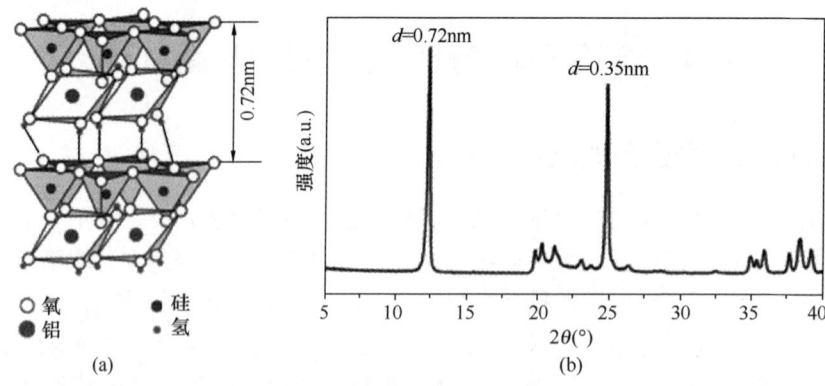

图 4-14 高岭石晶体结构与 XRD 图谱

高岭石属于 1∶1 双层型硅酸盐结构，断裂时产生两个性质不同的表面（001）以及（010）、（110），（001）为高岭石的底面，后两者称为端面，两类表面荷电机理不同。高岭石底面的荷电可能来源于类质同晶型取代，即晶格上金属离子通过类质同晶现象，被带较低电荷的阳离子取代，如 Si^{4+} 被 Al^{3+}、Fe^{3+}，Al^{3+} 被 Mg^{2+}、Fe^{3+} 置换。这种取代导致晶格中正电荷不足，而使底面带负电荷。其荷电性质仅和晶格中异价阳离子取代置换程度有关，而与介质 pH 无关；其次是晶格缺陷所致。低 pH 时的阳离子捕收剂浮选中可以证明高岭石底面负电荷是一个不依赖于 pH 的固定负电荷。端面和水介质间界面上生成的双电层长期以来被认为是矿物端面上破裂的—SiO—和—AlO—O—键所控制，即高岭石中 SiO_2、Al_2O_3 组成的表面行为受控于 H^+ 和 OH^-，两者是端面的确定电位离子。硅氧四面体中 Si—O 键约有 40% 为离子键，60% 为共价键。水铝氧八面体中 Al—O 键约有 63% 为离子键，37% 为共价键。

高岭石按晶体结构特征不同，分为有序的与无序的高岭石。高岭石的形态特征一般为假六边形，当某一面特别发育时，它可以是宽板状，如图 4-15 所示。高岭石的表面性质受高岭石颗粒的粒度分布、晶体结构、矿物组成及矿浆溶液环境等条件的影响；粒度越小高岭石颗粒的比表面积越大，其表面能也越大。高岭石相邻的结构单元层被氢键束缚，且晶体通常为准六边形，沿（001）方向易分裂成小薄片。结晶好的高岭石晶形轮廓完整，集合体在扫描电镜下多呈书页状。一切层状硅酸盐都表现为片状性质，它易于沿与层面平行的方向劈开，高岭石的层间力为氢键或分子力，远小于离子键和共价键

图 4-15 高岭石 SEM 图

的键能，故高岭石的形态主要为板状。无序的结晶差的高岭石，一般为从不完整的六边形到近于椭圆形的鳞片状。

高岭石层间阳离子交换能力很弱，因而这种类质同晶型取代较其他黏土矿微弱。实质上对表面性质的影响而言，阳离子交换能力在 1～10mEq（毫克当量），已相当显著。考虑到在矿物浮选中，加入矿浆的调整矿物表面物化性质的浮选药剂的量以 $\times 10^{-6}$ 计量，因而高岭石的阳离子交换能力的数量级不容忽视。

4.4.3　高岭石的工业应用与新材料技术

天然的层状结构、较强的吸附性和较好的生物相容性，使高岭石在传统工业和新能源、新材料等战略性新兴产业方面显示出独特的优势。高岭石黏土除用作陶瓷原料、造纸原料、橡胶和塑料的填料、耐火材料原料等外，还可用于合成沸石分子筛以及日用化工产品的填料等。此外，有机材料可以很容易地嵌入黏土矿物中。有机分子插入高岭石层间所形成的高岭石/有机分子插层复合物还可作为一种新型材料应用于聚合物基复合材料、环境工程材料、阻隔功能材料、催化剂、选择性吸附剂等领域，且有着广阔的应用前景。

（1）在陶瓷工业中的应用

在陶瓷工业中，黏土是陶瓷产品中必不可少的原料，占陶瓷体的 25%～100%。高岭土使用率平均占陶器的 25%，瓷器的 60%，陶瓷卫生洁具的 20%～30%，电瓷和墙砖的 20%。随着瓷胎最初的单料成瓷（使用瓷石一种原料制造瓷器）到后来的二元配方（使用瓷石和高岭土两种原料制造瓷器），制瓷工艺日益优异。以高岭土作为制瓷原料，大大促进陶瓷工艺水平和制品质量的提高，促进陶瓷的发展。

（2）在涂料工业中的应用

利用纳米技术研制的纳米高岭石涂料颗粒细、白度高、分散性好、化学稳定性好、耐洗刷性可提高 1000 倍、无毒无害，具有自洁性、抗沾污性、抗老化性、透气性、杀菌和防霉能力强、流变性、涂刷性、弹性好、可防止裂纹产生且质感细腻。同时煅烧后高岭土的比表面积会相应增加，对油墨的吸收能力增加；此外，煅烧后的高岭土比未煅烧的更耐刷洗，应用在外墙漆中效果更好。高岭土还可以制成不同用途的特种纳米涂料，如抗紫外线涂料、隐身涂料等。

（3）在工业填料中的应用

高岭土在工业原料中常常作为填料使用。黏土填料不仅增强聚合物的机械性能，阻气性和阻燃性，而且便宜且容易获得，是昂贵的常规填料的优异替代品。高岭土应用在橡胶工业领域时用作橡胶的填料和增强剂，可改善橡胶产品的质量。高岭土粉体掺入橡胶后，能够极大地改进橡胶制品的物理化学性能，提高橡胶制品的抗腐蚀性、耐磨性、稳定性。这主要是因为高岭土粉体与橡胶形成了性能更好的复合材料，改性高岭土复合材料的溶胀指数较小，与高岭土相比，有机高岭土颗粒更好地分散在橡胶基质中。

（4）在造纸工业中的应用

在造纸工业中，高岭土赋予纸优异的亮度、白度、光滑度、不透明性和光泽。其优异的流变性能和惰性可以实现高固体载荷，极大地改善了纸张的可印刷性。研究发现用羧甲基纤维素/明矾改性的高岭土可以改善手抄纸的物理性质。

(5) 作为催化剂的应用

高岭石在催化反应中的使用并不常见,因为其比表面积低于其他黏土材料。然而,高岭石铝氧八面体表面丰富的羟基提供了主要的离子交换位点,赋予高岭石有趣的化学性质。因此,众多学者逐渐将高岭石引入水体治污领域,作为锚定半导体粒子(TiO_2、$g-C_3N_4$、Bi系、ZnO、CdS等)的基质材料,从而制备绿色、高效的光催化复合材料。由图 4-16 可以看出,研究的目标污染物主要是抗生素及染料废水,催化材料多倾向于 TiO_2、$g-C_3N_4$ 与高岭石的复合,光照条件主要是 300~500W 氙灯(采用 420nm 的截止滤光片)的可见光光源,反应活性物质以 $\cdot O_2^-$、$\cdot OH$ 或光生空穴 h^+ 为主,且不同高岭石基光催化材料均具有优异的降解性能。

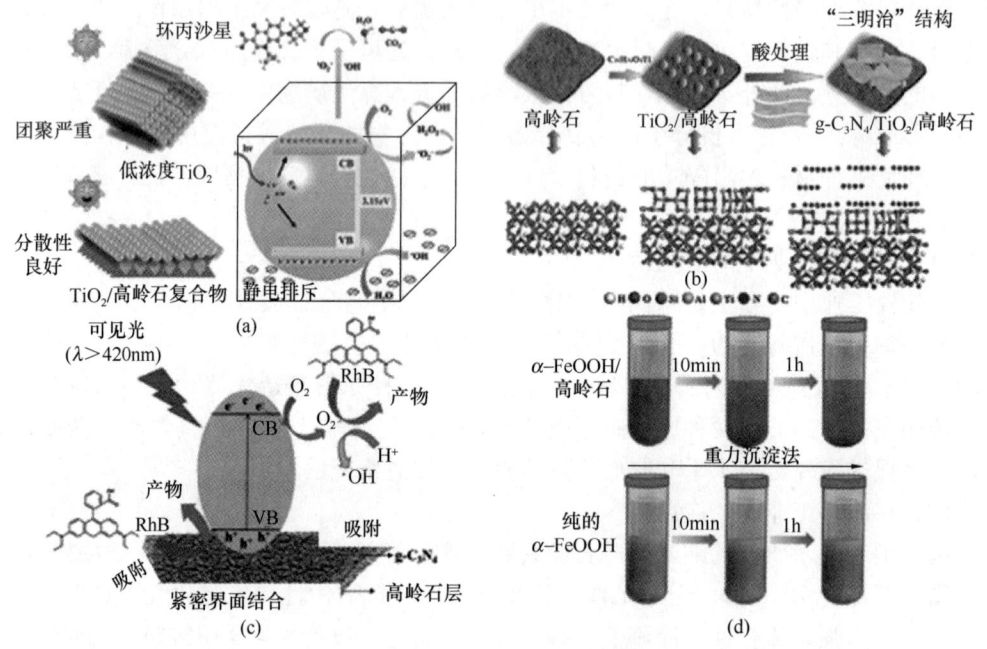

图 4-16 高岭石作为催化剂的应用
(a) 高岭石解决 TiO_2 团聚示意图;(b) 高岭石构建多层结构及载流子传输通道策略示意图;
(c) 三聚氰胺改性 $g-C_3N_4$/高岭石复合材料的界面吸附过程示意图;
(d) 纯 α-FeOOH 及 α-FeOOH/高岭石复合材料重力沉降示意图

(6) 在环保材料的应用

环保新材料是高岭土的应用之一,高岭土可以用作合成分子筛、聚合氯化铝。降低高岭石的活化温度以合成沸石不仅成本低廉而且绿色无污染。水热碱活化近年来被认为是可替代传统高温煅烧合成沸石的有效技术手段。Y 型沸石可利用非煅烧高岭石和石英通过新的水热路线合成。由高岭石和石英得到的无定形 SiO_2 和氧化铝的凝胶具有比偏高岭石和 Na_2SiO_3 更高的反应性,然后通过控制结晶时间将凝胶用于合成 Y 型沸石纳米颗粒。高岭石在煅烧-酸碱处理过程中,其晶格中的大量 Al^{3+} 与 Cl^- 以化合物形式刻蚀出,最终形成片状介孔氧化硅材料(KNH)。当 PEHA 修饰载体材料后,孔道首先会被 PEHA 分子修饰,大量 PEHA 有机胺分子逐渐将孔道以及表层覆盖,而 PEHA 质量百分含量会直接影响 CO_2 气体与载体的伯胺和仲胺自由基接触效果。高岭石基介孔复合材料制备及其CO_2吸附示意图如图 4-17 所示。

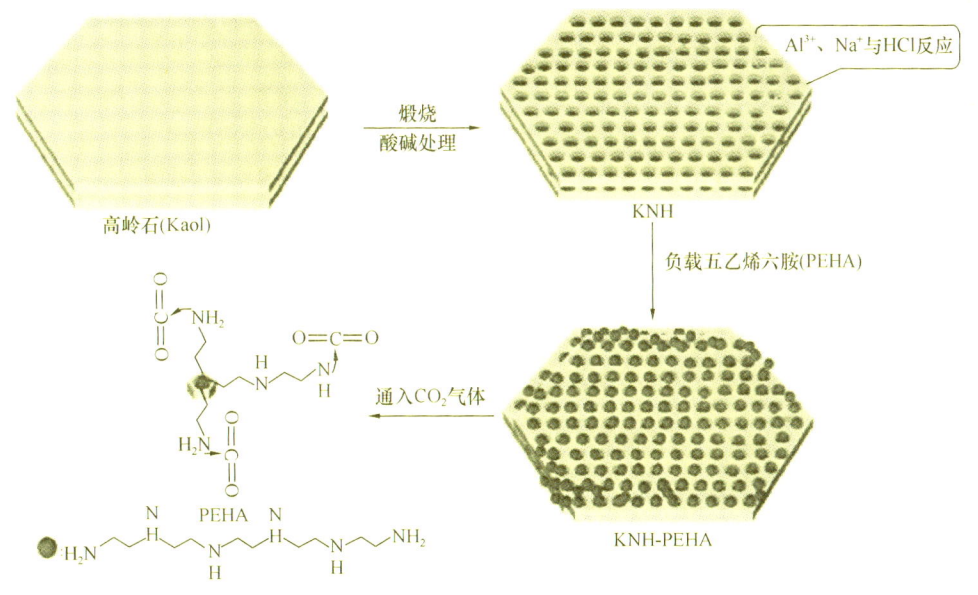

图 4-17　高岭石基介孔复合材料制备及其CO_2吸附示意图

(7) 在医药方面的应用

高岭石可以用于治疗疾病，已被用作胃肠保护剂、止泻药和其他药物制剂中的活性成分。高岭石也被用于制备细菌纤维素高岭石纳米复合材料作为生物医学伤口愈合材料。当纤维素部分足够高时，细菌纤维素是高岭石纳米颗粒在高岭石纤维素界面处形成网状结构和缠结的有效黏合剂。作为一种短时间的伤口愈合材料，高岭石可以很好地弥补伤口愈合时间过长的缺点。

(8) 在建筑工业中的应用

高岭土在水泥基材料中被广泛应用，由高岭土通过适当的温度进行煅烧、超细粉碎等工艺加以制备而得到的偏高岭土被认为是新一代水泥混凝土中的掺和料。偏高岭土对水泥基础材料的工作性、强度和耐久性都具有明显的提高和减轻作用，同时对高性能水泥基材料中普遍出现的自收缩和脱落现象具有较好的抑制作用。

(9) 在相变储能材料中的应用

高岭石是用于制备相变材料的原料之一，相变材料将被限制在黏土矿物的孔隙和晶体结构中，从而显著地防止漏失和流动。同时由于黏土矿物的高导热性，与黏土矿物结合后有机材料的导热性将显著提高。层状高岭石本身就具有较好的热性能，导热系数达到 0.78W/(m·K)。高岭石基相变材料主要用于建筑节能，如 Rao 等提出石蜡/高岭石复合材料在制备太阳能生活热水系统、太阳能热水系统、太阳能干燥系统、废热输送系统等方面有巨大潜力，而且高岭石基复合相变材料具有良好的储热、通风、保温等功能。

4.4.4　高岭石矿产资源循环利用

多年来，在政府的推动和各陶瓷企业的努力下，建筑陶瓷废料已经在道路材料和建筑材料中被消纳利用，产生了较好的社会效益和经济效益，但仍然以建工建材消纳利用为主，且再生产品存在"价格不高、受运距运费等限制"等问题，仍有大量的建筑陶瓷废料未被重复利用。因此我们要充分利用建筑陶瓷块状、致密和具有一定耐高温性能的特性，研究分选、安全分离、物相转化、微结构调控、矿物材料制备的新工艺及技术经济评价方法体系，开展高值材料化应用研究，为我国固废高值化利用及其商业化提供新途径。

目前来说，我国陶瓷废料的利用程度和国外先进水平相比还有一定的差距。同时，随着这些年我国陶瓷行业发展越来越快，产生的陶瓷废料越来越多，据统计，全国每年有 1000 万 t 左右的陶瓷废料产生，大量的陶瓷废料已不能简单地用填埋处理的方法解决，因此国内相关企业以及高校都致力于陶瓷废料的再利用，且目前已经取得一定的成效。例如，以陶瓷废料为原料可制备强度较高、耐碱性较强以及抗结皮的耐火浇注料；以抛光砖废渣为发泡剂，通过添加黏土、石英等原料，以钾长石为助溶剂，可制备出不易变形的且抗弯强度较高的轻质陶瓷。

4.5　云母矿产资源综合利用与新材料

4.5.1　云母矿产资源的分类、储量及分布

云母类矿物的分布非常广泛，是造岩矿物中比较常见的一种，在结构上属于层状硅酸盐矿物，呈现六方形的片状晶体，是主要造岩矿物之一。云母可分为白云母、黑云母和锂云母三大类，其中白云母包括普通白云母、绢云母和钠云母；黑云母包括普通黑云母、金云母、铁黑云母和锰黑云母；锂云母是富含氧化锂的各种云母的细小鳞片。

云母是地壳中分布最广的矿物之一，属于水铝硅酸盐类矿物，同时还是一种非常重要的非金属矿物材料。天然云母矿常见于沉积岩、火山岩和变质岩中，变质成因的云母种类与原岩成分有关，但优质大晶体云母在自然界中存在较少，仅见于伟晶花岗岩中。

我国云母资源丰富，主要分布在新疆、四川和内蒙古等 17 个省份，但绝大部分集中在新疆、四川和内蒙古。全国已发现产地 184 处，其中新疆 88 处，占全国储量的 67%；四川 27 处，占全国储量的 11.4%；内蒙古 15 处，占全国储量的 8.6%；其余 54 处，占全国储量的 13%，分布于河北、山西、辽宁、吉林、黑龙江、山东、河南等地。白云母资源预计达 24 万 t 以上，居世界第 3 位，仅次于印度和俄罗斯。碎云母矿产资源约 1000 万 t，其资源量居世界第 2 位，仅次于美国。金云母主要产于吉林、黑龙江、辽宁、河南等省。中国工业原料云母保有储量按采矿回收率 50%～60% 计，对 2020 年前工业的需求有充足的保证。我国绢云母资源丰富，其主要资源类型为绢英岩和绢英片岩，这些矿床广泛分布于陕西、安徽、湖北、福建、四川、台湾和内蒙古等地。

在国外，云母矿主要分布于印度、巴西、加拿大、美国、马达加斯加、俄罗斯等国。据报道，世界 62% 的云母产于印度，是世界最主要的白云母和片云母资源国，其碎云母资源 200 万～300 万 t。巴西是世界上主要的片云母生产国家之一，其白云母矿

带主要分布在里约热内卢以北与大西洋沿岸平行的地区。加拿大拥有世界上最大的金云母矿体，主要是鳞片金云母和粉状金云母，产于蒙特利尔以北魁北克的拉维奥列特县舒佐镇。美国云母矿产资源较丰富，主要产在北卡罗来纳州，占美国总产量的37%，其次为亚拉巴马州、佐治亚州、南卡罗来纳州和南达科他州，而碎云母在南达科他州西部黑山储量很大。俄罗斯的许多地区均有云母矿藏，主要是白云母和金云母。另外，金云母矿产资源虽具有较大潜力，但主要产于俄罗斯、乌克兰和乌兹别克斯坦等国家。

4.5.2 云母的晶体结构与理化性质

云母是具有层片状结构的一类硅酸盐矿物，一般为单斜晶系，属于C2/c空间群。由于产地的不同，其化学组成与结晶结构有相应的差异，类质同象的代替在云母中甚为普遍。云母的晶体是两层硅氧四面体夹杂一层铝氧八面体构成的复式硅氧层，即2:1型。云母2:1型结构层和白云母结构示意图如图4-18所示。在复式硅氧层中[SiO_4]四面体以3个角顶彼此相连，形成二维延展的四面体片层。上下四面体以顶氧（及OH）相对，并以最紧密堆积的位置错开叠置，形成八面体间隙，其中填充六次配位的Mg、Al等，配位八面体共棱联结形成八面体网层。若层内所有八面体空隙的三分之二被Al^{3+}填充，称为二八面体结构；若层内的全部八面体空隙被二价阳离子Mg^{2+}、Fe^{2+}占据，称为三八面体结构。铝氧八面体空隙填充的金属离子的种类及含量不同，导致云母中化学成分各异，其颜色随Fe含量的增加而加深，可形成白云母、金云母、黑云母等矿物，含水量一般在5%左右。

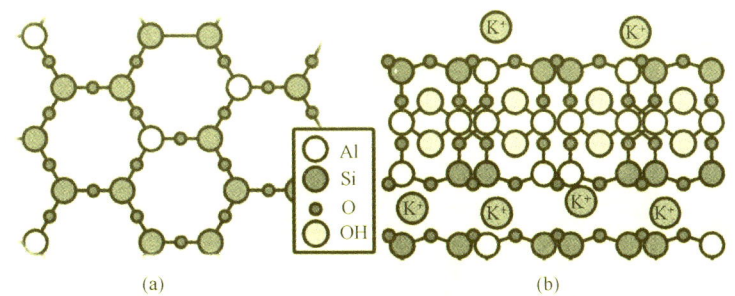

图4-18 云母的晶体结构
(a) 俯视图；(b) 侧视图

云母因层状结构而具有良好的可劈分性，可沿解理面剥分成极薄的薄片。若剥离面无污染，可因云母表面分子亲和力作用而重新结合。此外，云母具有较高的抗拉、抗压、抗剪等机械强度，可以进行冲、粘、切、卷等机械加工。

首先，云母具有较好的耐热性与热稳定性，云母的熔点为1260～1330℃，白云母在500～600℃高温下不变质，膨胀较小，冷却后性质不发生变化，在700℃时脱水，800℃时机械、电气性能有所改变直至丧失。其次，云母具有极好的化学稳定性、润滑性、流动性、吸水性和耐磨性，较低的线膨胀系数，良好的热电性能，适于作为电绝缘材料，25.4μm的绢云母片能耐5000V电压而不致被击穿。此外，云母的化学稳定性好，与碱几乎不反应，不溶解于热酸中，长时间在沸腾的硫酸中会发生分解。由于云母良好的绝缘、隔热、耐高温、抗酸碱腐蚀、有光泽、物理化学性能稳定、弹性和韧性良好等性能，被广泛用作绝缘材料和橡胶、塑料、油漆等的填充材料。在工业上用得最多的是白云母，其次是金云母。经加工成的云母粉还有较好的滑动性和较强的覆盖力。

4.5.3 云母的工业综合利用与新材料技术

云母作为一种丰富的矿产资源，主要的加工手段有选矿提纯、剥片、细磨、表面改性等。片状较大的云母可通过提纯、剥片等加工方式制备性能良好的片云母，同时在加工过程中会产生大量的碎云母，同样选矿所得的片状较小的云母只能作为碎云母资源利用，碎云母的充分利用对云母的综合利用具有重要意义。

（1）白云母片在电子、电器领域的应用

云母特殊的层片状结构决定了其在垂直于解理面具有极高的电绝缘性，是性能优异的绝缘材料，作为电气绝缘材料使用是云母应用的重要方向。云母绝缘材料在使用的过程中，需要具备足够大的面积。云母片是在高质量的云母原料基础上，进行剥片、分级，获得的天然大片云母。中国科学技术大学俞书宏院士和高怀岭副教授通过将云母纳米片与PI集成到独特的双层珍珠层结构中，在顶层设计更高密度的云母纳米片，从而制造出一种新的基于PI的纳米复合薄膜。该薄膜具有大大增强的机械性能和抗氧化性，如图4-19所示。此外，云母独特的微观结构和固有特性也赋予纳米复合薄膜良好的抗紫外线和耐高温性能。这种材料的综合性能优于纯PI、单层PI-云母，以及基于PI的

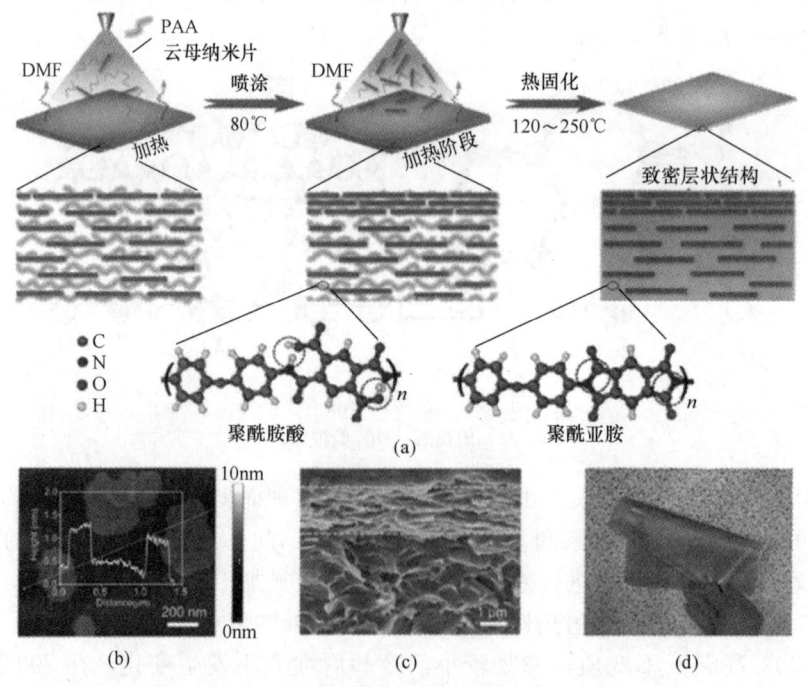

图4-19 双层PI-云母薄膜的结构和机械特性

（a）双层珍珠岩启发的PI-云母纳米薄膜的制备与结构示意图；（b）云母纳米片的原子力显微镜（AFM）图像；（c）双层珍珠岩启发的PI-云母膜的横截面扫描电子显微镜（SEM）图像；（d）所制备的双层珍珠岩启发的PI-云母膜的光学照片

复合薄膜。因此，双层纳米复合薄膜作为应用于低地球轨道的航空航天材料显示出巨大的潜力。

(2) 云母作为材料载体的应用

白云母在我国蕴含丰富且价格低廉，作为一种层状硅酸盐矿物，它具有比表面积较大、吸附性能较强及化学性质稳定等特性。用天然白云母做载体，不仅可以实现催化剂的固载，还可将污染物吸附至表面，加快了光降解速率，同时可降低制备成本，对实现催化产业化有重要的意义。云母片是众所周知的用于生长半导体、金属薄膜和取向良好的纳米阵列的基板。它是一种理想的电-热绝缘体，在水中稳定，对大多数酸、碱、溶剂和油呈惰性，并且高度透明、具有超薄形式的柔韧性。云母基底易于切割，并具有高度光滑和平坦的表面积，使其成为AFM成像和薄膜应用的理想基底。这些薄板在高达600℃的温度下都能保持稳定的结构。

(3) 云母在塑料、润滑剂、珠光颜料以及橡胶工业上的应用

云母因为具有独特的二维片状结构，鳞片平面上的力学性质均匀，作为一种性能优异的无机矿物天然填料，不需要复杂的加工工艺，大大降低了加工过程中的成本，在塑料、润滑剂、珠光颜料以及橡胶工业上有广泛应用。由于云母类矿物具有亲水性且易于团聚，因此需要经改性剂进行表面改性之后以提高其在材料中的分散性，更好地提升材料性能。

(4) 从云母中提取锂、铷、铯等稀有金属元素

云母中的钾离子位于层间结构中，容易被其他原子半径相似的金属离子所置换，例如锂、铷、铯等，因此在实际矿物中，云母中含有锂、铷、铯等多种稀有金属元素。当大量钾元素被锂元素所取代后就形成了锂云母，对锂云母中稀有元素的提取促进了云母综合利用的发展。在锂云母中提取稀有元素的主要方法有石灰石烧结法、硫酸盐焙烧法、氯化焙烧法、氯化钠压煮法、碳酸钠压煮法等。

(5) 云母在制备钾肥工业的应用

云母作为一种富钾的硅酸盐矿物，含有7%~11%的K_2O。云母在我国的储量丰富，且生产过程中会产生大量的废弃云母，如果能够充分利用其中的钾元素作为肥料使用，能够大大弥补我国在化肥产业中的不足。由于硅酸盐结构稳定，难溶于水甚至于不溶于酸，所以需要一些强有力的加工手段或者活化工艺作用后，才能有效提取钾元素。主要采用的方法有高温煅烧和机械力化学法。同时，为了提高肥料的利用率，减少肥料的损失并避免对环境的污染，缓释肥料（SRF）的优良释放特性引起了许多研究者的关注。Ahmed Said等通过机械力化学法对金云母进行活化，在球磨活化过程中不使用任何化学物质的碱或酸等化学试剂，就可以将金云母中的非水溶性钾元素转化为在2%柠檬酸中具有可溶性，直接转变含钾的金云母为缓释肥料。这种制备方案为化肥制备原料提供了潜在的替代品；同时，具有很大的潜力为未来农业的可持续发展做出贡献。

4.5.4 云母的大健康应用与纳米发电新材料技术

(1) 云母在大健康中的应用

云母作为传统中药的主要成分，已被用于包括阿育吠陀（Ayurveda）在内的传统

医学中的出血、痢疾和炎症的治疗中。云母已在中国开发和销售用于治疗胃病。云母在免疫学和肿瘤学方面扮演着重要的角色。云母单体颗粒剂通过对大鼠实验性慢性萎缩性胃炎（CAG）相关基因表达的调控作用，在治疗大鼠实验性慢性萎缩性胃炎（CAG）方面起到重要作用。云母在HCT116、SW620和HCT15结肠癌细胞中发挥细胞毒性，阻断了结肠癌的细胞周期和增殖。

（2）云母在纳米发电新材料中的应用

云母作为一种储量丰富的天然黏土矿物，由于硅原子被铝原子取代而形成了带负电荷的硅酸盐层，因此，在与其他材料摩擦接触时，它很容易失去电子。Zou等基于汞基TENG测定了约30种无机非金属摩擦电材料的摩擦电系列，证明云母表现出强烈的正电荷倾向。他们证实无机物的接触能起电非金属材料是基于电子量子跃迁效应，云母被认为是最有前途的无机非金属摩擦电材料。此外，云母层提供了低摩擦系数。

Rodriguez-marinho等测试了不同聚合物基TENG的摩擦电性能，并选择云母作为另一摩擦层，如图4-20所示。他们发现云母聚偏氟乙烯（PVDF）复合材料（含30%钛酸钡）TENG表现出优异的摩擦电输出。Wang等分别以云母层和聚四氟乙烯薄膜为正、负摩擦材料制备了摩擦电纳米发生机（TENG），研究了云母层厚度、气泡缺陷、外加力和工作频率等因素对TENG薄膜性能的影响。云母基TENG的最大输出功率密度为62.82mW/m^2。多层夹层云母基TENG在1N力下产生-147V。此外，当在塑料地板上行走时，附着在鞋底的云母层可以收集机械能，从而直接点亮四个LED（发光二极管）灯。研究结果表明，云母具有良好的摩擦电性能，是一种很有前途的摩擦层候选材料。

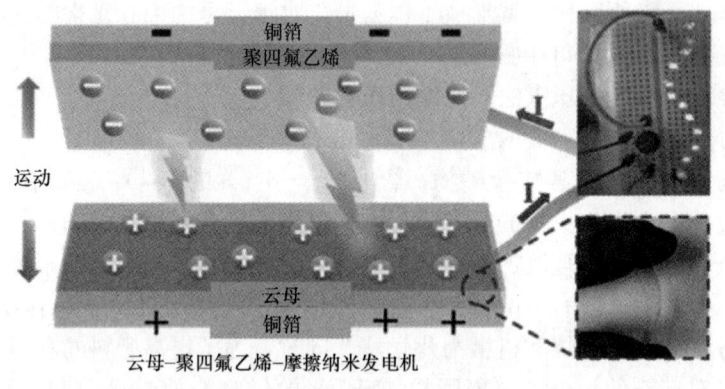

图4-20 云母基摩擦纳米发电机示意图

4.6 伊利石矿产资源综合利用与新材料

4.6.1 伊利石矿产资源的储量及分布

伊利石是一种常见的硅酸盐黏土矿物。我国的伊利石资源分布广阔，产量较高。现已探明的伊利石矿藏储量、质量差异比较大。目前，全国已探明的各地区伊利石储量最多的地区是河北承德地区。承德人和矿业有限责任公司拥有矿区面积2.356km^2，探明控制的伊利石经济基础储量 10 亿 t 以上，远景储量数十亿吨，是亚洲范围内罕见的特大型伊利石黏土矿。

其他地区伊利石储量相对较少。河南平顶山的远景储量是 1.1 亿 t；浙江瓯海的远景储量是 0.6 亿 t（即将枯竭）；吉林安图的远景储量是 1.45 亿 t；河北沙河远景储量是 1 亿 t（已近枯竭）；福建宁德的远景储量是 1.1 亿 t；江西天高集团远景储量是 3000 万 t。依据我国地质分布、资源储量及伊利石纯度品质都要以北方地区为最佳，其中河北承德伊利石矿储量和品质都位于全国首位，浙江的伊利石矿近乎枯竭，吉林的伊利石矿存在重金属超标等问题。

伊利石矿床主要依靠火山活动和岩浆活动形成，按照其成矿地质特征，伊利石矿床可分为热液蚀变型、沉积型和风化型三大类。热液蚀变型伊利石矿床又可细分为两种类型矿床，分别为脉状火山热液蚀变充填型和似层状火山热液交代型。沉积型伊利石矿床主要分布在我国辽宁、河南、河北、内蒙古等地。河南平顶山地区伊利石储量极其丰富，是罕见的大型矿床，现已探明矿物累计储量多达 1.3 亿 t。

4.6.2 伊利石的晶体结构与理化性质

伊利石是一种富钾的硅酸盐云母类黏土矿物，常由白云母、钾长石风化而成，是形成其他黏土矿物的中间过渡性矿物，因其最早发现于美国的伊利诺伊州而得名。如图 4-21 所示，伊利石黏土呈白色，常因含杂质而呈现黄、绿、褐色等，块状者有油脂光泽。鳞片能剥开，但弹性比云母差。摩斯硬度 1~2，相对密度 2.6~2.9，在水中不易膨胀，因此伊利石有良好的非膨胀性和稳定性。

伊利石为单斜晶系，晶体细小，其粒径通常在 2μm 以下，肉眼不易观察。基于自然界中的伊利石有多种成因，如沉积型、长石石英风化型，伊利石也被称作水白云母，属于高钾的层状硅铝酸盐类黏土矿，分子式是 $K_y Al_4[(Al_y Si_{8-y})O_{20}](OH)_4 \cdot nH_2O$，$1 < y < 1.5$，其中含水量变化大，与云母最大的不同是层间域中的硅铝比不小

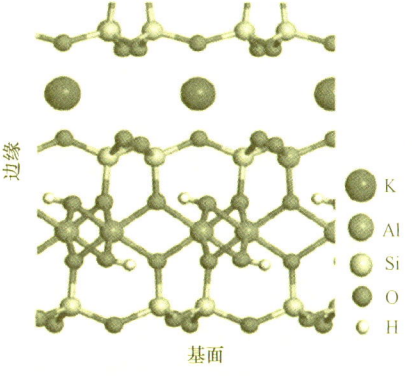

图 4-21 伊利石矿物结构图及各向异性表面示意图

于 3。相比于水云母，伊利石结构的层与层之间不存在水分子。伊利石属于 2:1 型层间缺失的二八面体层状矿物，每层是由顶端 O 相对的 2 个 Si—O 四面体晶片（T）夹杂 1 个 Al—O 形成的八面体晶片（O）构成的，进而构成 T—O—T 的"三明治"结构单元。其中四面体是 Si^{4+} 在中心，O^{2-} 在四个顶点；八面体是 Al^{3+} 在中心，周围是 6 个阴离子 O^{2-}（或 OH^-）。层内由稳定的共价键连接，而层间由氢键连接，由于氢键键能较小，易被破坏，所以黏土矿物易沿层间解离。伊利石和云母岩具有近似的组成，因为 Al 替代了 1/4 的 Si—O 四面体中的 Si 而表现出负电性，同时 K^+ 的半径与 Si—O 四面体中的六方网格所包围形成的内切圆的直径大小极其接近，故而在中间层内的 K^+ 不易和介质内的其他阳离子产生交换，只有外表面上的阳离子是可互换的。从组成上和结构上来看，伊利石与白云母相比，伊利石含 K_2O 较少，而含水较多，晶层间阳离子通

常为K^+，也有部分被H^+、Na^+所取代。伊利石与高岭石相比，伊利石含K_2O多，而含水较少，故其成分及结构介于白云母与高岭石或白云母与蒙脱石之间。因此，伊利石的化学性质比较稳定，晶格之间牢固。伊利石的层间键的强度大小在白云母和蒙脱石之间，所以也可将其看作白云母向蒙脱石演变的中间产物。

伊利石作为黏土矿物具有如下性质：①具有纳米级别的层状结构，其2∶1的T-O-T结构厚度约1nm；②颗粒具有各向异性；③具有层面、端面和内层表面等不同类型的表面；④层面性质可改变，如进行吸附、离子交换，也可进行表面改性；⑤具有可塑性。

4.6.3 伊利石的工业应用与新材料技术

伊利石具有富钾、高铝、低铁及光滑、明亮、细腻、耐热等诸多优越的化学、物理性能。伊利石丰富的性能可被广泛地应用在诸多领域。伊利石由于高铝在陶瓷工业可作为生产高压电瓷、日用瓷的原料，由于良好的化学稳定性和低廉的价格在化工工业上被用于橡胶、油漆的填料，由于钾含量丰富在农业上可被用于制取钾肥等。图4-22为我国伊利石应用领域分布。

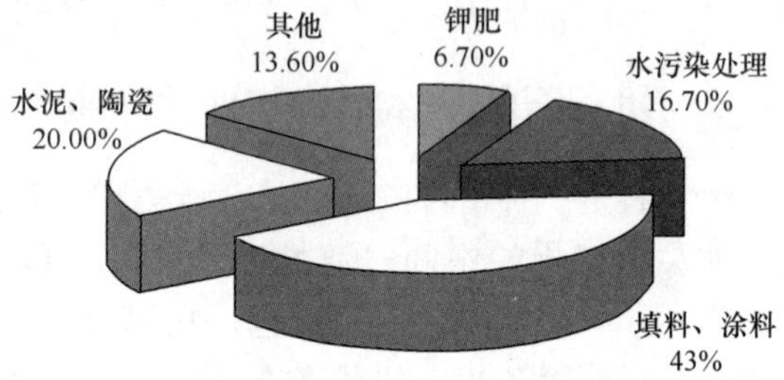

图4-22 我国伊利石应用领域分布

（1）橡胶塑料填料

生产橡胶的过程中使用伊利石作为填料，获得的橡胶产品可以应用到低温环境中，且热性能稳定，阻燃，利用纳米伊利石作为填充物可以让橡胶的性能更加优异。近20年来，添加无机填料以改善高聚物性能引起了研究人员的重视，其中改性蒙脱土和伊利石等黏土在高聚物中的应用研究取得较大进展。以伊利石为原料的胶料成本低廉，制备方法简单，反应条件温和，能显著提高胶料的物理性能，且伊利石具有良好的化学稳定性、白度吸收性以及与聚合物良好的结合性能，具有工业化潜力。

（2）制备高吸水保水复合材料

高吸水保水复合材料在农林业方面扮演着防干旱、改善土质、保持水分的角色。沈上越等采用溶液聚合法将伊利石复合到高吸水材料中后，其K^+与丙烯酸钠中的Na^+发生了置换反应，使该高吸水复合材料具有释钾功能，且材料可以在较高温度下使用。

（3）陶瓷填料

伊利石作为无机矿物填料，其含有较高含量的钾、钠、铝、硅等元素，烧制的陶瓷制品具有高强度、高硬度及良好的化学稳定性，在传统陶瓷行业中发挥着助熔和增加复合材料可塑性的作用。由于伊利石富含Al、Si，容易发生反应生成碱玻璃，在阻止其他杂质产生的同时可以降低烧结温度，陶瓷成品不易变形、耐酸耐碱、热稳定性强。用伊利石配制的马赛克、电瓷制品色泽晶润。陶质制品的釉面砖，如掺配伊利石5%～8%，烧结温度将降低，节能效果很好，降低了产品成本，是伊利石用于陶瓷工业的一大优点，可降低烧成温度100～120℃。任强等制备的铝矾土-伊利石-高岭土体系陶瓷材料，在1320～1360℃温度范围内烧结的高强度陶瓷材料，抗弯强度能达到110～140MPa。

（4）肥料工业

伊利石中钾元素含量丰富，且由于其中的钾位于层间域中，化学键较弱，在一定条件下钾元素易被活化利用，采用合适的物理、化学工艺技术，能生产出不同种类的富钾复合肥料，开发利用伊利石中的钾对缓解我国钾资源短缺具有重要意义。

（5）建筑材料

伊利石矿物有较高的铝含量能够提高制品强度，较高的钾含量可以降低烧成温度，因此可作为生产墙地砖的原料及石膏板的配料。由于较高的含铝量和含钾量使制品的强度增高和烧制温度降低，伊利石是制造墙地砖及石膏板的良好原料，且产品实用性好、廉价、绝热效果好。传统的石膏板主要由水合硫酸钙、玻璃纤维、氧化铝（均为干粉状）、氧化硅、未膨胀蛭石等组成。由于氧化硅、氧化铝价格贵且难分散等，因此可选择成本低、高铝、含硅的伊利石黏土代替。

（6）环保领域

伊利石因具有吸附容量大、比表面积大、成本低等优点而成为处理环境污染过程中常用的吸附剂。伊利石富含的可交换的 K^+ 能够与溶液中的重金属离子发生离子交换反应，且其颗粒边缘具有一定量的硅羟基和铝羟基，将污水中的重金属络合以实现清洁水体的目的，其较大的比表面积及微孔结构也能有效地将污染物吸附并负载在表面，加快反应的进行。在伊利石表面的硅氧环上，O附近含有大量静电势极值点，水分子中的 H 易于受到电负性更大的 O 吸引，从而形成氢键，且更易吸附到 IN-K-001 面。水分子的吸附提升了伊利石表面静电势，吸附后体系能量降低，且为后续水化提供了更多吸附活性位点。

4.6.4 伊利石的大健康应用与新材料技术

伊利石无毒无臭，质地软滑，分散性好，具有反射紫外线的能力、良好的远红外性能、热稳定性、化学稳定性、电绝缘性及高温膨胀性等特点，而且对人无害。除了工业应用外，伊利石相关产品在大健康及新材料技术领域也有极大的应用前景。

（1）药物载体

伊利石作为载体，具有无毒、安全和吸附的特点，使其在医学领域具有广阔的应用潜力。伊利石可以吸附 DNA、蛋白质等，作为 DNA、蛋白质的载体，在基因治疗方面得以应用。伊利石与蛋白质可以形成复合物，在体内中性、碱性环境下，蛋白石释放出来，可以治疗疾病。纳米尺度的伊利石可做药物载体，从而达到药物的可控释放，这在药物应用方面具有开发利用价值。药物的可控释放，可以最大限度发挥治疗效果，使药物副作用最小化。

（2）远红外填料

天然矿石的开发与利用是近几年新型功能材料领域的研究热点之一。作为一种天然矿石，伊利石具有远红外线辐射性能，放射率高达 93.36%，也兼具抗紫外线以及抗菌等功能。因此，将伊利石应用于新型大健康功能材料的开发具有重要的市场价值和社会价值。远红外纤维是在纺丝过程中通过向聚合物基体中添加具有红外吸收和发射作用的纳米级无机粉体，从而赋予纤维吸收和发射远红外线的功能。

（3）抗菌填料

伊利石是一种黏土矿物，其结构中富含重要的黏土矿元素，具有抗氧化和抗菌活性。而伊利石在水溶液中的溶解度和给电子能力较低，生物活性较低。Hyeryeon 使用亲水性 PVP 聚合物稳定伊利石微粒提高了其水分散性和清除自由基的活性。由于微粒的大表面积提供了多个相互作用的位点，最小的 P-lite MP 表现出最高的抗氧化和抗菌活性。综上所述，伊利石无毒无臭，质软滑腻，且呈丝绢光泽，分散性好，附着力强，具有释放负离子、反射远红外线和紫外线的能力，化学性质稳定，是一种有着广阔应用前景和市场潜力的黏土矿物资源，在化肥、橡塑、造纸、陶瓷等许多行业都占有重要的位置。随着合理选矿流程的选择，深加工改性、除铁、增白、超微粉加工等多方面技术的改善和提高，不同品质的伊利石资源必将得到科学而合理的综合开发利用。

4.7 电气石矿产资源综合利用与新材料

4.7.1 电气石矿产资源的储量及分布

我国是电气石的主要产地之一，电气石矿床分布广泛，储量比较丰富，在数千万到亿吨之间，但高品位的电气石矿不多，含云母、石英等的贫矿较多。据统计，我国电气石主产区有 150 余处，分布在 25 个省（自治区、直辖市），其中有 80 多处达到矿山开采规模。云南、内蒙古、新疆等地产出的电气石品质较好。辽宁、河北、吉林、福建、湖南、江西、广东、山西、陕西、甘肃、西藏等省份也有电气石产出。

不同地区地质环境的差异，导致电气石形态各异，不同的生长环境和化学成分决定了其品质和色泽。同时电气石的形态和存在形式对其应用影响较大，晶型品质较好的含锰锂电气石可作为宝石进行加工销售。品质较差、团簇状生长的电气石则在加工、改性后，可以用于环境材料、保健材料等功能应用领域。从我国电气石的分布来看，不难发现我国主要产出的电气石为铁电气石、镁电气石及铁镁电气石固溶体，锂电气石在我国分布较少。在新疆、西藏的部分地区分布有电气石砂矿，这类电气石一般品位较高，质地较好，形成彩色的碧玺矿砂，有的可以达到宝石级，但可用率低于 20%。宝石级电气石主要产自巴西、美国、俄罗斯等国家。其中，位于巴西米纳斯吉拉斯的克鲁赛罗矿山以产出宝石级的电气石而闻名，是全世界碧玺宝石和矿物标本的重要出产地。美国的加利福尼亚、缅因等地也出产宝石级的电气石。我国电气石尽管储量巨大，但目前电气石材料的加工、应用和开发仍然处于起步阶段，仍有待于进一步提高其利用价值。

4.7.2 电气石的晶体结构与分类

电气石的化学组成复杂，通常以如下通式表示（Henry 等，2011）：$XY_3Z_6(T_6O_{18})(BO_3)_3V_3W$（X=Ca、Na、K 或空位；Y=Li、Mg、$Fe^{2+}$、$Mn^{2+}$、Zn、Al、$Cr^{3+}$、$V^{3+}$、$Fe^{3+}$、$Ti^{4+}$ 或空位；Z= Al、Mg、Fe^{3+}、Cr^{3+}、V^{3+}；T=Si、Al、B；B=B 或空位；V=OH、O；W=OH、F、O）。

电气石晶体属于三方晶系，C_{3v} 点群第 5 号空间群（R3m），如图 4-23 所示。电气石晶体结构以硼氧 [BO_3] 三角形为特征，以六元硅氧 [SiO_4] 四面体组成复三方环基本骨架，如图 4-24 所示。复三方环中 [SiO_4] 四面体间以共顶点方式相连，并且每个 [SiO_4] 四面体的其中一个顶角朝向同侧 [图 4-23（c）]。硼的配位数为 3，组成 [BO_3]

4 硅酸盐矿物矿产资源综合利用与新材料

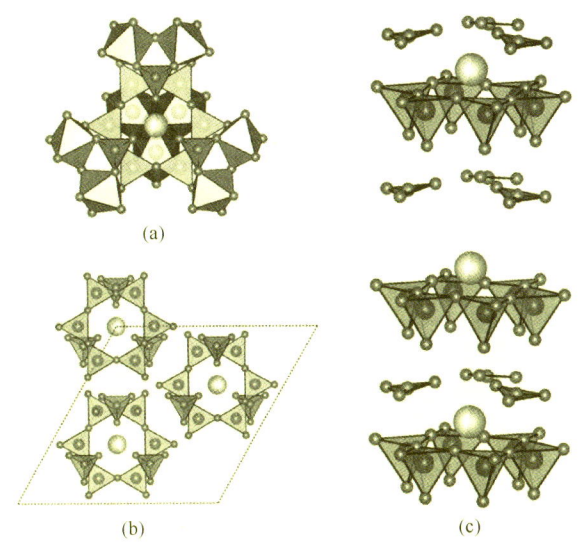

图 4-23 电气石矿物晶体结构示意图
(a)（0001）面结构基元示意图；(b)[Si_6O_{18}]复三方环与[BO_3]三角形骨架结构；
(c) 硅氧四面体构成沿 c 轴方向生长形成的通道

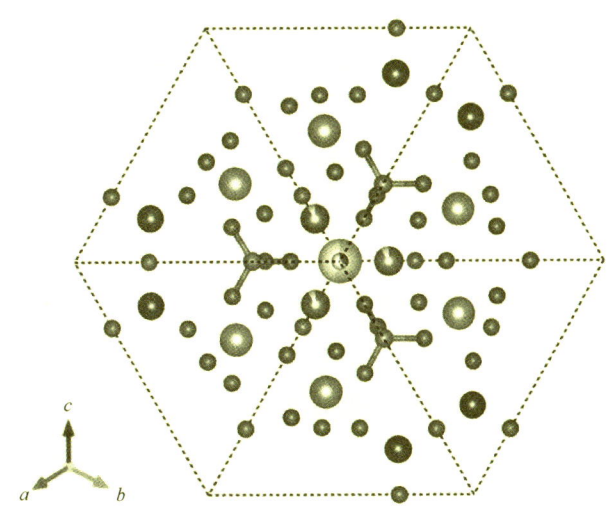

图 4-24 锂电气石晶体结构

平面三角形，3 个[BO_3]平面三角形以顶角向内的形式构成一个三方结构。复三方环与三方结构共中心沿着 c 轴方向排列，其间形成一个 9 配位的空隙，并沿着 c 轴方向生长形成可供 X 位阳离子（通常为 Na^+）占据的通道。Y 位的阳离子为 6 配位，3 个[YO_6]八面体共棱相连，并与 3 个[BO_3]三角形分别共用 1 个 O 原子。6 配位 Z 位阳离子形成的[ZO_6]八面体通过共用 O 原子的方式将复三方环连接起来。从菱面体原胞中可以看出[图 4-23（a）]，电气石晶体结构中有一个 3 次旋转轴（c 轴）和 3 个对称面，垂直于 c 轴无旋转轴和对称面。因此，电气石晶体结构属于三方晶系（取正当晶胞时为 R 心三方布拉维格子），R3m 空间群，对称形式为 $L^3 3P$，电气石晶体多呈现棱柱形或锥体形晶体。

由于电气石化学成分复杂,理想的电气石矿物品种是比较少见的,通常会存在离子取代现象。按 Y 位元素成分的不同,可以将电气石大致分为铁电气石(黑电气石,Schorl)、镁电气石(Dravite)和锂电气石(Elbaite)3 个亚种,其中铁电气石为最常见一类(表 4-3)。三者之间存在着类质同象,具有较复杂的固溶关系,例如铁电气石与镁电气石之间存在连续固溶体,形成铁镁电气石。而 X 位的 Na^+ 则通常可以被 Ca^{2+} 或 K^+ 等阳离子取代。X 位上的 Na^+ 或 K^+ 由 Ca^{2+} 取代时,一价和二价阳离子比例变化带来的电荷不平衡将由 Z 位置上的 $Al^{3+} \rightarrow Mg^{2+}$ 变化来补偿,形成钙镁电气石。而镁电气石与锂电气石之间则没有固溶现象,但一些镁电气石中含有少量的 Li。总之,电气石的化学成分较复杂,同时电气石的理化性质与其化学成分密切相关。

表 4-3 电气石分类及化学式

分类	化学式
铁电气石	$NaFe_3Al_6[Si_6O_{18}](BO_3)_3(OH)_4$
镁电气石	$NaMg_3Al_6[Si_6O_{18}](BO_3)_3(OH)_4$
锂电气石	$Na(Li, Al)_3Al_6[Si_6O_{18}](BO_3)_3(OH, F)_4$
铁镁电气石	$(Na, K)(Mg, Fe)_3Fe_6[Si_6O_{18}](BO_3)_3(O, OH, F)_4$
钙镁电气石	$CaMg_4Al_5[Si_6O_{18}](BO_3)_3(OH)_4$

Y 位过渡金属的种类含量对电气石颜色具有明显影响。富含铁的铁电气石颜色通常为黑色或者深褐色,镁电气石则是由褐到黄,锂电气石有红、绿、蓝、黄、粉等多种颜色。Mn^{2+} 占据 Y 离子位时锂电气石呈现出粉色,绿色则由 Fe^{3+} 引起。连续固溶体的形成则可以使这些颜色形成混合色,使电气石的颜色几乎可以覆盖可见光区出现的颜色。

4.7.3 电气石的理化性质与新材料技术

(1) 电气石的成分与结构

电气石化学成分复杂,一般来说不能够以分子式来严格区分电气石的种类,自然界中电气石通常与其他矿物共生,甚至电气石矿物中存在复杂多样的包容物。因此,理想化学成分的电气石是不存在的。X 位通常被 Na^+ 占据,而 Z 位通常是由 Al^{3+} 占据,形成 $[ZO_6]$ 八面体连接不同的 $[Si_6O_{18}]$ 复三方环。Y 位阳离子通过共用 O 原子的方式将 $[BO_3]$ 三角形与 $[Si_6O_{18}]$ 复三方环在 c 轴方向上连接起来。Y 位离子随着电气石矿的地质环境不同而变化较大,不同种类的电气石主要是以 Y 位离子种类来区分。Y 位阳离子种类的不同必然带来 $[ZO_6]$ 八面体体积的不同,进而影响与其相连的 $[SiO_4]$ 四面体和 $[BO_3]$ 三角形的形状,甚至使 $[ZO_6]$ 八面体发生畸变。不同种类电气石尽管 Y 位元素种类及含量不尽相同,但其基本物理性能则不以电气石的种类为界限产生较大差别,Y 位离子的种类对电气石物理性能的强弱会有一定影响。同时,各向异性的晶体结构决定了与电气石结构相关的理化性质呈现出各向异性。

(2) 电气石的机械性能

一般来说,随着 Fe、Mn 含量的不同,电气石的密度在 $3.0 \sim 3.4 \text{g/cm}^3$ 之间,伴生矿物及包容物的存在会进一步影响电气石密度。普遍认为电气石的莫氏硬度通常在 7～7.5 之间，晶型完整、体积较大的电气石晶体硬度较纤维状、针状等团簇生长的电气石更硬。电气石各向异性的晶体结构决定了其机械性能在不同方向上呈现出明显的差异性。研究表明，电气石在平行于 c 轴方向上的压缩量显著高于垂直于 c 轴方向上的压缩量。这种不同方向上压缩量的显著差异，可能来自 $[YO_6]$ 八面体岛的存在及其合适的排布方向。当受到平行于 c 轴方向上的压力时，以 $[XO_9]$ 多面体为中心，分别在上下分布的 $[YO_6]$ 八面体岛和复三方环将压力均匀地向周围传递，X—O 键不容易断裂。X 位原子与 $[SiO_4]$ 四面体和 $[BO_3]$ 三角形中 9 个 O 原子的键合力相对较弱，当受到垂直于 c 轴方向的力时，$[BO_3]$ 三角形更能保持相对稳定，但 9 配位的 X 位原子的 X—O 键束缚弱，容易发生断裂。因此在垂直于 c 轴方向上，电气石的压缩量更小，仅为 c 方向上的 1/4 左右。

（3）电气石的自发极化效应

在 32 种晶体学点群中，有 21 种非中心对称点群。除 O 点群外，其余 20 种具有压电效应。其中三斜晶系的 C_1、单斜晶系的 C_2 和 C_s、三方晶系的 C_3 和 C_{3v}、四方晶系的 C_4 和 C_{4v}、六方晶系的 C_6 和 C_{6v} 以及正交晶系的 C_{2v}，共 10 种点群具有热释电效应。电气石属于三方晶系的 C_{3v} 点群，因此电气石具有压电性和热释电性。与一般外电场诱导产生的电极化不同，在没有外加电场作用时，电气石晶体本身发生电极化，在单向极轴（c 轴）两端聚集异号电荷，并能永久保持这种自发的电极化性能。电气石这种自发性的永久存在的电极化现象被称为自发极化。电气石自发极化性能不因外界环境变化而受到影响，但由于环境电荷的屏蔽作用，电气石不显示其自发极化性能。当外界环境变化或受到外部压力时，外部自发极化电荷得不到及时的补偿，电气石的自发极化性能便会显现出来，此时电气石表现出热释电性。研究表明，由于自发极化引发的电气石表面附近的静电场强度可以高达 $10^7 V/m$，但表面静电场强度随着远离电气石表面而迅速变小。到目前为止，电气石在人类研究的矿物中，是唯一一种具有永久自发极化的矿物。

一般认为电气石自发极化性能与其非中心对称的晶体结构有关。$[Si_6O_{18}]$ 复三方环中的 6 个 $[SiO_4]$ 四面体顶角 O 原子沿着 c 轴方向指向同一侧，被认为是其自发极性的根源，而角顶 O 原子指向的一侧为电气石的正极。

（4）电气石的热释电效应

电气石是一种沿 c 轴方向具有永久自发极性的矿物。因为具有非中心对称的晶体结构，电气石同时具有压电性和热释电性。其极性使电气石周围具有微弱的静电场，实际中能够观察到电气石对微小带电体和微小颗粒具有吸附作用，电气石粉末也比较容易发生自我团聚。当电气石受到压力、温度变化的影响时，晶体结构原子间发生相对位移，使正负电荷中心发生移动，晶体总电矩发生变化，从而在电气石两端表面出现电荷的变化。

（5）电气石的压电效应

压电效应是指压电性晶体受到外机械力作用而发生电极化，并引起压电体两端表面出现符号相反的束缚电荷的现象。晶体在压力作用下，内部正负电荷中心不再重合或者发生相对移动形成偶极矩。21 种非中心对称点群中，有 20 种具有压电性，其中包括

C_{3v} 点群。电气石的压电效应为正压电效应,即随着压力的增大,电气石表面产生的电荷密度越大。

(6) 电气石的红外辐射性能

一般认为,温度高于绝对零度的物体均能发射红外辐射。红外辐射是电磁波的一种,波长在 $760\sim1\times10^6$ mm 范围,其中 $760\sim1500$ nm 范围称为近红外区,$1.5\sim5.6\mu m$ 为中红外区,大于 $8\mu m$ 为远红外区。中红外区和远红外区是人体产生热感的主要波段,因此该红外区被称为热红外区。研究表明,电气石可以发射从中红外区到远红外区的红外辐射。利用电气石的红外辐射性能,可以将其应用到农业生产中,缩短农作物生长周期。还可以将其用到人体保健领域,利用远红外区的辐射性能,促进新陈代谢和血液循环。有研究者认为,电气石红外辐射来源与其热释电性能有关。室温条件下,环境中存在一定的温差和微弱的气压变化,外界条件的起伏使电气石晶格振动增强,晶格振动使部分原子被激发到更高的振动能级上,当向基态弛豫时,电气石就会以光子的形式向外辐射能量。也有研究认为,电气石的红外辐射性能来源于多种具有红外活性的键的共存。

(7) 电气石的负离子发射性能与表面活性

电气石释放负离子的性能被认为来源于其永久自发极化性能。水分子是一种典型的极性分子,当水分子在电气石表面强电场区域附近时将被电离成 H^+ 和 OH^-。质子在电气石负极获得电子形成 H_2,而 OH^- 则与水结合形成空气负离子 $[OH^-(H_2O)_n]$。空气负离子具有较强的表面活性,能够吸附水中的污染物分子,从而起到净化水源的作用。同时,空气负离子可以改善空气质量,具有杀菌、除臭的作用。有研究表明,天然电气石超细粉体在水中产生的空气负离子可以使水呈弱碱性。

4.7.4 电气石的工业应用与新材料技术

电气石色彩上的多样性赋予了其宝石的属性,在强调其观赏性的同时,由于其独特的理化性质,又被视为一种具有利用前景的矿物新材料。电气石矿物的综合利用主要利用其理化性质,如自发极化、压电性、热释电性、吸附性能和远红外发射特性等。电气石在实际应用中,以环境材料占比最高。

通常来说,晶型完整、体积较大的电气石硬度比较大,一般加工成宝石进行销售。而以纤维团簇状存在的电气石比较易于粉碎,能够制得较细的粉体。常见的电气石矿物石粉体有超细电气石粉体和改性电气石粉体。以电气石粉体材料为基础可以制备出电气石陶瓷、电气石纤维及电气石矿物复合材料等。电气石矿物的综合利用就是为了实现其某些功能特性的应用属性,将其按照人类的意愿进行加工、改性和制备,获得的一种新型功能性材料。

(1) 电气石在环境修复领域的应用

近年来,由于电气石具有高的比表面积、永久自发极化、压电性和热释电性等特点,越来越多地被应用在废水、废气处理等环境净化领域。Wang 等将电气石和石墨进行复合,显著提高电气石发射远红外辐射的性能。Zhang 等用电气石对 GO 进行改性,改性处理后的 GO 过滤 PM2.5 的性能得到提升,1h 内 PM2.5 除去率到达 95.1%,性能是未改性 GO 的 1.7 倍。

(2) 电气石在医疗保健领域中的应用

电气石具有永久自发极化、远红外发射和释放空气负离子的性能。空气负离子已经被认为可以缓解人体疲劳，有利于人体健康。电气石释放空气负离子的过程绿色环保，不需要外界提供能量，也不产生副产物，是理想的医疗保健材料。赵亚朴等人制备出含有 25％电气石颗粒的驻极合成纤维，测试发现电气石驻极合成纤维织物对Ⅱ型胶原蛋白诱导大鼠关节炎的发生具有保护作用，表明电气石远红外发射性能能够提升表皮温度，加速局部血液流动、促进血液循环。利用电气石远红外发射性能制成的保健鞋中含有电气石微粒，可以促进腿部的血液循环，从而达到保健功效。

(3) 电气石在建筑装修领域中的应用

电气石具有释放空气负离子的特性，现在越来越多地被应用到建筑家装领域中。空气负离子可以改善环境，特别是净化室内空气，相比于单纯吸附净化空气的家装材料，电气石功能建筑材料通过释放空气负离子来净化空气，具有绿色环保、能效持续时间长、化学性质稳定等诸多优点。此外，电气石发射出的远红外辐射可以长时间作用于人体，对促进人体健康有积极的作用。从已有的发明专利来看，电气石在室内涂料、纺织物、汽车内饰等领域将有重要的应用。在涂料中，直接掺入电气石可以提高涂料的空气负离子释放性能。此外使用 TiO_2 包覆后制成的电气石乳胶漆在释放空气负离子的同时，对金黄色葡萄球菌和大肠杆菌杀灭率超过 90％。

(4) 电气石新材料技术

近年来，利用半导体光催化技术处理有机污染废水、净化室内空气已经成为一个解决室内外环境问题的有效方案。在矿物复合光催化材料领域中，电气石永久自发极性表现出独特的优势。利用电气石与半导体光催化剂进行复合，在改善催化剂团聚问题的同时能够促进光生载流子的分离和迁移。

将电气石与传统 TiO_2 光催化剂进行复合，是一种提高电气石矿物利用价值、增强光催化剂活性的有效方式。梁金生等人利用溶胶凝胶法制备出 TiO_2/电气石复合光催化材料，电气石的永久自发极性和远红外发射性能增强了 TiO_2 的光催化活性。Rakesh 等利用电气石的热释电性极大地提高了 TiO_2 光解水的光量子效率，在纯水中，TiO_2/电气石复合样产氢量是纯 TiO_2 的 3 倍，并推测性能提升的原因是电气石表面电场的作用降低了光生电子迁移的势垒。此外，含有电气石和 TiO_2 的尼龙-6 纤维进一步为电气石在水体有机污染物处理领域提供了新思路。

除了 TiO_2，将电气石与其他新型光催化剂复合也展现出巨大的性能优势和应用潜力。Li 等将电气石与 $g-C_3N_4$ 进行复合，制备出 $g-C_3N_4$/电气石复合光催化材料，其催化转化 NO 的性能是纯相 $g-C_3N_4$ 的 2 倍。Li 等将电气石与 ZnO 复合，制备出电气石/ZnO 核壳结构，表现出更强的光催化活性。核壳结构不仅有利于提高材料的比表面积、增大材料孔隙率，电气石表面电场也有利于吸附带电的污染物分子。同时，由于其永久自发极性，电气石表面存在的永久静电场对光生载流子的分离和迁移具有促进作用。在光催化领域，电气石不仅可以显著提高催化剂的活性，而且可以进一步降低材料的生产成本，提高实际应用的潜力。加之利用电气石的理化性质，在提高原有性能的同时，可以兼顾环保、绿色的要求。

4.8 埃洛石矿产资源综合利用与新材料

4.8.1 埃洛石矿产资源的储量及分布

21世纪被人们称为"纳米材料世纪",其中纳米管材料凭借特殊的中空管状结构、负载性能突出等特性而在许多实际生产领域中都具有广泛的应用潜力。纳米管一般可分为硅纳米管、碳纳米管、石墨烯纳米管、镀镍纳米管、碳质晶体纳米管、矿物纳米管等。在19世纪初,Bertheir等学者在比利时的石灰岩层中发现一类新型的具有中空纳米管状结构的黏土类矿物,并将其命名为埃洛石(Halloysite)。目前,已开发的埃洛石矿物产地广泛存在于世界范围内,其中主要的埃洛石矿床分布在美国、澳大利亚、墨西哥、巴西和中国等国家,且价格较为低廉。

在我国,埃洛石矿床大部分存在于风化淋积剖面下部,矿区周围地势以平缓复式背斜为主,外观上矿石颜色主要由白色、黄棕色、浅蓝色组成。富含埃洛石的高岭土矿床主要以砂质型高岭土为主,它们大约占高岭土矿总储量的60%以上。高岭土矿床目前可以分成以下几种:①表面风化残积高岭土矿床。矿床主要分布于南方区域,以湖南省衡阳界牌高岭土矿床为代表,主要用途是生产陶瓷。②风化淋积高岭土矿床。如分布在四川省的叙永矿床,按其风蚀淋积剖面自上而下分为弱风蚀淋滤带、淋滤氧化带等。③热液蚀变高岭土矿床。该类高岭土主要分布在江苏省苏州的阳西、观山等地区,此外,云南腾冲和西藏羊八井矿床也属该类高岭土矿床,蚀变温度范围为≤200℃,主要成分以高岭石、埃洛石、明矾石居多。④沉积亚型高岭土矿床。此类矿床的矿石呈泥沙样块体,矿物种类主要包括软质黏土和砂性高岭土,主要产地有广东茂名、广西合浦等地,另一类硬质型高岭土矿床则主要分布在山西省的大同地区,是我国瓷器和耐火材料的重要产地之一。⑤复合型高岭土矿床。以福建省龙岩东宫下高岭土矿床为典型代表,矿石成分主要分为高岭石、埃洛石、水白云母等,其中高岭石的粒径大于 $2\mu m$,埃洛石的粒径小于 $2\mu m$。

4.8.2 埃洛石的晶体结构与理化性质

根据化学分子式 $Al_2SiO_5(OH)_4 \cdot nH_2O(n=2\sim 4$ 为含结晶水的10Å-埃洛石,$n=0$ 为脱水后的7Å-埃洛石。注:$1Å=0.1nm=10^{-9}m$),埃洛石属于含水硅酸盐矿物,晶体结构由共氧原子的铝氧八面体与硅氧四面体构成,其微观形貌通常为中空纳米管结构,因此被称为埃洛石纳米管(HNTs)。在有关HNTs的微观结构中,HNTs的管内径一般为 $15\sim 40nm$,管外径为 $30\sim 200nm$,直径为 $100\sim 1500nm$,管壁比表面积为 $50\sim 140m^2/g$,管壁的内外表面分别带正电和负电荷,经过真空或者连续的加热处理后,其存在于层间的单层水分子会流失而成为脱水结构形态(7Å-HNTs)。与一般纳米管相比,HNTs一般具有以下几个优点:①资源丰富。由于HNTs是高岭土矿物中的重要组成部分,而高岭土矿床在自然界中的分布广泛且储量较大,因此开采和加工处理较为简单,比较容易实现大规模的工业化应用。②物理化学属性突出。独特的中空管状结构使其比表面积较大,且管壁的内外表面通过改性等处理方式能够呈现出不同的性能，功能化属性优异。③绿色环保，无毒无害。HNTs 所含有的杂质较少，不存在有毒有害元素，拓宽了 HNTs 在生物医学、人体保健等领域的应用。HNTs 的晶体结构和形貌特征如图 4-25 所示。

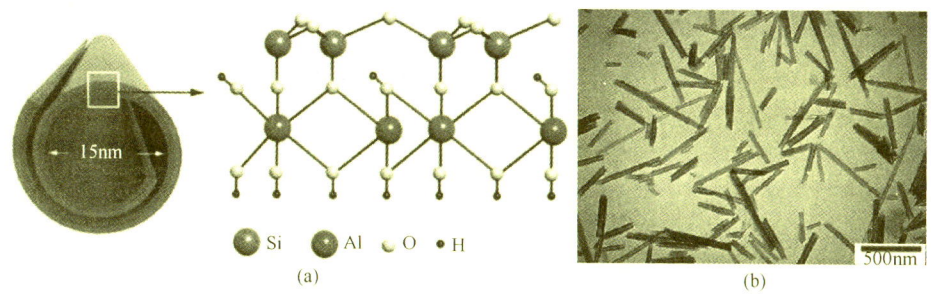

图 4-25　埃洛石纳米管晶体结构和形貌特征
(a) 埃洛石纳米管晶体结构；(b) 埃洛石纳米管的 TEM 图

HNTs 特有的管状结构赋予其优异的理化属性。HNTs 的主要理化属性包括以下几个方面：①疏水性。HNTs 的管外壁上主要为 Si—O—Si 基团，内表面主要是 Al—OH、Si—O—Si 基团，外管壁和水分子间的作用力较弱，因此显示出良好的疏水特性。②分散性。与普通纳米管结构不同，HNTs 的内表面带正电荷，而外表面带负电荷，因此有不同的表面理化属性，能够利用分子力、氢键等将各分子官能团结合，既可以保持其结构的完整性，又能够改变其理化性能。③吸附性。HNTs 的管壁上存在大量孔隙，孔径范围为 2～200nm，赋予其优良的气体吸附和阴阳离子交换功能。④生物相容性。研究表明 HNTs 磷酸盐缓冲液在哺乳动物体内没有发生免疫反应，因此可以充当生物医药的载体。

4.8.3　埃洛石的应用与新材料技术

由于具有独特的纳米管状结构、良好的机械性能以及生物相容性能，HNTs 在药物缓释、能源转化、环境治理、功能填料等方面均取得长足的发展。

在药物缓释领域，HNTs 作为中空管状结构，在其管腔内可以负载有机、无机小分子和高分子量聚合物，如药物、催化酶、DNA、防腐剂等，其所构造的生物医用复合剂对人体内细胞基本没有毒性，近些年来逐渐成为各种药物理想载体的首选。如图 4-26 所示，Yah 等人通过 HNTs 的十八烷基膦酸改性试验发现水溶性磷酸液会选择

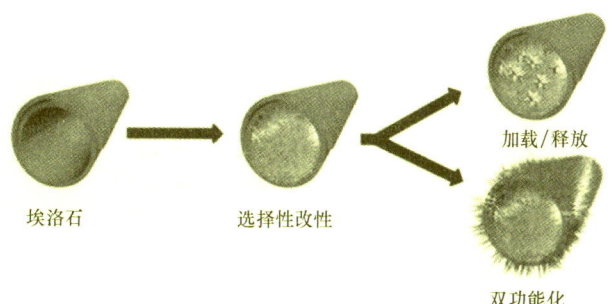

图 4-26　埃洛石纳米管中十八烷基膦酸选择性改性示意图

性地与 HNTs 内表面的氧化铝位点相结合，赋予其疏水性脂肪链核和亲水性硅酸盐壳的无机胶束状结构，进而增强其对二茂铁疏水衍生物的吸附能力。

在环境净化方面，HNTs 由于其表面存在多种官能基团，可通过改性等方法来提高其环境净化能力，现有报道表明，经过修饰后的 HNTs 对有机染料如甲基橙、刚果红、罗丹明 B 等，有机污染物如盐酸四环素、4-氯苯胺等，以及重金属离子如铅离子、铬离子等都取得了良好的处理效果。Xie 等人在 HNTs 表面复合 Fe_3O_4 制备得到磁性矿物复合材料，如图 4-27 所示。试验发现，当复合材料中 HNTs 的质量成分占比约为 50.5%（质量分数）时对阳离子有机染料亚甲基蓝的吸附要优于染料中性红，而对阴离子染料甲基橙则几乎没有吸附性能，这可能与 HNTs 的等电点有关。

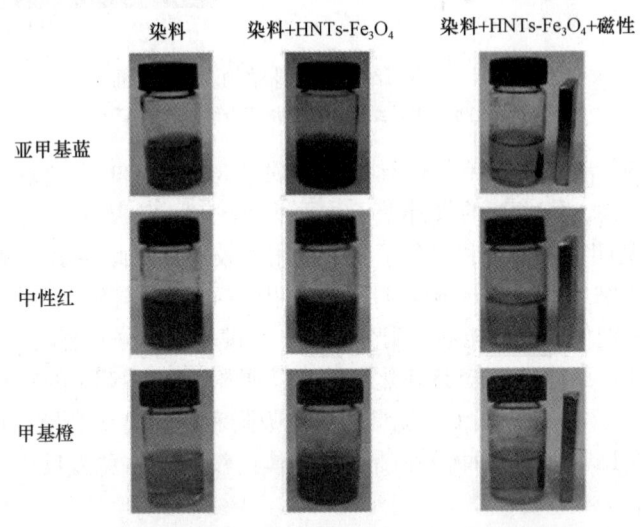

图 4-27 埃洛石纳米管-Fe_3O_4 复合材料对染料亚甲基蓝、中性红和甲基橙的降解实物图

在光催化领域，HNTs 因特有的中空管状形貌以及相对低廉的原料成本，被视为理想的分散剂，如通过水热、高温煅烧等方法，可以将 TiO_2、ZnO、Ce_3O_4 等半导体颗粒负载在 HNTs 的外管壁表面以提高半导体材料在反应环境中的分散度，在 HNTs 与光催化剂的协同效应下增强材料的光催化活性。Wang 等人以 HNTs 为模板利用气相沉积策略将其与多孔 $g-C_3N_4$ 结合得到矿物复合光催化材料 HNTs@$g-C_3N_4$（制备流程如图 4-28 所示），所制复合材料在可见光条件下的产氢速率较体相 $g-C_3N_4$ 提高 14.3

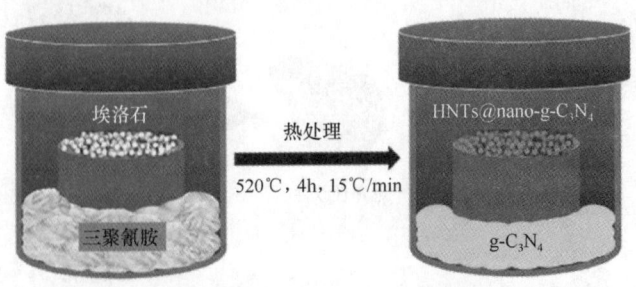

图 4-28 埃洛石纳米管@$g-C_3N_4$ 复合材料制备流程

倍，这得益于材料比表面积的增大以及光生载流子的抑制作用。

在氢能源的利用中，对 H_2 如何安全存储和运输是高效利用氢能源的关键因素之一。在关于 H_2 存储材料的研究领域中，常见的用于存储氢气分子的容器材料包括多孔碳纳米纤维、金属 Mg 超细纳米颗粒、金属 Mg 复合纳米颗粒、Mg 基金属合金（如 Mg_2Ni 型合金、$NdMg_{11}Ni$ 型合金、Sm_5Mg_{41} 型合金）以及其他金属合金 [如 $(Ti_{0.85}Zr_{0.15})_{1.05}Mn_{1.2}Cr_{0.6}V_{0.1}Fe_{0.1}$ 型合金] 等。大多数金属基储氢材料往往制备过程比较烦琐且储氢过程需要经过高温处理，而近些年来 HNTs 凭借独特的中空纳米管状结构以及高的孔隙率等特点能够实现在常温常压条件下的物理储氢，在降低储氢材料制备成本的同时拓宽了选材范围，为矿物基氢气存储材料的研究和开发提供了参考。Jin 等人通过对 HNTs 分别进行热处理、贵金属 Pd 改性和酸处理，在常温环境下发现其储氢量分别能够达到 0.26%、1.14% 和 1.37%，而未经处理的 HNTs 储氢量为 0.44%，如图 4-29 所示。研究表明，HNTs 的 H_2 存储性能受到比表面积、分子层间距、管内径等因素的影响，而负载贵金属往往可以提高 HNTs 的物理储氢性能。

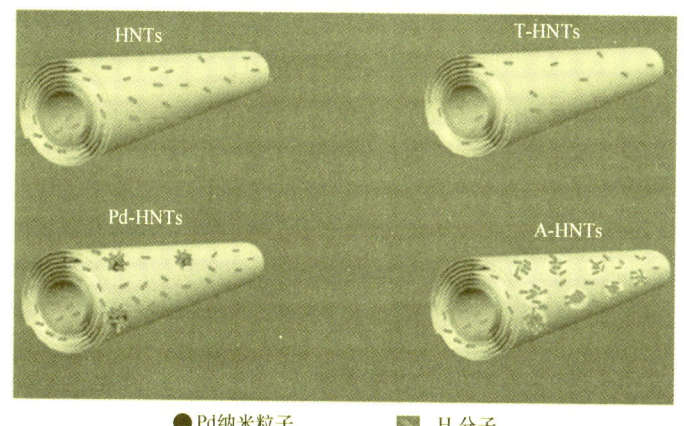

图 4-29　埃洛石纳米管和经高温处理（T-HNTs）、Pd 负载（Pd-HNTs）及酸溶液处理（A-HNTs）后 HNTs 的储氢机制

4.9　蛭石矿产资源综合利用与新材料

4.9.1　蛭石矿产资源的分类、储量及分布

蛭石是一种天然、无机、无毒的矿物质，在高温作用下会膨胀，是一种比较少见的矿物，属于硅酸盐。蛭石按照阶段性可以分为蛭石片和膨胀蛭石。其中，膨胀蛭石是将蛭石片经过高温煅烧后得到的物品，具有较强的保温隔热功能；按照颜色可以分为乳白色蛭石、银白色蛭石以及金黄色蛭石。按照矿床类型分为碱性-超基性岩型矿床、矽卡岩型矿床、伟晶岩型矿床、透辉石-碳酸盐岩脉型矿床、热液型矿床。表 4-4 是蛭石矿床特征及实例。

表 4-4 蛭石矿床特征及实例

矿床类型		矿床特征	矿床实例
碱性-超基性岩型矿床	与碱性岩有关的矿床	矿床呈巢状、脉状和星散状，规模小	朱家坡、盘家坡等蛭石矿
	与超基性岩有关的矿床	蛭石呈窝子状、脉状，矿体一般不大	红石山蛭石矿
	与偏基性超基性岩有关的矿床	蛭石规模一般较大，呈不规则状	文圪乞蛭石矿
矽卡岩型矿床		呈窝子状产出于伟晶岩中	小狐山等蛭石矿
伟晶岩型矿床		该矿床一般与伟晶岩相同，呈窝子状	十大项、河北村、小奴气等蛭石矿
透辉石-碳酸盐岩脉型矿床		矿脉较小	梢林沟蛭石矿
热液型矿床		本类矿床共同特点，围岩必须是角闪黑云片麻岩	朱家沟等蛭石矿

根据美国地质勘探局发布的《2021 矿产品概要》，美国、南非、巴西及其他国家的蛭石储量占全球蛭石总产量的 26.0%、37.0%、13.0% 及 24.0%。我国蛭石矿床多分布在北部，主要有新疆、河北、内蒙古、辽宁、山西、陕西等省（自治区），在四川、河南、湖北、甘肃、江苏等省也有分布。新疆尉犁且干布拉克蛭石矿，是世界上罕见的超大型矿床。该地蛭石矿储量占我国蛭石储量的 90% 以上，远景储量约 1 亿 t，有着较好的发展前景。除新疆尉犁且干布拉克蛭石矿之外，我国蛭石矿产资源分布范围较广，在山西、陕西、江苏、内蒙古以及河北、甘肃等地也有分布。截至目前，我国已经发现蛭石矿床 100 多处，除且干布拉克蛭石矿，较大的矿床还有内蒙古文圪乞蛭石矿床、河南灵宝蛭石矿床等。

4.9.2 蛭石的晶体结构与理化性质

蛭石是一种层状硅酸盐矿物，结构单元层间为两层硅氧四面体（部分硅原子与铝原子发生类质同象）骨架夹有一层被 Mg^{2+}、Fe^{3+} 等填充间隙的八面体组成 2:1 的 T-O-T，结构层间有水分子和可交换性的阳离子。蛭石是一种单斜晶系，$a_0=0.53nm$，$b_0=0.92nm$，$c_0=2.89nm$；$\beta=97°$。相邻的蛭石结构单元层之间存在 Mg^{2+}、Na^+、Ca^{2+} 等层间阳离子，以及大量的吸附水、层间水，层间距约为 1.4nm，T-O-T 单层约为 1nm，结构示意图如图 4-30 所示。蛭石的晶体结构式为 $(Na_{0.21}, K_{0.39}, Mg_{0.19}, Ca_{0.13},$

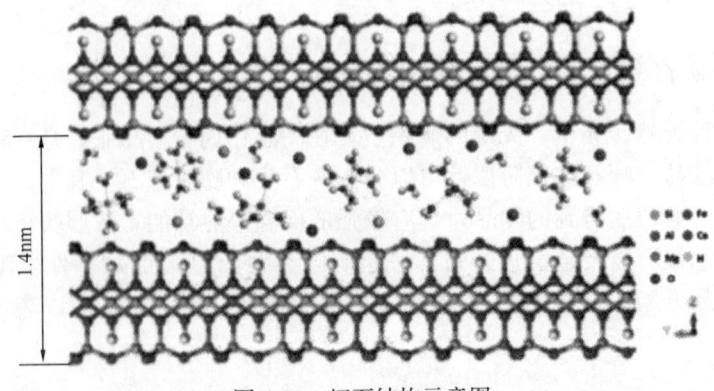

图 4-30 蛭石结构示意图

$6H_2O)(Mg_5, Fe^{2+}_{0.2}, Fe^{3+}_{0.8})[Si_{5.5}, Al_{2.5}, O_{20}](OH)_4$,式中第一部分为阳离子可交换层成分,第二部分为八面体层成分,第三部分为四面体层成分。

基于蛭石的结构和组成特点(图 4-30),蛭石常具有以下特性:①层间阳离子交换性。蛭石结构中四面体层和八面体层中部分原子发生类质同象导致结构单元层表面呈现负电荷空位,层间阳离子平衡结构缺陷产生的负电性,这一特性常应用于环境保护与治理,例如,可作为重金属离子、有机污染物的吸附剂。②热膨胀性。由于蛭石层间存在大量水分子,受热后蛭石片层可发生不同程度的剥离(膨胀),得到的膨胀蛭石比表面积和孔隙率显著提升,加之蛭石本身较高的高温热稳定性和化学稳定性,因此,膨胀蛭石常应用于隔热、储能、催化剂负载等领域。③有序稳定的晶体片层结构。天然蛭石具有稳定的片层结构,经改性、膨胀、剥离等工艺处理后可制备多种功能材料。

4.9.3 蛭石的建筑应用与新材料技术

天然蛭石可被直接应用于重金属离子、有机物的吸附和催化剂的负载等方面,但作用效果不明显,这是由于天然蛭石存在层电荷量相对较少、层间距小、比表面积小等问题所导致。因此,国内外学者通过采用浸泡、搅拌、超声波处理等方法对蛭石进行改性,通过酸化、层间阳离子交换以及有机物柱撑的方式,实现其他离子或有机改性剂插入蛭石层间、四面体或八面体层结构中,从而提高蛭石的层间距、比表面积和层间电荷量,最终达到改性后的蛭石对重金属离子吸附量的增加、光催化效果的提升、污染物的固化效果增强。

蛭石受热体积可瞬间膨胀 2~20 倍,低膨胀率蛭石层间少数片层被打开,晶体结构完整,并且仍保留本身的阳离子交换性和吸附性,可用于重金属离子吸附及污染物降解的研究;而在高温下蛭石发生较为完全的膨胀,其热稳定性和保温隔热性得到改善,比表面积和孔隙率大幅提高,可直接用于改良土壤的通气性和保水性以及作为饲料和建筑材料的添加剂使用,并且高膨胀率蛭石也成为隔热、相变、隔声等功能复合材料的重要原料之一。

蛭石受热时层间水迅速蒸发,在相对密闭的层间,蒸汽压作用于蛭石层,蛭石发生不同程度的膨胀。膨胀后的蛭石层间被撑开,片层之间对热、声波等辐射的吸收、折射、反射作用加强。因此,膨胀蛭石大颗粒可和一些无机黏合剂机械混合,经过热压或者冷压而制成性能优良的膨胀蛭石隔声板和耐火隔热板。膨胀蛭石基复合材料的制备方法如图 4-31 所示。

(1) 隔热保温材料

膨胀蛭石基保温材料以膨胀蛭石为主要原料,添加适量的黏结剂和固化剂采用冷压或者热压工艺制备而成。膨胀蛭石为松散颗粒或粉体,在

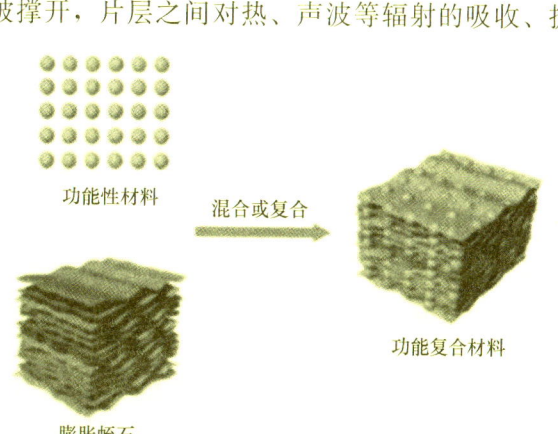

图 4-31 膨胀蛭石基复合材料的制备方法

保温材料制品中不能形成坚固的骨架，只能看作松散的轻质集料，且强度是极低的，因此在成型过程中需要合适的胶结材料和固化剂来保证松散的膨胀蛭石颗粒黏结良好，且具有一定的强度。胶结材料主要有水泥、水玻璃、石膏、合成树脂、磷酸盐、石膏和地质聚合物等。固化剂是一类增进或控制固化反应的物质，添加固化剂可以提高材料抗压强度、降低吸水率，主要包括氟硅酸钠、磷酸铵、氧化锌、氧化镁、硅酸钙、锌粉和铝粉等；也可添加其他辅助材料来提高制品相应性能。以下主要介绍水玻璃/蛭石、合成树脂/蛭石和其他蛭石基保温隔热材料制品。

① 水玻璃/蛭石保温隔热制品

水玻璃/蛭石隔热制品以膨胀蛭石为原料、水玻璃为黏合剂制备而成。天津工业大学的方小林将膨胀蛭石与水玻璃复合，中温固化，制备出一种膨胀蛭石/水玻璃复合阻燃保温材料，这种复合材料阻燃保温性十分优良。研究表明，最优加料顺序为先称取相应的水玻璃、氟硅酸钠搅拌均匀，再加入膨胀蛭石；最佳试验配比为膨胀蛭石与水玻璃质量比为1∶1；氟硅酸钠占水玻璃质量比为12%，固化温度为160℃，压缩率为12%；最佳配比下制得的制品的表观密度为2972kg/m^3，压缩强度为0.43MPa，氧指数为100%，导热系数为0.0718W/(m·K)。

膨胀蛭石具有很强的吸水性，水玻璃在一定条件下水解可生成硅酸溶胶将松散的膨胀蛭石黏结起来，可制备出低吸水率的膨胀蛭石保温制品，具有很强的保温性能。

② 合成树脂/蛭石保温隔热制品

合成树脂具有良好的保温性，与膨胀蛭石复合能克服双方结构缺陷，制备出性能优异的保温隔热材料。李斯龙提供了一种抗拉强度与抗压强度大、绝热保温性与抗撕裂性好的高性能微空超纤建筑隔热保温浆料，其中原料为丙烯酸合成树脂与蛭石纤维。由此可见，膨胀蛭石和合成树脂复合制备的保温材料具有高保温的特性。

③ 其他蛭石基保温隔热制品

石膏、水泥等也可以胶结膨胀蛭石制备蛭石基保温材料，习永广等人制备了膨胀蛭石/石膏复合保温材料，制备的复合保温材料可以用作隔热、吸声和湿度调节材料；吉林建筑大学李发品等人研究蛭石、泡沫、粉煤灰等掺和料对混凝土抗压强度和导热系数等性能的影响，探讨不同掺和料的掺入量的最佳比例，使混凝土达到良好的隔热性能。

(2) 隔声材料

蛭石具有良好的隔声作用，这与它内部的结构密切相关。膨胀后的蛭石，其层片间形成细小的空气间隔层，当声波进入时，层片间空气发生振动，部分机械能转变成热能。这种无数层片间的能量转换，形成蛭石的吸声、隔声性能。蛭石不仅隔声效果显著，而且具有吸水、耐火等特性，现在的楼板里面经常加入蛭石以起到防火、防潮和隔声的作用。蒋锦懿发明了一种具有隔声功能的蛭石墙纸，其达到降低噪声的目的，起到了隔声的效果。

(3) 相变储能/热材料

膨胀蛭石的微米级大孔隙可被相变材料填充，相变材料反应吸放热过程中蛭石起到保温隔热的作用，使相变复合材料具有更加优良的储热性能。中国地质大学（北京）杨志伟采用盐酸和十二烷基三甲基溴化铵对膨胀蛭石进行酸处理及插层改性，选用聚乙二醇和石蜡作为有机相变储能介质，氧化铝为导热剂，通过物理浸渍法制备有机复合相变储能材料，获得的复合相变储能材料均具有良好的化学相容性、热稳定性、热导率及循环可靠性，具备较好的应用潜力。

4.9.4 蛭石的其他应用及其新材料技术

(1) 在农业方面的应用

蛭石具有良好的阳离子交换性和吸附性，在农业上主要用作土壤改良剂。蛭石用于土壤改良剂主要有如下优点：①能够有效地改善土壤的结构；②可以有效提高土壤的透气性和含水性；③能起到缓冲作用，以防止 pH 迅速发生改变。安徽大学杨思楠探讨研究了改性蛭石-蒙脱土在矸石充填土壤区修复应用，研究表明，施用蛭石-蒙脱土可以提高土壤的 pH，增加土壤中有机质、总氮、总磷的含量，而且施用改性后的蛭石-蒙脱土的作用更加明显。

(2) 在环境方面的应用

① 蛭石在水处理方面的研究与应用

由于蛭石具有强大的吸附性能，因此可用来处理水中的氮磷、有机物、重金属离子等。早期的研究主要是利用蛭石的吸附性能，将其作为吸附剂来处理重金属离子。朱小燕等人分别利用蛭石原矿和改性蛭石为吸附剂，对水溶液中的 Cu^{2+}、Zn^{2+}、Cd^{2+} 进行等温吸附试验，研究了吸附剂用量、溶液 pH、重金属离子浓度、吸附时间、吸附温度等环境因素对单一离子在蛭石表面吸附性能的影响，分析了蛭石吸附三种金属离子动力学机理。试验结果表明，蛭石原矿经 900℃ 的高温膨胀及 2% 的 CTMAB 改性后，其吸附容量较蛭石原矿有明显增加。当吸附剂用量为 0.3g、pH 为 56、金属离子初始浓度为 150mg/L、吸附时间 60min、吸附温度为室温时，改性蛭石对 Cu^{2+}、Zn^{2+}、Cd^{2+} 3 种金属离子的最大吸附率均可达 90% 以上。

② 蛭石在空气净化方面的研究与应用

CO_2 的大量排放是引起温室效应的主要原因，因此降低 CO_2 排放量具有重要作用。目前利用石灰石等钙基材料作为 CO_2 吸收剂，通过循环煅烧/碳酸化的方法来回收 CO_2，可以实现规模化、经济、高效地捕集分离 CO_2，但随着循环次数的增加，钙基吸收剂容易发生烧结，其碳酸化率也会迅速发生衰减。孟晶晶等使用蛭石作为添加剂对石灰石类钙基材料进行改性，结果表明，将具有天然层状结构和耐高温性质的蛭石包裹在石灰石表面，阻止了石灰石颗粒间的接触，有效避免了烧结现象，从而提高了碳酸化率和对 CO_2 的捕集效率。

(3) 在畜牧业方面的应用

膨胀蛭石有独特的构造特征和表面性质，以及无毒、无菌和化学惰性，可作为载体、吸附剂、固着剂和饲料添加剂应用。作为饲料添加剂的膨胀蛭石，一方面能使食物在动物肠道消化系统中缓慢下移，增加肠胃的消化能力；另一方面能加速家禽等的生长速度，提高产量和质量。

4.10 珍珠岩矿产资源综合利用与新材料

4.10.1 珍珠岩矿产资源的储量及分布

珍珠岩是由火山喷发的酸性熔岩经急剧冷却而成的玻璃质岩石，因其具有典型的珍珠裂隙结构而得名。我国珍珠岩储量丰富且高品位矿较多，已探明产地有 40 余处，其中河南信阳上天梯为亚洲第一、世界第二大珍珠岩矿床，储量为 1.27 亿 t，属高品位矿。中国已在辽宁、吉林、黑龙江、河北、河南、山东、山西、江西、内蒙古、浙江、江苏、广东、广西、安徽、福建、湖北及新疆等 17 个省（自治区）发现矿床，共 40 余处矿区，查明储量约 4 亿 t。

我国珍珠岩矿多产生在中生代的侏罗纪和白垩纪地层中，矿带北起黑龙江，南至南海海滨和海南岛，长为 3000km，宽为 300～800km。此矿带进一步划分为三个亚带：一是大兴安岭和燕山亚带；二是东北北部和山东亚带；三是东南沿海亚带。

世界主要的珍珠岩生产国是中国、希腊、美国、日本、土耳其、匈牙利、墨西哥等。其中中国、美国、希腊的珍珠岩产量最大，合计占总产量的 75％以上。美国是最早开始进行珍珠岩开采的国家，2003 年以前，美国是除了中国以外珍珠岩产量最大的国家，2003 年之后被希腊反超，变成珍珠岩第三大生产国。

4.10.2 珍珠岩的成因与理化性质

珍珠岩形成原因一直以来都是地质学研究的焦点，珍珠岩成因研究可为喷发环境、岩浆-水相互作用理论提供线索。目前关于珍珠岩的成因主要有以下几类观点：①珍珠岩由黑曜岩的水化形成，Chesterman 支持这类观点；②珍珠岩由流纹岩水化形成；③珍珠岩在空气中或水下急速冷却形成。目前，对珍珠岩的成因尚未达成一致意见：欧美倾向于珍珠岩由黑曜岩的水化形成，而具体的水化过程及水的来源则分歧较大，且矿物学方面证据较少；俄罗斯倾向于由流纹岩水化形成，水来源于富水的凝灰岩；国内则普遍认为在盆地水或空气中经急速冷却形成或经过显著"放气过程"，所提供的矿物学证据也甚少。

珍珠岩主要由酸性火山玻璃组成，95％是玻璃相，其中 68％～74％为无定形 SiO_2，碱金属氧化物含量 6％～8％，含水量 2％～6％。矿石中还含有不等量的透长石、石英斑晶、微晶及各种形态的雏晶，以及隐晶质矿物（角闪石、刚玉、叶蜡石、黑云母、赤铁矿等）。矿石因含有不同的色素离子，原矿呈黄白、灰白、肉红、淡绿、暗绿、褐、棕、黑灰等色，其中以灰白～浅灰为主。断口参差状、贝壳状、裂片状、条痕白色，碎片及薄的边缘部分透明或半透明。莫氏硬度 5～7 级，密度为 2.2～2.4g/cm³，熔点为 1280～1360℃，折光率为 1.483～1.506。珍珠岩矿的主要特性是能在瞬时高温条件下膨胀，膨胀倍数为 4～30 倍，如图 4-32 所示。当其高含水量、低含铁量、高玻璃质纯净度时，其膨胀倍数较大。

4.10.3 珍珠岩的建筑应用与新材料技术

珍珠岩原矿的直接应用很少，最主要的是膨胀珍珠岩的应用。珍珠岩在高温下煅烧

4 硅酸盐矿物矿产资源综合利用与新材料

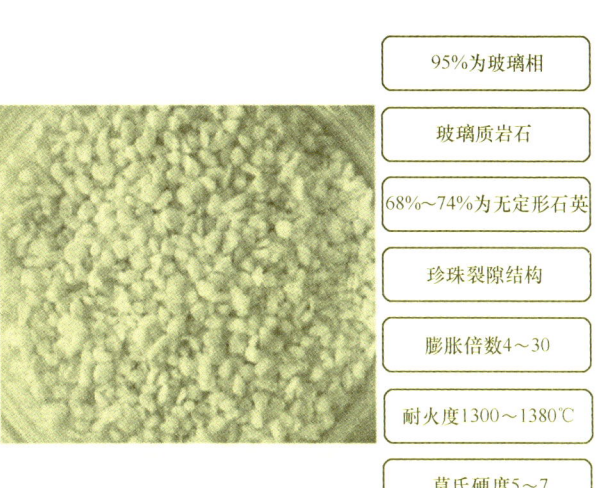

图 4-32 珍珠岩理化性质

后，体积迅速膨胀 4～30 倍，岩石中形成无数的玻璃质封闭孔，这种烧成品被称为膨胀珍珠岩。其原理如下：珍珠岩矿石经破碎形成一定粒度的矿砂，经预热焙烧，急速加热（1000℃以上），矿砂中水分汽化，在软化的含有玻璃质的矿砂内部膨胀，形成多孔结构，膨胀珍珠岩在建筑领域的用途主要有如下几方面。

无机保温隔热砂浆主要由玻化微珠（球形闭孔膨胀珍珠岩）、聚合物胶粉、可分散纤维等按一定比例混合而成。随着国家建筑节能 50%～65% 标准的执行，无机保温隔热砂浆已在全国得到广泛使用，也是目前国内市场主导的无机类墙体保温砂浆材料。王智宇等通过开展膨胀珍珠岩的聚合物改性、气凝胶改善孔结构等相关研究，完成了普通型、纳米孔型和相变储能型膨胀珍珠岩基聚合物保温砂浆 3 个系列的产品研发。

以膨胀珍珠岩为主体材料，与非泡花碱类无机胶凝材料、外加剂等混合后，经过压制、养护生产工艺制成的保温板材，具有质轻、保温隔热等优良性能；同时具有防火、防潮、不变形、不改性、不腐烂发霉、无毒无味、憎水性能好等特点，主要应用于住宅、公共建筑等墙体及楼房屋面等保温工程，是使用范围非常广的一种轻质保温材料，如图 4-33 所示。阚玥等对结构保温膨胀珍珠岩混凝土的保温性能进行模拟计算，发现采用结构保温膨胀珍珠岩混凝土制成的墙体厚度为 270mm 即可满足节能标准的规定，优于传统混凝土外墙（240mm）加外保温聚苯板（100mm）的厚度，且取消了外墙外

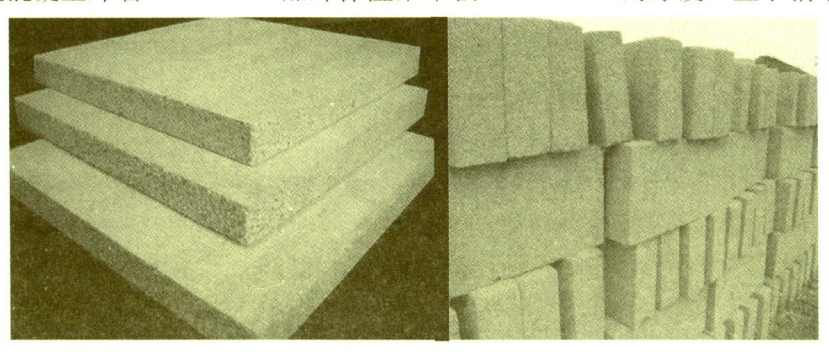

图 4-33 珍珠岩保温板

保温施工工序，节约造价和缩短工期，对结构保温膨胀珍珠岩混凝土进行了经济效益分析，以期降低造价。

以小粒径膨胀珍珠岩为基料，添加各种特种助剂制成的防火涂料，可用于钢结构、饰面和隧道的防火。武佳蒙发明了一种珍珠岩制备膨胀型粉末防火涂料的方法，得到了良好的效果；吕维华等人针对阳离子聚合反应难终止和后处理难的问题，选用珍珠岩和膨润土为载体，通过吸附氰尿酸三聚氰胺，得到集链终止与过滤为一体的新型复合助滤剂；利用珍珠岩遇热膨胀、氰尿酸三聚氰胺遇热分解为 CO_2、H_2O、N_2、NH_3、NO_{13} 的特性，将该助滤剂残渣直接用于制备膨胀型防火涂料。

以膨胀珍珠岩为集料，加入有机或无机胶凝材料和外加剂，制成绝热吸声板，具有吸声、质轻、保温、隔热、防火、防潮、防腐蚀、不变形、不霉变、安装方便、价格低等特点，主要用于建筑物室内装饰，起消声、降噪的作用。万普华等人发明了一种复合膨胀珍珠岩轻质隔墙板施工方法，该隔墙板形成一个具有网格状空间结构体系的不同材料复合而成的块状材料，板质量轻、整体刚度好，具有轻质、保温、隔声等优良性能。

4.10.4 珍珠岩的其他工业应用与新材料技术

除了在建筑领域的应用，膨胀珍珠岩在农林、生物医药、环境保护方面也有广泛应用。

珍珠岩可以作为基质培养农作物的生长。李炎艳等人为筛选出适宜封闭式无机基质槽培系统的珍珠岩基质，在蔬菜中心连栋温室内进行了珍珠岩粒径配比试验，设置3种粒径的珍珠岩，粒径分别为大于4mm、2～4mm、小于2mm，按不同比例组成7种基质配方，研究基质配方的理化性质以及对番茄生长、品质和产量的影响。结果表明，珍珠岩粒径配比的持水能力、通气孔隙、大小孔隙比随大粒径含量的增多呈增大趋势，密度、持水孔隙随大粒径含量的增多呈降低趋势。粒径按大于4mm、2～4mm、小于2mm 为 3∶4∶3 的比例提高了番茄株高、叶片数，改善了果实品质，增加了产量。

膨胀珍珠岩具有较高的热稳定性、机械强度、无毒性以及对环境的pH变化不敏感等特征，可以作为较好的医物载体。Mahkam 等研究了甲基丙烯酸/膨胀珍珠岩（结肠特定药物）的制备以及5-氨基水杨酸从甲基丙烯酸/膨胀珍珠岩上的释放速率，结果表明，药物释放的速率随珍珠岩含量的增加而增加，随着偶联剂［3-（三甲氧基）丙基甲基丙烯酸甲酯］的增加而降低。

珍珠岩可以负载在其他物质上，除去环境中的一些有害物质，从而达到改善环境的目的，张进等利用水热法制备了新颖的、漂浮型的膨胀珍珠岩负载 $BiFeO_3$ 复合光催化材料，并对制备的复合材料进行了表征与分析，与纯 $BiFeO_3$ 相比，复合材料明显提高了对可见光的吸收能力，减小了带隙宽度，在可见光下对亚甲基蓝的降解表现出更强的光催化活性，复合材料对亚甲基蓝染料废水的光催化反应一级速率常数是纯 $BiFeO_3$ 的2.2倍。

4.10.5 珍珠岩矿产资源循环利用技术

伴随着社会的快速发展和城市化进程的快速推进，基础设施建设成为带动社会进步的重要驱动力。水泥作为最常用和传统的建筑材料，其巨大的年均使用量带来了严重的环境污染和二氧化碳排放问题。每年由于人类活动所导致的全球二氧化碳排放量约为 36 亿 t,其中,很大一部分来自水泥的生产和使用。因此,环境友好型水泥基复合材料的广泛应用将成为土木工程可持续发展的主要趋势。

碱矿渣复合材料的生产通常需要消耗大量矿渣,而目前矿渣的生产已严重供不应求,因此需要寻求一种新的环保材料替代其作为胶凝材料在水泥基复合材料中使用。废弃膨胀珍珠岩作为一种工业废料,因其可以作为绿色胶凝材料应用于建材行业而引起研究者的极大关注。Long 等人研究了磨细废弃膨胀珍珠岩替代矿渣作为碱矿渣复合材料的一种新型绿色胶凝材料的可行性。该研究考察了含有磨细废弃膨胀珍珠岩的碱矿渣复合材料的水化进程、力学性能以及生态经济效应。研究表明,当含有磨细废弃膨胀珍珠岩的碱矿渣复合材料中废弃膨胀珍珠岩的体积分数分别为 10%、30% 和 50% 时,其 28d 抗压强度相对于没有使用废弃膨胀珍珠岩替代矿渣的碱矿渣复合材料分别降低了 2.4MPa(4%)、7.3MPa(12%)和 9.4MPa(16%)。此外,热重分析显示,含有磨细废弃膨胀珍珠岩的碱矿渣复合材料的反应热和反应峰值均随着磨细废弃膨胀珍珠岩的掺入量增加而降低。结合 X 射线衍射和扫描电子显微镜的结果,研究发现掺入磨细废弃膨胀珍珠岩并没有改变碱矿渣复合材料的反应产物。经济和生态分析结果显示,随着磨细废弃膨胀珍珠岩的替代量增加,与碱矿渣复合材料相比,含有磨细废弃膨胀珍珠岩的碱矿渣复合材料可以节约 6%~19% 的成本,降低 5%~24% 的能耗以及减排 3.2%~16% 的 CO_2。综上所述,磨细废弃膨胀珍珠岩作为绿色胶凝材料,部分替代矿渣后,很好地降低碱矿渣复合材料的反应热,较大地降低能源消耗和 CO_2 的排放量,具有良好的环境效益和经济效益,符合可持续发展理念。

4.11 沸石矿产资源综合利用与新材料

4.11.1 沸石矿产资源的储量及分布

沸石是沸石族矿物的总称,是一种含水的碱或碱土金属铝硅酸盐矿物。天然沸石最初是由瑞典矿物学家 Cronstedt 于 1756 年在自然界发现的,由于观察到这种矿物质被加热会产生大量的蒸汽(沸石吸附的水分加热后脱附),因此他把种材料称为沸石,意为"煮沸的石头"。目前全世界已发现天然沸石 40 多种,其中最常见的有斜发沸石、丝光沸石、菱沸石、毛沸石、钙十字沸石等。我国主要开发利用的是斜发沸石和丝光沸石。据不完全统计,我国已发现近 400 处沸石矿床,主要分布在黑龙江、吉林、辽宁、内蒙古、山西、河北、安徽等省(自治区),总储量约为 30 亿 t。其中浙江缙云、河北独石口、黑龙江海林等地,是我国较大型的 3 个沸石矿床,储量均在 1 亿 t 以上。我国东部濒临太平洋,中生代火山活动频繁形成我国东部大面积的中生代火山熔岩和火山碎屑岩以及大大小小的构造盆地,这些火山喷发产物和供其沉积的构造盆地为沸石的形成提供了丰富的物质来源以及合适的地质环境。

我国沸石矿床的矿种类型、品位、共生矿床有一些共有的特点,在已知的沸石矿产地中,矿石品级以中等偏富为特征,据 171 处产地统计,品位在 46%~80% 之间的有 125 处,占 73%;品位在 80% 以上的富矿仅有 5 处,且储量有限,总共只有几千万吨,品位小于46%的约占23.98%。从沸石类型而言，我国以斜发沸石为主，而丝光沸石作为我国严禁原矿出口的矿产种类，产地少、储量少。除此之外与沸石矿共生的矿产资源的374处产地中，有2种以上的矿产共生产地138处。其中沸石-珍珠岩、沸石-膨润土组合矿产地118处；沸石、珍珠岩、膨润土3种矿产组合产地20余处。另外，目前已发现的沸石矿床多数为斜发沸石和丝光沸石共生，以前者为主并伴生蒙脱石、石英、方石英、长石等杂质。

4.11.2 沸石的晶体结构与理化性质

沸石可以借水的渗滤作用以进行阳离子的交换，其成分中的钠离子可与水溶液中的钙、镁等离子交换，工业上利用这个性质用于软化硬水。

沸石是由TO_4四面体通过共用氧原子顶点连接成的骨架构成的，因此TO_4是构成沸石的基本结构单元即初级结构单元（primary building unit，PBU）。不同原子组成的TO_4四面体，其荷电情况也不同：$[SiO_4]$为电中性，$[AlO_4]$带有一个负电荷，而$[PO_4]$则带有一个正电荷。因此，由$[AlO_4]^-$和$[PO_4]^+$组成的磷铝酸盐沸石为电中性，而由$[SiO_4]$和$[AlO_4]^-$组成的硅铝酸盐沸石骨架为电负性，其负电荷由沸石骨架中阳离子来平衡，化学通式为$A_{x/n}(SiO_2)(AlO_2)_x \cdot mH_2O$（A为阳离子，$n$为价态）。PBU通过共用顶端的氧原子连接成多元环，被称为次级结构单元（second building unit，SBU）。多元环相互交叉相连则构成复合结构单元（composite building unit，CBU）。CBU进一步组合就形成沸石分子筛的骨架结构（图4-34）。在连接过程中，沸石遵循Lowenstein规则，即两个铝原子不能相连。值得注意的是，上述SBU和CBU只是为了能够更好地理解沸石的结构而提出的理论，并不能认为其是存在于沸石的晶化和生长过程中的真实物种。

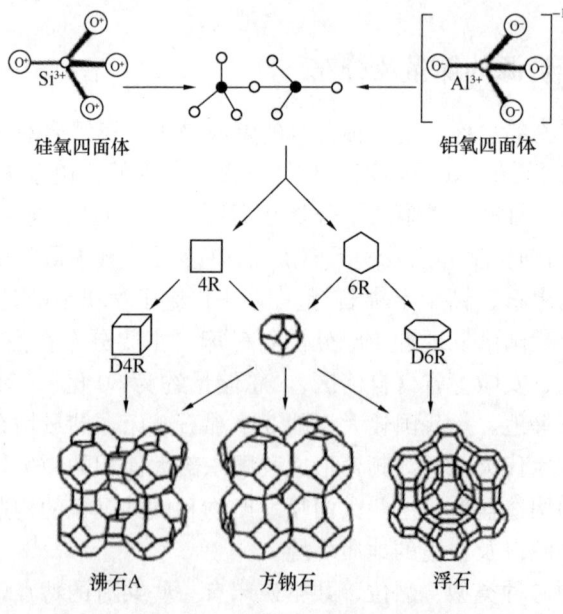

图4-34 沸石的组成结构单元

沸石的晶体结构是由硅（铝）氧四面体连成三维的格架，格架中有各种大小不同的空穴和通道，具有很大的开放性。碱金属或碱土金属离子和水分子均分布在空穴和通道中，与格架的联系较弱。不同的离子交换对沸石结构影响很小，但使沸石的性质发生变化。晶格中存在大小不同的空腔，沸石具有规则的孔道、比表面积大和可交换的阳离子，已被广泛地应用于催化、吸附分离和离子交换等领域。由于沸石具有良好的分子筛分功能，可以吸取或过滤大小不同的其他物质的分子，因此人们也将其称为沸石分子筛或分子筛。

4.11.3 沸石的工业应用与新材料技术

随着社会的快速发展，天然沸石的应用日益广泛，从传统的水泥建材到室内装修的环保壁材、涂料甚至陶瓷、橡胶领域都体现出极大的优势。加入天然沸石可以减少加工的时间和能源消耗，并且具有良好的经济效益。

（1）水泥、混凝土领域

目前，我国对混凝土产业发展高度重视，因而混凝土产业大量应用于实际工程中，提高混凝土的强度和流动性成为当下的研究热点。混凝土会因外界环境而收缩，会降低混凝土构件的刚度和极限承载能力，并且随着时间的推移，危害逐渐增大，通过添加粉煤灰、硅灰、沸石粉等矿物掺和料，可提高混凝土的强度和流动性。刘业金研究了沸石粉和玻璃粉复掺对混凝土性能的影响，结果表明，两者复掺可改善与水泥基体的界面结构，从而提高混凝土的综合性能。

天然沸石是沸石多孔混凝土的架构型材料，沸石粒径对孔隙率影响较大，对吸附量的影响却相对较小。沸石多孔混凝土由天然沸石、胶凝材料、减水剂等按不同配合比混合搅拌而成。制备沸石多孔混凝土多采用粒径 20～30mm 的单粒径集料。水灰比宜控制在 0.21～0.37。水灰比过小则水泥水化不完全，降低胶结强度；水灰比过大时造成流浆不能有效包裹集料，严重时容易产生沉浆现象。胶骨比宜控制在 0.12～0.20。

（2）涂料领域

天然沸石比表面积大，吸附性能强，可作为催化剂和催化剂载体而广泛用于空气净化和净化涂料，同时改性沸石可捕捉异味并使其缓慢分解。刘雅淑等利用沸石为载体，采用溶胶凝胶法制备掺杂 Fe^{3+} 的 TiO_2 沸石复合材料，发现 TiO_2 沸石复合材料对甲醛的吸附量达到饱和，由于其具有光催化和吸附的协同效果，对高浓度甲醛气体具有良好的降解性，去除率持续上升，反应结束时吸附量提升 20%。

（3）橡胶领域

天然沸石具有较高的惰性和有机物相容性，作为补强填料填充到橡胶中，可以大幅度提高橡胶的抗拉强度、断裂伸长率和耐疲劳性能。同时可以改善传统补强填料生产成本高、能耗高、污染大、过度依赖石油资源等缺点。程欣宇使用硝酸和双-(γ-三乙氧基硅基丙基)四硫化物对天然沸石进行复合改性，制备出改性沸石/天然橡胶复合材料。经复合改性后，复合材料的交联密度增加，形成较强的交联网络，极大地提高沸石与橡胶大分子链间的界面结合力。图 4-35 为复合改性沸石与橡胶共价界面的构建示意，表面含有更多 Si—OH，与 Si-69 中能够水解的烷氧基结合形成更多化学键。

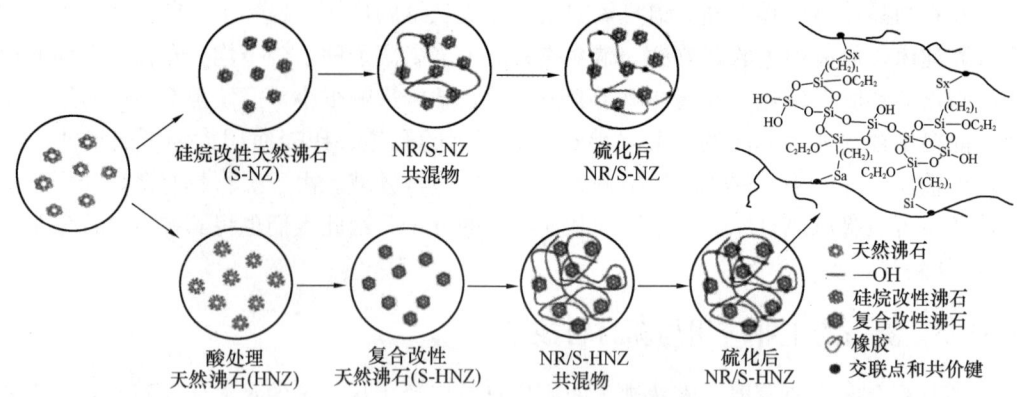

图 4-35　复合改性沸石与橡胶共价界面的构建示意图

4.11.4　沸石的环境能源应用与新材料技术

（1）在污水处理方面的应用

天然沸石具有良好的离子交换能力，阳离子污染物可以与其位点上的碱金属或碱土金属进行离子交换，使沸石成为一种天然吸附剂。将沸石用作污水处理材料，具有成本较低、吸附率高、环境友好的特点，因此，天然沸石作为水处理材料具有较大的发展空间。

水中有机污染物是造成水体污染的重要原因之一，来自生活污水、工业废水和农业废物等渠道，即使微生物可以净化分解许多有机分子，某些分子生物体也会对周围的生态环境造成危害。郭美岑等选用沈阳法库的天然斜发沸石，用十六烷基三甲基溴化铵对沸石进行浸渍处理，提高了沸石的吸附能力，对养殖废水中的四环素最大饱和吸附量为 79.18mg/g。

氨氮是另一种常见的水体污染物，可以滋生水中藻类，消耗水中大量的溶解氧，导致水生生物死亡从而破坏生态平衡。传统的生物脱氮反应主要通过好氧环境中的氨氧化菌（ammonia oxidizing bacteria，AOB）、硝化菌（nitrite oxidizing bacteria，NOB）以及缺氧环境中的反硝化菌（denitrifying bacteria，DNB）完成，而厌氧氨氧化菌（anaerobic ammonium oxidation bacteria，anammox bacteria）可在厌氧条件下使亚硝态氮与氨氮直接反应生成氮气。天然沸石对阳离子有较强的亲和性，并且对氨氮离子有较强的离子交换能力，是一种良好的氨氮吸附剂。

在沸石与微生物联合脱氮工艺中，投加沸石会改变脱氮功能菌的丰度。Zi SONG 等将沸石粉末联合聚氨酯海绵复合材料应用于同时硝化反硝化工艺中，并研究了该复合材料对系统反硝化性能的影响。结果表明，沸石的加入增大了聚氨酯海绵的比表面积，使反硝化菌更易附着在复合材料表面；沸石阻断了聚氨酯海绵的孔道，加之生物膜厚度的增加，共同阻碍了溶解氧的扩散，而不断增大的氧气浓度梯度最终促使反硝化菌不断快速增殖；由于复合填料系统具有较多的悬浮生物量，致使复合填料系统中反硝化菌的代谢速率快于传统海绵载体，最终实现反硝化反应性能的提升。沸石良好的微生物载体功能与其生物可再生特性实现了同时硝化反硝化反应的进行。其工艺生物膜结构示意图如图4-36所示。由于氧气无法完全穿透以沸石为载体所形成的生物膜系统，膜内部的反硝化菌利用反硝化聚糖微生物细胞内储存的有机碳实现氮元素的去除。

重金属离子是水污染的主要来源之一，具有对环境危害大、难以去除等特点，主要来自电镀、造纸、皮革等行业。天然沸石通过其特定的阳离子交换性能，将其骨架中半径较小的Na^+、K^+与废水中重金属离子交换，把重金属离子吸附到骨架中。Yang等将天然沸石样品及其壳聚糖改性的复合材料，用于吸附水溶液中的铀（Ⅵ）离子；研究了天然沸石和壳聚糖改性的复合材料在不同环境因素如pH、

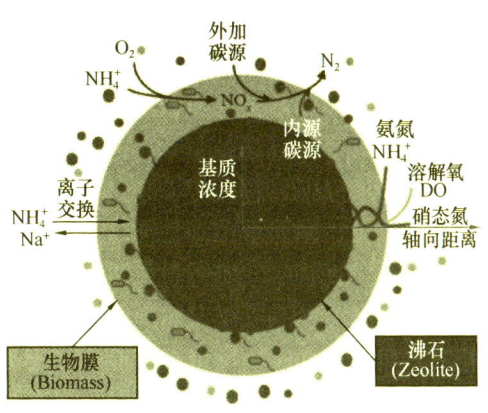

图4-36　同时硝化反硝化工艺生物膜结构示意图

接触时间和初始浓度不同对铀（Ⅵ）的吸附情况。结果表明，壳聚糖改性的沸石对铀（Ⅵ）的吸附性能优于未改性的沸石，与其他黏土矿物相比，天然沸石的经济优势和高吸附性使其在铀（Ⅵ）的原位处理中具有广阔的应用前景。沸石表面的负电性可以将阳离子表面活性剂的亲水端吸附到表面，在沸石的外表面形成单分子表面活性剂阳离子层。表面活性剂的尾部基团驻留在沸石表面，通过疏水相互作用使单分子层逐渐转变为双分子层，从而形成类似胶束的双分子层吸附剂，如图4-37所示。重金属离子的去除率与表面活性剂的浓度（表面活性剂的负载量）有关。

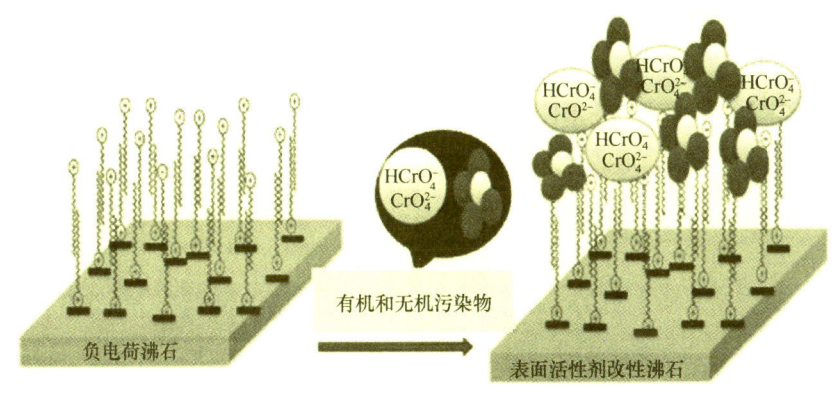

图4-37　表面活性剂改性沸石吸附重金属离子

（2）在土壤改良方面的应用

为了促进农业系统的可持续发展，将天然沸石作为吸附土壤中盐基离子和重金属离子的载体。由于天然沸石与土壤的性质较为接近，其多孔层状结构有利于土壤孔隙度的增加，对水肥具有很强的保持能力，不仅能阻止土壤中重金属的迁移、修复污染的土壤，而且在改善土壤物理性状和提高土壤质量等方面都有广泛应用，有利于农业系统的可持续性发展。

(3) 在储能材料方面的应用

沸石的储能原理是由于沸石对水蒸气存在物理吸附，而物理吸附降低了吸附质分子的自由度，因此会放出吸附热。沸石的吸附热由两部分组成：一部分是由于水蒸气分子的分子力的吸引和吸附质体积的变化，使水蒸气凝成水潜热；另一部分是由于水分子和沸石颗粒之间的吸引力，降低了水分子的自由度，从而放出能量，且较之显热很大，故沸石储能密度很高。韩宝琦等人利用烧结分子筛做制冷单元管，改善了脱附性能。

沸石的吸附水量对温度变化非常敏感，很小的温度变化就会引起吸附量的明显变化。沸石储能材料就是根据沸石在不同温度下的吸附量差和水分的传递进行工作。同时由于水蒸气的潜热很大，可以产生大量的吸附热，沸石吸附热远高于沸石显热。综上所述，沸石储能主要利用沸石的吸附性，其储能密度远大于普通非吸附材料的显热储能密度。

思政小结

随着现代科学技术的不断发展，人类对硅酸盐矿物矿产资源的认识越来越深刻，对硅酸盐矿的开发利用研究新成果层出不穷。科学界曾将21世纪定义为"新石器时代"，新兴的电子信息、新能源、环保、航空航天等高新技术产业的迅猛发展，为新型硅酸盐材料的发展提供了广阔空间。

由于我国在硅酸盐矿产资源的深加工技术方面与国际上有较大差距，多数停留在提纯、微细加工等方面，在非金属矿物的改性、改质方面研究不多、投入不足，缺乏相关技术、人才、资金投入和引进，使硅酸盐矿加工业的技术含量与产品附加值不高，未能形成具有重要影响的深加工产业，也使这类矿产资源的工业用途与发展方向不清晰，保护与节约利用意识不强，潜在资源优势未能很好地释放。

为了从根本上扭转当前我国硅酸盐矿加工利用方面的劣势，必须从思想认识到应用方法技术研究等全方位进行突破。要树立正确的资源观，对硅酸盐矿产资源的潜在优势与外部威胁进行全面的分析和充分的把握，确立正确的认识观和合理的管理对策。应认清上述硅酸盐矿的广泛用途和我们目前开发利用方面的差距，革除长期以来硅酸盐矿产品开发利用中存在的产品高价、原料低价、资源无价、乱采滥挖的现象。

思考题

(1) 硅酸盐矿物在工业与环境领域有哪些重要应用，主要得益于哪些物理化学性质？

(2) 硅酸盐矿物在新材料领域还有哪些有潜力的应用方向？

(3) 硅酸盐矿物材料相关科学研究如何助力"双碳"目标的实现？

5 其他非金属矿产资源综合利用与新材料

教学目标

教学要求：通过系统了解其他非金属矿产资源综合利用与新材料的特点，掌握石墨、硅藻土、萤石、钾钠长石、重晶石、水镁石、大理石、花岗岩、石灰石、玄武岩、盐湖矿产、磷等矿产资源的储量及分布、综合利用情况及其在新材料等领域中应用、战略地位与发展趋势，了解不同的矿产资源开采、提取加工、再利用技术，认识不同矿产资源在生产生活中的作用。

教学重点：不同矿产资源在开采、加工、循环利用及新材料利用方法及作用。

教学难点：不同矿产资源在开采、加工、利用过程中的技术路径、技术原理、工艺过程及作用。

5.1 石墨矿产资源综合利用与新材料

5.1.1 石墨的矿物学特性及其资源分布

5.1.1.1 石墨的矿物学特征

（1）石墨的晶体结构

作为元素周期表中的第 6 号元素，碳可以通过单键、双键或三键与自身结合，并且能够形成几乎无限种的链、环和相互连接的三维网络。室温环境下，石墨是碳元素最主要的结晶状态，具有典型的层状结构，属于六方晶系。每一层内，相邻碳原子通过 sp^2 杂化形成的 σ 共价键相连接，键长为 1.42Å （0.142nm），排列成六方网状层。相邻石墨层的间距为 3.35Å （0.335nm），主要层间作用力为分子力。可以看出，平行和垂直于石墨层面的键合力存在显著的差异，这使石墨呈现明显的各向异性，对石墨的导热、导电、力学强度、孔隙率、表面效应和化学活性等诸多方面都产生重要影响。

（2）石墨的理化性质

石墨独特的化学结构和晶体结构决定了其具有一系列特殊性能。

① 热学性能：石墨是一种优异的耐高温材料，同时具有优异的热导率，是高温器件中重要的基础材料。在耐高温性方面，石墨是目前已知的、最耐高温的轻质材料之一。石墨的导热系数随温度升高呈现下降趋势，这一点与一般金属材料正好相反。另外，石墨还具有优良的抗热震性，这是由于其各向异性的特点造就了相对较低的宏观膨胀系数，结合其良好的导热性能，可以在温度骤变的情况下表现出相对较小的体积变化。

② 电学性能：石墨在其层片方向上表现出优异的导电性，常温下的电阻率为（8～

13)$\times 10^{-6}\Omega\cdot m$,在高温下电阻率会下降10%~20%。

③ 润滑性:石墨层具有良好的润滑性,这是由于石墨间仅通过弱的分子力相结合,很容易发生相对滑动。石墨的润滑性与石墨鳞片的大小有关,鳞片越大,摩擦系数越小,润滑性越好。

④ 化学稳定性:石墨在常温下具有很好的化学稳定性,不受任何强酸、强碱及有机溶剂的侵蚀。但石墨在高温条件下非常活泼,在500℃时开始氧化,700℃时即会发生高温水蒸气的侵蚀,900℃下,二氧化碳气体也能对石墨产生侵蚀作用。

(3) 石墨的分类

根据来源不同,石墨可以分为天然石墨与人工石墨,前者来源于石墨矿物,后者为人工合成。本节关注石墨矿产资源综合利用,此处主要介绍天然石墨的分类。一般而言,天然石墨可以分为以下四大类。

① 晶质石墨:晶质石墨多为鳞片石墨,形貌呈现小薄片状,且表现出六边形对称的趋势。晶质石墨具有金属光泽,易污手,滑腻感强,在肉眼或显微镜下可以清晰观察到晶体颗粒。鳞片石墨矿石的碳含量变化较大,为3%~13.5%,往往需要经过选矿对石墨进行富集。

② 隐晶质石墨:隐晶质石墨又称非晶质石墨或土状石墨,形貌多呈土状,缺乏光泽,润滑性也差。隐晶质石墨是微晶石墨的集合体,晶体颗粒直径一般小于$1\mu m$。隐晶质石墨的品位较高,一般为60%~80%,少数高达90%以上,但矿石可选性较差。

③ 块状石墨:块状石墨又称作脉状石墨,因其常产出于岩石裂隙中,并表现出块状或放射状形态。块状石墨呈金属光泽,易污手,滑腻感较强但不如鳞片石墨,晶体颗粒尺寸可达厘米级别,显微镜下可以观察到石墨晶体的穿插生长结构。

④ 煤系石墨:煤系石墨是煤在大规模岩浆侵入作用下经热变质而成,形貌与煤相似,具半金属光泽,易污手,有滑腻感。煤系石墨晶体颗粒较小,通常小于$1\mu m$。

5.1.1.2 天然石墨的资源分布

(1) 世界石墨矿产资源分布

全球天然石墨的主要产地包括中国、巴西、墨西哥、土耳其、韩国、加拿大、俄罗斯、莫桑比克、坦桑尼亚、印度等国。其中,土耳其、墨西哥主要出产隐晶质石墨,巴西、坦桑尼亚、莫桑比克等国拥有丰富的晶质石墨储量。我国的石墨储量约为7300万t,其中隐晶质石墨储量约为850万t。

近年来,世界已探明石墨储量显著增长,从1.1亿t增加到3亿t,主要来自土耳其、中国、坦桑尼亚、莫桑比克、巴西等国。表5-1反映了2014—2019年全球主要石墨资源国储量变化。

表5-1 2014—2019年全球主要石墨资源国储量变化　　　　　　　　　×10^4t

国别	2014年	2015年	2016年	2017年	2018年	2019年
巴西	4000	5800	7200	7200	7200	7200
中国	5500	5500	5500	5500	7300	7300
印度	110	110	800	800	800	800
莫桑比克			1500	1700	1700	2500

续表

国别	2014年	2015年	2016年	2017年	2018年	2019年
坦桑尼亚			510	1700	1700	1800
土耳其			9000	9000	9000	9000
其他	1390	1590	490	1300	2300	1400
全球总计	11000	13000	25000	27000	30000	30000

从开采角度来看，尽管目前已经有众多国家发现石墨矿产，但具有一定规模、可供工业利用的矿床并不多。目前主要集中产在中国、巴西、捷克、印度、墨西哥、坦桑尼亚、莫桑比克和马达加斯加等国。其中，晶质石墨是开采利用的主要类型，年开采量约100万t，考虑到全球晶质石墨储量约为1.9亿t，目前预测全球已探明晶质石墨还可以开采约200年。隐晶质石墨储量少于晶质石墨，约1.1亿t，但由于现有技术经济条件下隐晶质石墨的价值相对较低，年开采量仅为40万t，因此全球隐晶质石墨可开采年限还很长。

(2) 我国石墨矿产资源分布

我国石墨矿产资源储量十分丰富，既有晶质石墨又有隐晶质石墨，且分布较为集中。我国石墨成矿带主要有额尔古纳地块石墨成矿区、佳木斯—兴凯地块石墨成矿区、老爷岭陆缘活动带石墨成矿区、辽吉裂谷石墨成矿带、胶东地块石墨成矿区、华北陆块北缘中段石墨成矿带、阿拉善陆块石墨成矿区、塔里木古陆块东北缘石墨成矿带、准噶尔地块东北缘被动陆缘石墨成矿带、华北陆块南部古裂谷石墨成矿带、龙门—大巴陆缘石墨成矿带、康滇地轴石墨成矿区、华夏陆块北部石墨成矿区、东南地区中生代隐晶石墨成矿区、华夏陆块南部石墨成矿区。

5.1.2 石墨矿采选与深加工技术

5.1.2.1 石墨矿开采技术

现阶段，晶质石墨矿床主要采用露天开采方法，多数为山坡露天开采，少数矿床由于矿体处于当地侵蚀基准面以下，需采用凹陷露天开采。隐晶质石墨矿多采用平硐和斜井开拓地下采矿，主要采用分层崩落法和小分段崩落法。目前，我国露天石墨矿的开采效率还普遍偏低，具体表现为采矿效率与回采率偏低，贫化率偏高。石墨矿大部分是软弱岩体，目前通常采用机械挖掘或爆破技术，机械作业的采矿效率低，爆破产生的大块率高。

5.1.2.2 石墨矿选矿技术

石墨选矿的最主要目的及工作是保护大鳞片少受破坏、提高精矿品位及回收率、降低能耗、提高劳动生产率等。常见方法包括粉碎、泡沫浮选、反浮选、静电分离、风选、浸出、微波选矿和重力选矿等。

对晶质石墨，保护石墨大鳞片非常重要。目前普遍采用的晶质石墨选矿技术为原矿粗磨粗选粗、精矿多段再磨、多段选别、中矿顺序返回或集中返回、集中分段返回的闭路流程。我国大部分石墨选矿厂采用的粗精矿再磨再选工艺从20世纪80年代的3~5次逐步提升到8次以上，部分甚至达到11次。采用多次磨矿的工艺可以保护石墨大鳞片少受损坏，提高精矿中大鳞片石墨的产率及回收率，提高精矿品位。

隐晶质石墨的石墨结晶通常小于 $1\mu m$，因此通过浮选的方法提高精矿品位往往很难有明显的效果。目前我国隐晶质石墨的开采量不大，通常采用手选的方法获得较高品位的石墨精矿。

5.1.2.3 天然石墨深加工产品

天然石墨深加工是石墨精矿走向应用的中间过程，涉及的产品种类非常丰富，包括高纯石墨、膨胀石墨、球形石墨、氟化石墨、石墨乳、胶体石墨等。下面重点介绍 3 种有代表性的天然石墨深加工产品。

(1) 球形石墨

球形石墨由鳞片石墨经过加工而成，在显微镜下颗粒展现出近似球形或椭圆形的颗粒形貌。经过球形化处理的石墨材料有结晶性好、球形化高、表面缺陷少、颗粒分布集中、振实密度大、比表面积小、品质稳定等特点，同时球形石墨具备气孔率低、抗氧化性能好、结构均匀细腻、空洞缺陷小、弹性适中等特性，是制造锂离子电池负极材料的重要原料。

鳞片石墨颗粒呈现片状结构，因此球形石墨的生产过程主要是通过机械力对石墨颗粒进行球形化处理。目前，主流的球形化生产工艺是利用多级串联的涡流粉碎机对鳞片石墨进行粉碎和整形。在这一过程中，层片状石墨颗粒在碰撞、摩擦和剪切等一系列作用力下发生折叠弯曲，逐渐被加工成球状或者类球状，成为球形颗粒的主核；原料中本就含有的或片状石墨破碎过程中产生的微细颗粒附着在主核上；之后在冲击力不断作用下，微细颗粒固定或者嵌在主核表面，不断紧实，最终形成球形石墨颗粒。多级串联可以实现对每级粉碎整形产品进行分级，不合格产品进行下一次的破碎和整形，最终达到需要的球形化率。

(2) 高纯石墨

高纯石墨是高附加值深加工产品的基础原料，包括高纯鳞片石墨和高纯微晶石墨两种。按照国家标准《鳞片石墨》（GB/T 3518—2008）的要求，固定碳含量≥99.9%的鳞片石墨为高纯鳞片石墨。高纯微晶石墨没有国家标准，但是按照科技部高新技术研究发展中心编撰的《中国新材料产品目录（2004）》的界定，固定碳含量≥99%的微晶石墨为高纯微晶石墨。

(3) 膨胀石墨

膨胀石墨是天然石墨鳞片经插层、水洗、干燥、高温膨化而得到的一种疏松多孔的蠕虫状物质，又称蠕虫石墨。膨胀石墨除了具备天然石墨本身的耐冷热、耐腐蚀、自润滑等优良性能以外，还具有柔软性、压缩回弹性、吸附性、生态环境协调性、生物相容性、耐辐射性等特性，经进一步加工，可生产密封材料、保温材料、隔热隔声材料、防火材料、发热材料以及核反应慢化剂等，被广泛应用于冶金、机械、石油化工、核能、电力、医疗等领域。

5.1.3 石墨烯与新材料技术

从结构来看，石墨烯就是单层的石墨片，如此简单的结构却蕴含了非常优异和独特的光、电、磁、力等物理性能和化学性能，包括很高的杨氏模量（约 1.1TPa）、巨大的理论比表面积（2630m²/g）和优异的热导率［约5000W/(m·K)］等。此外，石墨烯还拥有非常独特的输运现象，研究表明，理想石墨烯材料内存在无质量狄拉克费米子、双极场效应、室温量子霍尔效应等。

5.1.3.1 石墨烯的典型性质

（1）石墨烯的电学性质

石墨烯是典型的零带隙半导体材料，在绝对温度以上的任何温度下，石墨烯的导带都会有自由电子存在。更为独特的是，石墨烯在费米能级附近呈现出线性的色散关系，这使石墨烯内的载流子表现出无质量狄拉克费米子的行为，其费米速度约为光速的1/300，达到10^6m/s，悬浮石墨烯的迁移率可以达到惊人的$2×10^5$cm²/(V·s)。

（2）石墨烯的热学性质

石墨烯是已知热导率最高的材料之一，达到5300W/(m·K)，是铜热导率的10倍。由于石墨烯具有很好的稳定性，因此可以作为导热材料。但是，现阶段石墨烯突出的导热特性只能在纳米尺度实现，当石墨烯的层数从单层增加到4层时，热导率就将下降到高质量石墨的水平。同时，制备工艺中所形成的缺陷、杂质也将对石墨烯的导热能力产生影响。

（3）石墨烯的光学性质

石墨烯具有高透明性的光学特性，理想状态下，单层石墨烯在可见光范围内的吸收率只有2%左右，反射率可忽略不计。同时，在近红外与中红外波段范围内，石墨烯同样具有很好的透光性能。结合其电学特性，石墨烯可以作为很好的透明导电材料。

（4）石墨烯的力学性质

石墨烯具有典型的各向异性。在单层石墨烯中，碳原子通过sp^2杂化形成牢固的碳-碳共价键，因而具有优异的力学强度，平均断裂强度为55N/m，杨氏模量达到约1.1TPa。石墨烯层间的相互作用主要为分子与π电子耦合作用，因此容易发生相对滑动。单层石墨烯的高力学强度使其可以作为增强体，有望广泛应用于众多高强度复合材料中。

（5）石墨烯的其他性质

除了上述特性，石墨烯还具有选择透过性、高比表面积等众多独特性质。Geim的研究团队于2014年发现单层石墨烯具有质子透过行为，而通过调整石墨烯上的孔洞尺寸；Vlassiouk等人又发现石墨烯薄膜可以用于水脱盐。此外，石墨烯的选择透过性可以用于气体分离与水体净化等领域。石墨烯的比表面积高达2630m²/g，当表面有分子吸附或脱离时，石墨烯会发生局域载流子浓度的变化，从而产生电信号，因此可以作为高灵敏度传感器器件。

5.1.3.2 石墨烯制备与转移技术

石墨烯众多优异性质与其结构、成分密切相关，如何制备出满足要求的石墨烯材料是这一材料真正意义上成为"颠覆性新材料"的重要前提。为此，研究人员已经开发出众多石墨烯制备技术，总体上可以分为"从上至下"与"从下至上"两种思路：前者是利用剥离法、氧化-还原法等手段不断拆解石墨等前体材料，直至得到单层或者几层石墨烯；后者则是利用含碳分子作为基本单元，利用化学气相沉积法、外延生长法、电弧放电法等逐步组装出石墨烯材料。

(1) 剥离法制备石墨烯材料

剥离法是人们最早实现的石墨烯制备方法，Geim 和 Novoselov 在 2004 年利用胶带反复剥离高定向热解石墨（highly oriented pyrolytic graphite，HOPG），第一次实现了石墨烯材料的试验制备。

根据剥离驱动力的类型，剥离法主要可以分为机械剥离法与化学剥离法。机械剥离法，顾名思义就是利用机械外力打破石墨层与层间的分子力，具体手段既有上面提到的利用胶带剥离，也有利用 AFM 针尖、SiO_2/Si 基底等媒介进行摩擦剥离的方法。总体来说，机械剥离法制备的石墨烯样品普遍具有完整的晶格结构，但层数难以精确控制，产量低且产物尺寸较小，不适合进行大规模制备。

化学剥离法在石墨烯的大规模制备方面有较为显著的优势。这一类方法的普遍思路是将 HOPG 等易于剥离的石墨材料分散于适当的溶剂中，之后利用超声分散等手段将特定分子插入石墨层间并扩大层间距，最终达到剥离的效果。化学剥离法可以很方便地获得大量单层或多层石墨烯片，但制备工艺中容易引入难以去除的化学物质，影响产物质量。

(2) 氧化-还原法制备石墨烯材料

氧化-还原法在大量制备石墨烯方面具有显著的发展潜力，其总体思路是先对石墨进行氧化处理得到氧化石墨烯（graphene oxide，GO），再将所得的 GO 还原获得还原氧化石墨烯（reduced graphene oxide，rGO）。对石墨烯进行氧化处理的目的在于引入极性官能团，从而将非极性的石墨转化为极性的 GO，以便在水或碱溶液中进行分散；同时，GO 层与层之间静电荷的排斥作用也使其更容易剥离成薄片；进而经过还原去除 GO 表面官能团，得到 rGO。

制备 GO 的方法很多，包括 Brodie 法、Staudenmaier 法、Hummer 法、改良的 Hummers 法、K_2FeO_4 氧化法和电化学氧化法。其中，Hummer 法与改良的 Hummers 法是目前应用比较广泛的方法，其总体思路是将天然的石墨粉末和无水硝酸钠一起加入置于冰水浴环境下的浓硫酸中，并在剧烈搅拌条件下，缓慢加入氧化剂 $KMnO_4$，在控制温度步骤的条件下逐步升高温度到 98℃，最后分别加入双氧水与大量水分以去除 $KMnO_4$（及产物 MnO_2）与其他杂质离子，获得 GO。

(3) 石墨烯转移技术

将制备的石墨烯材料转移到特定的基底上是实现石墨烯广泛应用的重要前提。由于石墨烯难以自支撑，一种可行思路是将石墨烯与聚合物结合，比如在负载着石墨烯的 SiO_2/Si 基底上旋涂一层聚甲基丙烯酸甲酯（poly methyl methacrylate，PMMA）并加热使 PMMA 固化，由于碳-碳之间具有相对更强的结合力，因此石墨烯会优先黏附在固化的聚合物表面，此后利用 NaOH 溶液浸泡去除 SiO_2，进而将得到 PMMA/石墨烯薄膜转移到目标基底，之后利用丙酮溶解 PMMA，从而完成整个转移过程。

5.1.4 石墨尾矿循环利用新材料

石墨尾矿是石墨采选加工过程中排放的尾矿矿浆经自然脱水后所形成的固体工业废料，理论上讲，每生产 1t 石墨成品会产生超过 100t 的废水与尾矿砂。石墨尾矿通常排至河沟或抛置于矿山附近堤坝的尾矿库中。这些尾矿颗粒细，相对密度小，它们的堆积不仅占用大量的土地，而且严重污染生态环境。我国石墨矿产资源分布广泛，矿石种类繁多，但基本上为共伴生矿，在选取其中的大部分石墨以后，仍有大量价值较高的矿物资源进入尾矿之中，如云母、金红石、钛铁矿、黄铁矿、磁黄铁矿和残余石墨等，都可以通过各种选矿手段加以回收利用。

5.1.4.1 石墨尾矿大宗绿色建材

（1）石墨尾矿砂石骨料

石墨尾矿伴生矿物中往往含有绢云母、绿泥石等铝质原料，完全可以用于硅酸盐水泥熟料的生产，其固定碳含量为9%～12%，发热量在3300kJ/kg左右。用石墨尾矿生产熟料具有煤耗低、生料易磨性与易烧性好的特点，更重要的是减小了尾矿对农田的占用和对环境的污染，具有巨大的社会效益和经济效益。

（2）石墨尾矿砖

石墨尾矿里的一些成分可以和固化剂及水泥熟料发生一定的物理、化学反应。因此，在石墨中加入少量价廉而常用的固化剂及少量普通硅酸盐水泥熟料，经过加压或挤压成型，即可制成具有一定强度和耐久性、符合国家标准的免烧砖。石墨尾矿砖既节约了土地和能源，又能变废为宝，固化了其中的有害成分，避免了对环境的污染，而且工艺简单，生产成本较低，具有较强的市场竞争力，有重要的研究意义及应用前景。

（3）石墨尾矿混凝土

近年来我国基础设施建设的飞速发展导致砂资源供不应求，由于天然砂作为不可再生资源，国家已经明令禁止开采。石墨尾矿砂可以作为传统混凝土中细骨料的替代品，从而制备出石墨尾矿砂混凝土，这对石墨尾矿砂渣的工程应用、"变废为宝"具有重要意义。

5.1.4.2 石墨尾矿复合功能板材

石墨尾矿复合材料具有优异的力学、导热、阻燃、电磁屏蔽等性能特点，并且制作成本低。中国地质大学（北京）张以河研究团队提供了一种石墨尾矿复合功能板材的制备方法，通过将石墨尾矿、矿物粉料混合粉磨，并经过预处理后得到改性混合粉末；再将改性混合粉末、塑料、相容剂混匀，得到混合物；将混合物进行混炼、成型，制得石墨尾矿复合功能板材。改性后的混合粉末由于去除了石墨尾矿中的磁性组分和活泼金属氧化物，可以保证制得的板材具有较强的结构稳定性，防止板材因内部氧化而发生变形，同时板材因为较高的石墨粉含量而具有较好的电磁辐射屏蔽效果。

将石墨尾矿复合功能板材用于地暖地板中也是一种新兴的尾矿综合利用方向。石墨尾矿经粉碎烘干后，可与聚氯乙烯（polyvinyl chloride，PVC）和其他助剂混合作为PVC芯层物料。PVC芯层物料和PVC皮层料经各自高速混料机混合后，分别进入挤出主机和辅机，在各自的挤出机内，经螺杆剪切和外加热作用，熔融、塑化、压缩，在一定熔体压力下经模具分配器进入复合挤出机头，在共挤出机头流延空间内，完成三层熔体的熔融混合，形成PVC中空地板共挤层，经共挤出机头口模挤出、水冷定型、压纹、牵引，通过裁切机切割成对应尺寸，得到PVC中空地板成品。这种石墨尾矿/PVC复合地板可以应用到公园林荫道、地暖地板等多个领域。

5.2 硅藻土矿产资源综合利用与新材料

5.2.1 硅藻土分类、资源储量及分布

硅藻土是一种生物成因的硅质沉积岩，主要由古代硅藻遗体组成，海水、湖水中的氧化硅的主要消耗者就是硅藻，构成硅藻软泥，在成岩过程中经石化阶段形成硅藻土，其化学成分主要是 SiO_2，含有少量 Al_2O_3、Fe_2O_3、CaO、MgO、K_2O、Na_2O、P_2O_5 和有机质。硅藻土中硅藻含量越多，杂质越少，则颜色越白，质量越轻，如图 5-1 所示。

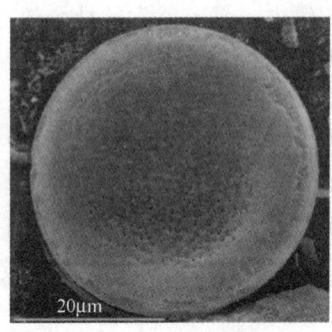

图 5-1　硅藻土的宏观和微观示意图

硅藻土作为一种硅质岩类岩石，硅质岩按成因分为两大类：生物或生物化学成因——硅藻土、板状硅藻土、蛋白土、放射虫岩、海绵岩；非生物成因（化学、火山作用、次生成因）——碧玉岩、燧石岩、硅华、石英岩。我国的硅藻土主要分布在吉林、云南、浙江、四川和内蒙古等地，因各地硅藻土的化学成分组成、硅藻属种等不同，导致其理化性能特点等也各不相同。

据统计，全球有 122 个国家和地区拥有硅藻土资源，包括美国、中国、日本、德国、捷克、墨西哥、法国、肯尼亚等，累计查明资源储量约 28 亿 t，其中美国是世界上最大的硅藻土储量国，资源储量为 6.81 亿 t，占全球的 24.32%，主要分布在美国东西海岸各州及其邻近内陆；其次是中国，资源储量为 5.11 亿 t，占全球的 18.32%，位列世界第二。

5.2.2 硅藻土选取与尾料综合利用

作为一种重要的矿产资源和功能矿物材料，我国过去对硅藻土的利用主要集中在助滤剂、功能性填料、保温材料、水泥混合材料、钒催化剂载体等领域。资源质量和国内需求决定不同国家的硅藻土应用结构，美国优良的硅藻土矿有 2/3 应用在助滤剂领域，丹麦丰富的硅藻土被广泛应用于保温材料领域，法国和德国主要在助滤剂和填料领域大规模利用硅藻土，而日本在填料和助滤剂领域消耗了 2/3 的硅藻土，其余主要用于建筑材料和保温材料。

（1）助滤剂

助滤剂是硅藻土应用的第一大领域，因其具有极强的吸附能力而被广泛使用于

酒类、烹饪油和饮料生产中。硅藻土可以被用来滤除 0.1~1.0μm 的微粒，降低 1.4% 左右的酒损，且经过硅藻土过滤的酒品、饮品可长时间保持清新。任华峰等利用硅藻土为助滤剂组装了实验室级硅藻土预涂膜过滤装置，有效降低了某浴场海水浊度。

(2) 填料

硅藻土的添加使一些产品的特定性能得到改善或提高，还会在一定程度上降低生产成本。如硅藻土作为橡胶填料可提高其耐热性能；作为塑料填料可减少膜间黏结；作为涂料填料可赋予涂料调湿和耐磨耐热性能；作为造纸填料可显著改善纸张的抗张指数、撕裂指数、耐折度和耐磨度等。

(3) 综合利用

制备高附加值硅藻土产品是目前科技领域亟须努力的方向。用于艺术品、化妆品、DNA 提取等专业市场的硅藻土每 1t 逾 1000 美元。美国每年有大约 1% 的硅藻土应用于药物和医学用途。基于硅藻土无毒、多孔性、表面积大、良好渗透性、化学惰性好等天然优势，科学家对硅藻土的研究兴趣逐年增加，特别是对其天然大孔/介孔型孔结构方面的应用研究。

5.2.3 硅藻土综合利用与环境新材料技术

硅藻土是一种天然有孔材料，具有良好的热稳定性和耐酸能力，其表面存在大量的羟基、缔合羟基，这使其成为一种天然的优良催化剂载体材料。硅藻土作为催化剂载体具有分散、支撑和稳定活性组分及协助催化等积极作用，因而将硅藻土与催化剂组合使用有助于克服催化剂的原有缺陷，提高催化性能。将催化剂负载到硅藻土中，能增大反应接触面积从而提高化学反应速率。

(1) 硅藻土可以应用在水体处理中

硅藻土在处理废水方面有更重要的作用。硅藻土有大量的微小气孔，具有很强的吸附性，而且它化学性质稳定，不易溶于废水中的酸碱，因此硅藻土在污水处理方面有突出的表现，能够更有效地处理工业废水和生活废水，让水资源能够得到充分利用和保护。同时，解决了污水的随意排放问题，对生态环境也起到很好的保护作用。

(2) 硅藻土对重金属废水进行处理

在进行一些电镀等工业流程之后，有些重金属离子便会残留在其中，如果将这些废水直接进行排放，就会对环境造成严重的污染。传统的方法是在废水中加入其他化学试剂使重金属离子沉淀并过滤去除。这种做法其实存在诸多弊端：第一，加入化学试剂的量需要进行人工计算，待沉淀完全之后，还需要对废水进行检测，如果化学试剂用量过多，也会对废水造成二次污染等。第二，处理废水的费用问题，所用化学试剂的费用支出是不可忽视的，额外对废水检测也需要一定的费用，使整体的成本升高，影响工厂的效益。

(3) 硅藻土在染料废水中的应用

染料废水里面有很多有毒物质，通过自然降解比较困难，而且这些有毒物质容易变性，变性后对环境的危害比较大。因此这类废水的处理难度是比较大的，也要十分小心，处理不当就会产生新的有毒物质。自然状态的硅藻土有一定的吸附能力，从而更好地吸附印染废水中的有毒物质。处理染料废水比较出色的硅藻土是二氧化硅-硅藻土复合材料。在光照条件下，经过 1h 左右的降解时间，甲基橙的降解率高达 90%，可以和纯纳米二氧化硅的效果相媲美，效果十分显著。

总之，硅藻土表面带有负电性，所以对带正电荷的胶体态污染物来说，它可实现电中和而使胶体脱稳。但城市生活污水或综合废水中的胶体颗粒大多是带负电，所以如用硅藻土作为污水处理剂，对硅藻土进行各种方式的改性，使其对带负电的胶体颗粒也能脱稳，如采用铝、铁等带正电荷的离子对其进行表面改性，或加入其他复合材料制成改性硅藻土污水处理剂，在未来研究中有很大的探索价值。

5.2.4 硅藻土综合利用与大健康新材料技术

硅藻土是一种化石材料，主要由水合无定形二氧化硅制成，具有较高的比表面积（30.92m^2/g）。近年来，用二氧化硅的标准化学方法将硅藻土制备的多孔微和纳米颗粒定制为多功能支架，并作为不同药物的有效载体进行测试，如图 5-2 所示。

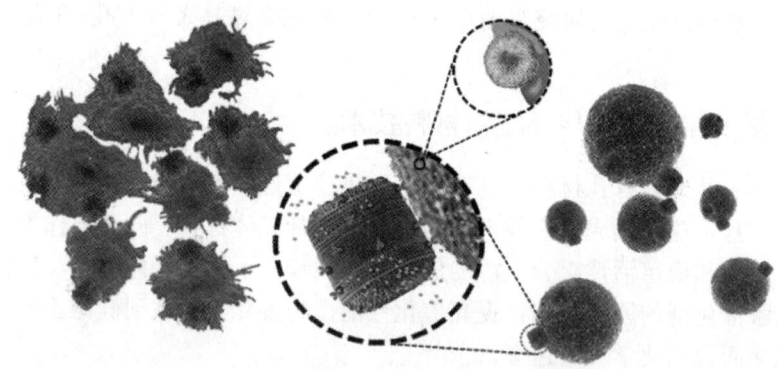

图 5-2 硅藻土在大健康新材料技术方面的应用

图 5-2 中，基因工程硅藻生物二氧化硅含有脂质体包裹的药物分子，通过细胞特异性抗体使生物二氧化硅表面功能化，可以靶向贴壁的神经母细胞瘤细胞和悬浮液中的淋巴细胞。

(1) 硅藻作为一种天然的生物相容性材料在治疗中的应用

许多不同的体外研究证明了二氧化硅纳米颗粒（NPs）的生物相容性和无毒性。由纯二氧化硅制成的硅藻截头也满足这一说法，使其成为制造用于医疗应用的微器件的合适替代方案。硅藻表面涂层在组织整合中起至关重要的作用，人们很快认识到硅藻的天然生物二氧化硅也为医学应用提供了一种有前途的生物相容性材料。

(2) 硅藻作为药物载体

在过去的 10 年里，硅藻被越来越多地认为是一种有前途的药物传递生物材料工具。2011 年年初，Aw 及其同事证明了用一种难溶于水的药物模型——非甾体抗炎药（NSAID）消炎痛——装载硅藻的可行性，装载效率可达 22%（质量分数）。他们测量了在硅藻外表面物理吸附的药物分子在最初 6h 内的一个重要的初始快速药物释放，这些药物分子是由扩散机制驱动的。然后在 2 周的时间内观察到第二次和更持续的药物释放，这归因于药物位于硅藻的孔隙和中空结构中。

(3) 功能化硅藻

灵巧的靶向给药载体在过去的20年里不断得到发展。人们致力于研究和开发以硅藻为基础的新型给药系统，已经提出几种增强硅藻药物载体的策略。硅藻具有不同成分的功能化能力，以及高载药能力，使其成为药剂学中一种强大而有前途的工具。药物负载通常是通过将硅藻浸泡到选定药物的浓缩溶液中来实现的。

总之，硅藻是高度三维结构多孔材料的一个显著来源，有许多不同的种类和物种，这种天然产品为科学和纳米技术的具体应用提供了广泛的选择。事实上，这些微粒除了具有高度结构化的形状，还具有较宽的表面积、较强的机械阻力、生物降解性和生物相容性等优点，使其成为一种非常有价值的药物递送材料。这种有前途的、廉价的、生态友好的、容易获得的生物材料补充了合成介孔二氧化硅颗粒的技术。

5.3 萤石矿产资源综合利用与新材料

萤石又名氟石，呈等轴晶系，晶体晶型主要为立方体。萤石化学式为CaF_2，是一种含氟的卤化物，理论上钙和氟的质量比为51.1∶48.9。萤石（CaF_2）是生产无水氢氟酸、氟化铝等许多重要氟化物的主要原料，被列为不可再生的宝贵资源。萤石是一种战略性资源矿物，被广泛应用于冶金、化工、建材、陶瓷等行业，随着科学技术的不断进步，萤石的应用领域也不断被扩展，逐渐在氟化、制冷、航空、医药和核能等行业得到应用。

2016年11月我国发布了《全国矿产资源规划（2016—2020年）》，将包括萤石在内的24种矿产列为战略性矿产。2018年5月，美国发布了35种"关键矿产"名单，萤石也位列其中。世界主要国家纷纷把萤石列为紧缺矿产、战略矿产或关键矿产，凸显了萤石的重要性。

5.3.1 萤石矿产资源分类、储量及分布

目前，已在全球五大洲的40多个国家发现具有工业价值的萤石矿床，根据美国地质勘探局2013年的统计，全球查明的萤石矿资源（以CaF_2计）约5亿t，查明的储量（以CaF_2计，下同）约2.4亿t，其中南非、墨西哥、中国和蒙古国储量列世界前4位，占全球储量的约50%。与全球萤石资源相比较，中国萤石资源由于杂质含量尤其是砷、硫、磷等含量较低，且开采条件优越，因而有效价值十分明显，在全球萤石资源中占有举足轻重的地位。

我国萤石矿主要分布在河北、湖南、安徽、浙江、江西、内蒙古、福建等地。我国的萤石资源按矿集区划分，共划定了10个萤石矿矿集区，分别是浙中萤石矿集区、内蒙古四子王旗萤石矿集区、承德—阜新萤石矿集区、鲁东萤石矿集区、豫南萤石矿集区、赣北—皖南—浙西北萤石矿集区、甘中萤石矿集区、闽北萤石矿集区、湘东—赣南—粤东萤石矿集区、滇东—黔西南萤石矿集区。

截至2018年年底，我国萤石资源量为2.5亿t（单一萤石资源量1.7亿t，伴生萤石矿资源量0.8亿t）。其中，湖南省萤石资源量近1亿t，占全国萤石总资源量的近40%，位列全国之首，但是以伴生矿为主；内蒙古自治区萤石资源量近4200万t，占全

国萤石总资源量的 16.7%,位居全国第 2 位;浙江省萤石资源量超过 4100 万 t,占全国萤石总资源量的 16.6%,位居全国第 3 位。

我国萤石矿资源分布广,查明资源量较多,基本特点归纳如下:萤石资源丰富,是我国的优势矿产。

5.3.2 萤石矿产资源选矿和开发利用

由于萤石和方解石的表面物理化学性质相似,方解石型萤石矿的分离一直是选矿界的难题。萤石矿物包括石英型萤石、方解石型萤石、重晶石型萤石和硫化矿型萤石,人们所采取的选矿方法及采用的药剂制度会有较大差异。到目前为止,浮选仍然是获得萤石精矿最被认可的方法。当前我国开发利用的主要是单一型萤石矿,伴(共)生型萤石矿有待进一步开发,也是我国未来萤石资源利用的潜力所在。

5.3.2.1 石英型萤石矿的选矿方法

石英型萤石是含矿热液沿地层充填到硅质岩石的裂缝中冷凝后形成的,主要由萤石(含量高达 85% 左右)和石英组成,仅存在少量的方解石、重晶石和硫化物。这类矿石的选矿关键主要在于精矿降硅。萤石精矿中杂质硅的含量大体上有 3 种质量要求,见表 5-2。

表 5-2　三种不同级别的萤石精矿含硅质量要求　　　　　　　　　　　%

级别	CaF_2 含量	SiO_2 含量	$CaCO_3$ 含量
冶金级	>80~85	<0.5	<4~5
陶瓷级	>95	<3	<1
酸级	>97~98	<1	<1

磨矿是影响石英型萤石浮选的重要因素,要使石英与萤石分离,必须通过磨矿使石英和萤石单体解离,若磨矿粒度太粗,产品中存在石英和萤石的连生体,会使浮选后的粗精矿硅含量过高;若磨矿粒度太细,虽然石英和萤石已单体解离,但会导致磨矿产品中萤石过粉碎,降低萤石的回收率。因此,为了使萤石与石英充分单体解离,又不致使萤石被过度粉碎,一般采用阶段磨矿流程,这样既能降低浮选后萤石精矿中的硅含量,又能增加萤石精矿的回收率。李剑如针对汝城选矿厂萤石大多为粗粒嵌布和粗精矿产量少、不易再磨等特点,采用棒磨一段磨矿浮选工艺处理该矿石。

白云鄂博尾矿是在包钢选铁和稀土后产生的尾矿,尾矿中萤石储量巨大,是潜在的萤石资源,从白云鄂博尾矿中回收萤石资源不仅具有巨大的利用前景,而且对白云鄂博尾矿的二次资源化和尾矿库周边环境保护具有重大意义。

5.3.2.2 方解石型萤石矿的选矿方法

方解石型萤石主要由萤石和方解石(含量高达 30% 以上)组成,有少量石英,可形成石英-方解石-萤石型矿石。此类矿石中,由于方解石和萤石都是含钙矿物,故它们具有相似的表面物理化学性质,在溶液中共存时容易出现矿物之间的相互转化,造成两者的分离较难实现。脂肪酸类捕收剂均能使方解石和萤石上浮,因此,要实现方解石与萤石的分离,必须调整矿浆 pH,再配合捕收剂才能达到良好的分离效果。

基于以上研究,虽然方解石和萤石的浮选分离很困难,但是可根据不同的矿石性质，调节不同的矿浆 pH，采用水玻璃、盐化水玻璃、酸化水玻璃、六偏磷酸钠、木素磺酸盐、糊精、单宁和栲胶等单独使用或者组合使用来抑制方解石，采用油酸或者其他脂肪酸作为萤石的捕收剂，可实现方解石与萤石的分离。但该类型矿石浮选流程较长，在后期的研究中可通过改变浮选条件和调整药剂制度来简化浮选工艺流程，提高浮选指标。

5.3.2.3 重晶石型萤石的选矿方法

重晶石型萤石矿主要矿物为重晶石和萤石，重晶石含量达 10%~40%，该类矿石常伴有黄铁矿、方铅矿、闪锌矿等硫化矿物。由于重晶石与萤石的可浮性相似，致使两者分离困难。针对该类矿石的特性，选矿工作者对其进行了大量研究。王绍艳等对萤石和重晶石按 9∶11 的比例形成的人工混合矿进行浮选分离试验，用硫酸铝为抑制剂，环烷酸为捕收剂，试验结果表明，在 pH 为 4.5~7.5 的范围内，可获得 CaF_2 品位为 95.56%、回收率为 90.54% 的萤石精矿。由此可见，环烷酸和硫酸铝的药剂组合也能浮选分离萤石和重晶石。

针对湖南某难选低品位重晶石型萤石矿，付长行等首先通过混合浮选获得 CaF_2 品位为 21.84%、回收率为 93.44% 的萤石和重晶石混合精矿；再通过抑制重晶石浮选萤石的工艺方案来分离萤石和重晶石，经"一粗九精一扫"的流程浮选，最终获得 CaF_2 品位和回收率分别为 82.82% 和 95.37% 的萤石精矿、重晶石品位和回收率分别为 97.95% 和 91.48% 重晶石精矿。此方法为该类矿石的高效利用提供了一种可行的技术方案。

5.3.2.4 硫化矿型萤石的选矿方法

硫化矿型萤石矿物组成与石英型萤石矿物组成类似，但金属硫化物的含量较高，有时铅、锌的含量可达到工业品位，因此，该矿石在开发利用萤石的同时，还需要考虑其他金属矿石的综合回收。谢光彩等针对湖南某复杂难选含硫钨矿，采用脱硫浮选-优先浮选的工艺流程综合回收钨矿和萤石，脱硫浮选后的尾矿经"一粗五精两扫"的工艺流程选出钨矿，选钨尾矿再经过"一粗五精两扫"浮选萤石，闭路试验最终获得 WO_3 品位、回收率分别为 58.26%、92.89% 的白钨精矿和 CaF_2 品位、回收率分别为 98.36%、89.85% 的萤石精矿。

综上所述，对该类矿石一般可采用硫化矿捕收剂优先选出金属硫化矿物，然后采用脂肪酸类捕收剂从浮选尾矿中回收萤石。此外，焙烧、浸出等工艺也可用于提取有价金属和分解萤石，其工艺流程相对简单，且能在综合回收利用有价金属的同时，制备高品质萤石产品。

大量的研究与生产实践表明，浮选是回收萤石矿常用的方法，不同类型的萤石矿浮选需根据矿物的嵌布性质及矿物组成选择合适的流程和药剂。

① 石英型萤石矿浮选主要是降低萤石矿中的硅含量，一般采用阶段磨矿浮选流程，这样既使石英与萤石单体解离，又能保证萤石矿物不被过磨。浮选过程中一般采用 Na_2CO_3 调节矿浆 pH，水玻璃抑制石英，脂肪酸类捕收剂捕收萤石的药剂制度，经过多次精选可获得硅含量较低的酸级萤石精矿。

② 方解石型萤石矿的浮选分离，可在合适的矿浆 pH 条件下采用水玻璃、酸性水玻璃或盐性水玻璃、柠檬酸、栲胶、苛性淀粉、六偏磷酸钠和木质磺酸钠等单用或组合

使用作为方解石的抑制剂,然后采用脂肪酸类捕收剂浮选萤石,从而实现方解石与萤石的分离。

③ 重晶石型萤石矿一般采用混合浮选-分离浮选的方法回收萤石和重晶石,即首先采用 Na_2CO_3、水玻璃、油酸分别为调整剂、抑制剂、捕收剂的药剂制度浮选出两种矿物的混合精矿,混合精矿再通过抑制重晶石浮选萤石或者抑制萤石浮选重晶石的方法来实现萤石与重晶石的分离。

④ 硫化矿型萤石矿一般采用优先浮选或混合浮选的方法进行分离,合适的时候也可采用焙烧-浸出工艺来提取有价金属和分解萤石。

⑤ 浮选法简单、易于操作,处理能力大,适合大规模生产,是萤石矿回收利用的有效手段。但目前萤石的浮选工艺流程复杂,精选流程较长,药剂制度控制相对较困难,因此,在后期的研究中可从药剂制度、工艺流程、浮选设备等方面进行改进和优化,比如采用自动控制精准加药控制药剂的组合与用量,提高药剂的选择性;采用浮选柱精选减少精选次数,简化精选流程;采用选矿与化学处理相结合的方法降低精矿中的杂质含量,提高精矿质量等。另外,高效组合药剂的选择和新型药剂、新工艺、新设备的研发在难选萤石矿的工业生产中具有广阔的应用前景,可作为萤石浮选的重要研究方向。

5.3.3 萤石矿产资源应用及含氟新材料技术

萤石是主要的氟原料,氟的应用体现在冶金、化工、光学建材、能源、国防和制冷等领域的各个方面。氟材料与战略性新兴产业的相关性见表5-3。

表5-3 氟材料与战略性新兴产业的相关性

序号	新兴产业	含氟材料	应用领域
1	新能源	含氟背板膜(PVDF 膜、PVF 膜、ETFE 膜) 含氟前板膜(ETFE 膜、FEP 膜)	太阳能
		叶轮氟涂料、冷却工质	风能
		电解液材料:电解质锂盐(六氟磷酸锂、三氟甲基磺酸、双三氟甲基磺酰亚胺、双氟磺酰亚胺等)、电解液溶剂(氟代碳酸乙烯酯)	锂电池
		锂电池电极用黏合剂(PVDF 黏合剂)隔膜(PVF 膜) 正极材料(氟化石墨)	
		含氟质子膜	燃料电池
2	新能源汽车	含氟锂电池材料、氟橡胶	动力锂电池、密封
3	新兴信息	含氟液晶、含氟电子化学品、电缆	含氟液晶、含氟电子化学品、电缆
4	新医药	新型含氟中间体、高效氟化试剂	含氟创新农药
5	节能环保	PVDF 中空纤维膜	污水处理
		PTFE 滤膜	污染物过滤
		氟碳涂料	建筑

5.3.3.1 冶金工业

冶炼生产时,由于添加萤石矿可以使熔体温度下降,提高熔渣的均质性,促进脱磷、脱硫过程，因此萤石矿在冶炼等行业起到助熔排渣的作用而产生重要影响。萤石作为助熔剂，被广泛应用于黑色及有色金属冶炼中。在钢铁行业中，萤石具有降低难熔物质熔点、促进炉渣流动、充分实现渣与金属分离的作用，在高级别钢材、特种钢材的冶炼中，萤石需求量更大。萤石下游产品氟化铝在铝生产过程中具有降低熔点、提高电能质导电率等作用，因而可大大降低生产成本。

作为理想的助熔剂，萤石主要应用在铁水预处理、炼钢（粗炼）、二次钢水精炼等三个阶段。在我国，萤石在转炉、电炉炼钢中的使用非常普遍，因此钢铁行业对高品位萤石块矿及冶金级萤石精粉具有巨大的需求。冶金工业对萤石需求占比约 25%，一般要求萤石 CaF_2 含量＞65%，对主要杂质 SiO_2 有一定的要求，对硫和磷有严格的限制。

冶金行业对块状萤石也具有巨大的需求。炼钢（粗炼）通常需根据炉渣熔化的情况加入助熔剂，萤石可帮助其他造渣原料熔化并降低黏度，以解决炼钢过程中因炉渣熔化性能差而产生液态金属和炉渣喷溅的问题，对确保冶炼安全运行、冶金质量和节能降耗具有不可替代的作用。在转炉、电炉炼钢中，萤石具有其他矿物原料无法匹敌的助熔成渣效果。在我国，萤石作为助熔剂应用于转炉、电炉炼钢非常普遍，一般使用量为 1.5~8kg/t，且特种钢、高品质钢材对萤石需求量更大。

5.3.3.2 建材行业

萤石矿在建筑材料行业的应用仅次于冶金行业，尤其是制备水泥、陶瓷、玻璃的工艺流程在萤石应用领域占比约 15%。在水泥生产过程中，萤石作为矿化剂被加进硅酸盐水泥熟料中，不仅使水泥熟料变得较为松脆，便于研磨，而且能够让烧结的温度得到下降，减少烧结所用时间，从而起到节约能源的作用。在陶瓷生产过程中，生产陶瓷和搪瓷时，添加一定含量的萤石作为其助熔剂及乳浊剂，可以起到加速熔制速度、提高陶瓷釉面质量的作用，是配制釉料不可或缺的成分。在玻璃制造过程中，萤石作为制作特殊玻璃的原料，能够使玻璃熔制的温度明显下降，减少熔制时间，进而减少燃料的消耗。

5.3.3.3 化工行业

含有氟元素的萤石矿是制取无水 HF 的基本来源，是氟化工（氟聚合物、含氟化学品）的必要成分。在新材料工业中，有机氟材料由于具有其他合成材料无法比拟的耐化学性、热稳定性、介电性、不燃不黏性，以及极小的摩擦系数，有着广泛的应用。"水立方"（国家游泳中心）外墙材料主要成分为聚四氟乙烯；被誉为"世纪之布"的戈尔特斯（GORE-TEX）面料以聚四氟乙烯为主要成分，其具有的轻、薄、坚固、耐用、防水、透气和防风等性能，被广泛应用于宇航、军事及医疗等领域世界顶尖服装的制作。

萤石最大下游产业为氟化工产业，所占比例已超过 50%。氟化工下游主要是制冷剂、含氟聚合物、含氟中间体和电子级氢氟酸。氟化工行业对萤石的利用首先是转化为氟化氢，因此氟化氢在氟化工行业内与萤石相关度最高。氟化氢生产主要集中在江西、浙江、福建、江苏、山东、内蒙古等地。河南、湖南氟化氢生产装置主要为氟化铝配套。从氟化工产业链最上游基础原料氢氟酸增长情况来看，近年来我国氢氟酸产能及产量均保持超过 10% 复合增长率，进而拉动上游萤石也保持较快增长。

中国在氟化工领域的特点是高品质氟产品技术匮乏。除全氯氟代烷（CFC）、氯氟代烷（HCFC）和聚四氟乙烯（PTFE）的生产形成了规模，其他氟聚合物的生产仍处于试验、试产阶段，能够产品化的品种有限，氟聚物（聚四氟乙烯除外）、氟精细化工产品需要进口。在整个行业链条中，国内企业在靠近原材料的低端产品方面具有一定的竞争力，而附加值高、加工深度以及技术要求高的产品领域基本由国外企业占据。

5.3.3.4 光学工业

由于萤石具备特殊的光学性质，如折射率较低、色散度低、对紫外线与红外线的滤光性能好的特点，因此在制造高品质的光学元件时被广泛应用，如精密试验仪器镜片、专业相机的镜头。萤石的低折射率和对紫外线、红外线的高滤光性，在光学物镜、光谱仪棱镜、防辐射紫外线及红外线窗口器件等高质量光学元件制作中不可或缺。如部分高端相机的专业镜头就是萤石镜头，潜水艇潜望镜等高端镜头也是用氟玻璃制成的。

微晶玻璃又被称为微晶玉石或玻璃陶瓷，是将特定组成的基础玻璃，在加热过程中通过控制晶化而制得的一类含有大量微晶相及玻璃相的多晶固体材料。按照废渣的种类，微晶玻璃分为高炉渣微晶玻璃、铬渣微晶玻璃、钢渣微晶玻璃、钛渣微晶玻璃、磷渣微晶玻璃、复合矿渣微晶玻璃；按照化学组成可分为硅酸盐微晶玻璃、铝硅酸盐微晶玻璃、氟硅酸盐微晶玻璃、磷酸盐微晶玻璃。

萤石的主要成分氟化钙在微晶玻璃中的作用：氟化钙是助熔剂、澄清剂，能加速玻璃形成的反应，有助于气泡澄清，促进玻璃液的澄清和均化；氟化钙原料的加入能够降低玻璃液黏度和表面张力，使气泡到达表面后立即破裂；氟化钙经过高温熔融时，由于易挥发组分的蒸发，会对窑炉炉体产生一定腐蚀，但采用耐腐蚀的炉体和环保的除氟措施能够有效避免强烈的腐蚀和减少环保问题，同时其能降低高温电阻率的优点，能够增加玻璃液的热透性，有助于延长电极使用寿命，降低成本；氟化钙使用后产生的废气处理可以结合脱硫脱硝环保净化设备统一处理，其处理后的副产物也能够有一定的经济效益，不必单独设立环保净化设备，同样能做到达标排放。

5.3.3.5 新能源工业

在新能源工业中，锂电池材料（六氟磷酸锂）、镀铝硼氢氟酸电解液、各项性能优良的含氟太阳能电池背膜、太阳能面板清洗及玻璃雕刻用高纯氢氟酸等的生产均离不开萤石。在电子工业中，以萤石为原料的高纯氢氟酸为强酸性清洗、腐蚀剂，应用于集成电路（IC）和超大规模集成电路（VLSI）芯片的清洗和腐蚀，是微电子行业发展的关键性基础化工材料之一，可以说，没有萤石就没有现代电子工业。

5.3.3.6 国防工业

在国防工业中，氟主要应用于铀浓缩和提纯，液态氟可用作火箭燃料的氧化剂，还可用作尖端战机喷气推进剂的关键元素。在通信行业中，氟化物玻璃在光导纤维技术中发挥着奇特的作用，其原因是氟化物光导纤维在远距离通信尤其在海底通信中，其损耗极小，可在数千千米范围内免除一切中继站。

5.3.3.7 制冷工业

在制冷工业中，氟仍然是不可替代的制冷剂，新一代含氟制冷剂 HFO-1234ze，ODP（臭氧消耗潜值）为零，GWP（全球变暖潜能值）很低，具有优良的物化性能，被认为是未来可替代传统含氟制冷剂 HFC-134a 的新型制冷剂，其分子结构中含氟量更高，用氟量更大。

5.3.4 萤石矿产资源循环利用

萤石资源是一种战略性的非金属矿产资源,单一型矿床居多,但储量少;多金属伴生型萤石矿床少,但储量大。根据主金属矿类型不同,伴生型萤石矿大致可分为铅锌硫化矿型、钨锡多金属矿型等,因金属选矿时加入了大量烧碱和水玻璃等药剂,导致尾矿伴生萤石浮选难度加大,绝大多数矿山只注重金属的回收利用,忽略了伴生萤石资源的回收利用。

萤石是氟化学工业的重要原料。随着易选萤石矿的逐渐枯竭,难选伴生型萤石矿的资源利用越来越受到重视。单一型萤石矿经过近几十年的开采,资源日益枯竭,随着国家将萤石调整为战略性资源,酸级萤石供应短缺日益严峻。调查研究发现,多金属伴生萤石资源储量大,回收利用符合国家绿色发展的要求,因此开展多金属尾矿伴生萤石浮选技术研究显得尤为重要。突破多金属尾矿伴生萤石选矿难、回收率低的瓶颈,同时开发全国独有的回收萤石(低品位)制取无水氟化氢的工艺技术,实现多金属尾矿伴生萤石综合回收利用。

近些年,随着科学技术手段的不断提高,科学研究的投入力度加大,以及我国对萤石矿产资源综合利用的重视,在萤石矿产资源综合利用方面也取得了一定的成绩,但与西方工业发达国家或地区相比,仍有一定的差距,具体表现为以下几个方面:①利用程度差,普遍浪费。私人的矿山缺少资源综合利用的设备及理念,导致资源严重浪费。②随意开采现象普遍,矿业规则紊乱。尤其是随着萤石矿的售价上涨,部分矿山公司及无经营证件的企业受到利益的驱使,盲目偷挖,非法转让等。③技术落后,其有效回收程度低。开发所得的萤石尾矿附加值低,经济绩效不显著,主要用于传统的冶金(炼铁、炼钢的助熔剂与排渣剂)和建材行业(水泥、陶瓷和玻璃)。④环境遭受破坏,存在安全风险。低水平的开采与处理尾矿技术落后,使尾矿被废弃,生态被破坏。

建议:增加萤石资源勘察投入,确保资源供给的可持续性;完善萤石产业发展的统一规划和管理,引导产业良性发展;积极推进萤石产业结构调整,充分发挥资源优势;强化规划引领和优化资源配置,推进萤石资源集约化利用,建立健全资源储备机制;密切关注国家和省级宏观政策的调整变化,科学研判对萤石产业的影响,及时调整优化萤石矿管控政策。密切关注科技革命和技术进步最新动态,适时调整促进氟新材料产业发展的政策措施。

5.4 钾钠长石矿产资源综合利用与新材料

长石是钾、钠、钙、钡等碱金属或碱土金属的铝硅酸盐矿物,晶体结构属架状结构,其主要化学成分为 SiO_2、Al_2O_3、K_2O、Na_2O、CaO 等。长石族矿物是地壳中分布最广的矿物,约占地壳总质量的50%,是一种普遍存在的造岩矿物。60%的长石赋存在岩浆岩中,30%分布在变质岩中,10%存在于沉积岩碎屑岩中,但只有在相当富集时长石才能成为工业矿物。长石矿物富含钾、钠等碱金属,熔融温度较低(1100~1200℃),熔融间隔较长,具有较强的助熔性和较高的化学稳定性。

5.4.1 钾钠长石矿产资源储量和分布

钾长石是由硅氧四面体组成架状晶体结构的钾的铝硅酸盐矿物,主要成分为 SiO_2、Al_2O_3、K_2O、CaO、MgO、Fe_2O_3、FeO、TiO_2 等;钾长石化学式为 $K_2O \cdot Al_2O_3 \cdot 6SiO_2$,理论化学成分 K_2O 含量为 16.7%,Al_2O_3 含量为 18.3%,SiO_2 含量为 64.7%;习惯上将碱性长石系列矿物统称为钾长石,主要包括正长石、微斜长石和透长石等。

钠长石化学式为 $Na_2O \cdot Al_2O_3 \cdot 6SiO_2$,理论化学成分:$Na_2O$ 11.8%,Al_2O_3 19.5%,SiO_2 68.8%。钠石矿物名称为钠长石,属于斜长石系列矿物。

截至 2013 年年底,中国已探明钾长石和钠长石矿床 269 处,资源量 24 亿 t,预计远景资源量超 200 亿 t。其中,钾长石资源量约占 90%,截至 2019 年,统计资源量超过 180 亿 t,分布在全国 26 个省(自治区),其中山西、内蒙古、新疆、河南、江苏、贵州、湖北、安徽、山东、四川、江西、辽宁和湖南 13 省(自治区)储量占全国储量 90%以上,辽宁、山东、陕西、河南和吉林产区钾长石质量优良。

钠长石资源量约占 10%,截至 2019 年,统计资源量为十几亿吨,分布在全国 15 个省(自治区),其中广东、湖南、广西、江西、内蒙古、安徽、山西、河北、陕西、河南 10 省(自治区)储量占全国储量 90%以上,湖南产区钠长石质量优良。

5.4.2 钾钠长石矿产资源开发与利用技术

我国长石资源很丰富,以钾长石为主,能够满足工业要求的优质长石矿较少,绝大部分都含有石英、白云母、黑云母、金红石、磁铁矿、赤铁矿、褐铁矿,有些长石原矿中还含有磷灰石、黄铁矿、榍石、角闪石、电气石等,含铁量比较高,长石白度或烧成白度达不到要求。为了提高长石的工业价值,满足工业对优质长石矿的需求,必须从劣质长石矿中去除杂质矿物,尤其是对铁、钛氧化物的去除。

钾钠长石中铁的存在形式比较复杂,主要有以下 3 种情况:其一,以赤铁矿、褐铁矿为主,呈微细粒星点状零星分布在脉石中或云母矿物中,粒度一般较粗,这种集合体易于选别;其二,以铁染形成的氧化铁淋漓渗透污染钾长石的表面,或沿着裂隙、矿物间及钾长石的解理缝贯入分布,这种铁染形成的氧化铁大大增加除铁的难度;其三,含铁的脉石矿物,例如铁钛矿、黑云母、电气石、角闪石、绿帘石、褐帘石、黄铁矿等,虽然一般含量较低,但对长石精矿的质量影响较大,而且这类矿物采用传统的单一加工方法很难去除,这就会增加除铁工艺流程,增加选矿的成本。

近年来,国内外对钾钠长石的选矿提纯方面做了大量研究,主要包括以下几个方面:

(1)矿石的粉碎

长石矿的粉碎工艺包括破碎与磨矿。长石的粉碎一方面是为了满足最终产品的粒度要求,另一方面也是除杂工艺的需要。目前,长石磨矿主要分为干法和湿法两种方式。湿法磨矿效率比干法高,且不易出现"过磨"现象。玻璃行业长石加工大多选用钢棒介质磨矿,磨矿效率高,且粒度均匀,但有铁质污染,导致长石质量不高;陶瓷行业采用石质轮碾或瓷球磨矿,磨矿效率低,能耗高。在保证长石产品高质量的基础上,实现高效率磨矿和连续化生产是长石加工提纯研究的一项重要课题。

(2) 洗矿与脱泥

洗矿适用于产自风化花岗岩或长石质砂矿的长石，主要是去除黏土、细泥和云母等杂质，既可降低长石矿中 Fe_2O_3 含量，又可提高长石矿中钾、钠含量。洗矿工艺常采用振动筛或洗矿槽，它是利用黏土、细泥、云母粒度细小或沉降速度小的特点，在水流作用下易与粗粒长石分开。

脱泥主要是为了除去矿石中的原生矿泥及因磨矿等产生的次生矿泥，防止大量细泥影响后续作业（如浮选、磁选等）的选别效果。通常在单一或复合力场中脱泥，常用设备有脱泥斗、离心机、水力旋流器等。

(3) 磁选

由于长石中的铁矿物、黑云母、角闪石和电气石等都具有一定的磁性，因此在外加磁场的作用下可与长石分离。一般来说，长石中这类矿物磁性较弱，只有采用强磁选设备才能获得较好的分选效果。目前，国内用于长石除铁的磁选设备主要有永磁辊式强磁选机、永磁筒式中强磁场磁选机、电磁平环强磁选机、电磁感应辊式强磁选机、高梯度强磁选机及超导强磁选机等。

高梯度磁选机是目前从微细粒矿物中去除铁矿物、云母最有效的磁选设备，其背景磁感应强度可达到 2.0T（国外可达 5.0T），可对 -0.074mm 的长石矿进行提纯。长沙矿冶研究院采用 CRIMM 型高梯度磁选机对湖南平江长石矿进行选矿提纯，原矿经一次磁选，可使 Fe_2O_3 含量由 0.2% 降至 0.05%。

(4) 浮选

国内外学者对长石浮选已进行了大量的试验研究，主要致力于对阴离子捕收剂、阳离子捕收剂和活性剂进行长石分离和回收的作用机理的研究。浮选是长石选矿提纯的有效途径，一方面浮选可以去除矿石中的铁、钛矿物，一般均采用反浮选去除铁、钛矿物；另一方面浮选可以实现长石与石英的分离，使长石矿物得到进一步的提纯。浮选过程中实现长石与云母、石英、含铁矿物、含钛矿物的分离。

① 长石与云母的分离：云母易在粗磨的条件下进行浮选，通常使用反浮选的方法除去云母。一方面是为了减少长石在云母浮选中的损失；另一方面，云母磨矿过细会消耗大量价格昂贵的药剂。云母既可以在酸性回路中也可以在碱性回路中浮选，大多数采用酸性浮选。云母的天然可浮性使它很容易用胺类阳离子捕收剂浮选回收。浮选矿浆用硫酸调到 pH≈3，浮选云母的捕收剂为十二胺。

② 长石与石英的分离：目前，石英-长石分离技术大致有 3 种：酸性浮长石法、中性浮长石法及碱性浮石英法。其中，最成熟、应用最广泛的是酸性浮长石法，但这一工艺需要强酸性的介质条件，造成设备腐蚀严重。因此，中性浮长石法和其他几种工艺方法有良好的应用前景，代表石英-长石浮选分离工艺的发展方向，尽管目前这些方法还不够成熟，大部分仅限于实验室研究，在工业生产中应用得较少，但是这些工艺方法值得进一步探讨和改进，以便早日实现工业应用。

③ 长石与含铁矿物的分离：一般情况下，长石矿物中的铁主要赋存于云母、黄铁矿、少量赤褐铁矿和含铁的碱金属硅酸盐（例如石榴子石、电气石和角闪石）。通常，在 pH 为 2.5～3.5 的酸性条件下，采用胺类阳离子捕收剂可浮出云母；在 pH 为 5～6

的酸性条件下,采用黄药类捕收剂可浮选出黄铁矿等硫化矿物;在 pH 为 3～4 的酸性条件下用磺酸盐类捕收剂可浮选出含铁硅酸盐。

④ 长石与含钛矿物的分离:目前,国内外关于长石中钛杂质的研究很少,只表明长石中钛主要赋存在金红石(或锐钛矿)、钛铁矿和少量榍石中。本课题主要关注钾钠长石矿的除铁技术发展,故含钛杂质的去除这里不予介绍。

(5) 磁-浮等联合流程

某些高铁极难选长石矿,不仅含铁很高,而且其中部分铁矿物以铁染形式渗透于长石解理间。对这些矿物,如果采用单一选别工艺都不能满足精矿要求,可以采用联合流程。

(6) 其他选矿工艺

① 酸浸:酸浸是去除长石杂质的有效方法,往往用来处理长石中含有极细微嵌晶结构的杂质。采用较大的硫酸浓度、较高的酸浸温度和较长的酸浸时间,除铁效果较好,均明显优于摇床重选和湿法磁选的物理除铁方法。但是,酸浸工艺存在环境问题,在长石加工工艺中一般不采用。

② 生物浸取:铁可以作为某些微生物的电子载体和能量源,与微生物作用时发生氧化-还原反应,变成可以溶解的离子态。此过程产生的有机酸也会使杂质矿物溶解,再通过水洗即可将杂质矿物除去。对极细长石微粒中的含铁矿物,用传统的方法很难去除,生物浸取却可以达到比较好的效果。微生物不仅有利于长石矿的分解,而且有效去除长石表面层间铁矿物。

随着优质长石资源的减少,低品位长石已成为长石矿加工的主要资源,另外,下游企业对长石精矿品位的要求越来越高,这势必对长石矿的加工提出更高的要求,单一的选矿提纯工艺已不能满足市场的需求,采用多种选别作业,如脱泥、磁选、浮选等组成联合工艺流程,将成为长石矿加工的主要途径。随着国家环境保护政策的完善,"无氟无酸"长石-石英分离技术代表浮选工艺的发展方向。另外,国外对生物浸取选矿技术已有较多研究,而国内则很少,应加强对这方面的研究与应用。

5.4.3 钾钠长石应用与新材料技术

钾钠石(钾钠长石)是陶瓷和玻璃主要原材料之一,在陶瓷领域主要用于陶瓷坯料和陶瓷釉料,同时也是肥料、填料和化工原料主要矿物来源。

(1) 陶瓷坯料

钾长石在陶瓷工业中的用量约占钾长石总用量的 30%。钾长石在陶瓷三组分(黏土、石英、长石)坯料体系中,除可供给 Al_2O_3 和 SiO_2 外,还可提供碱金属氧化物,既是瘠性原料,又是熔剂性原料。钾长石在烧成前起瘠性原料的作用,减少坯体的干燥收缩和变形,改善干燥性能,缩短干燥时间;在烧成时可作为熔剂降低烧成温度,促使石英和高岭土熔融,并在液相中互相扩散渗透而加速莫来石的形成,而且所形成的长石玻璃体充填于坯体的莫来石晶粒之间,使坯体致密而减少空隙,从而提高其机械强度和介电性能。此外,长石玻璃的生成还能提高坯体的透光性和透明度,赋予坯体较高的机械强度和化学稳定性。

钠长石陶瓷坯体在烧成前起瘠性原料的作用,减少坯体的干燥收缩和变形,改善干燥性能，缩短干燥时间，在烧成时可作为熔剂充填于坯体，使坯体致密而减少空隙，还能提高坯体的透光性。在陶瓷生产中使用钠长石岩能节电、节煤、节省原材料，在一定程度上降低生产成本。

（2）陶瓷釉料

陶瓷釉料主要由长石、石英和黏土原料配成，其中最常用的钾长石用量可达到 10%～35%，是形成玻璃相的主要成分，具有很宽的熔融范围和较大的高温黏度，能拓宽釉料的熔化成熟温度范围，有利于成瓷和降低烧成温度，提高釉层光泽度、透明度和平滑度，改善釉层化学稳定性，提升产品档次和质量水平。与其他矿物原料掺配成珐琅，用于搪瓷釉生产。钾长石掺入量通常可以达到 20%～30%。钠长石作为陶瓷釉料主要用于其他矿物原料掺配成珐琅，长石的掺量一般为 20%～30%。陶瓷工业对钾长石的要求见表5-4。

表5-4　陶瓷工业对钾长石的要求　　　　　　　　　　　%

成分	K_2O+Na_2O	Na_2O	Fe_2O_3	Al_2O_3	$MgO+CaO$
特级品	≥12	<4	<0.15	≥17	<2
Ⅰ级品	≥11	<4	≤0.2	≥17	<2
Ⅱ级品	≥11		≤0.5	≥17	

广东陶瓷用钾钠砂一般分为低温砂、中温砂、高温砂、钾长石和钠长石5类，具体如下：

低温砂一般 K_2O+Na_2O≥7%～10%，其中 Na_2O≥5%～8%，Al_2O_3≥12%～18%，烧白度≥26。烧白度高的用于陶瓷面料，烧白度低的用于陶瓷坯体底料。

中温砂一般 K_2O+Na_2O≥6%～8%，其中 Na_2O 比 K_2O 含量高，Al_2O_3≥16%～20%，1200℃烧白度≥30，一般为40～50。

高温砂一般 K_2O+Na_2O≥6%～7%，K_2O≥3.5%～4%，其中 K_2O 比 Na_2O 含量高，Al_2O_3≥16%～20%，1200℃烧白度65～70。

钠长石通过氧化钠、氧化铝含量和烧白度3个指标来评定等级：从氧化钠和氧化铝含量来看，一般 Na_2O≥4%～6%、Al_2O_3≥14%～16%为低档钠长石，Na_2O≥6%～8%、Al_2O_3≥14%～16%为中档钠长石，Na_2O≥8%～10%、Al_2O_3≥16%～18%为高档钠长石。从烧白度来看，钠长石1200℃烧白度≥27～35，为低档钠长石；烧白度35～45，为中档钠长石；烧白度≥45～60，为高档钠长石；烧白度≥75，为超白钠长石。从氧化钠、氧化铝含量和烧白度3个指标来看，烧白度优先，Na_2O≥4%～6%、Al_2O_3≥14%～16%为低档钠长石；如果烧白度≥35～45，也可上升到中档钠长石。

钾长石同钠长石一样，用氧化钾、氧化铝含量和烧白度3个指标来评定等级：K_2O≥10%、Al_2O_3≥16%～20%、烧白度≥50～70，为低档钾长石；烧白度>70，为高档钾长石。

（3）玻璃行业

钾长石是玻璃混合料的主要成分之一，在玻璃工业中的用量占钾长石总用量的50%～60%，玻璃工业对长石的要求见表5-5。长石主要作用有：①钾长石富含 Al_2O_3，铁含量低，能够提供玻璃配料中所需的 Al_2O_3，降低玻璃的熔融温度，减少纯碱用量，提高玻璃韧性、强度和抵抗酸碱侵蚀能力；②钾长石熔融后变成玻璃的过程比较缓慢，结晶能力小，可防止玻璃形成过程中析出晶体而影响正常生产或玻璃缺陷；③可调节玻璃黏度，提高玻璃的工艺加工适应性。

表 5-5　玻璃工业对长石的要求　　　　　　　　　　　　　　　　　　　　　　%

成分	SiO_2	Al_2O_3	Fe_2O_3	Na_2O	K_2O
钾长石	≤70	≥18	≤0.2	—	—
钠长石	63～70	16～20	<0.3	≥8	≤1

钠长石同钾长石类似，同样是玻璃混合料的主要成分之一。钠长石含氧化铝高，铁质含量低，可以减少碱的用量。此外钠长石融溶后变成玻璃的过程比较缓慢，结晶能力小，可以防止在玻璃形成过程中析出晶体而破坏制品，钠长石还可以用来调节玻璃的黏性。

（4）肥料行业

钾长石的化学性质极稳定，除氢氟酸外，常压常温下几乎不被酸、碱所分解。所含的氧化钾，不能直接作为含钾肥料为植物所吸收。在大自然长期的作用下，只有极少部分钾长石会风化。国内外为使钾长石成为有用的钾资源，将其中氧化钾变为水溶性的或枸溶性的，对利用钾长石制取钾肥先后进行了多种工艺研究，综合起来可分为高炉冶炼法、压热法、敞开浸取和封闭恒温法、热分解水浸法、热法制枸溶性钾、酸分解法、烧结法、低温分解法、微生物法等，实现绿色化学，将钾长石制成效益高、成本低的农用钾肥。

（5）填料及化工原料

钾长石具有优异的表观白度和粉体粒径组成，可作为造纸业的填料使用；磨碎的长石还可用作乳胶、涂料和丙烯类物质的填充料；用于焊条的混合料，钾长石可起到电弧稳定剂和焊接液池保护剂的作用；钾长石用于生产制造陶瓷纤维以及制造特种过滤材料，也可作为绝热、电绝缘和隔声材料；钾长石可作为生产白水泥的原料之一。

钠长石也可作为填料，在涂料、造纸、橡胶、耐火材料、塑料等工业中都有广泛的用途。填料级钠长石（如用于泡沫橡胶制品）在细度和化学成分上与"陶瓷级"相近，但允许有较高的游离石英含量。在化工方面，聚烯烃成膜组分中加入钠长石粉，可增加成膜均匀度和透明度。

（6）宝石

绿色、蓝色、质地明亮、颜色纯正和解理少的钾长石可作宝石天河石，蓝色变彩的条纹长石可作宝石月光石；与翡翠伴生（共生）的钠长石，俗称"水沫子（水沫玉）"。

5.4.4　钾钠长石矿产资源循环利用

随着钾钠长石的不断开采和应用，高品质矿物已被大量消耗，矿产资源的循环利用是未来的发展方向。钾钠砂在陶瓷抛光、仿古、抛釉、微晶石等瓷砖中使用量大，但目前质量稳定和数量稳定的产品并不多，因此只要质量稳定，并确保数量多，就有发展前景。钾钠长石矿物资源的循环利用很有必要，中国地质大学（北京）研发的非水溶性钾矿石提取钾肥的制备工艺中，原矿中的 Al_2O_3 和 40% 以上的 SiO_2 组分亦可制成不同规格的氧化铝和无机硅化合物等高价值产品。整个工艺过程符合钾长石资源利用率100%、"三废"接近零排放的高效节能和清洁生产的要求。本项技术实现规模化工业生产，将有助于缓解我国水溶性钾盐资源极缺的矛盾，显著减小钾盐（肥）消费的进口依存度，提高我国钾盐资源的保证程度，维护粮食供给战略安全的同时实现矿物资源的循环利用。

作为钾钠砂矿山和工厂，必须立足长远，先紧扣市场需求，跟随市场要求，稳定产品质量，在产品质量稳定的基础上，稳定规模，力争通过几年时间积累优化，在质量和规模上均达到较高水平，树立行业标杆，根据长石矿山特点和工厂实际生产经营情况，结合市场需求，做出符合不同要求的特色产品。钾钠砂行业的产业升级别无捷径，其核心是继续专业开采、专业加工、专业检测和专业应用推广，这样才有望体现出循环利用。

5.5 重晶石矿产资源综合利用与新材料

重晶石是一种以硫酸钡为主要成分的非金属矿物，纯重晶石显白色、有光泽，由于杂质及混入物的影响也常呈灰色、浅红色、浅黄色等，结晶情况相当好的重晶石还可呈透明晶体出现。重晶石系硫酸盐矿物，是自然界分布最广的含钡矿物，密度为 $4.3\sim4.5g/cm^3$，莫氏硬度为 $3\sim3.5$，化学性质稳定，不溶于水和盐酸，无毒性、磁性，易吸收 X 射线和 γ 射线，广泛用于石油、化工、轻工、冶金、医学、农业及核能、军事等领域。

重晶石资源在世界范围内储量丰富。重晶石作为我国的优势矿产资源，产量也居于世界之首。但我国重晶石资源的开发利用现状存在众多问题，主要表现在资源的过量消耗，长期的粗放式增长、开采，使用过程中的浪费以及回收率低等。因此，研究现阶段全球重晶石矿产资源的使用情况，对改进我国的重晶石生产技术以及保持重晶石资源优势具有重大意义。另外，我国传统的重晶石应用主要体现在生产石油、天然气钻井泥浆的加重剂及含钡的初级化工产品，这些产品不仅附加值低，而且生产过程会导致严重的环境污染。为了改善我国重晶石产业的处境，研究者们近年来拓展了其在其他领域的应用，主要通过开发新的用途与功能，使重晶石矿物的利用价值得到提高，从而实现资源的高效利用，以全新的思路来改进我国对传统非金属矿物资源的加工。

5.5.1 重晶石矿产资源分类、储量及分布

中国重晶石资源丰富且分布广泛，在世界上排名前 4 的生产国依次是中国、印度、摩洛哥和美国，占世界总供给量的 80%，中国一直以来是世界重晶石第一大生产国和出口国。中国是世界上重晶石矿产量最高的国家，1983 年以后超过美国成为世界第一大重晶石生产国，此后 30 年，产量一直稳居世界第一。据统计，截至 2019 年，中国重晶石产量为 290 万 t。截至 2016 年年底，全国总查明资源量为 35149.73 万 t，其中基础储量为 3626.21 万 t（储量为 1551.38 万 t），资源量为 31523.52 万 t。

我国重晶石产地众多，主要有湖北、湖南、山东、浙江、贵州、重庆、青海、甘肃、陕西、广西 10 个省（自治区、直辖市），其中又以湖南、广西、贵州、陕西、甘

肃资源储量较多，共占全国储量的81.6%。

广西是我国最大的重晶石生产基地，年产量在100万t以上。广西重晶石矿产量高，质量好，在国内外市场上享有较高的知名度，出口和内销量均居全国之首。贵州重晶石矿资源丰富，约占全国重晶石储量的60%，是我国重晶石第二大生产基地。贵州重晶石储量全国第一，但开采量及出口不及广西，全省共有重晶石矿山80多个，如正常开采，年采出矿石量可达1000万t以上。开采原矿的多，深加工企业少，只有100万t。

湖南省重晶石矿区主要分布在衡南、新晃和浏阳等地。全省重晶石矿业极为发达，湖南怀化地区重晶石年产量即达80万t，其中湖南新晃侗族自治县重晶石储量2.8亿t，为全国特大型优质矿床。

陕西省重晶石矿主要集中在安康地区，东接湖北省，南邻四川省，踞巴山，临汉水，而且古老的秦岭地槽造就了以重晶石、硫铁矿为主的丰富的非金属矿产资源。境内赋存有大型重晶石矿床。已探明重晶石储量为2400万t，矿体中的主要成分是重晶石，其次为石英，并见少量粉尘状碳质，矿石构造主要为紧密镶嵌、致密块状，次为层状构造，矿石工业类型均为重晶石型。

重晶石矿根据矿床成因，大体上分为热液型、沉积型和残坡积型3种。据其产状特征，相应分为脉型和孔洞充填型重晶石矿床、层状和残余型重晶石矿床。热液型重晶石矿床是世界上大多数国家重晶石的主要来源。按重晶石矿床成因、矿床地质特征并结合工业利用价值等因素，大致可分为沉积型层状、热液型脉状、残坡积型重晶石矿床类型。

(1) 沉积型层状重晶石矿床

此类矿床规模一般是大、中型，是最有工业价值的矿床，是我国目前最重要的类型，主要分布在我国南方各省。美国、巴西、德国等也以此类为主。此类重晶石矿床主要为沉积成矿作用形成，成矿时代较多，从震旦纪到三叠纪等都有矿床形成。但主要赋存于早、中古生代沉积岩系中，其中最有意义的是寒武系中的重晶石矿床矿层多与暗色千枚岩、硅质岩和细砂、粉砂岩相共生。矿床严格受层位控制，层位稳定。矿层与顶、底板岩层产状一致，界线清楚，矿体一至数层，呈层状、似层状，透镜状长数百米到8000m，延伸百余米到超过900m，层数未到10m矿石品位稳定，矿物组合简单。此类矿床是封闭、半封闭流水不畅的海湾或潟湖相的沉积产物，是在地壳相对平静、水动力条件较弱的低能环境下形成的。我国福建永安坊、贵州天柱大河边、陕西安康石梯、湖南新晃贡溪等重晶石矿床为此类矿床的代表。

(2) 热液型脉状重晶石矿床

此类矿床主要为热液成矿作用形成，矿体严格受断裂破碎带和裂隙控制成群成带出现矿体大小悬殊，矿物组合复杂。有的是单矿物重晶石脉，有的则和石英、萤石共生，较多的是与多种金属硫化物共生，甚至以硫化物为主，重晶石则为伴生物。矿床产出围岩较杂，灰岩、石英岩、火山岩、花岗岩等都可出现。

(3) 残坡积型重晶石矿床

一般认为是其他类型矿床的重晶石经地表风化破坏而生成，矿床多产于原生重晶石矿床附近的第四系残坡积层中。矿体形态不规则，受原生矿和地形控制，呈复杂的扁豆状、透镜状,重晶石与黏土混杂,含少量燧石、石英、白云石等脉石矿物,品位变化大,工业矿床平均品位低于10%,有时可达20%,其产出深度因地区条件不同而异。此类矿床主要分布在我国南方。

5.5.2 重晶石矿产资源选矿和开发利用

重晶石虽分布广泛,但随着其应用领域的扩大和资源的加速消耗,易选高品位重晶石矿已日趋减少。目前,重晶石商品级富矿品位高于90%的比例下降,大多数矿床中$BaSO_4$的品位为50%~90%,且常与方铅矿、闪锌矿、黄铜矿、萤石、硅酸盐和碳酸盐类矿物共生,须经选矿才可利用。

(1) 物理提纯

重晶石的物理提纯方法主要有:手选、重选、磁选。

手选的主要依据是重晶石与伴生矿的颜色和密度的区别。原矿经过粗碎后,重晶石矿物与脉石矿物能够有效解离。手选法简单方便易行,成本低,对设备依赖低,但对矿石要求高,并且生产效率低,对资源会造成极大浪费;组成较为简单,嵌布粒度较粗的重晶石矿采用重选,一般采用跳汰和摇床等重选设备选别。

重选是根据重晶石与伴生矿物的密度差别进行提纯。原矿经破碎、磨矿至一定粒级进入重选设备进行分选从而将脉石剔除。

磁选是利用不同矿石之间磁性的差异,在磁力的作用下进行选别的方法。磁选主要除掉一些具有磁性氧化铁类矿物如菱铁矿,通常与重选联合使用,以降低重晶石精矿中铁的含量;对硫化矿伴生的重晶石矿选矿通常在脱除硫化矿后,采用浮选法或重选-浮选联合工艺回收重晶石。

(2) 化学提纯

① 煅烧提纯。矿物煅烧过程表现为受热离解为一种组成更简单的矿物或矿物本身发生晶型转变,由一种固相热解为另一种固相和气相的物理变化过程。由于重晶石矿物在成床过程中混入Fe_2O_3、TiO_2、有机质等杂质,这些杂质会使重晶石发灰、发绿及发青等,从而影响重晶石的纯度和白度,严重降低重晶石的使用价值。煅烧可使有机质挥发,煅烧除杂主要适用于去除能够在高温下吸热分解或挥发的杂质。

② 浸出提纯。浸出提纯主要用于除掉重晶石中的碳及有色杂质。它们的存在影响重晶石精矿的白度及应用前景。除掉这些杂质的主要方法有:酸浸法、氧化-还原法、有机酸络合法。酸浸法是利用酸与矿物中的杂质金属或金属氧化物进行反应,生成可溶于水或稀酸的化合物,经洗涤过滤,将可溶物去除,可以达到提纯的目的。氧化-还原法是首先加入氧化剂使矿物中伴生的金属化合物溶解,并氧化重晶石中的致色有机物,再加入还原剂将Fe^{3+}还原成Fe^{2+},使其溶解,达到除杂增白、提高矿物品位的目的。有机酸络合法是在除铁过程中添加有机酸如EDTA、抗坏血酸、柠檬酸、草酸等,这类酸能溶解铁氧化物,并形成络合物,达到很好的除铁效果。重晶石经过基本提纯后可以满足生产初级钡盐的要求,但部分精细和专用化产品仍无法生产,还需依赖进口,需要对重晶石的开发做进一步探索。

③ 晶石浮选。随着高品位易选重晶石矿的不断开发利用,亟待加大对低品位重晶石矿开发研究的力度。重晶石常与萤石、方解石、石英等矿物紧密伴生,品位低、嵌布

粒度细、成分复杂，传统重选工艺难以使其有效分离。浮选可以适应各种复杂嵌布类型的重晶石，因而成为现阶段重晶石选别的主要方法。

a. 捕收剂研究现状

浮选通常有正浮选和反浮选两种，反浮选主要用来去除碱金属的硫化物。重晶石的可浮性较好，在不加起泡剂的情况下，回收指标也较好。浮选主要是发生在重晶石矿物的表面上，浮选作用的好坏主要与重晶石的可浮性、表面电性、药剂吸附的强弱以及浮选环境的 pH 等密切相关。在重晶石矿的浮选过程中，捕收剂和抑制剂有至关重要的作用。

捕收剂是决定重晶石矿物能否有效分离的关键，常见的重晶石捕收剂包括：以脂肪酸、烷基硫酸盐和烷基磺酸盐等为主的阴离子捕收剂；以胺类为代表的阳离子捕收剂；介于两者之间的两性捕收剂以及组合捕收剂等。

阴离子捕收剂可采用脂肪酸类、烷基硫酸盐、石油磺酸盐及膦酸类捕收剂。其中脂肪酸类捕收剂是应用广泛的重晶石浮选捕收剂，如油酸、油酸钠、环烷酸、氧化石蜡皂等。油酸和油酸钠在生产中使用最为广泛。脂肪酸类捕收剂通常具有捕收能力强、用量少、无毒，缺点是选择性较差、价格较高、不耐低温。环烷酸主要来自石油工业副产品中，价格较低、凝固点较低。环烷酸具有捕收能力强、选择性好、受温度影响小等优点，目前多用于氧化矿的选别中。

根据重晶石与萤石的分离过程，常见的抑制剂可分为两种：一种是抑制重晶石浮选萤石；另一种是抑制萤石浮选重晶石。

b. 抑制剂研究现状

重晶石与萤石常常嵌布共生，密度差较小，重选方法难以选别，两者可浮性相近，浮选分离也比较困难。萤石与重晶石分离质量的关键是抑制剂的选择，抑制剂能够增大它们可浮性的差异。目前，主要在重晶石-萤石型矿石浮选中采用"抑重浮萤"工艺。抑制剂主要分为聚合碳水化合物、无机盐和混合抑制剂三大类。包括栲胶、淀粉和木质素磺酸钠等聚合碳水化合物，硅酸钠、碳酸钠、六偏磷酸钠、Fe^{3+}、Al^{3+}、Pb^{2+} 等组成的无机盐化合物以及它们混合使用的组合抑制剂。

聚合碳水化合物在矿物表面吸附的作用有静电作用、氢键作用、疏水键作用和化学作用。无机盐类抑制剂来源广泛、产量高、价格相对低廉，使用广泛。硅酸钠（$Na_2SiO_3 \cdot 9H_2O$）是最常用的重晶石抑制剂。硅酸钠的抑制作用是由于水解生成亲水性强的 $HSiO_3^-$ 和 H_2SiO_3 吸附在矿物表面所引起的。

④ 重选-浮选联合工艺。由于重晶石与方解石、白云石、石英等脉石矿物紧密共生，矿物成分复杂，单一选矿工艺难以获得高品位重晶石精矿，因此选用重选-浮选联合工艺。首先加入硅酸钠和捕收剂，浮选除去石英，然后根据方解石等脉石矿物与重晶石的密度差异，利用重选得到重晶石精矿。

5.5.3 重晶石矿产资源应用与油田新材料技术

（1）重晶石基聚合物材料

重晶石作为填料添加在聚合物中，一般经超细改性工艺处理，改性后的重晶石与聚合物材料有良好的相容性，能均匀分散在基体材料中，形成无机/有机复合材料。重晶石具有成本低廉、易于开采、耐磨性、耐腐蚀性、耐光性等特点，因此将其添加到橡胶材料中，一方面可以降低橡胶材料的收缩率，提高材料的尺寸稳定性以及刚性，从而增加橡胶材料的应用范围；另一方面作为填料添加到橡胶材料中可以增加重晶石的附加值，降低橡胶材料的成本。此外，重晶石密度大、化学性质稳定，当重晶石添加到油漆涂料中时，涂层的耐酸碱性、耐候性显著增强。

(2) 重晶石无机复合颜料

二氧化钛是一种优质涂料，在现代涂料中占据重要地位。同时，二氧化钛是重要的光催化材料，现已发现纳米二氧化钛能处理80多种有毒化合物。由于钛白粉用量的日益增加，找到它的替代品已迫在眉睫。重晶石白度高、性质稳定，作为与二氧化钛复合的内核材料，能有效解决二氧化钛易团聚的特性，改善二氧化钛的光催化性质。同时作为涂料，可以替代二氧化钛添加使用。

(3) 防辐射材料及混凝土

重晶石具有较大的内核元素钡和较高介电常数的钡离子，故能够明显减少射线穿透和削弱电磁波。具有极高的中子非弹性散射截面的钡元素可以很好地屏蔽中子，这直接促进重晶石水泥基材料在中子屏蔽防护工程中的应用。另外，中子穿透某材料样品时会发生衰减，通过检测无/有待测样品时中子探测器的净计数率之比来定义衰减程度，能够准确判定重晶石基复合材料的屏蔽性能。用超细重晶石粉制成大密度的钡水泥、重晶石砂浆和重晶石混凝土建筑材料可替代金属铅板屏蔽核反应堆和建造防氡降氡、防X射线的建筑物，用于核能工业、核电站以及X衍射实验室。

中子与物质的原子核相互作用时会出现弹性散射 (n, n)、非弹性散射 (n, n')、倍增反应 $(n, 2n)$、发射带电粒子 (n, α) 和辐射俘获 (n, γ) 等多种反应形式，为了清晰地描述各个反应发生的概率，研究者们引入了反应截面的概念来表达。

(4) 钻井液加重材料

重晶石是油田最重要的加重材料，油田主要通过吸附钻井液改性剂达到亲油和亲水的效果，以满足不同的加重条件，但是对重晶石与钻井液改性剂的作用机理有待进一步研究，重点研究改性和粒度级配。

重晶石是钡的最常见矿物，其主要成分为硫酸钡，在油气田开发领域常常用作加重剂，是油井水泥、钻井泥浆调节密度的重要添加剂之一。纳米重晶石一般为球形或类球形，具有大的比表面积、表面原子数、表面能及表面张力，拥有良好的韧性、优异的扩散性等宏观物理特性。目前，纳米重晶石在聚合物材料改性方面研究应用较多，而少有在油井水泥中应用，仅有国外学者对纳米重晶石在油井水泥中的应用进行了探索研究。

(5) 重晶石基复合导电材料

重晶石是一种天然的白色体质颜料，以重晶石作为主要材料，并以掺杂改性过的 SnO_2 为包覆层制成浅色导电颜料，可显著提高重晶石附加值及使用价值，同时也拓展了重晶石的应用范围。

(6) 水环境中重金属离子吸附材料

可溶解有毒金属离子近年来对环境造成严重污染，对有毒金属离子的去除是改善环境问题的有效手段之一。

(7) 摩擦材料

山东某公司发明了一种电动汽车用摩擦材料，包括以下原料组分及重力份数：硅改性酚醛树脂8～10份，有机纤维2～6份，矿物纤维5～10份，有机调节剂5～12份，氢氧化钙3～5份，硅灰石5～15份，云母5～15份，氧化铝1～3份，石墨组合物10～30份，重晶石10～30份。采用上述摩擦材料制备的刹车片具有较好的防噪效果。该发明还提供一种刹车片的制备方法，该方法工艺简单，操作方便，进一步提高刹车片的隔水性能，减小水分对刹车片的影响。

5.5.4 重晶石矿产资源循环利用

重晶石及其尾矿主要含有钡、氟、硫等元素，这些微量元素对水泥熟料的形成过程有一定的促进作用，因此在生料中加入一定数量的重晶石或重晶石尾矿入窑煅烧，既可达到提高熟料质量、降低烧成温度、降低热耗、增加产量、降低成本等技术经济效果，又可有效地利用工业废料。

全球重晶石资源丰富，分布较为集中。中国重晶石储量曾长期位居全球第一，品质高、后备资源充足，是我国的优势矿产。作为全球重晶石最大的生产国、第二大消费国，中国一直以外贸出口为主，深加工程度和综合利用工艺技术水平较低。将不同学科、专业的知识与重晶石矿物性能、加工及应用领域相结合，重点加强重晶石矿产资源循环利用，开发其在精细化、功能化、复合化等方面的应用，寻找新的途径开发高附加值重晶石产品，对我国非金属矿物未来的使用发展具有重要意义。

5.6 水镁石/菱镁矿产资源综合利用与新材料

水镁石又称氢氧镁石，是自然界中含镁较高的矿物之一。它是一种层状氢氧化物，化学组成简单，理论组成：69.12%的 MgO 和 30.88%的 H_2O。常有 Fe、Mn、Zn、Ni 等杂质以类质同象存在。其中 MnO 可达 18%，FeO 可达 10%，ZnO 可达 4%；可形成锰水镁石（MnO≥18%）、铁水镁石（FeO≥10%）、锌水镁石（ZnO≥4%）、锰锌水镁石（MnO 18.11%，ZnO 3.67%）、镍水镁石（NiO≥4%）等变种。纯净的水镁石呈白色，白度较高，可达90%以上。水镁石含有结构水，在340℃左右开始逐渐吸热分解得到氧化镁和水，这一独特的性质也是它作为阻燃剂和镁质高温耐火材料的主要原因。

菱镁矿的化学分子式为 $MgCO_3$，理论组成为 MgO 占 47.81%，CO_2 占 52.19%，$MgCO_3$-$FeCO_3$ 之间可形成完全类质同象，菱镁矿一般含 FeO 小于 8%者称为铁菱镁矿，更高者称为菱铁镁矿。菱镁矿属三方晶系，晶体很少见，集合体常为粒状或致密块状，呈白色、灰白色、含铁者则呈黄至褐色，含钴者呈淡红色。瓷状块体呈乳白色，玻璃光泽，硬度为 3.5～4.5，具有贝壳状断口，不透明，条痕白色，密度为 2.9～3.1g/cm³。

5.6.1 水镁石/菱镁矿资源储量及分布

水镁石为稀有的非金属矿物。苏联早在20世纪60年代就对水镁石矿产进行了开发利用，继而美国、加拿大和朝鲜等也对发现的部分矿床进行了开采。开发规模较大的是俄罗斯境内小兴安岭南部的库利都尔水镁石矿床，但其发展速度仍很缓慢。美国也有多处水镁石资源产地。水镁石矿床在世界范围内分布不广，而且矿床规模一般较小，主要集中在俄罗斯、美国、加拿大、朝鲜、挪威等。

我国在陕西宁强、青海祁连山、四川石棉、吉林集安、河南西峡、辽宁凤城、宽甸等地发现并开发水镁石矿产。目前为止，我国已探明的水镁石资源总储量已超过2500万t，属中等储量规模。

世界菱镁矿储量较大的国家和地区有俄罗斯、朝鲜、捷克、印度、中国、奥地利和希腊等。21世纪以来，委内瑞拉、危地马拉、墨西哥、古巴、瑞典、英国、法国、伊朗、尼泊尔、巴基斯坦和菲律宾等国也先后发现了菱镁矿矿床，并已初步进行开发利用。我国菱镁矿储量约36亿t，占全世界总储量的1/4，主要分布在辽宁、山东两省，储量合计约占全国总储量的95.11%。其中辽宁省主要集中在辽宁南部地区，如海城、营口等地区，已探明矿区有10个以上，保有储量25.77亿t，约占全国总储量的86%。

5.6.2 水镁石/菱镁矿资源开发与利用技术

对低品位水镁石矿石，通过选矿富集是必要的。蛇纹石是碳酸盐型水镁石矿石中的主要伴生脉石矿物，其所含SiO_2在水镁石应用工艺中是有害组分。因此，对水镁石和蛇纹石的分离研究，是十分必要的。俄罗斯拥有最多的水镁石资源，曾进行过重液法和浮选法处理水镁石的研究。在我国水镁石的选矿正处于起步阶段，无太多经验可以借鉴。

菱镁矿是镁的来源，因此人们一直致力于选矿方法和选矿工艺的研究。对菱镁矿进行选矿的目的是除去其中杂质，提高产品质量。随着对镁产品质量要求更加严格和科学技术的提升，目前主要运用浮选法、热选法、重选法等方法提纯菱镁矿。

(1) 浮选法

菱镁矿中的杂质可分为硅酸盐和碳酸盐两类，通常根据其杂质类型确定浮选流程。当菱镁矿中的脉石矿物以硅酸盐类为主时，在自然pH条件下添加胺类阳离子捕收剂和起泡剂，便可达成良好的浮选效果。当然，需要进行大量的选矿试验，以此来确定最佳浮选流程及药剂制度。

(2) 热选法

菱镁矿轻烧后会产生轻烧氧化镁，所产生的轻烧氧化镁与硅酸盐脉石矿物存在硬度差，利用此差异进行选别。在800~1000℃条件下煅烧菱镁矿，分解出矿石中的CO_2，形成质地疏松的颗粒，与伴生矿物产生密度差和硬度差，利用强度差异，将煅烧后的矿石进行破碎、筛分等操作，从而使菱镁矿富集到细粒矿物中。该方法优点是成本低且流程简单。但利用热选法处理菱镁矿有一定的局限性，对组成复杂的矿物处理效果较差，因此热选法主要应用于其他工艺的准备作业，如重选法等。

(3) 重选法

重选法是指利用菱镁矿与伴生矿物的密度差异进行分选。由于菱镁矿与伴生矿物的密度差不大，所以直接用重选效果非常差。在重选之前进行煅烧以降低菱镁矿密度，分选效果会大大提升。

除上述方法外，还可以利用化学选矿、轻烧、磁选和电选等方法对菱镁矿进行分选。菱镁矿选矿方法主要由矿石成因、伴生矿物成分等决定，所以需要进行大量选矿试验来确定最佳的选矿方案。

5.6.3 水镁石/菱镁矿应用与新材料技术

5.6.3.1 水镁石

水镁石矿广泛应用于防火涂料、造纸工业、制备氧化镁、制备氯化镁、环保等领域。

(1) 水镁石在防火涂料方面的应用

水镁石含水量特别高，约 31%。水镁石的差热分析显示，其热分解脱水温度介于 420~520℃ 范围。该温度与一般物品的燃烧温度接近，因此可用作防火涂料和阻燃剂。已有学者研制出相关涂料，由水硬水泥、稍加处理的水镁石和一些其他物质以适当的比例混合而成。这种涂料有密度低、装饰性好、耐风化能力强、防火性能好、着火后不剥落等特点，可用于船舶、高级住宅等的表面涂层。

(2) 水镁石在造纸工业方面的应用

水镁石具有白度高、剥片性好、黏着力强、基本不吸水等特点，苏联的研究人员曾把它与方解石一起用作造纸填料，使造纸由酸法改为碱法，并减小浆水的污染。在造纸工业上，水镁石在生产镁基亚硫酸盐纸浆过程中代替石灰，能够使废浆水可循环利用，大大降低废浆水对环境的污染。由于水镁石在空气中不吸水，还可用作防潮包装纸的填料。

(3) 水镁石在制备氧化镁方面的应用

水镁石中氧化镁含量高，所以可以直接煅烧水镁石来制得氧化镁，且工艺简单，成本较低，便于控制。利用水镁石可制得耐火级氧化镁，水镁石作为一种耐火材料在国外已经有很大的发展。国外用水镁石和白云石在高温下煅烧成镁和钙的氧化物，然后磨细，再与有机黏合剂混合，压制成模，二次煅烧后制得耐火砖产品，利用水镁石还可制得高品位的镁砂。国内学者对比了用水镁石、菱镁矿、蛇纹石炼镁的过程，探讨了各种方法的可行性和优缺点，并指出，用水镁石炼镁具有降低成本、节约能源、减小环境污染等优点。有人用辽东水镁石试制炼样，并已做出产品。

(4) 水镁石在制备氯化镁方面的应用

无水氯化镁是电解制取金属镁的主要原料。我国目前制备氯化镁主要以菱镁矿颗粒加碳氯化的方法，同时为了补充损失的氯气，配合以光卤石脱水的方法来制备。我国有较为丰富的水镁石资源，可以利用水镁石具有含镁量高、分解吸热少、尾气易于处理等优点制备。用水镁石制备氯化镁时，在受热分解时不易碎裂，强度较好，氯化反应快，具有相较于菱镁矿更为明显的优势，是制备氯化镁的理想原料。

(5) 水镁石在环保领域中的应用

由于水镁石的成分特点，可以用作酸性废水中和处理剂。它不仅在许多方面比传统的碱类物质有工艺上的优越性，而且在生成物处理和排放方面可以大大降低成本。近年来，水镁石在处理酸雨污染的土壤、调节土壤的 pH 及中和酸性废水方面有较大的需求。水镁石还可以作为烟气脱硫剂。水镁石添加在锅炉燃料中，可以减少高汞和高硫燃料对锅炉的危害，降低二氧化硫和其他有害气体的排放。将水镁石深加工至一种非沉降性和非凝聚性的活性氢氧化镁，可有效地在烟气脱硫领域中得到广泛应用。

(6) 水镁石在其他方面的应用

近年来，随着"双碳"目标的提出，水镁石的碳酸化封存 CO_2 引起不少专家学者的关注，有学者研究调查了从海水淡化厂废弃盐水中回收的水镁石的直接碳化及其机械性能发展，以此来评估其作为建筑材料的潜在用途。

5.6.3.2 菱镁矿

(1) 菱镁矿在镁质耐火材料上的开发应用

在镁质耐火材料上的应用是菱镁矿较早的开发应用领域，近几年在这一领域的菱镁矿用量占总用量的 80%~90%，将硬烧镁碎成细砂或磨成细粉，便成为冶金镁砂或冶金镁粉，具有很高的耐火性和黏结性，广泛应用于焊接冶金炉炉底、炉膛、炉衬；也用于制成镁砖、铬镁砖、铝镁砖，其耐火度高达 2000℃ 以上，系高级耐火材料。

(2) 菱镁矿在建材工业中的开发应用

菱镁矿在建材工业中用作黏结剂。将菱镁矿在 750~1000℃ 温度下煅烧，在其组分 CO_2 未完全逸出的情况下，生成苛性菱镁矿或称轻烧镁，具有很高的黏结性。与氯化镁溶液及其他填料配制成含镁水泥，这种水泥具有很高的黏结性和可塑性，其凝固时间短，与有机物质结合力大，硬化后很坚硬且色彩美丽，适用于建筑装饰；而用作建筑材料，则具有良好绝热、隔声、保温和耐磨性能，硬度和弹性也比一般水泥好；轻烧镁中加入适量锯末、木屑、砂等，制成地板、台阶板、刨花板、泡沫水泥、含镁灰泥、涂料、人造磨石和砂轮胶结物，以及石片、石板、石壁、石柱、人造大理石等建筑材料和装饰材料，在房屋建造中广为使用；轻烧镁与石棉或代用石棉混合制成绝热、隔声、保温材料，也广泛用于建筑物和锅炉、气缸、发电机、蒸汽管道上。

(3) 菱镁矿在金属材料工业中的开发应用

菱镁矿一直是提炼金属镁的主要原料之一。用氧化或氯化电解法、氯化法、焙烧法、皮江法（外热法）或采用固体碳和硅铁合金使镁直接还原的方法，可从菱镁矿中制取金属镁，2.5~3.2t 菱镁矿可制得 1t 金属镁。

(4) 菱镁矿在绝缘材料和陶瓷工业中的开发应用

菱镁矿经 1400~1800℃ 煅烧制得的硬烧镁，再经 2500~3000℃ 煅烧则制得熔融氧化镁或称电融氧化镁，其具有稳定性好、硬度大、抗化学腐蚀性强、电阻率高和几乎不与水发生化学反应等特性，可作为绝缘和高级耐火材料使用，制作镁坩埚和耐火炉管等；利用轻烧镁热膨胀系数低等特点，可用作陶瓷工业混合材料煅烧陶瓷制品和制造国防尖端工业所需的耐高温、高强度的陶瓷件。

(5) 菱镁矿在其他方面的开发应用

菱镁矿在其他方面也有广泛的开发应用。其经 700~1000℃ 的温度煅烧制得的轻烧镁用作橡胶硫化过程沉淀加速剂和填料；造纸工业用轻烧镁做纸张硫化处理剂；轻烧镁经过化学处理，可制成多种镁化合物用作医药；轻烧镁可用作生产人造纤维、塑料、化妆品的原料，以及用作媒染剂、干燥剂、吸附剂等；轻烧镁可用作农肥原料，氧化镁和镁化合物在肥料中不仅供给农作物所需的镁，还能起帮助磷组分同化的作用，有利于农作物向优质高产方向发展。

5.6.4 水镁石/菱镁矿相关二次资源循环利用技术

对水镁石相关二次资源的利用,目前对应的报道较少,曾有人对水镁石尾矿用碳化钙热还原法提炼金属镁,使水镁石尾矿得到进一步的利用。

菱镁矿尾矿的成分与菱镁矿近似,主要成分为 MgO,以 $MgCO_3$ 的形式存在,占 30%~35%,其余成分为 SiO_2 与少量 Al_2O_3 和 CaO,其中 CaO 的存在形式也以碳酸盐为主,挥发分较多。作为菱镁矿在开采或浮选后的产物,尾矿虽然无法满足高附加值的工业镁盐生产,但其中所含的 MgO 等物质有广泛的工业应用前景,并且尾矿渣表面积相对较大,活性有一定的提高,将其有效地处理与利用不仅能够解决环境问题,更能达到固废资源化的目的。

MgO 具有广泛的工业用途,可应用于催化、塑料、耐火材料等领域,对菱镁矿尾矿进行处理,运用创新工艺回收其中所含的 MgO 具有广阔前景。菱镁矿尾矿的回收再利用主要有两个方向,即运用不同工艺提取菱镁矿尾矿中所含有的 MgO 以及直接使用菱镁矿尾矿制备低品位的含镁工业制品。目前在菱镁矿尾矿回收工艺中,较为成熟的有水热固化、高温预处理、精制—压球—轻烧等,对所提取材料的活性、颗粒细度、球团强度以及灼烧率有了较为缜密的试验以及深入的研究。对一般制备工况的改进,达到提取 MgO 以及提高提取物材料性能的目的。

与从菱镁矿中提取 MgO 并对其改性或应用于工业生产不同,菱镁矿尾矿的工业再利用通常用来替代白云石、菱镁矿等工业常用矿石,并与其他工业原料协同制备镁基材料。菱镁矿尾矿的工业再利用不仅能够将尾矿中的成分综合利用,以改善所制备的材料性质,更能在节省工业原材料的同时处理大宗固废,为固废资源化、无害化利用提供了新思路。

菱镁矿尾矿最常见的工业应用为合成镁橄榄石等材料,镁橄榄石有优秀的抗碱性炉渣性质,因此常用于耐火材料以及蓄热室格子砖等。天然原料属于超基性岩架岩,开采成本较大,因此人工合成镁橄榄石有较为广阔的前景。

菱镁矿尾矿在建筑领域也有广泛的应用,如制备水泥、混凝土、砖块等。

5.7 大理石矿产资源综合利用与新材料

5.7.1 大理石矿产资源储量和分布

中国大理石矿分布广泛,在中国各大地质构造单元、地台与褶皱系区内均有发育。含矿层位从太古宙延至中生代,以太古宙和古生代为主。太古宙大别山群,元古宙粉子山群,震旦纪、古生代的寒武纪、奥陶纪、泥盆纪、石炭纪、二叠纪,以及中生代的三叠纪,均赋存有规模巨大的大理石矿体。中国的大理石矿产和国外相比毫不逊色,各种花色,品种繁多。截至 1996 年年底,中国已登记在案的大理石产地共 165 处,存储量达到 10.84 亿 m^3,其中 A+B+C 级存储量占 4.22 亿 m^3。

5.7.1.1 我国大理石矿产概况

我国大理石矿产地在 26 个省、自治区、直辖市中均有分布,比较均衡,仅东北区探明储量比较贫乏，占全国总储量的2.1%；中南区探明储量最多，占全国总储量的33.2%。储量最丰富的省份有广东省、河北省、广西壮族自治区三省（自治区）各拥有的储量超过1亿m^3；陕西的储量超过9000万m^3；四川、北京、江苏、浙江、河南、安徽、贵州七省（直辖市）各拥有的储量均超过3000万m^3。

5.7.1.2 地理位置分布

(1) 山东莱州市黄山后大理石矿床

该矿床属于沉积区域变质矿床，位于山东省莱州市南18km。矿区地层由元古宙粉子山群张家组、明村组构成。张家组分布在矿区南部。明村组分上下两个亚组，下亚组为一套以大理岩为主的碳酸盐建造，厚度达465m，为本区的含矿岩层。上亚组为一套富碳泥质、钙泥质碎屑岩建造。各组地层间均为整合接触。

矿床属于区域沉积变质型。矿层主要赋存于明村组下亚组地层中。其底板为明村组下亚组下段顶部石英岩，顶板为明村组上亚组黑云母斜长片麻岩。矿层长度达2650m，总厚度110~182m。矿层上部为灰色条带白云大理岩，中上部为浅灰色白云大理岩夹白色白云大理岩，中下部为白色白大理岩，相应的商品名称为云灰大理石、雪花白大理石。其中白色白云大理岩为主要矿层。

矿石为中细粒变晶结构，块状构造，矿石矿物成分主要由白云石（含量60%~84%）、方解石（15%~25%）等组成，有少量透闪石，局部含微量白云母、金云母或土状石墨小点。色泽纯白，无杂色或有杂色斑点，磨光面均匀分布的小雪花状的称雪花白大理石，是畅销的品种。已探明储量824.6万m^3。现由莱州银磊石材有限公司开采利用。

(2) 陕西省潼关县玉石峪大理石矿

该矿床属于接触变质矿床，位于陕西省潼关县城东南150°方向吴村附近，距陇海铁路大要站7km。矿区大地构造位于华北地台南缘，出露地层为太古宙太华群，是一套深变质岩系。区内仅出露太华群板石山组中段和上段地层。板石山组中段为黑云二长片麻岩夹黑云角闪斜长片麻岩，上段为黑云母角闪斜长片麻岩（局部为白云片麻岩）夹大理石透镜体。矿体即赋存于上段岩层的底部。矿床位于区域背斜构造的倾没段，偏北翼。地层呈单斜产出，走向为北西—南东，倾向北东，倾角为60°左右。西部北东—南西方向的断层切断矿体，矿区内岩石节理发育。

(3) 浙江省杭州市石龙山大理石矿

该矿属于沉积型大理石矿床，位于浙江省杭州市西郊21km处，石龙山西段。矿区除西北部零星出露中下泥盆纪石英砂岩及下石炭纪砂页岩，南部出露下石炭纪砂页岩外，大片出露中上石炭纪石灰岩，岩层走向与山脉延伸方向一致，呈北西—南东展布。

矿区处于区域石龙山向斜的西段南翼部位。地层走向与向斜轴线一致，呈近东西向，单斜产出，倾角30°~60°。矿石自然类型可分为深灰色、黑色结晶灰岩、浅灰色含生物灰岩及浅灰白色的生物灰岩。按矿石磨光后的色泽花纹等特征，矿石工业类型可分为两个品种五个亚类。

5.7.2 大理石矿产资源开发与利用技术

大理石是现代高级建筑中室内外墙体及地面石的重要石材之一，也是高级的工艺美术雕刻材料和电绝缘材料。所以要求开采出来的大理石荒料具备一定的块度、美观性及完整性。开采大理石是以采出大块度的荒料为目的，从某种意义上讲，开采出来的块度越大越好，而且要尽量减少内伤。

目前，我国开采大理石的方法可以分为楔子开采法、钢绳锯石机与打楔混合开采法、近人爆破与钻眼打楔混合开采法、近人爆破与钢绳锯石机联合开采法、凿岩爆破开采法及膨胀开采法等。楔子开采法劳动强度大、生产效率低，作为单一的方法目前很少使用。下面简单介绍几种开采利用方法。

(1) 钢绳锯石机与打楔混合开采法

钢绳锯石机与打楔混合开采法开采工艺过程如下：剥离出工作面后确定工作线；切割堑沟，用钢绳锯石机切割长条大块石的垂直切割面和水平切割面；采用打楔法扩大长条大块石的锯缝；为了防止锯口闭合，可将碎石塞入扩大后的锯口缝隙中用慢动绞车徐徐地将长条大块石放倒，根据节理裂隙分布情况并按荒料规格将长条大块石分割成荒料毛坯；将毛坯加工整形成符合要求的荒料；最后吊装运输到堆料场。

(2) 近人爆破与钻眼打楔混合开采法

近人爆破与钻眼打楔混合开采法用于不能应用锯石机开采或无锯石机的矿山。开采工艺过程如下：剥离出工作面后确定工作线在预爆的长条大块石上钻孔装药、连线，进行近人爆破（炸药为硝铵炸药、黑火药，最好用金属燃烧剂）；其后的工艺过程与（1）相同。

(3) 近人爆破与钢绳锯石机联合开采法

近人爆破与钢绳锯石机联合开采在开采长条大块石时，用钢绳锯石机切割水平切割面，而垂直切割面则采用近人爆破法。开采工艺过程如下：剥离出工作面后确定工作线，用钢绳锯石机切割长条大块石的水平面，在长条大块石的垂直切割面上钻孔进行水平切割及在垂直切割面上钻孔后进行近人爆破，其后的工艺过程与前两种方法相同。

(4) 胀裂开采法

胀裂开采方法是近年研制成功的，可单独作为一种开采方法，也可与其他方法混合形成联合开采法。开采工艺过程如下：剥离出工作面后确定工作线，在预胀裂的长条大块石钻孔，将静态膨胀破碎剂按配方比例与水搅拌为浆状体，将浆状体充填到钻孔中等待胀裂，其后的工艺过程与前3种方法相同。

5.7.3 大理石应用与新材料技术

5.7.3.1 大理石应用

大理石主要用于加工成各种型材、板材，做建筑物的墙面、地面、台、柱，还常用于纪念性建筑物如碑、塔、雕像等的材料。大理石还可以雕刻成工艺美术品、文具、灯具、器皿等实用艺术品。其质感柔和、美观庄重，格调高雅，是装饰豪华建筑的理想材料，也是艺术雕刻的传统材料。

大理石的石性主颜色为多色，主图案为花纹，有较高的抗压强度和良好的物理化学性能，易于加工。随着经济的发展，应用范围不断扩大，用量越来越大，在人们生活中起着重要作用。特别是大规模开采、工业化加工、国际性贸易，更使装饰板材大批量地进入建筑装饰装修业，不仅用于豪华的公共建筑物，也进入家庭的装饰，还大量用于制造精美的用具，如家具、灯具、烟具及艺术雕刻等。有些还可以做耐碱材料。在开采、加工过程中产生的碎石、边角余料也常用于人造石、水磨石、石米、石粉的生产，可用于涂料、塑料、橡胶等行业的填料。在化学实验室中一般用大理或石灰石（主要成分都是碳酸钙 $CaCO_3$）与稀盐酸反应制取二氧化碳。

大理石主要成分为碳酸钙，易被酸腐蚀，若用于室外，在空气中与 CO_2、SO_2、水汽以及酸性介质作用，容易风化与溶蚀，使表面失去光泽、粗糙多孔，降低装饰效果，因此除了少数纯质、杂质少的品种如汉白玉、艾叶青等外，一般不宜用于室外装饰。

5.7.3.2 大理石新材料技术

天然大理石以其高雅、美观、装饰性强等特点而成为高档建筑、民居装修的主要装饰材料之一。天然大理石出板率较低而价格较贵，且天然高档石材资源有限，可利用废弃资源或其他低价原料，研制成本低、工艺简单的人造板材。

人造大理石种类较多，根据所用材料的不同，人造大理石一般可以分为水泥型人造大理石、树脂型人造大理石、复合型人造大理石和烧结型人造大理石 4 大类。水泥型人造大理石是以各种水泥为黏结剂，加入一定量的粗细骨料、颜料和添加剂，经配料搅拌、成型、养护、磨光、抛光等工艺过程制成的。树脂型人造大理石是以不饱和聚酯为黏结剂，加入一定量固化剂和粗细骨料、颜料等制成的。复合型人造大理石在制造过程中所使用的黏结剂既有有机材料又有无机材料。烧结型人造大理石采用陶瓷生产工艺，使制品表面具有大理石纹理和图案。此外，新品种的大理石正在不断地出现，如石膏人造大理石、芳香人造大理石、钢渣人造大理石等。人造大理石生产工艺简单，原材料来源广泛，制品质量轻、强度高、耐腐蚀、耐污染，表面图案可以人为控制，胜过天然石材，是现代建筑理想的装饰材料。然而，由于所选材料的不同，其制备工艺也不同，下面分别介绍人造大理石的制备技术。

(1) 水泥型人造大理石制备技术

水泥型人造大理石是以各种水泥或石灰、磨细砂为黏结剂，砂为细骨料，碎大理石、花岗岩、工业废渣等为粗骨料，经配料、搅拌、成型、加压、蒸养、磨光、抛光而制成的。现在也有用铝酸盐水泥做黏结剂的。这种人造大理石表面光泽度亮，花纹耐久，抗风化能力、耐火性强，防潮性都优于一般人造大理石。

(2) 烧结型人造大理石制备技术

烧结型人造大理石制备方法与陶瓷工艺相似，将斜长石、石英、辉石、方解石粉和赤铁矿粉及部分高岭土等混合，一般配比为黏土 40（质量份）、石粉 60（质量份），混合用泥浆法制备坯料。用半干压法成型，在窑炉中以 1000℃左右的高温焙烧而成。

(3) 树脂型人造大理石制备技术

树脂型人造大理石多是以不饱和聚酯树脂为黏结剂，配以天然大理石或方解石、白云石、玻璃粉等无机矿物粉料，以及适量的阻燃剂、稳定剂、颜料等，经配料混合、浇注、振动压缩、挤压等方法固化制成的一种人造石材。生产工艺很多，现常用两种生产工艺：接触成型工艺和浇注切割成型工艺。

(4) 复合型人造大理石制备技术

人造大理石的黏结剂既有无机材料，又有有机高分子材料，其结构为两层。面层与树脂型人造大理石相同，结构层为水泥砂浆薄板，由 1:(1.5～2) 的水泥砂浆制作。对较大或较厚的大理石板，还可配钢丝网筋。其生产工艺有两种：分层成型法和面层、结构层同时成型法。

① 分层成型法。先成型水泥砂浆薄板，按1∶2水泥砂浆配合比，制成预定尺寸的水泥砂浆薄板并养护，硬化干燥后在薄板上涂刷一层聚酯树脂，要刷透，使树脂渗透到水泥砂浆板表面的孔隙中去。然后按树脂型人造大理石的配合比制作保护层和面层；在面层的不饱和聚酯树脂还处于初期阶段时，将水泥砂浆板压入，使其与面层连成一体，并在上面加上一定的恒压，待面层完全固化后即可脱模。

② 面层、底层同时成型法。按树脂型人造大理石的成型方法，先成型保护层和面层，厚度一般可做成2mm左右。在面层处于凝胶阶段时，迅速在上面撒一些干净的碎石碴，并振动使石碴稍沉入树脂中，待面层完全固化后，将1∶2的水泥砂浆混合料倒入，振动整平。待水泥砂浆硬化后即可脱模。

(5) 新型人造大理石的研究进展

近年来随着人们生活水平的提高及环保意识的增强，一些新型人造大理石及新的制备技术不断出现。

① 高强度人造石膏大理石板。石膏型人造大理石主要由建筑石膏、消石灰、水、底色颜料和纹饰颜料等制成。其技术关键是成型加工工艺、优选最佳加压时间、脱模时间和成型压力值，使胶凝材料内多余的水分全都挤压溢出，同时还需保留其水化凝结所必需的最少而又足够的水量，从而使体密实度增大，获得制品强度高于浇注成型方法4～5倍的效果。当然还要进行防水处理。目前主要采取两种方法：其一为无机材料防水处理，在配方中加入消石灰的人造大理石板，成型后浸泡到无机物防水处理溶液中，使之表面生成新的难溶物质；其二为有机材料防水处理，采用甲基丙烯酸甲酯（MMA）和苯乙烯（SB）的混合单体在-98.6kPa的真空度下，抽真空3h，浸渍单体加热固化，使板面无裂纹，断开面平齐，且具有防水增强作用。

② 浮印型人造饰面板。浮印型人造饰面板是由密度小于水且不溶于水的调和剂，配以颜料在各种不同的基材（如胶合板、纤维板、塑料板、石膏板、硬纸板、金属板、陶瓷板、玻璃板等）面上经喷涂、浮印、压膜等工序而成。花色图案可人为控制，产品与天然大理石、花岗岩极为相似，装饰效果达到以假乱真的程度。产品质量轻，安装方便，加工成本低，更可在异型或曲面上浮印。

③ 玉石合成饰面板

玉石合成饰面板亦称人造琥珀石饰面板，以透明不饱和聚酯树脂将天然石粒（如卵石）、各色石块（如均匀的玉石、大理石）以至天然的植物、昆虫等浇注成板材。产品具有光洁度高、质感强、强度高、耐酸碱腐蚀的优点，是一种高雅、美观的室内墙面地面装饰材料。

④ 幻彩石

幻彩石是一种新型的人造石材，主要由各种不同色彩的精选云石加入其他装饰物料如玻璃或贝壳等，压成砖块，体积较小，可用作墙地砖或洗手盆台面板等。幻彩石最引人入胜之处在于其款式繁多，从绚丽夺目的浅色到典雅高贵的深蓝或黑色等。产品图案色彩可任意变化，为现代室内设计提供了广阔的遐想空间。

⑤ 微晶玻璃装饰板

微晶玻璃不是传统意义上用来采光的玻璃品种，也不是用于玻璃幕墙的那一类玻璃，而是全部用天然材料制成的一种高级建筑装饰材料，较天然花岗岩具有更灵活的装饰设计和更佳的装饰效果。微晶玻璃装饰板是应用受控晶化高技术而得到的多晶体，成分与天然花岗岩相同，均属硅酸盐质，除比天然石材具有更高的强度、耐蚀性、耐磨性外，还具有吸水率小（0%~1%）、无放射性污染、颜色可调整、规格大小可控制的优点，还能生产弧形板。其特点是结构致密、高强、耐磨、耐蚀，在外观上纹理清晰、色泽鲜艳、无色差、不褪色。现已代替天然花岗岩而用于墙面、地面、柱面、楼梯、墙裙、踏步等处装饰。

⑥ 粉煤灰人造大理石

山东青岛某厂以粉煤灰和大理石废渣为主要原料，加颜料及不饱和聚酯树脂等黏结剂制成的人造大理石具有天然大理石的质感和纹理，并可按用户设计要求制作出弧形、曲面形等天然大理石难以加工的几何图形。它具有质量轻、厚度薄、成本低、光泽度高等特点，是一种较理想的建筑装饰材料。张桂芳等以粉煤灰和不饱和聚酯树脂为原料，采用常温浇注成型工艺制备人造大理石。

5.7.4 大理石尾矿与二次资源循环利用技术

5.7.4.1 大理石尾矿

大理石尾矿是在开采和分选天然大理石过程中丢弃的尾矿，大多呈颗粒状碎块，且形状不规则、大小不一，含有少量的黏土矿物和氧化铁杂质，不利于直接利用。大理石矿开采过程中尾矿的产出率高达50%。目前主要处置方式是自然堆放。我国作为排名世界第二的大理石生产国，每年有数百万吨大理石尾矿的产出。但大理石尾矿的资源化处置利用率不足10%，大理石尾矿的处理和利用亟待解决。大理石尾矿主要成分为方解石，尾矿通常采用建立露天尾矿库的方式进行堆放，占用大量土地的同时，还会造成空气污染和水污染，危害附近百姓财产及身体健康，而且占用大量的土地，所以其资源化利用就显得尤为重要。

5.7.4.2 大理石尾矿二次资源循环利用技术

大理石尾矿主要成分为方解石，它的堆存不仅危害生态环境，而且占用大量的土地，所以其资源化利用就显得尤为重要。

（1）大理石尾矿作为填充剂使用

将大理石尾矿与聚合物混合可制备复合材料。由于大理石尾矿粒径较小，且主要成分为碳酸钙，将其粉碎后，可作为填充剂添加到其他产品中，可以改变相应产品的外观和性质。对大理石尾矿的资源利用有一定的意义。PVC复合板材在生产过程中需要使用大量的碳酸钙作为填料，而碳酸钙的资源有限。所以，用大理石尾矿代替碳酸钙既可以节约矿产资源，又可以达到固废资源化利用、保护矿区环境的目的。

（2）大理石尾矿用于生产文石晶须

罗东山等将四川棉县的某大理石矿山尾矿进行预处理与煅烧，并采用碳化法制备了文石晶须。

（3）大理石尾矿用于生产混凝土

使用大理石尾矿作为骨料或部分替换混凝土中水泥可以改善混凝土的力学性能，主要包括耐磨性、抗压强度、抗折强度等。

5.8 花岗岩矿产资源综合利用与新材料

5.8.1 花岗岩资源储量、分布及分类

5.8.1.1 储量、分布

花岗岩作为装饰石材，人们对其花色和岩石成材性要求是较高的。由于花岗岩属大宗矿产，大多按需局部勘探或边探边采，较少进行大规模超前的地质勘察工作，因此有关世界花岗岩矿产资源和储量统计数据的报道较少。

从世界各国花岗岩产量与进出口情况分析，中国、印度、巴西、沙特阿拉伯、土耳其、伊朗、南非、西班牙、法国、韩国、芬兰、挪威、美国、意大利、葡萄牙、德国等国均具有较丰富的花岗岩矿产资源。中国是世界上最有实力的花岗岩资源国和生产国，仅就花岗岩而言产量和出口量均居世界首位。由于沙特成品花岗岩产量不断扩大，很难统计其年产量，2013年沙特阿拉伯花岗岩的产量超过1500万m^2/年，仅有中国、印度和巴西的产量超过这一数字。

中国地质条件复杂，地质构造运动期次多，岩浆活动频繁，为花岗岩矿产提供了非常广阔的找矿前景。花岗岩矿床分为岩浆型花岗岩矿床和区域变质型花岗岩矿床两类。中国已探明花岗岩矿产地297处，广泛分布在26个省、自治区、直辖市（暂缺台湾地区的统计数字）；其中，饰面用花岗岩，矿产地161处，主要集中在经济发达的华东区和华北区，两区合计储量约占全国总量的75%。在各省、自治区、直辖市拥有的储量中，山东省居首位，约占全国总量的32%；北京市居第2位，福建省居第3位。优质高档花岗岩产地主要分布在四川、山西、内蒙古、广西等省（自治区）。

5.8.1.2 花岗岩分类

花岗岩按不同分类依据，可分为多种类别，见表5-6。人们较为熟知的分类方案至少有20种，最普遍的分类方案是按地球化学成因分类，例如将花岗岩分为S型、I型、M型和A型等（S型为由沉积岩改造而成的花岗岩；I型为岩浆起源；M型为地幔来源；A型为无水花岗岩）；分为钙碱性、碱性、过碱性、过铝和铝质花岗岩等；根据构造背景分为"造山"花岗岩（大洋和大陆火山弧；大陆碰撞带）、"后造山"花岗岩（造山期后的隆起或塌陷区），以及非"造山"花岗岩（大陆裂谷、热点、洋中脊、大洋岛）等。S型花岗岩主要以堇青石花岗岩和二云母花岗岩等形式存在；I型花岗岩由石英、斜长石和碱性长石、普通角闪石和黑云母组成；A型花岗岩通常是弱碱性花岗岩，CaO和Al_2O_3含量较低，Fe/Fe+Mg值较高，K_2O/Na_2O值和K_2O含量较高，由石英、钾长石、少量斜长石和富铁黑云母等组成；M型花岗岩多呈偏铝质的斜长花岗岩小型侵入体与玄武岩伴生。

表5-6 花岗岩的分类

序号	分类依据	类别
1	按所含矿物种类分	黑色花岗岩、白云母花岗岩、角闪石花岗岩、二云母花岗岩
2	按结构构造分	细粒花岗岩、中粒花岗岩、粗粒花岗岩、斑状花岗岩、似斑状花岗岩、晶洞花岗岩及片麻状花岗岩

续表

序号	分类依据	类别
3	按所含副矿物分	含锡石花岗岩、含铌铁矿花岗岩、含铍花岗岩、锂云母花岗岩、电气石花岗岩
4	花岗石石材颜色	蓝色、绿色、黑色、纯白色、红色、黄色、紫黄、灰白色、灰色（无严格界限区分）

5.8.2 花岗岩结构、特点和用途

花岗岩属于酸性（$SiO_2 > 66\%$）岩浆岩中的侵入岩，多为浅肉红色、浅灰色、灰白色等。以晶体大小可有中粗粒、细粒结构，块状构造，也有一些为斑杂构造、球状构造、似片麻状构造等。主要矿物为石英、钾长石和酸性斜长石，次要矿物则为黑云母、角闪石，有时还有少量辉石。副矿物种类很多，常见的有磁铁矿、榍石、锆石、磷灰石、电气石、萤石等。采用QAP三角图解形式对花岗岩类型判别，如图5-3所示。

花岗岩还可以根据暗色矿物种类进一步命名。如暗色矿物主要是黑云母，可称为黑云母花岗岩，这是常见的一种花岗岩；如为黑云母和白云母，其含量接近相等，可称为二云母花岗岩；如果暗色矿物以角闪石为主，则称为角闪花岗岩；如果暗色矿物以辉石为主，则称为辉石花岗岩；几乎不含暗色矿物的则可称为白岗岩。

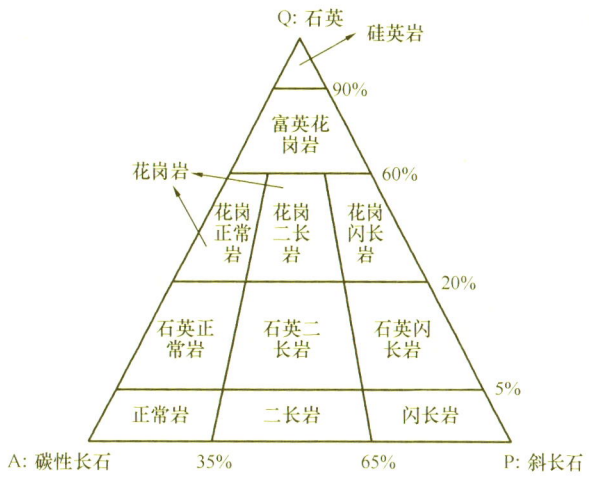

图5-3 花岗岩以矿物模式分类

花岗岩结构致密，抗压强度高，吸水率低，表面硬度大，化学稳定性强，耐久性强。其孔隙率一般为0.3%～0.7%，莫氏硬度为6～7，肖氏硬度为>70HS，密度为2.63～2.75g/cm³。

花岗岩因其成分和矿物组成的特点，多用于建筑、装饰、化工、涂料等领域或行业。基于其晶粒大小用于不同行业：细小晶粒的可加工用于装饰板材或艺术品；中等粒度的常用于修筑桥墩、桥拱、堤坝、海港、勒脚、基础、路面等；晶粒粗大的轧制成碎石，是混凝土的优良集料。此外，基于花岗石耐酸等特性，可用于化工、冶金生产中的耐酸衬料和容器。

5.8.3 花岗岩典型应用——建筑装饰行业

建筑用花岗石板材光泽度高，具镜面效果，色泽鲜艳，花纹清晰，多使用在室内和重点装饰部位，显得高雅华丽、敞亮宽阔、亮而生辉，使人感觉到细腻、柔美、精致、高贵、富丽洁净，给人一种轻松感；细面花岗石板材是镜面花岗石板材加工过程中减去

抛光工序的产品，主要用于室外地面或外墙面装修，具有防滑作用；粗面花岗石板材种类较多，有火烧板、拉毛板、剁斧板、凿面板等，表面平整但粗糙，具有规则的加工纹，多用于外墙装修或室外地面装修。

魏连雨等利用花岗岩属于酸性集料，在高性能混凝土中采用低碱含量水泥或减少水泥用量来控制总碱含量，通过大量试验分析不同水泥用量对花岗岩高性能混凝土性能的影响规律，配制出耐久性良好的高性能混凝土，取得较好的经济效益。

5.8.4　花岗岩典型应用——涂料行业

以天然花岗岩石粉末为原料，采用纯丙烯酸乳液及多种进口助剂，经独特工艺加工而成，不添加化工颜料和其他填料生产真石漆。花岗石真石漆是一种新型高档建筑装饰涂料，基本原料是花岗石碎粉及水性黏合剂等，具备花岗石的基本特点，自然美观、质朴和谐、不褪色、经久耐用、具有立体质感，可用于水泥抹面、砂浆混凝土、瓷砖、砖墙、木材等多种基材表面，能够达到天然花岗石的效果。花岗石可被破碎球磨制得粒径为 0.11~0.13 mm 的粉末，采用等离子喷涂技术在金属表面喷涂花岗石粉末，形成新型花岗石涂层。

随着国家有关新建居住建筑节能标准的推出，建筑物墙面外保温的大量实施，原本天然花岗岩石材干挂施工的安全性及保温性越来越受到挑战，而花岗岩涂料是更适合外保温材表面仿天然花岗岩的最佳选择材料，与天然花岗岩石材相比较，花岗岩涂料更加具有施工性，同时大大缩短工期，降低工程成本，让建筑设计师们在追求自然的同时更能体现一种意想不到的天然花岗岩石材效果。

5.8.5　花岗岩尾矿及锯泥综合利用

锯泥是花岗岩石材开采、荒料切割、板材加工过程中产生的石粉与水的混合物，占石材开采荒料总量的 5%~7%，年增量锯泥固废超 3000 万 t。锯泥化学组成成分见表 5-7，其硅钙成分总量大于 80%，颗粒细腻，400 目粒级占 56%~65%，质地紧密，吸水性差，暂无合适的利用及处置措施。长期以来只能集中堆存、填埋，既占用土地资源，又造成扬尘污染、水系污染问题，严重制约生态文明建设及石材产业健康发展。

表 5-7　锯泥化学组成成分　　　　　　　　　　　　%

组成名称	氧化铝	氧化钙	氧化镁	氧化钛	氧化硅	氧化铁	氧化钾	氧化钠	其他
含量	1.36	14.50	3.05	1.48	67.84	2.78	5.06	3.84	0.09

（1）建筑材料

花岗岩锯泥的用途非常广泛，目前许多科研单位、设备生产厂家也做了许多有益的尝试。采用比表面积大、具有一定活性指数的花岗岩锯泥可替代磨细石英粉。张海东利用金尾矿砂强度高的特点，替代细石英砂作为集料，少量硅灰填充花岗岩锯泥与胶凝材料堆积孔隙，研究表明，制备的活性粉末混凝土颗粒堆积孔隙率小、密实度高、制备成本低、工业废弃物资源化利用程度高、环保、强度高、抗外界环境侵蚀性好、制备方法简单。

(2) 人造花岗岩石材

人造花岗岩对锯泥的要求比较高，主要是要求原料不能含有泥土等其他杂质，粒度要细而且均匀，甚至要对锯泥经过二次研磨加工处理，附加值较高。此外，通过表层料配置、表层料成型、基层料配置、基层料成型、复合料二次成型、产品养护，董忠利用花岗岩锯泥制备花岗岩装饰板材。花岗岩固体废弃物所加工生产的机制细砂和石粉，替代石英砂和石英粉，在实现大宗应用花岗岩锯泥消除环境影响的基础上，还能有效降低产品成本，各项指标均优于天然石材，产品使用寿命达到50年以上。

(3) 建筑用的陶瓷材料

花岗岩锯泥通过隔筛、分级和三段磁选除杂，获得的非磁性物可以作为产品直接脱水销售，产品水分<15％，在分级和磁选除杂工序之间，增加脱泥工序，除去微细粒铁等杂质，最终用于陶瓷板原料。

5.9　石灰石矿产资源综合利用与新材料

5.9.1　石灰石矿产资源分类、资源储量及分布

石灰岩主要是在浅海的环境下形成的。石灰岩按成因可划分为粒屑石灰岩（流水搬运、沉积形成）、生物骨架石灰岩和化学、生物化学石灰岩；按结构构造可细分为竹叶状灰岩、鲕粒状灰岩、豹皮灰岩、团块状灰岩等。石灰岩的主要化学成分是$CaCO_3$，易溶蚀，故在石灰岩地区多形成石林和溶洞，称为喀斯特地形。由生物化学作用生成的石灰岩，常含有丰富的有机物残骸。石灰岩中一般都含有一些白云石和黏土矿物，当黏土矿物含量达25％～50％时，称为泥质岩；白云石含量达25％～50％时，称为白云质灰岩。

中国是世界上石灰岩矿资源丰富的国家之一。据原国家建材局地质中心统计，全国石灰岩分布面积达438000km^2（未包括西藏和台湾两地），约占国土面积的1/20，其中能供给做水泥原料的石灰岩资源量占总资源量的1/4～1/3。

5.9.2　石灰石矿产资源的晶体结构与理化性质

石灰岩简称灰岩，是以方解石为主要成分的碳酸盐岩；有时含有白云石、黏土矿物和碎屑矿物，有灰、灰白、灰黑、黄、浅红、褐红等色，硬度一般不大；按成因分类属于沉积岩。石灰石主要成分为碳酸钙（$CaCO_3$）。石灰石可以直接加工成石料和烧制成生石灰。生石灰CaO吸潮或加水就成为熟石灰；熟石灰主要成分是$Ca(OH)_2$；熟石灰经调配成石灰浆、石灰膏等，用作涂装材料和砖瓦黏合剂。碳酸钙是地球上的常见物质，可于岩石内找到；贝壳和蜗牛壳的主要成分也是碳酸钙；碳酸钙以方解石和文石两种矿物存于自然界。方解石属三方晶系，六角形晶体，纯净的方解石无色透明，一般为白色，密度为2.715g/cm^3，莫氏硬度为3，性质较脆。文石属于斜方晶系，菱形晶体，呈灰色或白色，密度为2.94g/cm^3，莫氏硬度为3.5～4，性质致密。致密石灰石呈现出低气孔率的细粒晶体组织结构，具有很高的强度。石灰石的密度为2.65～2.80g/cm^3，白云石质石灰石为2.70～2.90g/cm^3，白云石为2.85～2.95g/cm^3。

5.9.3 石灰石矿选取碳酸钙精粉与尾料综合利用技术

石灰石选矿的主要方法有洗矿、手选、筛分，个别选矿厂采用浮选、光电选。大多数选矿厂采用的是破碎—筛分或破碎—洗矿—筛分的原则流程。我国江苏省船山石灰石矿处理含泥矿石，流程中设有两段洗矿作业。根据碳酸钙生产方法的不同，可以将碳酸钙分为重质碳酸钙、轻质碳酸钙、胶体碳酸钙和晶体碳酸钙。

在石灰石矿山的开采过程中，因矿石中含有泥土，为了获得具有一定粒径和精矿品位的石灰石成品矿，往往要对开采下来的石灰石原矿进行破碎、筛分、洗矿等工序，由原矿产量5%～10%的石灰石尾矿产生。这些尾矿成分以石灰石为主，还含有一定量的泥土等成分。这些尾矿只能堆存在尾矿库，对环境也造成了一定的危害。石灰石尾矿的利用有两个途径：一是增加选矿力度，提高精矿的回收率，降低尾矿的产率；二是分离出石灰石尾矿中+0.5mm的颗粒，作为建筑用砂应用在建筑混凝土、建筑砂浆等方面，也有一些矿山用上述建筑混凝土、建筑砂浆做混凝土砖。

石灰石尾矿替代天然砂石作为集料生产的混凝土具有优良的力学性能、抗冻性能和抗渗性能。佘晓燕等人用石灰石尾矿机制砂代替天然砂，石灰石粉代替粉煤灰，以玻化微珠为轻质填料，复合纤维素醚、膨润土和改性木质纤维等材料制备高性能薄层轻质抹灰砂浆。尾矿砂经过破碎后进行筛分，获得理想的砂浆用细粉。利用尾矿2.3万t，每年可为企业增加税利约30万元，两年即可收回全部投资。另外，小型混凝土空心砌块和非烧结尾矿砖作为新型墙体材料可代替黏土实心砖在建筑上使用，不仅可节约烧砖煤耗和提高建筑工效，还可起到节土保田的作用。按设计生产能力，每年可节约用于烧砖的耕地10～12亩（1亩＝666.67m²）。

苏建源等人发明了一种利用石灰石尾矿制备的万紫千红釉瓷器及其制作工艺，该发明中引入煅烧石灰石尾矿粉末制备了一种具有红色底色，并由红色底色中泛出紫色，在釉面上均匀地分布有颗粒，釉面手感粗糙的万紫千红釉。该种万紫千红釉的烧成温度为1280～1300℃，属于高温陶瓷。利用石灰石尾矿，制备出更多不同的釉面效果，生产出独特效果的瓷器以提高陶瓷产品的附加值。

氧化镁含量高的石灰石尾矿不能用于水泥生产，但其具有的高硬度使这种尾矿用于生产骨料恰到好处，为此，李召峰等人发明了一种石灰石尾矿充填材料且充填材料包括石灰石尾矿胶凝材料和骨料。石灰石尾矿利用率高达90%以上，一方面在胶凝材料中石灰石尾矿可以起到填充作用密实结石体，石灰石尾矿可以促进水泥熟料的水化；另一方面原状石灰石尾矿可以作为集料提高充填材料的力学性能。

5.9.4 石灰石资源工业应用与新材料技术

石灰石是水泥的主要原料，占原料组成的70%～90%。它在水泥生产中为水泥工业增加产量，降低消耗，节约资源和能源，减少环境污染等方面均发挥了积极作用。玻璃的制作材料是石灰石、石英砂、纯碱等，这些材料在高温熔炼之后就可以获得。石灰石是制造电石的主要原料，而电石与水作用产生的乙炔气体是合成纤维、合成橡胶和塑料的重要基本原料。

纯碱是石灰石、食盐、氨等材料使用索尔维法，经过多步反应而得到的，通过纯净

5 其他非金属矿产资源综合利用与新材料

消石灰与氯气的化学反应实现漂白。纯碱是一种重要的有机化工原料,主要用于平板玻璃、玻璃制品和陶瓷釉的生产,还广泛用于生活洗涤、酸类中和以及食品加工等。石灰石可以直接加工成石料和碎石料,用作建筑材料。石灰石的吸水性较强,可做地面铺设材料。此外,石灰石还可用作混凝土和沥青的集料。石灰石经过煅烧可制成生石灰,生石灰 CaO 加水就成为熟石灰 $Ca(OH)_2$,精加工得到灰钙粉;熟石灰经调配成石灰浆、石灰膏等。

首先,生石灰可以配置成波尔多液、石灰硫黄合剂等农药;其次,熟石灰可以改变土壤的酸碱性,改善土壤的内部构成,补充土壤中的钙质;再次,石灰浆可以用来粉刷树干,保护树木。另外,石灰石可用于生产饲料,作为补钙剂,增加饲料的含钙量;用作制糖助滤剂,澄清甜菜和甘蔗的液汁。熟石灰可以暂时去除水的硬性,因而,在工业中被当作硬水软化剂。生石灰加水后可以产生热量和氢氧化钙,呈强碱性,吸湿性非常强。熟石灰可以杀死多种病原菌,用于墙壁、地面、粪池及污水沟等的消毒。

熟石灰经调配成石灰浆、石灰膏、石灰砂浆等,用作涂装材料和砖瓦黏合剂。灰钙粉可生产成 OK 粉、乳胶漆专用粉、瓷光粉等系列产品。石灰石在经过化学加工之后,可以变成氯化钙、硝酸钙、亚硫酸钙等钙盐。

一方面,石灰石-石膏湿法烟气脱硫工艺是目前应用最广泛的一种脱硫技术。石灰石由于具有良好的化学活性及低廉的价格成为脱硫剂制备原料,SO_2 与石灰石浆液反应后生成的亚硫酸钙,经石膏排出泵泵入脱水机脱出石膏,净烟气外排。另一方面,工业废水处理时可采用化学沉淀法,去除水中钙离子以及废水中的重金属离子等,而石灰法是其中一种。

(1) 在塑料上的应用

主要应用于 PVC 型材、管材,电线、电缆外皮胶粒,PVC 薄膜(压延膜)的生产,造鞋业制造(如 PVC 鞋底及装饰用贴片)等,适合用于工程塑料改性、PP、PE、PA、PC 等。由于活性纳米石灰石碳酸钙表面亲油疏水,与树脂相容性好,能有效提高或调节制品的刚性、韧性、光洁度以及弯曲强度;改善加工性能,改善制品的流变性能、尺寸稳定性能、耐热稳定性,具有填充及增强、增韧的作用,降低生产成本。

(2) 在造纸中的应用

造纸应用范围包括卷烟纸、记录纸、薄页印刷纸、高白度铜版纸以及高档卫生巾、纸尿布等。造纸过程中加入纳米石灰石碳酸钙可以提高纸张的松密度、表观细腻性、吸水性;提高特种纸的强度、高速印刷性;调节卷烟纸的燃烧速度。由于它分散性能好、黏度低,能有效地提高纸的白度和不透明度,改进纸的平滑度、柔软度,改善油墨的吸收性能,提高保留率。

石头纸不是植物纤维(木浆)纸,也不是薄膜塑胶(合成)纸,而是将石头矿物质研磨成粉末,加上高分子(树脂)化合物和其他辅助剂混炼而制成的另一种纸。其主要成分是矿物质(石头粉,掺用量高达 80%)。这个造纸技术专利是以碳酸钙结合聚乙烯(PE)等材料,通过相容混合、成膜、涂布等一系列工序,最后加工成为符合环保需求、低价、高品质的纸张。同时,用完后的石头纸废纸还可以回收其中的部分成分再次加以利用,重新制造石头纸。

石头纸既具有与传统纸相同的白度和不透明度,又具有优于传统纸的多项性能,如防水、防潮、防蛀、耐化学腐蚀、高的印刷清晰度、机械性能好、展平性好、表面平滑度好和可降解等多种特点。石头纸不吸水，霉菌也难以附着于纸面，故具有较好的安全性。同时废纸的处理也很安全，不会造成土地污染。石头纸可以替代大部分传统纸，如文化用纸、工业用纸、包装用纸、家庭用纸、资讯用纸及特殊用纸等6类。该产品可用于印刷漂亮的挂历、张贴画、书籍的封面、插图、美术图书、画册、儿童书籍、各种精美装潢的包装、纸质手提包、标贴、商标等，以及用于精美印刷的高级海报、地图、笔记本、产品说明书、教科书、杂志等。石头纸应用最多的是作为彩色喷墨打印相纸。

（3）在橡胶上的应用

主要应用于天然胶、丁腈、丁苯、混炼胶等，适用于轮胎、胶管、胶带以及油封、汽车配件等橡胶制品中。经过表面改性处理后的纳米石灰石碳酸钙与橡胶有很好的相容性，具有补强、填充、调色、改善加工工艺和制品的性能，可使橡胶易混炼、易分散，混炼后胶质柔软，橡胶表面光滑；可使制品的延伸性、抗张强度、撕裂强度等有本质的提高；可以降低含胶率或部分取代钛白粉、白炭黑等价格昂贵的白色填料。

（4）在密封胶黏材料中的应用

主要应用于硅酮、聚流、聚氨酯、环氧等密封结构胶。应用于密封胶黏材料中，与胶料有很好的亲和性，可以加速胶的交联反应，大大改善体系的触变性，增强尺寸稳定性，提高胶的机械性能，且添加量大，达到填充急补强双重作用。同时，它能使胶料表面光亮细腻。

（5）在涂料中的应用

在涂料中的应用可以大大改善体系的触变性，可显著提高涂料的附着力、耐洗刷性、耐沾污性，提高强度和表面光洁度，并具有很好的防沉降作用。部分取代钛白粉，降低成本。可作为颜料填充剂，具有细腻、均匀、白度高、光学性能好等优点。纳米级超细石灰石碳酸钙具有空间位阻效应，在制漆中，能使配方密度较大的立德粉悬浮，起防沉降作用。制漆后，漆膜白度增加，光泽度高，而遮盖力不下降。

（6）在油墨上的应用

适用于平版胶印油墨、凹版印刷油墨等。使用纳米石灰石碳酸钙所配制的油墨，黏性较好，故具有良好的印刷性能；稳定性好；干性快且没有相反作用；由于颗粒小，故印品光滑，网点完整，可以提高油墨的光洁度，适用于高速印刷。

（7）在其他行业的应用

纳米级超细石灰石碳酸钙用于饲料行业，可作为补钙剂，增加饲料的含钙量，在化妆品中使用，可替代钛白粉。

5.9.5 石灰石矿生物医用大健康应用与新材料技术

碳酸钙是生物系统中普遍存在且非常重要的钙基生物矿物之一，并被广泛作为模型体系用于研究生物矿化过程。自然界中的碳酸钙存在一种不稳定的非晶酸钙（ACC）物相、两种含水的亚稳态形式（单水方解石以及六水合碳酸钙）和三种无水的结晶多晶型体，包括稳定性依次增加的球霰石、文石以及方解石。在这些物相中，ACC表现出最高的溶解性并且是结晶多晶型体的前驱物，因而在水溶液中非常容易结晶转变为更稳定并具有更大尺寸（达到微米尺度）的晶型。肿瘤治疗过程中碳酸钙纳米颗粒的分解可

5 其他非金属矿产资源综合利用与新材料

以调控肿瘤组织的酸环境。结合碳酸钙纳米材料杰出的生物兼容性、生物活性和生物降解性，纳米结构的碳酸钙生物材料被认为是具有酸碱度响应性理想型纳米载体，可被应用于药物/基因的传递。此外，碳酸钙生物材料在肿瘤酸性环境中分解产生的二氧化碳气体可以大大增强超声成像的信号。因而，碳酸钙生物材料是理想的超声成像造影剂。

类似磷酸钙纳米材料，碳酸钙也被广泛用来和有机物一起矿化从而形成有机/无机杂化生物材料或者被用作介孔材料的"把关人"以实现酸碱响应性载体释放。在与量子点结合之后，碳酸钙也因为温和的模板消除条件，被普遍用作合成多孔中空无机生物材料或者制备多种类型有机载体的自牺牲模板。

碳酸钙纳米材料由于具有低成本，易于合成和表面修饰，优异的生物兼容性和强可吸收性，以及pH依赖可溶解性，表面暴露钙离子对阴离子的强亲和力等性质，已被广泛用作纳米载体，并被用于生物治疗领域，包括化学治疗、基因治疗、热疗、光动力学疗法以及联合治疗等方向。碳酸钙材料的生物治疗主要围绕基于碳酸钙材料设计的药物或者基因传递体系，包括纯的碳酸钙载体、中空或者多层结构的碳酸钙载体以及有机-无机杂化碳酸钙载体。纳米结构的纯碳酸钙由于具有优异的酸碱度敏感性、生物兼容性以及可降解性、成本低廉且易于大规模合成等优点，非常适合作为药物或者基因的载体。碳酸钙纳米载体可以极具化学稳定性地将待载负的药物或基因分子结合到自身纳米颗粒内部。

为了提高药物的载负容量并且实现可控制性的药物释放性质，基于碳酸钙纳米材料的药物传递体系经常需要被聚合物电解质通过层层自组装的方式进行修饰，以形成有机-无机杂化纳米载体。在表面修饰之后，细胞与碳酸钙类药物载体的结合作用会显著提升。在靶向基团的辅助下，基于碳酸钙纳米材料合成的靶向药物传递体系可被探索应用起来。例如，多种多样的靶向基团包括叶酸、核酸适配体、茴香酰胺、硫酸软骨素以及肿瘤坏死因子相关性凋亡诱导配体都被联合到基于碳酸钙纳米材料的纳米载体，以构建靶向药物传递体系。

基于碳酸钙纳米材料载负传递基因的纳米载体也是癌症治疗中有效的治疗策略。例如，Sun等人通过使用表面诱导矿化作用和掺杂了脱氧核糖核酸（DNA）的碳酸钙纳米复合体在9种类型的细胞中检测基因转化。这种纳米复合体在自定义基因转移以实现基因和细胞疗法和探索基因功能方向上具有极广阔的应用前景。

碳酸钙纳米材料在热疗法中也有很大应用。热疗法是基于磁性纳米颗粒在高频交换磁场中产生热量而形成的磁热作用于杀死癌细胞，或者基于能够吸收光能量并且转换为热量的光热转换材料形成光热作用来引起局部的癌细胞杀死作用。例如，结合有光热转换材料如金以及聚苯胺纳米颗粒的纳米碳酸钙，形成了光热治疗中有效的杂化生物材料。

此外，光动力学疗法由于其特殊的时空选择性和最小化的侵入性特征成为癌症治疗中的新兴策略。光动力学疗法是基于光动力学试剂发生的由激发态到周围氧原子上的能量转移，在转移过程中产生的活性氧自由基对细胞的毒性作用诱导癌症细胞的死亡。有效传递光动力学试剂是光动力学疗法中的关键所在，其中基于碳酸钙的生物材料是传递光动力学试剂的理想选择。同时，具有不同类型治疗方法的联合疗法能够大幅减少药物耐受性癌细胞对药物的排斥作用并将药物的使用量降到最低，因而改善癌症治疗效率。

基于碳酸钙合成的生物材料经常被用来同时传递基因和药物,这便能够联合基因疗法和化学疗法从而实现对肿瘤治疗的疗效最大化。结合金纳米颗粒,碳酸钙纳米载体还可以联合光热治疗、化学治疗和基因治疗,将三种疗法整合于一种治疗材料中。

现有的胃溃疡治疗方法主要是化学药物疗法,主要存在问题是化学药物对胃的副作用较大,存在不良反应,并且治疗周期长。何华成等人发明了采用具有黏附能力的天然花粉提取物作为药物或蛋白载体,在载体表面附着一层碳酸钙,达到中和胃酸、减缓胃溃疡的作用,再使碳酸钙表面附着一层聚多巴胺。聚多巴胺具有抗炎、抗氧化、黏附黏膜的作用,从而达到多种治疗胃溃疡的效果。

5.10 玄武岩矿产资源综合利用与新材料

5.10.1 玄武岩矿产资源储量及分布

玄武岩在俄罗斯、美国、印度尼西亚、菲律宾、印度、越南等国都有广泛分布。俄罗斯玄武岩主要分布在乌拉尔山脉附近;美国蛇河平原和哥伦比亚河平原有大规模的玄武岩矿山分布,怀俄明州东北部、加利福尼亚州也有较大的玄武岩储量。我国玄武岩主要分布于吉林东部、福建福鼎白琳大嶂山、黑龙江牡丹江、山东沂水、安徽明光、四川宜宾、山西大同、贵州西南部等地。

5.10.2 玄武岩矿产资源开发与利用技术

玄武岩是一种火山岩又称喷出岩,属于岩浆岩(火成岩)的一类,是由火山喷发出的岩浆到地表后冷凝而成的一种致密状或泡沫状结构的岩石。玄武岩体积密度为2.8~3.3g/cm^3,结构致密者压缩强度可达300MPa以上,莫氏硬度为5~7,抗风化能力强。玄武岩是地球洋壳和陆壳的主要组成物质,全世界资源量巨大,我国几乎每个省份都能找到玄武岩,尤以四川、福建、贵州等地资源丰富。玄武岩可用于生产玄武岩纤维、岩棉、铸石、微晶玻璃、鳞片和放射性废物固化用基础材料等,也被用作水泥混合材来制备混凝土。

5.10.2.1 玄武岩连续纤维

玄武岩连续纤维是一种纯天然、非人工合成的高技术纤维,是以纯天然火山岩玄武岩为原料,在1450~1500℃熔融后,通过铂铑合金拉丝漏板高速拉制而成的连续纤维。纤维单丝的直径为几微米到二十几微米。因此,这里的玄武岩是玄武岩、安山岩、辉长岩、粒玄岩、辉绿岩、玄武安山岩等可用于连续纤维生产的岩浆岩或火成岩的统称。玄武岩纤维是一种新型无机高性能环保绿色纤维材料,具有抗拉强度及弹性模量高、工作温度范围宽、化学稳定性好、保温、隔热、隔声等优异的物理化学性能。目前,玄武岩纤维已在纤维增强复合材料、摩擦材料、造船材料、隔热材料、航空航天、汽车行业、高温过滤织物以及防护领域等多个方面得到了广泛的应用,市场前景巨大。

玄武岩纤维的本质是玻璃纤维,与普通玻璃纤维化学成分的差异是铁组分。玄武岩纤维中的铁,一部分进入玻璃网络结构,另一部分处于网络结构外,使玄武岩纤维表面的极性较普通玻璃纤维小,因此玄武岩纤维较普通玻璃纤维有好的耐水性,其耐酸碱性能也有提高。

玄武岩纤维较玻璃纤维耐酸能力更强，经过高温和长时间的酸溶液处理后，玄武岩连续纤维和玻璃纤维的质量损失率分别达到18%和30%以上。被碱处理的玄武岩纤维的抗拉强度变化小于玻璃纤维抗拉强度的变化。从微观角度分析可知，酸性条件老化一定时间后纤维表面出现均匀的裂纹，且纤维内部发生了溶出反应。玄武岩纤维在氢氧化钠环境中腐蚀一定时间后表面出现层状的脱落，部分位置呈现鳞片状，纤维内部发生离子的溶出。经NaOH溶液腐蚀后，玄武岩纤维和玻纤中的Si含量均有不同程度降低，这是由于—OH破坏Si—O键，部分Si溶于NaOH溶液中。

5.10.2.2 岩棉

岩棉是以天然岩石为主要原料经熔融后制成的具有一定长度范围的絮状纤维。岩棉起源于夏威夷。当夏威夷岛的火山喷发之后，人们发现呈一缕一缕质地柔软的岩石，这就是人类最初认知的岩棉纤维。岩棉工业生产是以玄武岩、白云石等为主要原材料，经高温玻璃的熔制和调整后采用离心机高速离心成纤维，同时喷入一定量黏结剂集棉成型，后经固化、干燥和切割，制成毡、条、管、粒状、板状等不同规格和用途的岩棉产品。岩棉属于A级保温防火材料，广泛用于核电站、发电厂、化工企业工业大型窑炉保温、建筑物外墙、屋面及幕墙保温、蔬菜、瓜果、花卉的工厂化无土栽培等。

岩棉熔制工艺主要有池窑和冲天炉两种熔制方法。采用池窑法生产岩棉时，熔体温度比冲天炉稍低，所得岩棉纤维一般稍粗且长；连续生产周期长，不能随意更换原料配方；适用于单一燃料（如天然气、煤层气资源）；熔体流量及温度稳定性好，成纤作业稳定，优于冲天炉，产品密度波动小。采用冲天炉法生产岩棉时，熔体温度稍高，操作灵活，可根据实际情况决定打炉及挂炉的时间；可根据产品要求调整原料配方，适应多种产品的生产需求；冲天炉熔制工艺成熟，技术装备可靠；需要两种（焦炭、燃油或燃气）燃料；熔体流量、温度的波动较大。

5.10.2.3 玄武岩铸石

玄武岩铸石是以玄武岩或辉绿岩为主要原料，加入晶核剂（或不加晶核剂），经高温熔制、成型、结晶和退火而制得的硅酸盐结晶材料。其结晶均匀，主要晶相和玄武岩中的主要矿物一致，有辉石、长石、磁铁矿、橄榄石、赤铁矿等，按微观结构分为普通铸石和微晶铸石。在我国，玄武岩微晶玻璃也被称为"铸石"。玄武岩微晶玻璃是将原料经高温熔制、成型，在一定温度制度下进行晶化热处理，使玻璃内均匀地析出大量的微小晶体，形成致密的微晶相和玻璃相的多相复合体。制备玄武岩铸石和微晶玻璃常用的晶核剂为Fe_2O_3、TiO_2、$FeCr_2O_4$、Fe_3O_4、Cr_2O_3等中的一种或多种复合。

玄武岩铸石具有很好的耐腐蚀、耐磨和较高的抗压、抗冲击、抗弯等理化性能，制品主要有管材、板材和粉料等，已被广泛应用在电力、煤炭、矿山、冶金、化工、建筑等领域对耐磨损、抗腐蚀有特殊要求的部位，以延长部件或设备的使用寿命。

5.10.2.4 玄武岩鳞片

鳞片是指金属或某些无机化合物经物理或化学方法处理后，成为具有一定片径和厚度的薄片。根据制备原材料的不同，可将鳞片分为玻璃鳞片、玄武岩鳞片、云母氧化铁鳞片、云母鳞片、石墨鳞片、不锈钢鳞片、锌铝鳞片及合金鳞片等。

玄武岩鳞片是将性能优良的天然玄武岩经玻璃鳞片相似的工艺加工而成的绿色环保

型高新材料，具有透明、表面光滑、尺寸不均一、形状不规则的片状结构，其尺寸根据加工工艺的不同，片径一般分布在几微米到几毫米范围内，厚度一般为 $1\sim6\mu m$。

相对玻璃鳞片而言，玄武岩鳞片中铁氧化物、氧化钛含量高，而碱性氧化物含量较少，因此玄武岩鳞片除了能产生屏蔽效应外，还在耐腐蚀和耐磨性能方面有独特的优势。目前，玄武岩鳞片在国内也仅应用于高速公路、铁路、民用建筑等很有限的领域，玄武岩鳞片涂料的研制开发在一些特殊领域将有较大的应用前景。

5.10.3　玄武岩纤维与复合材料技术

玄武岩纤维是将火山岩原料经 1500℃高温熔融后拉制而成的连续纤维，由于生产过程中无污染、能耗低（仅为碳纤维生产能耗的 1/16），因此，被称为 21 世纪无污染的"绿色工业原材料"，与碳纤维、芳纶纤维、超高分子纤维并称中国的四大高技术纤维。另外，中国的玄武岩矿石资源丰富，取材广泛，为玄武岩纤维的大规模生产提供了原料保障。因此，玄武岩纤维有望推动工程结构的绿色可持续化发展，得到国家和地方政府的政策支持。

5.10.3.1　玄武岩纤维水泥基复合材料

玄武岩纤维复合材料目前最普遍的情况是在混凝土中的应用，为了提高混凝土的强度，学者们考虑往混凝土中掺入各种纤维，因为掺入纤维能减小混凝土的收缩应力，阻止混凝土裂缝的产生和扩展，提高其劈拉和抗折强度。玄武岩短切纤维与混凝土混合时，在混凝土内部构成一种均匀的三维乱向分布的网络体系，能够吸收外部冲击载荷和内部收缩产生的能量，把能量分散到纤维上，缓和混凝土内部裂缝应力集中，提高抗冲击性能和增加韧性，控制混凝土内部裂缝的产生与发展；另外，还能降低混凝土的收缩应力，同时增大混凝土的黏聚性，有效阻止了混凝土的离析，这样能有效地提高混凝土的强度和耐久性，有关学者的研究也证明了这一点。

玄武岩连续纤维不仅可以混合增强混凝土，还可以用于桥梁、立柱缠绕加固。吴刚等进行了玄武岩纤维丝束缠绕与碳纤维布包裹加固圆柱和方柱在反复载荷下的对比试验。试验证明了玄武岩纤维丝束缠绕加固能够显著提高混凝土柱的承载力，改变试件的破坏形态，在相近侧向约束刚度下，玄武岩纤维加固对柱承载力的提高及延性、耗能等结构性能的改善都能够达到甚至超过碳纤维加固柱。

玄武岩纤维土工格栅具有加筋、反滤、加固地基、防裂缝等特殊作用，可用来加固水电站水坝等堤坝，增强高速公路和立交桥的基础，还可替代钢筋用于混凝土建筑结构的增强材料。

5.10.3.2　玄武岩纤维沥青基复合材料

沥青属于半刚性材料，富有弹性，用于道路建设能够保证车辆运行的安全和舒适，有以往基层材料无法比拟的优点和广阔的使用前景，但是在道路的实际使用过程中还是出现了不少问题，往往在设计年限之前就产生损坏，主要是由于水损害。大多数水损害都以裂纹产生为前提。水通过裂纹进入里层，在车辆等载荷的反复碾压下，容易使裂纹扩展或者路面边缘破碎。有研究认为，纤维对沥青基体材料裂纹扩展有阻滞作用，目前对沥青基体添加的纤维主要是有机类纤维（木质素纤维和聚合物纤维）；但有机类纤维存在强度和弹性模量低、耐高温性能差、低温脆化、吸水等性能缺陷，然而玄武岩纤维的力学性能、耐高温性和不吸水性都比有机纤维强。

5.10.3.3 玄武岩纤维树脂基复合材料

玄武岩纤维树脂基复合材料种类最多，应用的领域也最广，包括制造业、交通工业、建材工业、水利工程等军工和民用领域，覆盖大多数工业领域。其制备的工艺有手糊、模压、缠绕、挤拉、喷射、树脂传递模塑成型等。由此产生的样品也多种多样，有管材、片材、板材、绳体和各种形状的壳体等。其中，作为基体的树脂有热固性和热塑性两大类。常用的热固性树脂基体主要有环氧树脂、不饱和聚酯、酚醛树脂等，常用的热塑性树脂基体有聚乙烯、聚丙烯、聚苯乙烯、苯乙烯-丙烯腈等。

玄武岩纤维热固性树脂基复合材料力学性能好，特别是刚度和强度，主要用于材料的增强、耐磨、阻燃、防爆、抗弹性、耐腐蚀等方面，制作机器设备的外壳或者一些高强度零件，如飞机轮船的壳体、阻燃性材料、防弹衣等，这方面的研究也是学术领域的热点。

关于玄武岩纤维热塑性复合材料的研究也不在少数，应用于既要求有一定的强度又要求具备吸声隔声、耐热、绝缘、抗震、耐腐蚀等性能材料上。与热固性复合材料相比，热塑性树脂有种类多、选择性大、存期长、密度小、韧性高、抗腐蚀耐水能力强、可循环利用等优点。

5.10.3.4 玄武岩纤维与其他纤维的复合材料

玄武岩纤维与植物纤维复合可以制备复合纸板和过滤材料，用于制作一次性餐具、农用育苗钵和过滤织物等。这样既可提高各项性能又能节省植物纤维，保护树林，并且完全属于环保材料，不管是生产、应用还是废弃之后，都不会污染环境。

玄武岩纤维除了与植物纤维复合制备过滤材料外，还可以与其他耐高温纤维复合，制备高温过滤材料，并且其耐高温性能超过目前应用的高温过滤材料，如芳纶、聚苯硫醚、聚酰亚胺和聚四氟乙烯等。这几种纤维所能承受的温度都不超过400℃，而玄武岩纤维的使用温度在－269～650℃，经过处理最高使用温度可达900℃。因此，在高温过滤领域，玄武岩纤维具有很大的优势。

5.10.4 玄武岩尾矿与二次资源循环利用技术

5.10.4.1 非烧结矿砖

玄武岩尾矿可作为原料制成非烧结矿砖。康馨等人采用碱性激发剂对玄武岩尾矿进行激发，通过不同的配比可以制成不同强度的非烧结尾矿砖，实现尾矿资源以及固体废弃物资源的合理大量利用。制备成的玄武岩尾矿砖无侧限抗压强度最高可达20.63MPa，且在吸水率等方面均满足行业标准《非烧结垃圾尾矿砖》(JC/T 422—2007)的要求，减少了能源损耗和温室效应，能够产生很好的社会效益、经济效益和环境效益。

5.10.4.2 玄武岩尾矿炭化营养土

金白云等人发现玄武岩尾矿经炭化处理后还能作为营养土。玄武岩尾矿炭化营养土由玄武岩尾矿、活性白土废渣、泥煤、凹凸棒石黏土、膨润土、沸石、废弃物、蛭石、磷酸二铵、珍珠岩、高吸水树脂和硫酸亚铁组成。玄武岩尾矿炭化营养土中含有大量的氮、磷、钾、有机质和微量元素，是一种营养成分齐全、肥效高、无毒、无菌、无害、无臭味和保水性能好的优质营养土，适用于种植花卉和苗木。玄武岩尾矿炭化营养土的生产方法适用于生产的炭化营养土和营养基质。

5.10.4.3 自流平水泥

袁印忠等人利用玄武岩尾矿生产自流平水泥。以硅酸盐熟料、无水石膏、石灰石、矿渣、减水剂、助剂、玄武岩尾矿为原料，制得的自流平水泥具有较强的耐腐性和抗压性。所用玄武岩尾矿选自矿铁路运输和（或）公路运输基石的下脚料，将其充分利用，变废为宝，大大降低制造成本的同时达到节能环保的目的。生产工艺为成熟的通用水泥粉磨工艺，工艺成熟、简单，与传统自流平水泥的生产工艺和技术方案相比，不但减少了再次配料、搅拌均化环节，而且解决了传统自流平水泥生产原料多为粉细料且很难搅匀的难题。

5.11 盐湖矿产资源综合利用与新材料

5.11.1 盐湖矿产资源储量及分布

盐湖指的是干旱地区含盐度很高的湖泊。从湖水中提取各种盐类资源的角度考虑，一般将湖水含盐量大于 5.0% 的湖泊定义为盐湖。盐湖可划分为氯化物型、硫酸盐型和碳酸盐型。

我国盐湖数量众多，分布广泛，类型齐全，资源富足。我国面积在 1km² 以上的盐湖超过 800 个。我国盐湖主要分布在四个区域，即新疆盐湖区、青海盐湖区、西藏盐湖区及陕甘宁蒙盐湖区。如内蒙古区域内的盐湖有 370 多个，盐湖区域面积约 1500km²；西藏盐湖区有大小盐湖 220 余个，盐湖区域面积约 6000km²；青海盐湖区目前所知有盐湖 33 个，盐湖区域面积约 11000km²，除柴达木盐湖区资料较充分外，许多盐湖尚无法统计。盐湖是湖泊发展到老年期的产物，它富集多种盐类，是重要的矿产资源。例如，察尔汗盐湖具有氯化钾储量 1.5 亿 t，占全国探明总储量的 96%。目前，我国盐湖矿产储量调查资料还不完善，如青海盐湖区昆仑山以南至唐古拉山的广大地区尚未涉足，特别是可可西里盆地还有许多盐湖尚无法统计，仅柴达木盆地盐湖资料较充分。我国青海柴达木盆地中部的氯化物型察尔汗盐湖的主要矿产如下：氯化钾 1.5 亿 t、氯化钠 5.6 亿 t、氯化镁 16.3 亿 t、氯化锂 842 万 t、三氧化二硼 448 万 t、溴 17.3 万 t、碘 0.8 万 t、氧化铷 3.8 万 t。

5.11.2 盐湖资源综合利用及提取锂技术

（1）盐湖资源综合利用

青海、新疆等盐湖分布区是中国西部开发和经济发展的重要战略资源基地。如 2000 年 5 月，实施的"西部大开发"首批十大标志性工程——青海钾肥百万吨工程，标志着我国成为世界上第七个拥有百万吨钾肥生产能力的国家。青海柴达木盆地生产的钾肥，约占全国钾肥产量的 88%。盐湖资源的综合开发利用，不仅持续保障中国大农业的稳定发展，也必将成为中国经济发展新的增长点。盐湖资源综合开发利用应考虑实施资源节约和生态保护优先战略，以环境承载力优化盐湖资源开发利用布局。控制钾肥生产规模，重点开发高价值的锂资源，加快硼、溴、碘资源协同开发，积极推进盐湖镁、钠、氯等资源综合利用，加快中高端盐湖资源产品研发和生产，提高盐湖资源综合开发利用的质量和效益，推动盐湖产业转型升级。

以已有勘探开发的柴达木盐湖区为例，综合开发利用总的路线应是：从市场需求出发，以创新驱动发展，先易后难；以钾为龙头，重点发展高价值的锂资源，加快开发硼、溴资源，积极推进大宗镁、钠利用，加快中高端盐湖资源产品研发和生产。

(2) 盐湖提取锂技术

盐湖卤水提锂的工艺难度和成本主要受盐湖中锂的浓度及镁锂比影响。由于锂、镁具有非常相似的性质及水合半径，卤水中的镁锂比越高，提锂难度越大。相比国外盐湖，我国盐湖锂资源的普遍特点是镁锂比高达几十甚至上千，且大部分盐湖位于青海柴达木盆地一带，地理位置偏僻，给锂资源的开发带来极大难度。

高镁锂比盐湖卤水提锂通常需将原始卤水蒸发浓缩，然后将其中的锂分离提取，制备出锂产品。从浓缩卤水中分离锂的工艺，主要基于亲和作用的平衡分离，如吸附、萃取，以及纳滤、电渗析等。吸附法应用于锂浓度较低且镁锂比高的卤水，但吸附材料的成本和稳定性等问题限制了其工业化应用。由于有机溶剂环境危害较大、萃取工艺条件苛刻等因素，溶剂萃取法也没有实现广泛应用。此外，现有的纳滤膜材料和电渗析膜材料的镁锂分离系数低，分离特性弱于膜萃取过程。

目前，青海柴达木盐湖卤水提锂产量约为每年 1100t 碳酸锂，成本较高，尚未达到工业产能。如青海察尔汗盐湖卤水属卤化物性，镁锂比约为 1577，蓝科锂业公司采用树脂吸附法、反渗透法、盐田浓缩和沉淀法相结合的卤水提锂技术生产碳酸锂。东台吉乃尔盐湖卤水属硫酸镁亚型，镁锂比约为 37，青海锂业公司采用电渗析和沉淀法生产工业级和电池级碳酸锂产品。

5.11.3 盐湖提取钾肥技术

我国共有钾盐矿约 40 处，钾资源探明储量 1.54 亿 t，仅占全球钾资源总储量的 2.21%，其中氯化钾储量占钾资源探明储量的 50% 以上，集中分布在青海柴达木盆地和新疆罗布泊地区。相关研究认为，中国现有钾资源可利用年度仅为 66 年左右。作为目前开发最完善的大型盐湖之一，察尔汗盐湖在我国盐湖产业占据不可替代的位置。1956 年我国在此建立起第一座钾肥厂，标志着中国盐湖钾肥产业开端，产出的氯化钾肥料为我国农业生产立下了汗马功劳。随后在盐湖科研工作者对工艺技术的不断改进下，察尔汗盐湖钾、镁、锂综合开发的生产格局逐渐形成。我国利用盐湖光卤石矿（主要成分为 $KCl \cdot MgCl_2 \cdot 6H_2O$）生产氯化钾的工业技术路线主要为冷分解—浮选法，其工艺主要原理是用盐酸十八胺作为捕收剂，将光卤石矿溶液中的氯化钾提取，得到氯化钾产品。冷分解—浮选法工业耗能小、操作管理简单、生产工艺流程短，但存在产品品位低、质量差、粒度小、收率低、环境污染严重等缺点。2005 年青海盐湖钾肥公司试运行反浮选—冷结晶工艺。该工艺以盐田光卤石矿为原料，在饱和光卤石矿浮选介质中，加入配制的反浮选药剂，增加氯化钠表面疏水性，用刮板将泡沫刮出。光卤石留在矿浆中，脱卤后成为低钠光卤石。常温条件下对低钠光卤石进行控速结晶，使氯化钾晶体长大，而氯化钠留在液相不能析出，保证了氯化钾产品质量和粒度。这种新工艺不仅具有产品品位和收率双高的特点,而且不易腐蚀设备,是目前我国氯化钾生产的最优工艺,代表我国钾肥生产技术的最高水平。受淡水资源和氯化钾基础储量约束,柴达木察尔汗盐湖区维持高品质氯化钾年产量在 500 万～600 万 t 较为合适,不宜再扩大柴达木东部钾肥的产量和产能。适度开采盐湖卤水资源,保持采补平衡,才能保证钾肥生产的长期稳定。

5.11.4 盐湖提取镁与新材料技术

我国锂资源大部分储存于青海、西藏、内蒙古等地的盐湖中,但由于我国盐湖镁锂比高的特点,导致锂资源开采的同时副产了大量含锂的 $Mg(OH)_2$ 镁渣。这种镁渣纯度低,杂质含量高、种类多,难以直接利用,因此绝大部分被企业遗弃,造成镁资源的严重浪费和生态环境的破坏。开展盐湖提锂副产品 $Mg(OH)_2$ 镁渣的高值化利用研究具有重要意义。

(1) 无水氯化镁

在盐湖钾肥生产初期,由于工艺条件不成熟,产品品种单一,资源综合利用率低。每生产 1t 钾肥就会有 10t 镁盐废弃物。经过长时间的反复试验,于 2005 年成功生产出无水氯化镁,打破了国外对水氯镁石脱水技术的长期垄断,并可以此为基础再生产硫酸镁($MgSO_4$)、氢氧化镁[$Mg(OH)_2$]、氧化镁(MgO)及电解制备金属镁等。此外,利用尿素为碳源,氯化镁/硫酸镁为镁源,在 180℃水热条件下,可再制备出分散性良好的球状、立方体状无水碳酸镁。

(2) 层状氢氧化镁新材料

盐湖提锂工艺的副产镁渣,组分主要为 $Mg(OH)_2$(纯度为 76%)。中国科学院青海盐湖研究所杨佳亓等人开展了由镁渣制备层状双羟基复合氢氧化物(LDHs)的研究。LDHs 是一种多功能层状材料,由于其层板阳离子及层间阴离子具有可调变的性质,而拥有许多独特的物理化学特性,在阻燃、催化、紫外吸收、医药等领域有广泛应用。该工艺以镁渣和可溶性铝盐为原料,采用水热法成功制备了硫酸根离子和碳酸根离子插层的 LDHs。此外,在反应过程中可将镁渣中 90%的锂进行回收,不仅实现了副产镁渣的高值化利用,还回收了夹带的锂,对盐湖镁锂资源综合高效利用提供了一种有效途径。

5.11.5 盐湖镁渣制备油田化学品与其他资源利用技术

(1) 利用镁渣制备油田化学品

随着我国富镁盐湖的加快开发,排放出来的镁渣越来越多,如何有效、合理地处理、开发利用镁渣,达到节约能源、节约资源、变废为宝和变害为利的目的,是迫切需要解决的问题。

例如,镁渣已用于油田压裂陶粒材料中。水力压裂技术是油气开采过程中增产与提高采收率的主要手段,水力压裂施工的关键材料、陶粒支撑剂性能的优劣严重影响着压裂技术的成功率、油气井的服务年限及增产能力。

(2) 利用镁渣处理油泥

油田含油污泥(油泥)是一种石油和水、泥沙组成的稳定胶状体系,所含的有机物、N、S、Cl 等具有持续环境风险。目前多采用生化、热解、焚烧等工艺处理，但存在能耗高、处置不彻底等问题。

(3) 利用镁渣制备固井水泥

以镁渣为原料生产的水泥，可用于油田固井。詹学斌等的研究结果表明，掺入镁渣后，出窑熟料合格率大幅度提高，特别是早期强度提高幅度较大。

其他元素的资源利用技术包括石膏、碳酸锂、液溴、硼酸等。

(4) 制取高强石膏

提钾提镁之后的老卤水含有硫酸根，可与含氯化钙的蒸氨废液反应，过滤得到二水硫酸钙结晶和氯化钠溶液，通过低温转相为 α 型半水硫酸钙（高强石膏）。

(5) 吸附提取剩余锂资源

提取石膏后的卤水，送入铝盐吸附剂装置可进行吸附提锂。首先采用反渗透膜对卤水进行浓缩，之后采用纳滤膜分离去除钙镁等多价杂质离子，达到纯化目的，最后通过蒸发浓缩，得到锂含量在 18～30g/L 的富锂卤水。富锂卤水通过和纯碱进行沉锂反应得到粗碳酸锂，然后经过洗涤、干燥，最终得到碳酸锂产品。

(6) 提取液溴

提锂后的卤水加酸进行酸化，控制 pH 在 3～5 后，通入氯气，进行置换反应，卤水中的溴离子被氯气氧化，生成溴气而被置换出来，以游离态存在于卤水中。再用鼓风机将溴素吹出，得到含溴空气。含溴空气经吸收塔中的酸雾吸收，不断被氧化、蒸出、冷凝，得到溴水混合物。溴水回流至贮罐，检验合格后为液溴成品。

(7) 提取硼酸

提完溴后的卤水，采用吸附酸化法可提取硼酸。具体步骤是：将含硼氯化镁卤水通入吸硼专用树脂（D564 树脂），约 4h 树脂吸附饱和，此时饱和吸附容量达到 0.85mmol/g，吸附率达到 90%。然后用酸进行解析，得到高浓度含硼脱附液，再采用反渗透膜进行浓缩，富集含硼卤水，将硼富集到 3.5g/L 以上。最后采用盐酸进行酸化，并沉淀出硼酸，离心洗涤后，得到高纯硼酸产品。

5.12 磷矿产资源综合利用与新材料

磷矿是指在经济上具有利用价值的磷酸盐类矿物的总称，是地球上不可再生的非金属矿产资源，是生物细胞质的重要组成元素，也是植物生长必不可少的主要元素。因此，磷矿对生命存在具有重要意义，同时也是保证粮食安全不可替代的矿产资源，人类的发展离不开磷矿资源。世界上约 66% 的磷矿石用于生产磷肥，磷矿的合理开采和利用直接关系到国家粮食安全以及人类的生存发展。

5.12.1 磷矿产资源分类、储量及分布

5.12.1.1 磷矿产的分类

按照地质成因，全球磷矿床可分为原生磷矿床和次生磷矿床两大类。其中，原生磷矿床按成矿作用分为沉积型磷矿床、岩浆型磷矿床和变质型磷矿床等 3 种主要类型。全球沉积岩型磷矿资源主要是由海相沉积而成，全球已发现的主要沉积岩矿床位于非洲北

部、中国、中东和美国等国家和地区；已发现的重要的岩浆岩型矿床主要位于巴西、加拿大、芬兰、俄罗斯和南非。这3种矿床类型中，沉积岩型是主要的磷矿床类型，目前工业开采的磷矿约85%是沉积岩型磷矿，其探明储量占全球磷矿资源的90%，其余主要为岩浆岩型和极少量变质岩型磷矿。岩浆岩型或变质岩磷矿与沉积型磷矿原矿相比通常 P_2O_5 品位低，但可选性更好，选矿产品的品质也更好。

我国磷矿床多数成矿年代久远，岩化作用强，埋藏深，矿石矿物嵌布紧密，且大部分磷矿体为薄至中厚层分布，以倾斜至缓倾斜方式产出，开采难度较大。中国的工业磷矿床大部分与构造活动相对稳定的地台区域及其边缘地带有关。

5.12.1.2　磷矿产的储量及分布

我国已探明磷矿资源分布在27个省（自治区），湖北、湖南、四川、贵州和云南是磷矿富集区。磷矿分布的主要区域如下：云南滇池地区、贵州开阳地区、瓮福地区，四川金河—清平地区、马边地区、湖北宜昌地区、胡集地区和保康地区。我国磷矿资源分布极不平衡，探明储量南多北少、西多东少，大型磷矿及富矿高度集中在西南部地区。我国主要矿区分布有超基性-碱性岩型、超基性-碳酸岩型、碱性岩型、超基性岩型、基性岩型、伟晶岩型、绿岩带型等7种成因类型的磷矿床。

世界上大多数国家都有磷矿分布，但只有为数不多的国家拥有经济意义较大的磷矿资源。目前世界总磷矿石储量为680亿t，中国储量为37亿t，仅次于摩洛哥，排名世界第二，其具体磷矿分布见表5-8。

表5-8　世界磷矿储存与产量

国家（地区）	储量（×10³t）	储量占比（%）	产量（×10³t）	产量占比（%）
摩洛哥和西撒哈拉地区	50000000	73.53	30000	11.49
中国	3700000	4.56	138000	52.88
阿尔及利亚	2200000	3.24	1500	0.57
叙利亚	1800000	2.65	—	—
南非	1500000	2.21	1700	0.65
俄罗斯	1300000	1.91	11600	4.44
约旦	1200000	1.76	8300	3.18
埃及	1200000	1.76	5500	2.11
美国	1100000	1.62	27800	10.65
澳大利亚	1100000	1.62	2500	0.96
其他国家	3500000	5.14	34100	13.07
全球总量	68000000	100	261000	100

由我国磷矿已查明资源储量地理分布可知，北方地区和东部地区磷矿资源稀缺，需要大量买进磷矿石和磷肥，同时不同地区的磷矿品位不同。由表5-9可知，我国磷矿品位不高，P_2O_5 含量在15%~20%时最多，需要提高采矿以及提炼方法从而提高磷矿使用效率。

表 5-9 我国磷矿品位分布

平均品位（P_2O_5含量，%）	资源储量（矿石量）		资源储量（P_2O_5）	
	含量（$\times 10^8$t）	比例（%）	含量（$\times 10^8$t）	比例（%）
≥30	16.6	9.39	5.3	16.67
25～30	21.2	12.02	5.7	18.11
20～25	27.3	15.48	6.1	19.22
15～20	60.1	34.09	10.5	33.04
10～15	21.9	12.45	2.9	9.31
5～10	4.8	2.74	0.4	1.23
2～5	24.4	13.83	0.8	2.6

5.12.2 磷矿产资源开发与利用技术

现阶段而言，全球的磷矿产业都向产业垂直整合的方向发展，不仅要开采磷矿，也为下游磷矿的综合利用开设企业，促进磷矿化工产业的发展，不仅提高了利润，抵御了市场的风险，而且带动当地就业和经济的发展。截至目前，全球综合性企业的磷矿产量占全球磷矿总产量的 70% 以上，单纯生产磷矿石产品的企业呈现减少趋势，国际磷产品贸易中矿石产品的占比不断下降，磷肥和磷酸等化工加工产品不断增加，曾经的磷矿石出口大国美国和中国都正在变成磷矿净进口国，全球产能排名靠前的磷矿开采企业包括摩洛哥的 OCP 公司、美国美盛 Mosaic 公司、中国云天化股份有限公司、俄罗斯 PhosAgro 公司、美国 PotashCorp 公司、约旦 JPMC 公司、巴西 Vale 公司、沙特 Maaden 公司、以色列 ICL 等。无一例外，这些大企业均为全产业链的大型化工或化肥企业，其产量也非常大。经过分析计算，产量排名靠前的九大企业占全球产量的 40%。

5.12.2.1 磷矿产的资源开发

随着全球磷矿的不断勘探开发，P_2O_5 品位高、有害杂质低的优质磷矿资源正在逐步变少，全球磷矿资源整体开发正向着低品质的磷矿资源方向发展。根据国际化肥组织统计数据总结得出，全球原矿品质下降导致全球 P_2O_5 品位大于 32% 的优质商品磷矿占比持续下降；31% 左右 P_2O_5 品位的磷矿近年来为全球磷矿的重要供给源。虽然从整体上看来，全球磷矿开发向着开发低品质磷矿的方向发展，但短期来看，随着北非的摩洛哥等国的优质磷矿的大规模开发，全球高品位优质磷资源将占有比较大的开发比例。

2015 年全球加工磷酸盐贸易量增长 8.7%，印度仍然是全球第二大磷消费国（占全球需求的 14%），是全球最大的磷酸二铵进口国（占全球 DAP 贸易的 38%），2015 年进口量达 P_2O_5 300 万 t，主要来自中国（60%）、沙特（25%）和美国（10%）。印度国内产量供应其磷肥消费的 2/3。亚洲磷酸二铵（DAP）主要生产国是中国、印度、巴基斯坦和越南，磷肥最大进口国在南亚（印度、巴基斯坦和孟加拉国）。2015 年中国的磷酸二铵出口扩大了 64%，占全球出口总额的 47%，磷酸一铵（MAP）出口占 28%。2015 年中国 DAP 与 MAP 出口总量 1370 万 t，比上年增长 41.2%，其中 DAP 占 58.4%；出口磷矿石 24.25 万 t，同比下降 27.63%。

在我国，由于高浓度磷复肥增长的速度很快，产量已经从 20 世纪占磷肥总量的

5％上升到2005年的60％，再加上国家已经批准立项在建的高浓度磷复合肥产能，两年后高浓度磷复肥的产量占磷肥总产量的75％。所以磷矿的资源发展也和世界磷矿发展一样，逐渐转为进口大于出口，产业结构不断升级。但低浓度磷肥充分地利用了现有的中低品位磷矿资源，不但具有价格优势，而且能提供农作物所需要的中微量元素，改善土壤结构。我国30％以上的土地缺硫，54％的耕地缺镁，70％的土地缺锰、铜、锌等各种微量元素，而磷酸钙、钙镁磷肥等低浓度磷肥弥补了土壤中所缺失的这些元素，对满足农作物的养分需求起到了重要作用。所以我国不仅要向世界学习，开展高品位的磷矿的开采与开发，也要对低品位的磷矿进行综合利用，同时我国的磷矿也是以 P_2O_5 在15％～20％之间品位的最多，所以说开展我国低品位磷矿的开发利用也是迫在眉睫的事情。

同时，由于我国磷矿产的分布，而且矿床呈倾斜至缓倾斜，为薄至中厚矿层，开采损失率高、贫化率高、资源回收率低以及大型化和机械化开采难度大，同时存在磷矿企业整体规模小、经济效益差、企业设备简陋、管理落后、资源破坏严重、胶磷矿浮选技术难度大、选矿费用偏高、国有大中型矿山技术落后、滥采行为等问题，造成有限的磷矿资源浪费。磷矿开采方式分为地下开采和露天开采，其中露天开采回采率均在90％以上，云南磷化集团、贵州瓮福集团和湖北黄麦岭磷矿的回采率均超过97％；地下开采回采率相对较低，平均为79.4％。随着国家对环境保护的要求越加严格，地下开采方式逐渐向充填法发展，回采率可达到85％。2018年全国采用充填法的在产磷矿山有12家，占地下矿山的10.71％，其中，贵州开磷集团磷石膏充填无废开采综合技术使回采率提高至90％以上。

5.12.2.2　磷矿产的综合利用

我国磷矿中共伴生资源主要有氟、碘、锶、稀土、磁铁矿、钾长石等，可通过选矿或后加工过程中进行回收，目前以回收碘和氟为主。2018年，磷矿综合利用产值为16.9亿元，同比提高了622.6％，在总产值中的占比由1.5％提高到了9.5％。近10年来，磷矿综合利用产值受市场、政策等多种因素影响，出现大范围波动，2013年创下历史新高，2018年综合利用产值达到近5年以来的最高值，磷矿石主要用于生产磷肥和磷化工产品。磷肥方面，我国主要产品已由过磷酸钙、重过磷酸钙等过渡到以磷铵等高浓度磷复肥为主，过磷酸钙、重过磷酸钙等为辅的现状，具备与发达国家相接近的磷肥工业体系。磷化工产品方面，直接利用优质原矿生产黄磷、磷酸和饲料添加剂，广泛应用于畜牧、食品、医药、轻工、化工、国防等领域。

我国磷矿资源目前的利用热点是资源开发由富矿逐渐转变为中低品位矿，技术创新带动磷矿产业发展，绿色矿业成为磷矿行业发展新方向。我们需要强化资源危机意识，尽快采取有效措施保护磷矿资源，加强资源管理，合理规划，提高国家对磷矿资源的控制力，将磷矿资源分类利用、分级利用，加大勘探经费投入，增加资源储量。我国磷矿供应要长期立足国内。

目前，我国对磷矿的选矿技术主要为浮选，擦洗脱泥工艺用于风化泥化类磷矿石，重介质选矿，焙烧—消化工艺用于钙质磷矿，化学浸出用于碳酸盐含量低的细粒钙质磷矿石和磷精矿中的除杂，电选技术，联合选矿等。

我国部分磷化工企业经过十多年研发出"隧道法直接利用中低品位磷矿生产工业磷

酸",直接利用中低品位磷矿。该工艺采用隧道窑焙烧方式,通过配料、粉磨、成型、运用物理方法保护炉料,直接入炉烧结,实现 P_2O_5 的还原和磷的氧化反应;窑气通过水合塔吸收直接制取工业磷酸,并回收尾气中的副产品氟硅酸钠,磷渣直接作为建筑材料。

王方瑚等人对中低品位高镁磷矿生产铵镁磷肥进行研究,以含 CO_2 在 10% 以上、MgO 为 4%~6%,且 P_2O_5 在 25% 以下的磷矿为原料,用流程中制得的萃取磷酸与硫酸混合脱镁,流程简单、工艺易行、节省能源、成本低、无废物,且能直接利用传统工艺设备投产,尤其适合生产磷铵厂家选用。

我国是农业大国,磷矿资源在国家粮食生产安全和磷化学工业中占有极其重要的地位和作用。虽然我国磷矿资源储量位居世界第二,但因其质量较差,可直接利用的储量较少,并且随着国内农业快速发展、化肥用量(特别是磷肥用量)越来越多,高品位磷矿储量快速消耗。为了充分利用不可再生的磷矿资源,各磷矿生产企业开发研究适合其特点的采选工艺,并不断探索利用中低品位磷矿的新技术,用科技创新带动中低品位磷矿利用、提高回收率,实现磷资源开发与保护的协调发展,逐步建立磷资源利用的可持续发展体系,这将对我国农业的生产、丰产及国民经济产生重要影响。

5.12.3 磷资源应用与新材料技术

磷是生物体细胞核的重要组分,是一切生物必需的基础物质。自然界中磷的循环周期很长,被认为是不可再生的矿产资源。在目前人类社会经济系统中,磷从磷矿中被开采出来进入磷化工业,用于制造磷肥、农药、洗涤剂等产品,生产的含磷产品通过买卖消费在社会各个部门流通,最终以含磷废物进入水体或累积在土壤中。磷素利用效率的有限,不仅加速磷矿资源耗竭,也带来严重水体污染。因此,从资源节约和环境保护的角度出发,探讨磷资源在社会经济体系中的循环代谢过程,查找磷资源代谢存在的生态缺陷并对其进行调整、完善,对人类合理开发利用磷资源具有积极意义。

目前,磷矿中的 P 主要是难溶性 P,要向着水溶性 P 和枸溶性 P 的有效转变,在水溶-枸溶-活化 3 种有效态中,活化态的能(酸)耗最低,水溶性能(酸)耗最高。从难溶态到活化态,酸(能)耗很少甚至酸耗为零,基本上是在常温常压下实现活化,而活化态磷酸钙的化学键特点可以通过红外线测知。这样就避免了中低品位磷矿中的杂质对酸和热能的无效消耗。活化态有效性的概念,为高效低耗的磷肥生产提供了新的思路,开拓了新的技术研发空间。中低品位磷矿向活化态转化,不仅节酸、节能,而且可激活现有技术条件下难以利用的"鸡肋"资源,使之成为与高品位磷矿一样可以产业化利用的宝贵资源。

由于可维持较高的水溶性磷浓度和增强磷的抗固定能力,高效磷肥显示较强的连续供 P 能力,而有较高的肥效,活化磷矿粉的水溶性 P 均明显高于磷矿粉,这种有效性的提高源于活化剂的促释作用,与对高水溶性化肥的缓释作用同属控释作用但方向相反,故亦称"反向控释"。生产高效磷肥所用的活化剂分为两大类:一类是有机活化剂系列;另一类是无机活化剂(矿物)系列。这些活化剂主要来源于工农业废物和矿山,经物理、化学修饰等方法处理而制成,实现以活化态为目标,还可采用一些新的技术手段。比如以纳米器件处理水等物理手段浸提磷矿粉,可大幅提升其溶出率。若与化学活化剂结合使用,有明显的协同作用,溶出率高达一倍。

5.12.4 磷尾矿与二次资源循环利用技术

我国磷矿主产地所产工业磷矿石的矿物组成均以钙磷酸盐、碳酸盐、硅质（SiO_2）大矿物为主；主要有用矿物为磷灰石，伴生矿物主要为白云石、方解石、石英和玉髓。在磷矿石的开采、选矿过程中，产生大量的尾矿，选矿厂经过选矿后的副产物尾矿，在国内我们均将其称为磷尾矿，同时在提炼黄磷的过程中，还产生大量的矿物渣，我们称之为磷渣。

5.12.4.1 磷尾矿的产生与危害

由于浮选工艺的应用，每年工厂将产生大量的磷尾矿，其中 $w(P_2O_5)<10\%$，$w(MgO)>15\%$，同时磷尾矿的大量堆积占据了大量的农田，其维护需要大量的资金，造成人力、物力的损失，所以需要对磷尾矿进行综合利用。

由于磷矿尾矿中磷含量低，所以可以将其作为低品位的磷矿处理。美国直接采用浮选的方法浮选白云石含量高的尾矿回收磷酸盐，美国 Dufour 等人发明了采用多元多级浮选的方法，综合回收利用磷矿中的镁和煤矸石。南非矿山在浮选过程中以非苯基四乙二醇醚作为抑制剂和调整剂，利用这种新的工艺处理低品位磷矿和磷矿尾矿获得成功：P_2O_5 的品位从 1.5% 提高到 40.3%，此品位获得世界上最高品位的磷矿的殊荣。

5.12.4.2 磷尾矿的资源化利用

我国对使用尾矿作为原料制备水泥的研究比较早，但对制备水泥的研究还未深入，对此应用的深入研究是今后的一个重要方向。磷矿尾矿可以作为水泥的生料、混合材、矿化材等。我国关于使用磷尾矿为原料制备建筑用砖的研究还是不够深入，目前处于实验室试验阶段，还未工业化生产，有待研究。张定斌等人发明了一种利用磷尾矿为原料制取磷酸的同时并获得了符合国家质量标准要求的副产建筑用砖的方法。同时，磷尾矿用烧结法也可以制备微晶玻璃。

（1）磷尾矿的国内资源化综合利用

① 磷尾矿应用于复合肥

由于磷矿选矿后的副产物尾矿中含有钙、镁、磷等元素，又因为磷和镁都是复合肥料中重要的营养元素，所以，近年来在农业上使用的缓释肥料中已经添加磷尾矿，复合肥料和氮、磷、钾一起成为农作物的主要营养元素。夏循峰等通过研究磷矿尾矿活化制备复合肥填充料的工艺条件，对用活化剂处理后的磷尾矿进行深度加工并成功制备出磷复肥黏结剂，以此来提高复合肥的造粒率并强化其物理性质，此方法为磷尾矿在肥料生产相关研究中提供了一种全新的思路；赵建国等以富含镁、硅的浮选磷尾矿为原料，通过计算其生产配料、测算其产品制造成本以及分析其投资初步效益来证明浮选磷尾矿制钙、镁、磷肥的可行性；韩效钊等用磷酸浸取磷矿和钾长石的混合物，再在 70℃水中浸取 100min，所得的浸取液经过氨水氨化制备长效磷肥及 NPK 复合肥，该工艺简单易控，发展前景良好；范志平等分别对磷矿尾矿粉、水稻秸秆以及酱油渣的成分进行分析，并用 4 种不同的特定解磷细菌对磷矿粉进行解磷。这些方法都极大地提高了磷尾矿在农业方面的应用。

② 磷尾矿应用于再选回收

除此之外，我国非常重视磷尾矿再选回收方面的研究，并且已取得一定进展。如周慧等对美国细粒磷矿尾矿中磷的回收进行了研究，最终获得的精矿 P_2O_5 品位达18.94%，回收率达 16.34%；孔繁振等利用煅烧铵盐的方法来回收磷尾矿中的镁、磷；杨书怀对高镁、磷尾矿进行了盐酸、硫酸混合酸浸，分解磷尾矿以回收尾矿中的磷、镁，在此工艺条件下，P_2O_5 浸出率为 97.2%，MgO 浸出率为 98.5%。

③ 磷尾矿应用于矿区填充

在尾矿开采完成后，留下了大量的采空区，为了避免采空区的塌方，需要将采空区进行回填。在磷矿开采过程中产生的尾矿正好可以用来填充采空区或露天采坑，这是尾矿最直接、最有效的利用措施之一，不仅可以节省资源，而且可以省去建设尾矿库的费用。目前，充填采空区约占尾矿资源化利用的 53%，但其附加经济价值并不大。

④ 磷尾矿应用于建筑材料

我国将磷尾矿用作建筑材料的研究始于 20 世纪 80 年代，虽然用作建筑材料的生产所能利用的尾矿数量巨大，但这个方向创新性并不高，而且附加值较低。目前，磷尾矿在此方向上的应用主要是研究新型建筑材料的生产。

磷尾矿也可用来制作植被混凝土，用于边坡防护以及矿山复垦，减少水土流失，减少滑坡等自然灾害的发生。

⑤ 磷尾矿应用于化工产品

除此之外，磷尾矿也可用于生产磷酸、磷酸镁、氢氧化镁等化工产品。张萍花等以磷尾矿为原料，采用硝酸复合溶剂浸取法得到其中的镁源，接着配合碱性沉淀剂制备出高附加值的氢氧化镁。

⑥ 磷尾矿应用于以废治废

目前，比较热门的方向是利用磷尾矿处理工业废气，达到以废治废的目的。贾丽娟等以磷矿浆为脱硫剂吸收硫酸尾气中低浓度 SO_2，试验结果表明，磷矿浆脱硫效果良好，且无副产品产生，具有良好的环境效益。

(2) 磷尾矿的国外资源化综合利用

国外的关于尾矿选回收方面的研究有很多，如美国南佛罗里达大学（USF）在州研究院的资助下，以高镁低磷矿石为试验原料，创造出一种"三回路除镁工艺"，已申请相关专利，为高镁低磷矿石的资源化利用开辟了一条新的道路。

5.12.4.3 磷渣的产生与危害

磷渣（phosphorus slag，PS）是利用电炉法生产黄磷时产生的工业副产物。黄磷生产企业在黄磷的制取过程中，利用具有高还原性的焦炭作为生产燃料，利用二氧化硅作为造渣剂，使磷矿中的钙质和 SiO_2 发生化学反应，在炉底形成熔融态的炉渣，将这部分炉渣排出后，经水淬急冷，即为粒化电炉磷渣，简称磷渣。该过程的化学反应式为

$$Ca_3(PO_4)_2 + 5C + 3SiO_2 \Longrightarrow 3CaSiO_3 + 2P + 5C\uparrow$$

5.12.4.4 磷渣的资源化利用

如今，国内外学者针对磷渣综合利用，在化肥、水泥、混凝土、建筑材料等领域开展了大量细致的研究，为实现磷渣的资源化利用提供了强有力的理论支持。

(1) 磷渣的国内资源化综合利用

① 磷渣在水泥中的应用

磷渣属于高硅钙材料，与黏土和石灰石等原料的成分接近，可以代替它们用作煅烧

水泥熟料的生产原料。林发尧等在利用磷渣作为原料制备水泥熟料的生产试验中，发现在生料中掺入适量的磷渣能有效减少熟料烧成所需能耗，改善熟料矿物的组成，提高熟料性能。

同时从化学成分上看，磷渣属于 C-A-S 类工业固废，自身不能硬化，需要在一定条件下被激发才能转变成具有胶凝性的产物，可代替水泥用作矿井充填胶结材料，在强碱或补充钙的激发条件下，具有抗压强度高等特点。

磷渣在混凝土领域中已得到广泛的实际应用。一方面，磷渣用作矿物细添加料掺入混凝土中，不仅能显著改善硬化浆体的孔结构，减少大孔的数量，增加小孔数量，也使浆体中 $Ca(OH)_2$ 含量显著减少，C-S-H 增多，结构更加致密，强度更好。

② 磷渣在烧结砖中的应用

学者曹建新利用磷渣部分替代黏土烧制磷渣烧结砖，由试验结果观察得知，随着磷渣的掺量增加，烧结砖的抗压强度逐渐增大，烧成收缩率逐渐降低，当磷渣添加量为 40%、粉煤灰掺入量为 10% 时，可制得抗压强度为 25.5MPa、收缩率为 1.9%、吸水率为 10.57% 的烧结砖。

③ 利用磷渣制备路基材料

查进等研究了利用磷渣代替石屑配制符合要求的集料，由试验结果和实际应用效果发现，水泥稳定磷渣碎石是一种很好的路面基层材料。

④ 利用磷渣生产农用硅钙肥

李君等在研究水稻使用黄磷炉渣硅肥肥效试验时发现，在含硅量较低土壤中施用磷渣硅肥时，水稻的抗病能力明显增强，亩产量显著增加，但磷渣硅肥需合理施用。

⑤ 利用磷渣制备白炭黑

苏毅等以磷渣为原料，经过酸浸、精制、煅烧等工序制取白炭黑和磷酸氢钙产品，白炭黑白度达 90%，SiO_2 含量高达 97%。唐利平等采用磷酸浸取磷渣制备白炭黑，在温度为 90℃、磷酸质量分数为 70% 等条件下，得到最大白度值为 67%、颗粒平均粒径为 40~50nm 的白炭黑。宋佳等利用硝酸酸浸工艺实现磷渣中硅钙分离得到粗品白炭黑，再对白炭黑进行提纯，制备出白度为 71.4%、纯度为 96.2% 的白炭黑。

⑥ 利用磷渣制备陶瓷材料和玻璃材料

周亮亮等以部分活化粒状磷渣、原状磷渣、粉煤灰、矿渣等为胶凝材料，以山砂等为集料，通过一系列的强化过程制备出类陶瓷复合材料，其密度、软化系数、吸水率和抗压强度均优于传统的混凝土和石材。化学键合陶瓷是一类在常温条件下通过化学键固结形成的一类石材料，与传统陶瓷相比，具有强度高、耐酸碱等优势。丁楠等利用磷渣和激发剂为主要原料，成功制备出 CBC（chemically bonded ceramic）陶瓷材料，由最佳方案制备的基体材料的抗压强度为 88.41MPa、抗折强度为 7.7MPa。

除此之外，以固废磷渣和粉煤灰为原材料，在碱激发剂的作用下制备出磷渣-粉煤灰地聚物，还可以对多种重金属离子[Pb^{2+}、Cr^{3+}、$U(Ⅵ)$]进行固化研究，利用地聚物的三维网状结构，将添加的不同重金属离子束缚在地聚物内部，实现固化。

(2) 磷渣的国外资源化综合利用

国外对磷渣的描述和研究比较少，目前有国外学者 Lebedeva.O.E. 利用磷渣成功制备出比表面积尤为显著的多孔玻璃。Mostafa 等研究了以废黏土砖粉和磷渣为主要原料制备的地质聚合物砂浆受酸侵蚀后，其强度发展和耐久性的规律，结果表明加入磷渣后的地质聚合物更不易受到酸的侵蚀。

思政小结

中华人民共和国成立后，西北地区建立起各种工业基地，大力发展矿业生产，大批的地质工作者被派往各地，进山下沟，寻找矿源。特别是我国最大的盐湖——察尔汗盐湖的开发对我国经济建设起到巨大作用。察尔汗盐湖东西长 160~170km，南北宽 20~40km，盐层厚 2~20m，面积 5800km²，其资源以钾盐为主，伴生有镁、钠、锂、硼、碘等多种矿产，仅氯化钾储量就达到 1.45 亿 t，占全国的 97%；氯化镁储量近 17 亿 t，氯化锂储量 825 万 t，居全国首位。

科研人员和地质队员来到察尔汗盐湖，精心取样、检测化验。经过几年努力，地质工作者和专家们终于确定了察尔汗盐湖蕴含的各种矿产资源储量，发现钾的储量巨大。1958 年，国家正式决定在青海建设钾肥生产基地，以改变我国没有钾肥的困难局面。青海建钾肥工厂，是一场大会战。5000 多名热血青年，响应党和国家号召，支援大西北建设、发展钾肥工业，打着背包从海边、从东北、从全国各地来到青藏高原，来到神秘的察尔汗，在荒凉的高原上、在盐湖边扎下了帐篷，开始了钾肥生产的建设。依靠艰苦奋斗，当年就顺利建成钾肥厂，出产钾肥 1000t，填补了我国没有钾肥生产的空白，为日后我国钾肥工业的发展和壮大打下了基础。

到国家"七五"经济计划期间，青海钾肥工厂扩产，进入"二次创业"。经过十几年的奋战和艰苦创业，察尔汗成为国内最大的钾肥生产基地。至 2002 年，年生产氯化钾达到 44.68 万 t。两代高原盐湖人，金戈铁马，艰苦接力，奋战 50 年，把察尔汗建成我国最大规模的钾肥生产基地。他们在盐湖开发利用方面取得了重大进展，拉动了我国西部经济的发展，满足了日益增长的钾肥需求，促进了我国的农业发展。随着现代工业发展和环境保护要求，特别是对新能源的需求，对盐湖的开发利用将进一步提速！

其间，以色列人拥有先进的开采工艺，他们曾来到察尔汗盐湖，想参与这里的钾肥开发，但未能与中方达成共识。

青海盐湖集团联合中国科学院和相关科技力量一同攻关，终于摸索出"反浮选"技术，使我国钾肥工业技术达到国际水平。经过几年的建设，于 2004 年正式投产，并于当年实现了年产量首次突破 100 万 t。加上周边企业年产共计 200 万 t，使钾肥国内需求的三分之一实现了自给，从根本上提高了国产钾肥在市场上的竞争能力。

思考题

(1) 石墨烯如何从石墨矿中制备？石墨尾矿有哪些利用价值？
(2) 硅藻土在生物医用健康领域有哪些应用，原理是什么？
(3) 萤石矿产资源与新能源和电子信息领域有哪些关联？
(4) 钾钠长石主要应用在哪些领域，在陶瓷材料烧结中有什么作用？
(5) 重晶石的主要化学组成是什么，其在油田新材料领域有哪些应用？

(6) 简要说明菱镁矿的镁资源提取和利用方式。

(7) 简要介绍大理石尾矿在建筑材料中的利用方式及种类。

(8) 花岗岩作为涂料需要注意哪些问题?

(9) 简要描述石灰石的晶体结构和理化性质。

(10) 玄武岩纤维在高分子复合材料中应用作用机理如何?

(11) 盐湖资源有哪些主要组成,分别有哪些应用?

(12) 察尔汗盐湖的形成过程是怎样的?

(13) 察尔汗盐湖除了含有巨量的钾盐资源外,还伴生有镁等多种矿产资源,应如何开发才能既有效利用资源,又可保护良好的生态环境?

(14) 磷渣资源化利用路径和方式是什么?

6 煤炭矿产资源循环利用与新材料

教学目标

教学要求：系统了解煤炭矿产资源的分类方法及不同分类方法的特点，掌握我国煤炭矿产资源的储量、利用情况及其在能源供给中的地位与发展趋势，评价不同的煤炭矿产资源加工、再利用技术的先进性及环保性，厘清煤炭副产资源在建材中的利用途径，了解制约煤炭矿产资源高值利用的因素。

教学重点：煤炭矿产资源在开采、加工及利用过程中产生的不同副产物的理化特性。

教学难点：煤炭矿产资源在开采、加工及利用过程中产生的不同副产物的综合利用途径。

6.1 煤炭矿产资源分类、储量及分布

6.1.1 煤炭矿产资源的分类

煤炭是古代植物埋藏在地下经历了复杂的生物化学和物理化学变化逐渐形成的固体可燃性矿物。煤炭被人们誉为"黑色的金子""工业的粮食"，它是18世纪以来人类世界使用的主要能源之一，煤炭的供应也关系到我国的工业乃至整个社会方方面面的发展的稳定。同一类煤有近似的特性，不同类煤的性质则有显著差异。随着人类对煤的认识逐渐提高，出现不同的煤炭分类方法。

6.1.1.1 按煤的成因分类

煤按成因主要分为由高等植物生成的腐殖煤，由低等植物生成的腐泥煤，由上述两类混合形成的腐殖腐泥煤、腐泥腐殖煤以及残殖煤，共计5类。其中腐殖煤在地球上所占比例最高，约占全部煤的95%以上。

（1）腐殖煤

古代高等植物死亡后，其残骸堆积在空气不太充足的低地沼泽中，产生不完全的氧化分解作用（称为半败作用），随后，由于死亡植物残骸的不断堆积，它们完全与空气隔绝而氧气停止进入，这时植物残骸依靠本身含有的氧而发生厌氧细菌的分解作用，从而开始脱水、去羧基（—COOH），放出二氧化碳、水及甲烷等气体，残骸的碳含量相对增高，氧和氢含量则逐渐减少，形成一种凝胶状的物质，这种物质称为泥炭。随着地壳的下沉，堆积在沼泽中的泥炭就逐渐被黏土、砂石等物质的堆积而形成岩层。泥炭在上覆岩层的压力作用下其化学组成也不断发生变化，最后变成碳含量更高、氧和氢含量更低而致密度更高的褐煤。褐煤主要由腐殖煤构成，褐煤在岩层压实下又经过高温

（200℃左右）、高压（几千至几万大气压）作用下而逐渐演变成烟煤和无烟煤。

（2）腐泥煤

腐泥煤是指由细胞中含有大量原生质的古代菌藻类低等植物和浮游生物死亡后堆积在湖沼、海湾等水体底部的缺氧环境中，经过腐败作用、物理作用及化学作用（煤化作用）后转变而成的煤。腐泥煤在自然界很少，常以薄层状或透镜状夹于腐殖煤中。腐泥煤的挥发分高，如相当于褐煤阶段的腐泥煤的挥发分（干燥无灰基）常高达80％～95％，而由腐殖煤形成的褐煤的挥发分一般只有40％～65％。

（3）腐泥腐殖煤和腐殖腐泥煤

腐殖腐泥煤是以古代低等植物和高等植物一起作为原始成煤物质而形成的煤。它是一种介于腐泥煤与腐殖煤之间而以腐泥煤为主的过渡型煤，这一类煤包括烛煤和烛藻煤，其外观多呈灰黑色或灰色，致密而坚硬，其中烛煤的韧性较大，贝壳状断口，块状结构。在显微镜下常见较多的小孢子、黄色或橙黄色的腐泥基质。其氢含量、焦油率和挥发低于腐泥煤而高于腐殖煤。当煤中的腐殖成分高于腐泥成分时就称为腐泥腐殖煤，其各种性质接近腐殖煤。

（4）残殖煤

残殖煤亦称树皮煤或树皮残殖煤，它是由古代高等植物死亡后，其残骸中的树皮、蜡、树脂、孢子、花粉等化学物质比较稳定的一些组分经过生物化学、物理和物理化学作用后形成的煤。其特点是挥发分、氢含量、焦油产率等都比相同煤化度的腐殖煤高。中国江西的乐平鸣山矿、桥头丘矿和浙江长广等矿区的煤都属于残殖煤。

6.1.1.2 中国煤炭分类

20世纪50年代以来，中国煤产量和消耗量迅速增加，为了合理利用煤炭资源，1952—1953年提出东北区和华北区两个炼焦煤分类方案。1956年又制定了统一的中国煤（以炼焦煤为主）分类方案，以大致代表煤的变质程度的挥发分（％）和表征煤的结焦性的胶质层最大厚度Y（mm）两个指标为参数，将中国煤分为10类24小类。该方案于1958年经国家技术委员会向全国推荐试行，起了统一中国煤分类的作用。但这一分类方案在试行中，也发现存在一定缺陷。1989年10月国家标准局发布了《中国煤炭分类》（GB 5751—1986），将中国煤分为14类。该标准已于2009年完成修订并更改为推荐性标准（GB/T 5751—2009），标准中定义煤炭是主要由植物遗体经过煤化作用转化而成的富含碳的固体可燃有机沉积岩，含一定量的矿物质，相应的灰分产率小于或等于50％（干基质量分数）。

《中国煤炭分类》（GB/T 5751—2009）采用两类参数对煤炭进行分类，即用于表征煤化程度的参数和用于表征煤工艺性能的参数。此外，采用煤化程度参数（主要是干燥无灰基挥发分）可将煤炭划分为无烟煤、烟煤和褐煤。其中，褐煤和烟煤的划分，采用透光率为主要指标，并以恒湿无灰基高位发热量为辅助指标。无烟煤亚类的划分采用干燥无灰基挥发分和干燥无灰基氢含量作为指标，如果两种结果有矛盾，以按干燥无灰基氢含量划分的结果为准。烟煤类别的划分，需同时考虑烟煤的煤化程度和工艺性能（主要是黏结性）。烟煤煤化程度的参数采用干燥无灰基挥发分作为指标；烟煤黏结性的参数则是以黏结指数作为主要指标，并以胶质层最大厚度（或奥阿膨胀度）作为辅助指标。当两者划分的类别有矛盾时，以按胶质层最大厚度划分的类别为准。褐煤亚类的划分采用透光率作为指标。

6.1.2 煤炭矿产资源的储量

煤炭矿产资源是指赋存于地下的具有现实的或潜在的经济价值的煤炭，其数量为煤炭矿产资源总量。煤炭矿产资源总量划分为已发现资源和未发现资源两部分。

① 已发现资源是指已经按照有关规范规定的程序和方法进行了找煤、普查或勘探工作，对煤炭的赋存、煤类、煤质均有不同程度的了解后所计算的资源量，已发现资源相当于"探明储量"。

② 未发现资源即预测资源量，是指尚未按照有关规范规定的程序和方法进行找煤、普查或勘探工作，而是根据零星资料和地质理论的推断或根据已知地区的类比、外推进行估算的资源数量。

③ 已发现资源划分为已查证资源量和找煤资源量两部分；已查证资源量是指已经按照有关规范规定的程序和方法进行了普查或勘探工作以后所计算的煤炭矿产资源数量。相当于"探明储量"中的"普查储量""详查储量"和"精查储量"之和。

自然资源部发布的《中国矿产资源报告2022》显示，截至2021年年底，我国煤炭资源储量为2078.85亿吨，其中已探明储量为1492.5亿吨，约占世界总储量的13%。2022年，我国原煤产量45.6亿吨，同比增长10.5%。预计2023年，我国煤炭产量将保持增长、增幅回落，煤炭市场供需将保持基本平衡态势。我国将按照"安全可控、多元协同、绿色低碳、集约高效、数字引领、开放合作"的原则，构建新型煤炭工业体系，推动形成绿色低碳的生产生活方式，深度参与全球能源转型变革。

6.1.3 煤炭矿产资源的分布

我国煤炭资源丰富，分布地域辽阔，根据《全国煤炭资源潜力评价》成果和最新收集数据，全国2000m以浅煤炭资源总量达到5.9Tt（Tt即指万亿吨，为$\times 10^{12}$t），累计探获资源量2.02Tt，其中，保有资源量达1.95Tt；预测资源量3.88Tt。从全国各省、自治区、直辖市的煤炭资源量来看，煤炭资源量前五的省（自治区）是内蒙古、山西、新疆、贵州和陕西。其中内蒙古、山西的煤炭资源含量最多，达7000亿t。

我国煤炭资源总体分布情况特征如下。

(1) 我国煤炭资源分布区域与消费区域的矛盾

我国煤炭资源储量的地域分布格局呈现西部和北部多，东部和南部少，而煤炭消费需求主要是在经济发达的东部地区，从而导致煤炭资源分布与消费需求不匹配，区域供需矛盾突出。

(2) 我国煤炭资源丰富区与生态环境脆弱的矛盾

我国煤炭资源储量丰富的区域生态环境较脆弱。14个大型煤炭基地中有9个分布于生态环境脆弱的晋陕蒙宁规划区和西北规划区。煤炭资源开发活动具有较强的时间持续性、空间扩展性、开发周期长等特点，必然使本来就很脆弱的生态环境进一步恶化。

(3) 煤炭资源与水资源呈逆向分布

我国的煤炭资源与水资源呈逆向分布的特点。水资源丰富的地区，煤炭资源储藏量较少，在沙漠地区，干旱和半干旱地区的煤炭资源储藏量巨大，而且煤炭品质更高，矿产资源更加丰富，埋藏深度较浅，开采难度更低，与水资源丰富地区的煤炭资源含量形成鲜明对比。由于煤炭资源的分布较为集中，且缺乏水资源，在煤炭的开采过程中，需要大量的水资源进行开采作业，增加了煤炭开采的难度，不利于煤炭资源的合理开发和利用。

（4）我国煤炭资源煤类储量不均衡，优质煤炭资源储量有限

我国各煤类在储量、区域分布等方面存在不均衡性，与煤类消费需求也存在较大的差距。我国褐煤和低变质烟煤资源量占比较大，而优质无烟煤和炼焦用煤储量有限。

（5）煤层埋藏较深

我国的煤炭储藏情况相对复杂，煤层埋藏较深，其中适合露天开采的浅层煤炭资源储量较少，且浅层的煤炭品质相对较差。相比于世界其他主要产煤大国，我国的煤炭储藏位置较深，加大了对煤炭资源的开采难度，要求的技术水平更高。

6.1.4 煤炭矿产资源的非能源利用

近些年，煤炭生产企业、政府相关部门共同努力，很好地促进了煤炭行业资源综合利用，煤炭矿产资源的非能源利用也逐渐广泛化。一系列绿色开采技术先后得到了发展，如充填开采、保水开采、无煤柱开采等，提升了"三废"综合利用能力，使自然生态、矿山开采之间和谐发展。煤炭资源综合利用水平也得到了相应的提升，其中包含煤炭开采过程以及废弃物的综合利用，例如煤矸石、矿井水等资源的利用。煤炭在使用过程中产生的废弃物也可以进行综合利用，如煤渣、煤灰。

（1）煤矸石

煤矸石属于煤炭资源的废弃物，人们可以将其充分利用，实现废弃物的重新回收利用。据相关资料统计，每开采1亿t煤矿，会产生1400万t煤矸石；每加工1亿t焦煤，会产生2000万t煤矸石；每洗1亿t动力煤，会产生1500万t煤矸石。由此可以看出，煤炭开采、加工期间会产生许多煤矸石，将其作为废弃物直接丢掉，会给环境带来污染，有必要对其进行回收利用。煤矸石可以用于多个领域，是一种很好的资源：煤矸石可用于填充塌陷区，实现土地资源的再生；煤矸石燃烧废弃物，可用于改良土壤；煤矸石可以制砖、替代水泥，用于建筑领域；煤矸石可以用于公路路基建设，也可以用于填平路坑等；煤矸石可以提炼出铝和其他金属等。

（2）煤灰与煤渣的利用

燃煤用于工业发电会产生许多固体废弃物，其中煤灰和煤渣是常见的废弃物，这些废弃物同样可以回收利用。在欧美国家，一些大型电厂已经实现烟气净化、干灰调湿、灰渣干排的操作，既实现清洁发电，又实现煤灰、煤渣的回收利用。煤灰和煤渣通过回收可以用于以下领域：井下注浆，用于填充塌陷区；用于水泥的混合材；制造建筑用砖；用于铺路；用于化肥等。

（3）煤炭共生、伴生物的利用

煤矿并非单独存在，而是存在许多共生和伴生物，它们也是重要的资源，人们可以将其开发和利用。现阶段，人们对这些共生物、伴生物缺乏利用意识，但是随着经济发展，非金属矿产资源的需求量持续增长，因此开发和利用煤炭共生物、伴生物资源便显得很有必要。煤炭资源的共生物、伴生物有耐火黏土、高岭土、膨胀性黏土、硅藻土、

高铝黏土、石英石墨和硫铁矿等。部分矿产的分布广、品位高,有很好的工业利用价值,例如,铝土矿是炼铝的重要原料,其在煤层中十分常见。

6.2 采煤过程资源循环利用与新材料

6.2.1 煤矸石的来源、分类及特性

6.2.1.1 煤矸石的来源

煤矸石是采煤过程和洗煤过程中排出的固体废物,是一种在成煤过程中与煤层伴生的含碳量较低、比煤坚硬的黑灰色岩石。它包括巷道掘进过程中的掘进矸石、采掘过程中从顶板、底板及夹层里采出的矸石以及洗煤过程中挑出的洗矸石。一般每采 1t 原煤排出矸石 0.2t 左右。煤矸石通常指的是煤矿在建井、开拓掘进、采煤和煤炭洗选过程中排出的含碳岩石和岩石,以及煤矿建设生产过程中所排放出的固体废弃物的总称。煤矸石产生主要有 3 种途径:①采煤或者巷道掘进过程中,煤层中夹杂的矸石和部分顶、底板岩石随煤一起产出,最终被拣出的矸石;②井筒与巷道施工过程中开凿出的矸石;③洗煤厂煤炭洗选过程中选出的矸石,见表 6-1。

表 6-1 煤矸石的来源及生产情况

煤矸石来源及产生情况	露天开采剥离及采煤巷道挖掘排除的白矸	采掘过程选出的普矸	选煤过程产生的选矸
所占比例(%)	45	35	20

6.2.1.2 煤矸石的分类

关于煤矸石的分类命名,目前国内外至今尚无系统、完整和统一的方案,多是不同研究者根据某些特征提出自己的分类标准。煤矸石的分类及命名方案很多,其中最简单、最常用的是以煤矸石的产地来分类。煤炭生产部门则习惯用颜色来分类命名,如黑矸、灰矸、白矸、红矸等;也可根据矸石产出层位来分类命名,如顶板、夹石矸等。煤矸石常见的分类依据有按来源分类、按自然存在状态分类、按分级分类法分类以及按利用途径分类。

(1) 按来源分类

根据煤矸石的产出方式即来源可以将煤矸石分为洗矸、煤巷矸、岩巷矸、手选矸和剥离矸,有的研究中将自燃矸也作为按来源分类中的一类。

(2) 按自然存在状态分类

在自然界中,煤矸石以新鲜矸石(风化矸石)和自燃矸石两种形态存在,这两种矸石在内部结构上有很大的区别,因而其胶凝活性差异很大。

(3) 按分级分类法分类

欧洲各主要产煤国、美国、澳大利亚等国对煤矸石的综合利用进行了大量的研究,提出过多种分类方案,其中以俄罗斯研究人员的研究最具代表意义。他们按煤矸石的来源、特点、成分等不同指标分等级列出分类符号,然后根据各种利用途径对煤矸石质量的要求,填入所需的分类符号。

(4) 按利用途径分类

为便于煤矸石建材资源化利用,有些人建议按煤矸石黏土矿物组成和数量对煤矸石进行分类,按煤矸石中高岭土、蒙脱土和伊利石含量多少将煤矸石分为高岭土质矸石、蒙脱土质矸石、伊利石质矸石和其他矸石。其他矸石是指所含黏土矿物总量小于10%的煤矸石。根据煤矸石主要利用途径,一是作为原料,二是利用其热值,结合煤矸石的矿物组成和铝硅比、碳含量和全硫含量,可以对煤矸石进行分类。

6.2.1.3 煤矸石的特性

(1) 煤矸石的化学组成

煤矸石的化学组成主要以 SiO_2 和 Al_2O_3 为主,SiO_2 含量通常在 30%～60% 之间,Al_2O_3 含量在 20%～40% 之间,Fe_2O_3 含量普遍低于 10%,CaO 含量也较低,见表 6-2。但是,以铝质岩和高岭土为主的煤矸石,Al_2O_3 含量可以高达 40%,我国部分地区煤矸石中的 CaO 含量也较高。煤矸石发热量一般为 3346～6273J/g(800～1500cal/g),其无机成分主要是硅、铝、钙、镁、铁的氧化物和某些稀有金属。煤矸石的组成成分表明煤矸石蕴含丰富的资源,科学利用可使煤矸石变废为宝。

表 6-2 煤矸石的化学成分　　　　　　　　　　　　　　　　　%

成分	SiO_2	Al_2O_3	Fe_2O_3	CaO	MgO	TiO_2
含量	30～65	15～40	2～10	1～4	1～3	0.5～4

(2) 煤矸石的矿物组成

煤矸石是由多种沉积岩共同组成的集合体,不同种类的沉积岩又主要是由成岩矿物所组成。不同类型的煤矸石具有不同的矿物组成,黏土岩类煤矸石主要由黏土矿物和陆源碎屑矿物石英、白云母及少量自生矿物组成。我国北方的黏土岩类煤矸石和南方的同类煤矸石相比,在黏土矿物的成分上稍有不同,北方黏土岩类煤矸石的黏土矿物全部为高岭石,而南方黏土岩类煤矸石的黏土矿物中除了高岭石,还含有一定量的伊利石,这也是南方煤矸石的特征矿物,反映形成的气候条件。此外,南方煤矸石中含有较多的白云母,这也是南方、北方煤矸石在矿物成分上的一个显著差别。砂岩类煤矸石在矿物组成上除了黏土矿物,含有较多的陆源碎屑矿物,特别是出现了钾长石。碳酸盐岩类煤矸石(钙质煤矸石)在矿物组成上以方解石、白云石为主,黏土矿物含量相对较少,同时也含有一定的陆源碎屑矿物石英。这些不同的矿物组成可能导致煤矸石具有不同的性能。

(3) 煤矸石的形态结构

煤矸石的原矿粒度较大,其中黄铁矿主要以结核体、块状、粒状等宏观形态为主,矿物之间呈细粒浸染状,洗矸中的黄铁矿以块状、脉状、结核状及星散状四种形态存在,而硅质煤矸石的宏观形态呈黑色隐晶质结构,矿物构造为纹层状和块状。煤矸石组成的岩石类型多种多样,同时经历了许久的地层演变和风化影响,矿物组成种类也比较多,含量最多的是黏土矿物和石英、方解石、长石、沸石及少量的硫铁矿及炭质等。

我国部分地区矿区的煤矸石堆外景如图 6-1 所示。

可以发现,山东枣庄、安徽淮南、山西大同这些矿区的煤矸石山表面大块颗粒多,

图 6-1 全国部分主要煤矿煤矸石堆外景
(a) 黑龙江富力矿；(b) 山东枣庄；(c) 安徽淮南；(d) 河北开滦；
(e) 山西大同；(f) 陕西黄陵

这些大颗粒就是泥质或者是炭质煤矸石，颜色主要表现出黑色或灰黑色，性质较容易风化，同时堆积后容易发生自燃现象。这种情况是堆积的煤矸石时间短或者没有彻底自燃。那些年代久远已彻底发生自燃的煤矸石的颗粒大部分比较细小，大颗粒含量少之又少，颜色主要表现出灰白色或红褐色。这种自燃后的矸石往往具有良好的级配和使用性，是填筑路基材料的首选。

6.2.2 煤矸石的黏土质利用

6.2.2.1 煤矸石烧制水泥

煤矸石中 SiO_2、Al_2O_3 和 Fe_2O_3 含量较高，与黏土的化学成分相似，故可代替黏土与石灰石、铁粉及硅质胶等原料一起配料；煤矸石含有一定数量的炭，可以代替部分燃料；以煤矸石代替黏土做原料来烧制水泥可以节能、节土。因为煤矸石中含有较多微量元素，使煤矸石的熔点比黏土低，提前出现熟料烧成液相，硅酸二钙 CaO 与 C_2S 在液相的作用下逐步溶解，煤矸石矿物较易与 Ca^{2+} 扩散解聚的 Si—O 结构中解离出来的 SiO_4^{4-} 和 C_2S 反应，从而生成水泥的主要矿物成分硅酸三钙（C_3S），因此在较低温度下也能够完成熟料烧结反应；而且煤矸石中的金属硫化物和金属氧化物发生氧化反应，可放出一部分热量，使制水泥的能耗降低。其反应原理方程式如下：

$$320 \sim 360℃：C_3AH_6 \longrightarrow C_3AH_{15} + 4.5H_2O$$
$$520 \sim 540℃：7C_3AH_{15} \longrightarrow C_{12}A_7 + 9CaO + 10.5H_2O$$
$$540℃：Ca(OH)_2 \longrightarrow CaO + H_2O$$
$$500 \sim 750℃：C_2SH(C_2SH_2) \longrightarrow \beta\text{-}C_2S + nH_2O$$

6.2.2.2 煤矸石制备建筑制品

（1）烧结制砖

由于煤矸石具有一定的可塑性和烧结性，在经过均化、破碎、净化和陈化等工艺加工处理后，制砖效果良好。目前，煤矸石制砖已成为煤矸石利用最为普及的一个方面，应用地区广，生产工艺成熟。我国每年生产煤矸石砖约 130 亿块，生产厂家超过 1000

家，种类包括烧结实心砖、空心砖、多孔砖、免烧砖、内燃砖、釉面砖、高档瓷砖等。利用煤矸石制空心砖，实现了制砖不用黏土、烧砖不用燃料，其社会环境、经济效益均超过黏土实心砖（图 6-2）。

图 6-2　煤矸石烧结空心砖

（2）煤矸石砌块

煤矸石混凝土砌块是一种性能稳定的新型墙体材料，主要分为两类：实心砌块和空心砌块。以自燃煤矸石为硅源，石膏、石灰、水泥等为钙源，按一定配比，经加水搅拌、振动成型、蒸汽养护等工艺制成。煤矸石混凝土砌块的制备具有生产工艺简单、技术成熟、性能稳定等优点。

煤矸石空心砌块是以自燃或人工煅烧煤矸石和少量的生石灰、石膏混合磨细物为胶结料，以破碎、分级后的自燃煤矸石（或人工煅烧煤矸石、其他工业废渣、天然砂石等）为粗细骨料，按一定比例经计量配料、加水搅拌、振动成型、蒸汽养护等工艺制成。这种砌块产品性能稳定，使用效果良好，是一种很有发展前途的新型墙体材料。其规格可根据各地的建筑特点选用。

（3）煤矸石制备岩棉及保温墙材

岩棉属于无机材料，是以天然岩石及矿物等为原料制成的蓬松状细纤维，如图 6-3 所示。它具有优良的保温、吸声、隔热、防火、透气等性能，并且质轻，属于新型建筑材料。工业主要应用于核电站，发电厂、化工厂、大型窑炉保温；建筑方面应用于建筑外墙保温、屋面及幕墙保温，隔离带保温等，在农业及其他领域也可广泛应用。我国从 20 世纪 50 年代起，普遍使用玄武岩作主要原料生产岩棉；80 年代后，北京建材研究所等单位开始试验利用煤矸石做主要原料烧制岩棉并取得一定成效。2018 年年初，内蒙古自治区乌海市开展综合处理固体废物 80 万 t 煤矸石（一期工程）年产 25 万 t 岩棉项目，其采用超高温熔融还原气化技术，将煤矸石通过

图 6-3　岩棉板

超高温熔融还原气化制得环保建材产品——岩棉拉丝纤维。煤矸石资源综合利用率达到 98% 以上。

关于保温墙材的利用研究，我国早在 20 世纪 80 年代通过引进国外破碎、挤出、焙烧技术很快完善并提高了我国在利用煤矸石生产烧结墙体材料方面的技术。在烧结新型墙体材料中，作为节能型绿色产品的煤矸石烧结自保温砌块，性能能够满足国家建筑节能 65% 的要求；节能墙体材料的利用减少了建筑单位的各种设计、砌筑、配套等相关费用并能免去使用过程中的维护费用，更由于墙体轻质的特点节省了大量的基础建材费用，是一种节能、环保、可持续发展的绿色建材产品，如图 6-4 所示。

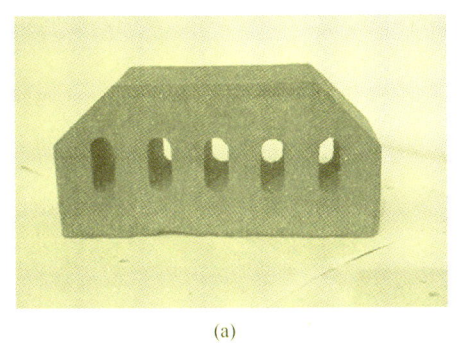 

(a) (b)

图 6-4 节能墙体材料
(a) 隔板；(b) 保温板

(4) 煤矸石陶粒

陶粒是一种外壳坚硬、表面具有隔水保气的釉层、内部多孔的陶质粒状物，质量轻，具有一定的抗压强度，主要用于结构混凝土和保温结构混凝土的集料。我国最早于 1972 年开始研制煤矸石陶粒，由大庆龙凤四公司采用尾矿粉与煤矸石以 1∶1 的比例研制成尾矿粉煤矸石陶粒，并得到实际应用。据统计，我国现堆存的煤矸石中约有 40% 适用于烧制煤矸石陶粒。

煤矸石陶粒根据煤矸石的烧胀性一般有两种制备方法：一是利用烧胀性好的矸石经破碎后直接烧成；二是将煤矸石粉碎制成球烧成。煤矸石陶粒属轻集料，具有轻质、高强、保温性能好、抗震、防火等特点，广泛应用于建筑材料。陶粒轻集料由于其轻质、保温、高强、附加值高的特点，能够替代普通混凝土中的粗集料，且符合高层建筑轻质、高强的发展方向。含碳量低于 13% 的煤矸石适宜作为生产轻集料原料。用煤矸石制陶粒具有工艺简单、设备投资较小等特点，是部分煤矸石开发利用的重要方向。

6.2.3 煤矸石制备集料及在混凝土中的应用

自燃煤矸石轻集料的生产可按《轻集料及其试验方法 第 1 部分：轻集料》(GB/T 17431.1—2010) 的技术要求进行；自燃煤矸石轻集料的放射性要符合《建筑材料放射性核素限量》(GB 6566—2010) 标准的规定。

① 煤矸石轻集料对煤矸石的技术要求。煅烧煤矸石轻集料由碳质泥岩或泥岩类煤矸石经破碎、粉磨、成球、烧胀、筛分而成。在烧制轻集料时，煤矸石中的 SiO_2 含量在 55%~65%、Al_2O_3 含量在 13%~23% 为佳。对易溶组分，CaO 与 MgO 的总含量宜在 1%~8%，Na_2O 加上 K_2O 的总量宜在 2.5%~5%，Fe_2O_3 和 C 是煤矸石中的主要膨胀剂，前者含量宜在 4%~9%，后者含量宜在 2% 左右。

② 煤矸石轻集料生产工艺技术要求。煤矸石烧制的方法有两种，即成球法与非成球法。成球法是将煤矸石破碎、粉磨后制成球状颗粒，将球状颗粒送入回转窑，预热后进入脱碳阶段，料球内的碳开始燃烧，继之进入膨胀段，此后经冷却、筛分成具有规定粒度分布的集料，其松散密集一般在 1000kg/m³ 左右。非成球法是指将煤矸石破碎到 5~10mm 的颗粒，铺在烧结机炉排上，当煤矸石点燃后，料层中部温度可达 1200℃，

底层温度小于 350℃。未燃的煤矸石经筛分分离,再返回重新烧结,烧结好的轻集料经喷水冷却、破碎、筛分成具有规定粒度分布的集料,其密度一般在 800kg/m³ 左右。

③ 自燃煤矸石轻集料技术要求。自燃煤矸石轻集料是指粒径大于 5mm、堆积密度不大于 1100kg/m³ 的自燃煤矸石。按其堆积密度分为 900kg/m³、1000kg/m³ 和 1100kg/m³ 三级;按其最大粒径分为 10mm、20mm、30mm 和 40mm 四级;按其质量指标分为一等品(B)和合格品(C)两级。自燃煤矸石轻集料的有害物质含量应满足表 6-3 中的要求。

表 6-3　自燃煤矸石轻集料的有害物质含量　　　　　　　　　　%

项目名称	硫酸盐含量(按 SO_3 计)	烧失量	含泥量
指标	≤1.0	≤5	≤3

注:用于非配筋混凝土时,SO_3 含量为 1.5%。

除了用煤矸石制备轻集料混凝土外,煤矸石也可以直接用于配制低强度等级的普通混凝土。虽然煤矸石集料的强度低于普通集料(碎石、卵石),但是由于混凝土拌和物搅拌时,矸石的孔隙具有吸水作用,造成矸石颗粒表面的局部低水灰比,增加了矸石集料表面附近水泥石的密实性,同时因为矸石颗粒表面粗糙且具有微孔,提高了矸石与水泥石的黏结力,这样在矸石的周围就形成坚硬的水泥石外壳,约束了集料的横向变形,使矸石在混凝土中处于三向受力状态,从而提高了矸石的极限强度,使煤矸石混凝土的强度与普通混凝土的强度接近。

华侨大学曾进行煤矸石用作混凝土集料的研究,并对煤矸石混凝土集料的设计方法和计算公式提出建议。对垫层一类次要或临时建筑物,可直接使用煤矸石作为粗集料;对一般新建筑可将煤矸石筛选以减少针、片状颗粒,或选用砂岩煤矸石作为粗集料;对重要建筑物,暂不使用煤矸石集料。砂质煤矸石中含有大量石英,造成煤矸石易磨性差,降低煤矸石的胶凝性能,也可对砂质煤矸石进行分级,分选出来的大颗粒是粒级分配合理的细集料,可以代替砂用作细集料,而煤矸石中去除砂的部分可以作为胶凝材料的原料。

6.2.4　煤矸石制备矿井充填材料

煤矸石填充沟谷、采煤沉陷区及低洼区建筑工程用地,可用于充填潮湿甚至沼泽场地和积水塌陷坑,或用于回填煤矿采空区及废弃矿井,为解决压煤问题提供了良好途径。煤矸石工程填筑是为了获得高充填密实度,使煤矸石地基有高效的承载力,并有足够的稳定性。填充沉陷区时,可以直接向沉陷区或者山沟排放煤矸石。这种方法简单易行,可以减少煤矸石的排放量和地表下沉量,同时不增加排矸费用,在经济上也是可行的。利用煤矸石做塌陷区充填原料,可大量消耗煤矸石,是目前最好的煤矸石处理方式之一(图 6-5)。

以煤矸石为集料,水泥、粉煤灰等为胶凝材料,可制备一种可控低强度材料(Controlled Low Strength Material,CLSM),用于矿井充填。将 CLSM 用于矿井回填开采,可以很好地解决矿井回填开采的制约因素,不仅能提高生产效率,而且可保护环境、节约回填成本。

针对传统的煤矸石处理方法存在运输费用高、地表堆积面积大、自燃污染严重、安全性差等问题，目前采用较多的煤矸石回填方式是煤矸石不出井或少出井处理，主要技术工艺包括少开岩巷、井下应用机械煤仓、井下石同室移至地面、利用井下矸石充填采空区、井下选煤几种。

图 6-5 煤矸石回填煤矿采空区

6.2.5 煤系偏高岭土的制备与应用

高岭土：是一种以高岭石族黏土矿物为主的非金属矿产。质纯的高岭土呈洁白细腻、松软土状，具有良好的可塑性和耐火性等理化性质。我国的高岭土矿产资源位居世界前列，主要包括非煤建造高岭土和含煤建造高岭土（煤系高岭土）两种类型，储量各占 50%，其中，煤系偏高岭土的储量居世界首位。

煤系高岭土：煤系高岭土是煤矸石的主要类型之一，它是以高岭石（>80%）为主要矿物成分的黏土矿。研究表明，高岭石质煤矸石含丰富铝资源和大量高岭土等可利用的其他矿物组分，被称为具有综合利用价值的"可再生资源"。用煤系高岭土加工煅烧高岭土时，关键技术在于超细粉碎和煅烧。目前国内生产煅烧高岭土的原料主要指标要求为高岭石含量在 97% 以上、Fe_2O_3 含量不超过 0.5%。

偏高岭土：是以高岭土为原料，在一定温度范围内对其进行煅烧，使其内部结构发生破坏，从而形成的一种化学性质不稳定的物质。它的化学成分主要是氧化铝和二氧化硅，性质不稳定，在碱性环境下具有胶凝特性，是一种活性高的矿物掺和料（图 6-6）。

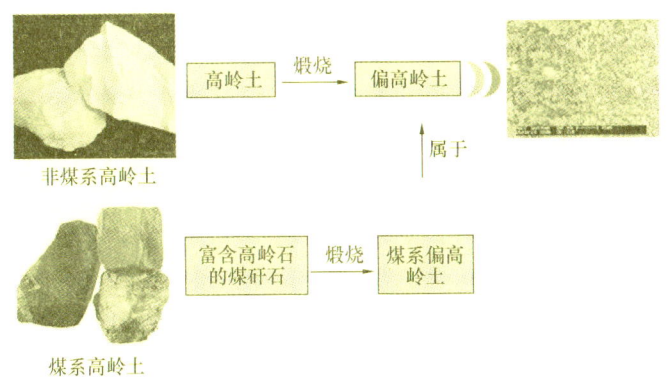

图 6-6 高岭土与煤系高岭土

煤系偏高岭土之所以能提高混凝土的强度及其他性能，主要在于它加速水泥水化反应、填充效应和火山灰效应。加速水泥水化是它能大幅度提高混凝土强度的重要原因，填充效应居次，火山灰效应则发生在 7～14d 之间。

① 加速水泥水化效应：偏高岭土属于介稳态无定形硅铝化合物，在碱性环境激发条件下，形成硅铝酸盐网络结构，迅速与 $Ca(OH)_2$ 反应加速水化。

② 填充效应：偏高岭土的微小颗粒具有良好的填充性能，可以提高混凝土的密

图 6-7 北京西郊机场俯视图

实性。

③ 火山灰反应：改善界面过渡区 $Ca(OH)_2$ 的取向度，减少界面过渡区薄弱环节。

偏高岭土作为矿物掺和料使用还会使水泥基材料具有不泌水、不开裂、耐磨性优良、观感效果好等优点，在实际土木建筑工程中也应用较多。例如，1962 年偏高岭土作为矿物掺和料应用于巴西朱瑟皮大坝的工程，如今的北京西郊机场（图 6-7）跑道曾经也使用了偏高岭土掺和料制备的混凝土。

6.2.6 煤矸石及其灰渣在道路工程中的应用

煤矸石是较好的充填材料，国外除了将其应用于充填塌陷区和土地复垦，还将其用于众多的土木工程领域（主要涉及道路路基的基层材料、水利工程的堤坝构筑、挡土墙的湖筑以及建筑工程的地基垫层等）。国外对煤矸石的研究不仅局限于理论研究，而且率先将其应用于工程实例中，在工程应用方面遥遥领先我国，例如德国公路网、高速公路、英国地区干线公路以及法国北部公路网，这些实际的公路工程都采用了煤矸石作为路基的基层材料。

煤矸石中含有一定活性物质，具有较好的路用性能和强度，煤矸石可用于公路的路基填料、边坡防护、处理不良土质路段和桥背填土等。利用煤矸石做筑路材料有很多优点：首先，煤矸石在道路工程中用量比较大，而且技术手段简单，无须做特殊处理；其次，做筑路材料对煤矸石的种类和品质要求不高，适用于多种类型的煤矸石。因为煤矸石种类、成分的不同，造成不同煤矸石强度存在很大差异，用于公路建设的煤矸石一般要求有机质含量和烧失量均小于 15%，作为路基填料时还需注意剔除或粉碎粒径特别大或粒径超过摊铺厚度的煤矸石块。选择吸水量大的煤矸石处理不良土质路段，可以达到更佳的处理效果。合理利用煤矸石做公路建设材料可以降低建设成本。通常在煤矿区煤矸石堆存量大，按照就近取材的原则，矿区周边的公路工程可优先考虑采用煤矸石作为路基的填料，除了普通公路外，新建矿井的进场公路更可采用，除了节约资金、保护环境，还能有效改善进场公路的道路状况，减少路面损坏，延长其使用寿命。

筑路修道煤矸石作为筑路基料，具有很好的抗风雨侵蚀性能，其强度、冻稳性和抗温缩防裂性均能满足多种等级公路的规范要求，而且有些混合料的性能还优于常用的基层材料。尤其"红矸石"（燃烧过的煤矸石），可用于空地和公共广场表面装饰、铺路或用于停车场，与铝土矿物混合起来，可以制成满意的防滑路面。在路基、地基、坝基建设中，可以降低修筑成本，改善环境，减小所占土地面积，是大量处理、综合利用煤矸石的一条重要途径。

6.3 燃煤过程资源循环利用与新材料

6.3.1 粉煤灰的来源与特性

6.3.1.1 粉煤灰的来源

粉煤灰（Fly Ash）是由煤燃烧过程中随烟气排出的微小颗粒，又被称作"飞灰"。以煤粉炉中的燃烧过程为例，当煤粉进入 1300～1600℃ 的炉膛后，其中绝大部分可燃物质（碳元素）可以充分燃烧，而其中不可燃物质（硅、铝及钙等元素）因受到高温作用而部分熔融。随后由于其表面张力的作用形成大量细小的球形颗粒。在锅炉尾部引风机的抽气作用下，含有大量灰粉的烟气流向炉尾。随着烟气温度的降低，一部分熔融态的细粒在此急冷过程中无法正常结晶，故而形成玻璃态微珠；另一部分因在熔融状态下互相碰撞而粘连，成为表面粗糙、棱角较多的蜂窝状组合粒子。这些微珠伴随着其他形貌的杂质颗粒最终被锅炉尾部的除尘器所捕获，形成了粉煤灰。

我国锅炉技术发展历史悠久，现有锅炉种类包括煤粉炉锅炉、循环流化床锅炉等；我国煤炭种类丰富，包括褐煤、烟煤、无烟煤等。因此受到燃料种类、燃烧方式以及收集部位不同的影响，不同电厂产生的粉煤灰性质也会有所差异，导致我国粉煤灰种类繁多。

6.3.1.2 粉煤灰的特性

(1) 物理性质

粉煤灰的宏观及微观形貌如图 6-8 所示，其颜色随铁和未燃尽碳含量的不同而有所差异，但大部分呈现灰色。粉煤灰颗粒多为圆球状，也存在菱状、球状或多孔的不规则形状。粉煤灰粒径分布在 5～100μm，平均粒径约 20μm，比表面积为 300～500m²/kg，密度为 2300～2600kg/m³。粉煤灰比表面积取决于表面粗糙程度及孔隙率，粉煤灰较高的比表面积说明其具有较高的孔隙率。研究表明，粉煤灰的自然孔隙比远高于黏土类矿物，其中的孔隙由两部分组成，一部分为颗粒间挤压碰撞形成的间隙，另一部分为可燃物质燃烧气化留下的空洞。粉煤灰中一般含有以下 4 类物质：未燃尽的炭、富铁磁珠、富钙微珠以及富硅铝玻璃微珠。

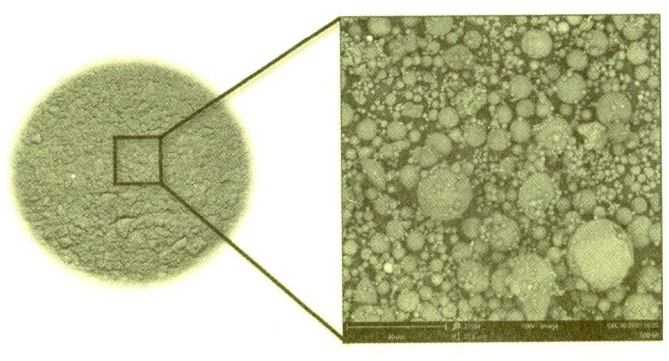

图 6-8 粉煤灰的宏观及微观形貌

粉煤灰中未燃尽的炭大部分以单体形式存在，炭粒呈海绵状和蜂窝状，粒径较球状颗粒更大（约 100μm），具有很好的亲油疏水性和吸附活性。炭粒降低了粉煤灰的活性，当粉煤灰应用于水泥、混凝土中时，疏松多孔的炭粒使混凝土的强度降低。炭粒密度较小，在浆体成型过程中浮到表面，使水泥、混凝土不均匀。粉煤灰中的富铁磁珠颜色呈黑色，密度较大，以球形颗粒为主且内部包裹有很多小微珠，粒径约为 50μm。富铁磁珠表面往往存在粒状、针状、块状、片状及鱼鳞状的结晶。富铁磁珠磁化后，是良好的电磁波屏蔽材料，可用于军事、民用的抗辐射、抗干扰工程，是取代炭黑、碳纤维、金属及金属网的良好材料。粉煤灰中的富钙微珠球形度较好，但表面粗糙。粉煤灰中的富硅铝玻璃微珠不仅球形度较好，其表面非常光滑，富集了大量的硅铝玻璃体。

(2) 化学性质

粉煤灰的 XRD 特征谱图如图 6-9 所示，其矿物的含量随着燃烧温度和原煤中含铁矿物相的变化而变化。如表 6-4 所示，粉煤灰中主要物质为 SiO_2、Al_2O_3、Fe_2O_3 及 CaO 等金属氧化物，同时也含有极少量的 Cr、Pb、Ni、Ba、Sr、V 和 Zn 等元素，其中的 SiO_2、Al_2O_3 具有活性的成分，往往以硅铝四面体等结构存在，而 CaO 不仅存在于硅铝酸盐矿物中，还存在于 $CaSO_4$ 以及游离 CaO 中。由于经历了急冷的过程，粉煤灰多为致密的玻璃体结构，但同时存在 11%~48% 的

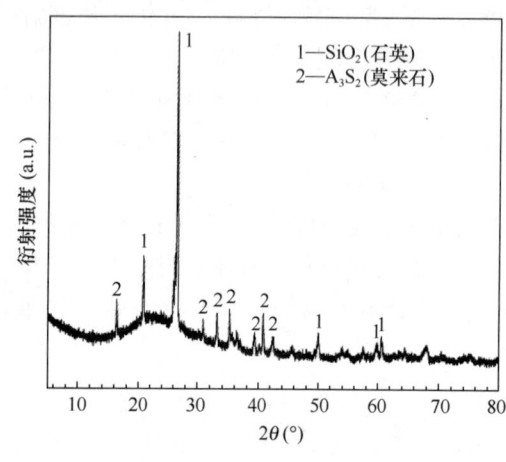

图 6-9 粉煤灰的 XRD 特征谱图

晶体相物质。主要晶体相物质为莫来石、石英、赤铁矿、磁铁矿、铝酸三钙等，其中莫来石可占到总量的 6%~15%。我国标准《用于水泥和混凝土中的粉煤灰》（GB/T 1596—2017）按粉煤灰中 CaO 含量高低将其分为两类：F 类粉煤灰（由无烟煤或烟煤煅烧收集的粉煤灰，CaO 含量<10%）、C 类粉煤灰（由褐煤或次烟煤煅烧收集的粉煤灰，CaO 含量≥10%）。按粉煤灰的细度（45μm 方孔筛筛余含量）将其分为三个等级：Ⅰ级粉煤灰（45μm 方孔筛筛余含量≤12%）、Ⅱ级粉煤灰（45μm 方孔筛筛余含量≤30%）、Ⅲ级粉煤灰（45μm 方孔筛筛余含量≤45%）。强度活性指数是用来评价粉煤灰在水泥混凝土材料中的反应性及强度贡献的重要指标，即以 30% 的粉煤灰掺入水泥胶砂中，其抗压强度与未掺加粉煤灰的水泥胶砂的比值为粉煤灰的强度活性指数。

(3) 煤粉炉粉煤灰和循环流化床粉煤灰的特性差异

煤粉炉粉煤灰和循环流化床粉煤灰是最典型的两种粉煤灰，其中煤粉粉煤灰（Pulverized Coal Fly Ash）是将煤粉喷入煤粉锅炉内，在 1300~1600℃ 条件下燃烧后排出的飞灰，其排放量约占所有粉煤灰比例的 80%。循环流化床粉煤灰（Circulating Fluidized Bed FlyAsh）是含硫煤与脱硫剂按一定比例混合之后，850~900℃ 条件下循环流化床锅炉内燃烧后排出的飞灰。两种锅炉的原理和构造差异，导致煤粉在炉膛内的燃烧方式、燃烧温度等参数差异较大。因此，两种锅炉所产生的粉煤灰在物理和化学性质上有很大差别。

表 6-4 煤粉炉粉煤灰和流化床粉煤灰的化学组成

粉煤灰种类	化学组成（%）									
	SiO_2	Al_2O_3	Fe_2O_3	CaO	MgO	K_2O	Na_2O	P_2O_5	Ti_2O	烧失量
煤粉炉粉煤灰 1	43.27	48.16	2.07	2.35	0.09	0.36	0.04	0.21	1.80	1.65
煤粉炉粉煤灰 2	40.20	48.04	1.97	1.57	0.12	0.48	0.04	0.26	2.06	5.26
煤粉炉粉煤灰 3	40.09	48.10	1.98	1.62	0.18	0.39	0.12	0.22	2.09	5.21
循环流化床粉煤灰 1	37.26	51.63	1.99	2.33	0.13	0.32	0.04	0.15	2.09	4.06
循环流化床粉煤灰 2	37.90	49.89	2.10	2.85	0.26	0.32	0.56	0.16	1.95	4.01
循环流化床粉煤灰 3	37.09	51.64	2.06	2.41	0.21	0.34	0.23	0.22	2.12	3.68

研究表明，煤粉炉粉煤灰的烧失量、标准稠度需水量、颗粒粒径一般小于循环流化床粉煤灰，但密度较大；两种粉煤灰在化学成分上亦存在差异，煤粉炉粉煤灰的 Si、Al 元素含量较高，而循环流化床粉煤灰中的 S、Ca 含量较高；煤粉炉粉煤灰主要以球形颗粒为主，存在少数条状、絮状等形貌的颗粒，而循环流化床粉煤灰颗粒主要以不规则的棒状、纤维状、片状等形貌为主，球形颗粒较少，且不同形貌颗粒的元素组成差别较大，相同形貌颗粒的元素组成差别不大；当两种粉煤灰细度相近且都满足Ⅰ级粉煤灰的细度要求时，两种粉煤灰的强度活性指数均大于 100%，且煤粉炉粉煤灰的强度活性指数更大，这说明煤粉炉粉煤灰的活性更高。

6.3.2 粉煤灰的三大效应与应用

6.3.2.1 粉煤灰的三大效应

粉煤灰在混凝土中的有益效应包括形态效应、微集料效应和火山灰效应 3 种类型。

（1）形态效应

形态效应泛指各种应用于混凝土和砂浆中的矿物质粉料，由其颗粒的外观形貌、内部结构、表面性质、颗粒级配等物理性状所产生的效应。粉煤灰中含有大量的玻璃微珠，粒形完整，表面光滑。即使粉煤灰等量取代水泥（通常是超量），粉煤灰玻璃微珠除极少量的富铁微珠外，密度均小于水泥颗粒，能使砂浆中浆体的体积增加，因此可以明显地改善砂浆的和易性。

（2）微集料效应

粉煤灰的微集料效应是指粉煤灰微细颗粒均匀分布于水泥浆体的基相之中，如同微细的集料一样，这样的硬化浆体，也可以看作"微混凝土"。砂浆或混凝土的硬化过程及其结构和性质的形成，不仅取决于水泥，而且取决于微集料。

（3）火山灰效应

粉煤灰中的 SiO_2、Al_2O_3 等硅酸盐玻璃体，与水泥、石灰拌水后产生的碱性激发剂 $Ca(OH)_2$ 发生化学反应，生成水化硅酸钙等凝胶，对砂浆起到增强作用。粉煤灰的活性效应就是指粉煤灰活性成分所产生的这种化学效应。如将粉煤灰用作胶凝组分，则这种效应自然就是最重要的基本效应。粉煤灰水化反应的产物在粉煤灰玻璃微珠表层交叉连接，对促进砂浆或混凝土强度增长（尤其是抗拉强度的增长）起了重要的作用。粉煤灰的形态效应和微集料效应主要和混凝土的工作性和耐久性相关，而和混凝土强度最相关的火山灰效应是指粉煤灰中玻璃质的 SiO_2、Al_2O_3 能和水泥水化产生的高碱型水化硅酸钙凝胶及 $Ca(OH)_2$ 晶体发生反应（"火山灰反应"），生成低碱型的水化硅酸钙凝胶，有利于混凝土中凝胶数量的增多和结构的增密。综合来看，可认为粉煤灰效应对混凝土强度的影响过程是随龄期的增长从负效应逐渐向正效应转变的过程。

6.3.2.2 粉煤灰对混凝土的影响

（1）新拌混凝土浆体

① 工作性：正常情况下，在相同的混凝土中，掺粉煤灰水泥的绝对体积大于无粉煤灰水泥的体积。这是因为粉煤灰的密度较小，因此代替水泥的粉煤灰的体积也就等于或大于所替水泥的体积。另外，混凝土的工作性取决于其配合比，这样浆体体积的增加提高了混凝土的塑性和黏度。CaO 和 SiO_2 含量的增加改善了高碱性新鲜浆体中水泥及粉煤灰颗粒分散体的稳定性。粉煤灰能够改变水泥浆的流变行为，近于球状的粉煤灰颗粒使相同坍落度下水泥混凝土的用水量减少。

② 泌水性：在特定的工作性下，引气混凝土和非引气混凝土中使用粉煤灰，使细料体积增加，含水量降低，通常可以减少泌水。粉煤灰中的细料可以弥补集料中细料的不足，有助于堵塞泌水通道。

③ 泵送性：粉煤灰通常可以改善混凝土的泵送性能。对粒径较小的细集料混合料或少灰混凝土，作为集料补充的粉煤灰的掺加，将使水泥浆更加黏稠，不易产生离析和泌水。同时且由于球状粉煤灰颗粒减小了集料颗粒间的摩擦阻力以及混凝土和水泵管壁的摩擦力，使工作性和泵送性有所改善。

④ 凝结时间：使用粉煤灰可延长混凝土的凝结时间。低钙粉煤灰一般能延长凝结时间，而高钙粉煤灰则可延长或缩短凝结时间，或对凝结时间不产生显著影响。

（2）硬化混凝土浆体

① 力学性能：混凝土在任意给定龄期下的力学性能受粉煤灰、所用水泥及两者各自的比例等特性的影响。掺加粉煤灰与否，对抗拉强度和抗压强度的关系不会产生特殊的影响。和普通混凝土 28d 抗压强度比较，加入低钙粉煤灰的混凝土龄期 7d 或不足 7d 时的强度较低。硅酸盐水泥的强度生成率减小以后，粉煤灰中持续的火山灰反应可使混凝土在潮湿条件下加快后期强度生成，因此，粉煤灰混凝土早期强度等于或低于普通混凝土强度时，后期强度则等于或大于后者强度。这个较高的强度生成率将持续下去，比其他混凝土具有较高的后期强度。一年内粉煤灰混凝土的强度增加 60%，普通混凝土只增加 30%。另外，一些比较掺加粉煤灰与否的混凝土试验表明，粉煤灰混凝土显著的耐用性能可持续 10 年以上。

② 弹性模量：与抗压强度相似，粉煤灰混凝土早期弹性模量在一定程度上低于普通混凝土，而后期弹性模量值则略高于后者。粉煤灰对弹性模量的影响并不像对强度影响一样显著，而水泥和混合掺料的特性对弹性模量的影响大于粉煤灰产生的影响。

③ 蠕变：混凝土蠕变应变值取决于介质湿度和潮湿情况、水泥强度、弹性模量、集料量、混凝土的龄期以及持续加载的蠕变应力与强度之比。粉煤灰对混凝土蠕变的影响主要表现为在一定程度上影响终期强度和强度生成率。一定体积的粉煤灰混凝土和同体积的普通混凝土相比，测定 28d 或不足 28d 加载情况时，粉煤灰混凝土的强度较低。因而表现为较高的蠕变应变值。当粉煤灰混凝土和普通混凝土试件模拟大体积混凝土块

被密封阻止水分损失时，在龄期为一年时加载可知，两者的蠕变应变值基本相等。相同强度的试件未被密封，龄期一年时加载发现，粉煤灰混凝土的蠕变应变值仅为普通混凝土的一半。28d 强度相等的粉煤灰混凝土和普通混凝土在同一龄期加载时，由于前者后期强度增加较大，表现出较低的长期蠕变应变值。

④ 混凝土与钢筋的黏结：混凝土与钢筋的黏结或黏附取决于两者接触表面面积、钢筋长度和混凝土的密度。通常，粉煤灰增加了浆体体积，减少了泌水。泌水聚集在低层面，使其接触面积增加，改善了黏结性。

⑤ 温升：水泥和水发生化学反应产生热量，这种由于混凝土中各种成分的体积发生变化产生的热量，对强度和早期应力的增长都产生较大影响。大部分热量是水泥中 C_3S 和 C_3A 发生水化反应的早期阶段产生的，水化程度和发热量的多少取决于水泥的类型和数量，结构物的体积、配制方法、配制时的温度及养护温度，用粉煤灰代替一部分水泥材料可控制温度升高。被取代的水泥数量越大，混凝土的水化热一般越低。有些高钙粉煤灰却使混凝土早期温度升高。当水化热作为主要控制因素时，所用混凝土混合物必须进行水化热的测定试验。

⑥ 抗冻融能力：混凝土的抗冻融能力取决于很多因素，包括空隙率、集料的硬度、龄期、水化程度、水泥浆的硬度、混凝土的含水量。a. 混凝土的引气量和强度是影响普通混凝土和粉煤灰混凝土抗冻性的决定性因素。满足抗冻性要求的引气量取决于相应的混凝土强度等级。混凝土强度越高，满足抗冻性所必需的引气量越低。b. 对引气量小于 3.5% 的粉煤灰混凝土和普通混凝土，其水灰比对抗冻性有显著的影响，水灰比越小，抗冻性越好。可是，如果混凝土中已具有足够的引气量，则其水灰比对混凝土抗冻性的影响不大。c. 气泡间距指数对普通混凝土和粉煤灰混凝土的抗冻性都有决定性的影响。

⑦ 抗渗防腐性：混凝土内部因空隙相互连通而渗水。混凝土的抗渗性能是由一些因素决定的，如胶结材料的数量、含水量、集料级配固结和养护效果。水泥水化形成的 $Ca(OH)_2$ 可溶于水，从硬化混凝土中溶出来，就形成进水空隙通道。经过火山灰性能分析，粉煤灰若能使 $Ca(OH)_2$、KOH、$NaOH$ 等发生化学反应生成 C-S-H，就可减少 $Ca(OH)_2$ 的溶出，从而达到降低混凝土渗水性的目的。

⑧ 抗硫酸盐性：一般认为，低钙粉煤灰能够提高混合料中各成分的抗硫酸盐性。某些高钙粉煤灰在正常配比情况下会削弱抗硫酸盐性。如果把胶结材料中高钙粉煤灰的含量相对提高，就可能改善混合料的抗硫酸盐性。在一定程度上是由于混凝土中的氢氧化物和粉煤灰持续反应生成 C-S-H，填充了水泥浆体中的毛细孔隙，降低了渗透性，抑制了可溶性硫酸盐的侵入。

6.3.3 粉煤灰在墙体材料中的应用

6.3.3.1 粉煤灰蒸压砖

粉煤灰蒸压砖的具体工艺流程为原料检验→配料→消解→轮碾→压坯→静养→蒸压。配料工艺需要考虑各种原材料比例，尤其要控制含水量和有效钙含量。消解环节使生石灰充分消解反应生成 $Ca(OH)_2$，并与粉煤灰等原料发生预水化反应，提高生坯的流动性、可塑性和成型性能。静养可以使生砖坯在蒸压养护工艺之前获得一定的强度，避免蒸压养护期间温度和湿度变化以及水分迁移而导致砖坯内部产生应力，造成砖坯裂缝或变形；更重要的是，静养促使泥料中的水分分布更加均匀，进一步提高泥料的可塑性、成型性和保型性。因而，静养要保持一定的湿度和温度，使坯料氧化和水解等反应顺利进行。最后一步是蒸压，典型的工艺为先升温升压、然后长时间恒温恒压、最后降温降压。其间，粉煤灰与氧化钙、生石膏发生化学反应，生成结晶相对稳定且强度较高的水化硅酸钙系列矿物，其主要组成相一般为托贝莫来石，此外还会生成抗碳化性能良好的水化石榴子石，保证成品砖具有较高的强度。蒸压通常在180℃左右、1.2MPa的条件下进行。粉煤灰蒸压砖作为建筑行业的墙体材料，需要承受一定载荷，一般需要具有一定的强度和抗冻能力。例如，粉煤灰蒸压空心砖的空心率应不小于35%，MU3.5规格的五块砖的平均强度应不小于3.5MPa，线性干燥收缩值应不大于0.65mm/m，碳化系数应不小于0.85，吸水率应不大于25%。

6.3.3.2 碱激发粉煤灰发泡保温板

碱激发粉煤灰发泡保温板是一种绿色环保、低收缩开裂、低吸水率、阻燃性能高的保温墙体材料，是将发泡剂加入由水泥、粉煤灰、水、外加剂等组成的浆料中，搅拌后迅速倒入模具中发泡成型，在自然条件下养护形成强度后切割制成多孔轻质保温板材。粉煤灰的添加可以降低生产原材料的成本，减少水泥水化引起的干收缩而产生的裂纹，增加发泡水泥保温板的防水性能。如图6-10所示为碱激发粉煤灰发泡保温板的宏观及微观结构。

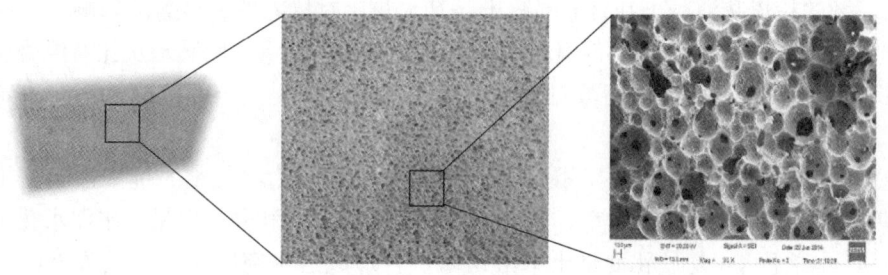

图6-10 碱激发粉煤灰发泡保温板的宏观及微观结构

与传统的有机保温板相比，水泥发泡保温板具有极大的优势：①耐火性能好。水泥发泡保温板的抗燃烧性能达A1级，远超传统的有机保温板。②使用寿命长、与墙体黏结性能好。由于水泥发泡保温板为水泥基材料，设计使用寿命可与墙体达到相同时间，无须在墙体使用寿命内二次施工更换保温层。由于墙面为水泥基材料，其与墙面的黏结性能比传统有机保温板更好。③造价便宜。水泥是一种较为便宜的原材料，价格远低于其他有机保温材料，另外可以在水泥中添加合适的活性填料，回收再利用一部分固体废弃物，进一步降低成本。

6.3.4 脱硫石膏的来源与特性

6.3.4.1 脱硫石膏的来源

脱硫石膏（Desulfurization Gypsum）是电力、钢铁、煤炭、矿产等行业烟气脱硫（Flue Gas Desulfurization）过程中排放的工业固体废弃物，是工业副产石膏的一种，

6 煤炭矿产资源分类、储量及分布

又称烟气脱硫石膏或FGD石膏。工业副产石膏是指工业生产中因化学反应生成的以硫酸钙为主要成分的副产品或废渣，也称化学石膏或工业废石膏。主要包括脱硫石膏、磷石膏、柠檬酸石膏、氟石膏、盐石膏、味精石膏、铜石膏、钛石膏等，其中脱硫石膏和磷石膏的产生量约占全部工业副产石膏总量的85%。烟气脱硫技术是将石灰-石灰石粉加水制成浆液，作为吸收剂用泵打入吸收塔与烟气充分接触混合，烟气中的二氧化硫与浆液中的氢氧化钙以及从塔下部鼓入的空气进行氧化反应生成硫酸钙、亚硫酸钙（$CaSO_3$），达到一定饱和度后，排出吸收塔，再经浓缩、脱水，使其含水量小于10%，结晶形成二水石膏（$CaSO_4 \cdot 2H_2O$）和$CaSO_3$的混合物。

20世纪90年代，中国为解决SO_2的排放问题，引进了一批国外先进的烟气脱硫工程技术。根据生态环境部的数据，2010年，我国脱硫石膏产量为52.3万t，至2013年产量达到高位为75.5万t，至2019年产量为71.5万t，由此可见脱硫石膏也是煤炭行业中规模巨大的工业固废之一。图6-11展示了我国2010—2019年脱硫石膏产量。脱硫石膏的分布与火力发电厂分布相关。我国火力发电厂的分布特征集中于华东、华北、中南等中国经济发展重心地区，分散于全国各地。因此，我国脱硫石膏主要分布在华东、华北、中南等地区。作为一种固体废弃物，脱硫石膏堆积占用大量土地资源，其所含的重金属、酸性氧化物等物质会污染环境，因此脱硫石膏的资源化利用引起了人们的关注。我国在脱硫石膏的利用方面，与发达国家相比较还存在很大差距。德国、日本等国脱硫石膏利用率早已达90%，而我国此利用率目前还未达到70%，与发达国家相比尚存在很大差距，亟须对其进行妥善的处理。

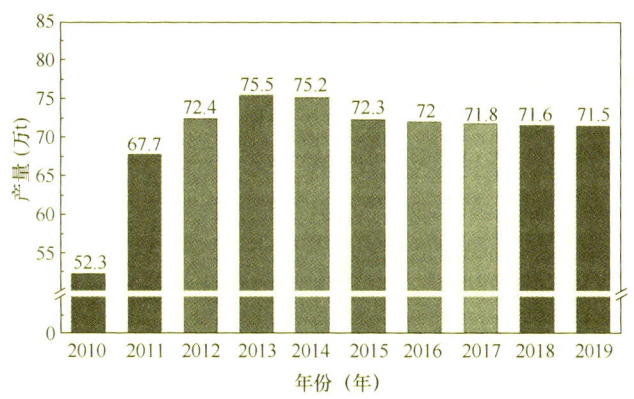

图6-11 我国2010—2019年脱硫石膏产量

6.3.4.2 脱硫石膏的特性

（1）物理性质

新生成的脱硫石膏外观为松散的湿粉类固体，由于含有其他杂质，颜色呈暗灰色或土黄色，而非纯石膏的白色，密度为1.06～1.20g/cm³。含有10%～20%的外在水分，容易结团成颗粒乃至大块固体。粒径较小，绝大部分固体颗粒尺寸在30～60μm。由于含水量高，输送时容易黏附设备，造成物料堵塞。表6-5列举了脱硫石膏的物理性质及其与天然石膏、磷石膏的对比。和天然石膏相比，脱硫石膏具有颗粒均匀、比表面积大等优点。正常脱硫工艺所产生的工业脱硫石膏外观呈现灰黄色或灰白色，而当脱硫装置运行不稳定特别是有部分粉煤灰进入脱硫装置时，工业脱硫石膏则呈现深灰色或者黑色。图 6-12 展示了脱硫石膏的宏观及微观形貌，脱硫石膏颗粒主要有圆饼状、球状、板状和不规则形状等。其中，板状颗粒以规则的长方体形貌存在，粉体粒径相对较大，一般可达 50μm 以上；圆饼状粉体颗粒的直径在 30～50μm，厚度可达 10μm，粒径分布较为均匀；球状颗粒粒径分布较宽，大颗粒直径约 20μm，小颗粒直径约 2μm，且小颗粒含量较多；不规则颗粒状为 10～20μm，多为玻璃态物质。

表 6-5　脱硫石膏的物理性质及其与天然石膏、磷石膏的对比

石膏种类	晶体形态	粒度分布	颜色	酸碱度	含水量
脱硫石膏	柱状	30～70μm（范围窄）	灰白色或灰黄色	中性或略偏碱性	10%
天然石膏	块状、细粒状、纤维状	1～100μm	白色，常混入杂质而染成灰、红、褐色	中性	无
磷石膏	针状、板状、密实晶体、多晶核晶体	40～200μm（正态分布）	灰白色、黑灰色	酸性（pH 为 3～4）	20%～25%

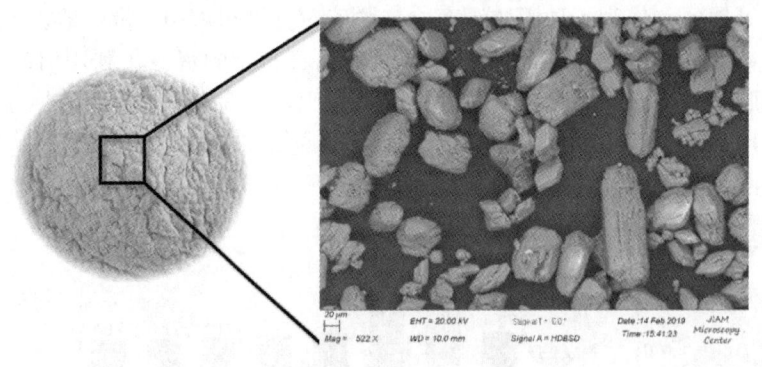

图 6-12　脱硫石膏的宏观及微观形貌

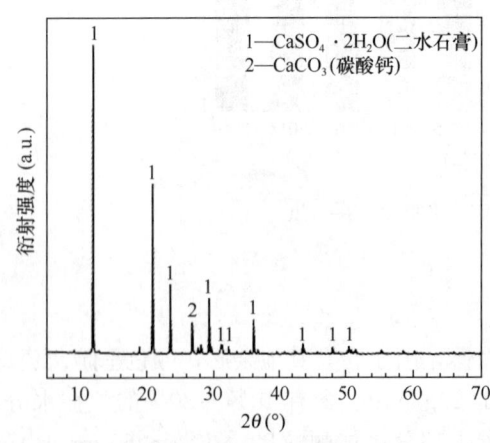

图 6-13　脱硫石膏的 XRD 特征谱图

（2）化学性质

脱硫石膏主要成分和天然石膏一样，为二水硫酸钙 $CaSO_4 \cdot 2H_2O$，含量 ≥93%。如图 6-13 所示为脱硫石膏的 XRD 特征谱图，表 6-6 展示了脱硫石膏的组成及其与天然石膏、磷石膏的对比。脱硫石膏成分与天然石膏、磷石膏类似，但比天然石膏纯度更高，比磷石膏杂质更易处理，是制作石膏板的理想材料。不同电厂所生产的工业脱硫石膏常因燃烧工艺、脱硫工艺的不同而具有较大的差异。但总体上而言，工业脱硫石膏中都含有一定量的杂质成分，如氧化硅、氧化铁、氧化铝、氧化镁等。

脱硫石膏的主要杂质来源：①烟气中的飞灰；②石灰石中的杂质。在脱硫过程中，

这些杂质会进入石膏，使石膏的脱水性能下降。此外，来自烟气与水中的氯离子对石膏脱水效果有重要影响，当氯离子含量过高时，不利于石膏脱水，使石膏脱水性能急剧下降。

表 6-6 脱硫石膏的组成及其与天然石膏、磷石膏的对比

石膏种类	CaO	SiO₂	Al₂O₃	SO₃	Fe₂O₃	MgO	吸附水	结晶水
脱硫石膏	34.45%	1.93%	0.40%	41.27%	0.26%	0.26%	7.44%	13.99%
天然石膏	30.46%	7.49%	2.64%	39.59%	1.14%	0.55%	0.50%	17.63%
磷石膏	28.41%	8.75%	0.60%	40.50%	0.08%	0.05%	6.31%	15.30%

6.3.4.3 脱硫石膏的利用简介

脱硫石膏加工利用的意义非常大，图 6-14 展示了脱硫石膏精加工产业链条。脱硫石膏可广泛用于建材、农业等行业。脱硫石膏在建材行业的综合利用主要有两个途径：一是用作水泥缓（调）凝剂，约占脱硫石膏综合利用量的 70%；二是生产石膏建材制品，脱硫石膏经煅烧加工，生成 β-半水脱硫建筑石膏，石膏建材制品包括室内抹灰、腻子、纸面石膏板、石膏砌块、石膏空心条板、干混砂浆、石膏砖等。美国最大的石膏企业 National Gypsum 采用的石膏原料大多是脱硫石膏，处理后的脱硫石膏用来生产水泥缓凝剂、石膏板等，产生的废料用来进行路基加固等，实现了对脱硫石膏较为系统的利用。在欧洲，以德国、奥地利、荷兰对脱硫石膏的应用技术挖掘较为深入。随着石膏产业项目的不断投建，我国石膏板产能不断扩大，截至 2020 年年底，石膏板行业产能约 47.8 m²。脱硫石膏在农业领域主要用于土壤调节及肥料生产。脱硫石膏及其下游产品不仅有力地促进了国家环保循环经济的进一步发展，而且大大降低矿石膏的开采量，保护了资源。2019 年的《国务院办公厅关于印发"无废城市"建设试点工作方案的通知》要求：以工业副产石膏等大宗工业固体废物为重点，完善资源化利用标准体系，分类别制定工业副产品、资源化利用产品等的技术标准。

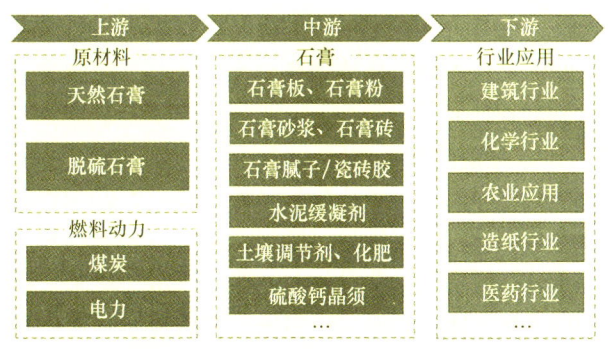

图 6-14 脱硫石膏精加工产业链条

6.3.5 脱硫石膏用于水泥缓凝剂

6.3.5.1 脱硫石膏对水泥的缓凝机理

铝酸三钙是硅酸盐水泥中水化速率最快的矿物，石膏能够快速在水中溶解，并迅速与铝酸三钙水化产生的凝胶反应生成针状钙矾石晶体，包裹在铝酸三钙矿物颗粒的表

面，阻碍水分的进入，从而延缓水泥的进一步水化反应。脱硫石膏中二水石膏含量一般在90%以上且含水量<10%，理论上能代替天然石膏作为水泥缓凝剂。当使用脱硫石膏作为水泥缓凝剂时，主要考虑三项指标，即安定性、凝结时间及力学性能。

（1）安定性

水泥安定性亦称"水泥体积安定性"，反映水泥在凝结硬化过程中体积变化的均匀情况。水泥中如含有过量的游离石灰、氧化镁或三氧化硫，在凝结硬化时会发生不均匀的体积变化，出现龟裂、弯曲、松脆和崩溃等不安定现象，降低建筑物质量，甚至引起严重的工程事故。

（2）凝结时间

研究表明，在控制缓凝剂中SO_3相同的情况下，掺加脱硫石膏的水泥样品要比掺加天然石膏的水泥样品凝结时间短，这是由于脱硫石膏与天然石膏的溶解速度和溶解度差异导致的。对脱硫石膏进行50℃左右的预干燥处理再加入水泥中，则可以进一步延长水泥的凝结时间，这是由于脱硫石膏中的二水石膏在干燥过程中转变为半水石膏，由化学物质的性质可知，半水石膏提供离子的速率较快，因此缓凝效果得以增加。此外，脱硫石膏中还含有少量的亚硫酸钙，亦可以引起水泥的缓凝。

然而，并不是石膏的量越多，水泥的凝结时间越长。当石膏量不足时，它不能达到使水泥缓凝的目的；当石膏量过高时，水泥的凝结反应会变得过快，反而会缩短水泥的凝结时间，而且石膏含量过高会导致水泥的水化过快，容易造成水泥假凝假象。由于脱硫石膏因产地及工艺不同而存在差异，因此利用其作为缓凝剂时，脱硫石膏掺量必须通过严格试验验证，各项指标应当满足现行国家标准《通用硅酸盐水泥》（GB/T 175）、《水泥标准稠度用水量、凝结时间、安定性检验方法》（GB/T 1346）及《水泥胶砂强度检验方法（ISO）》（GB/T 17671）的要求。

（3）力学性能

掺天然石膏作为缓凝剂时，水泥的各项物理指标相差不太明显，只有强度随着SO_3含量的增加而略有增加。与天然石膏相比，由于脱硫石膏中杂质的差异，导致硬化后水泥强度有所不同。因此脱硫石膏的质量控制显得尤为重要，掺脱硫石膏的水泥的强度明显降低。

6.3.5.2 脱硫石膏用作缓凝剂的技术难题

除因脱硫石膏组成差异造成的缓凝性能差异外，脱硫石膏的物料状态引起的运输难题也是实际生产中的技术瓶颈。如前所述，脱硫石膏含有一定的水分、黏性强，因此在装载、提升、输送的过程中极易黏附在设备上，造成积料、堵塞，影响生产过程的正常进行。目前，针对该问题有两种解决方式：第一是对脱硫石膏进行预干燥；第二是脱硫石膏造粒，将湿粉状的脱硫石膏采用造粒工艺，将其直接压制成球，使之改变物理性状，降低物料之间彼此的黏附，增加流动性，则可以彻底改变脱硫石膏在水泥生产过程中出现的上述问题。在造粒过程中，粉末颗粒通过物质间自身的架桥作用，毛细管吸引压力、附着力、静电引力和机械咬合力等的作用形成大粒径的石膏颗粒。为降低造粒难度，可在造粒过程中添加少量高温煅烧石膏、粉煤灰、石灰等原料以提高胶结性。为控制脱硫石膏中亚硫酸钙对凝结时间控制的难度，可以采用双氧水等氧化剂处理脱硫石膏，将亚硫酸钙氧化为硫酸钙。

6.3.6 脱硫石膏制备建筑石膏与应用

6.3.6.1 脱硫石膏制备建筑石膏

建筑石膏是一种在建筑工程中得到广泛应用的石膏类建筑材料。根据我国国家标准《建筑石膏》（GB/T 9776—2022），建筑石膏是以 β-半水石膏为主要成分，不预加任何外加剂或添加物，主要用于建筑材料的粉状胶凝材料。图 6-15 展示了脱硫石膏中二水石膏受热时晶相的转变过程。β-半水石膏也称熟石膏，是二水石膏在 120～200℃的非饱和蒸汽介质中脱水而成，可用来生产粉刷石膏、抹灰石膏、石膏砂浆、石膏砌块、纸面石膏板、天花板、装饰吸声板及其他装饰部件等。石膏制品质轻、对火灾、噪声、电磁辐射等具有较强的抵御能力，在节能、环保、生态平衡等方面有其独特的优点，在制造、使用中无毒、无味、无公害，因而是一种理想的绿色建筑材料。

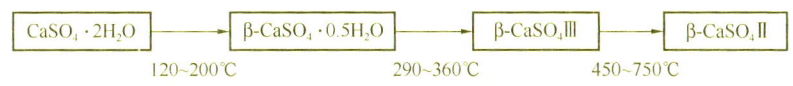

图 6-15　脱硫石膏中二水石膏受热时晶相的转变过程

脱硫石膏因为与天然石膏成分相似，理论上完全可以取代天然石膏作为原料制备脱硫建筑石膏，其工艺简单且成本较低，使用炒锅或者回转窑敞开装置即可制成，但其强度远高于脱硫石膏。因此，利用脱硫石膏制备高性能的建筑石膏是资源化大规模利用脱硫石膏的有效途径之一。石膏建材对脱硫石膏原料中的一些有害元素如氟氯的含量以及外观白度有严格要求，因此会限制低品质脱硫石膏的应用。

煅烧温度和煅烧时间对烧成后的建筑石膏的质量有重要影响。研究表明，在脱硫石膏中添加 CaO、ZnO 等助剂再进行煅烧，不仅可以拓宽脱硫石膏脱水成半水石膏的煅烧温度范围，而且能够改善半水石膏的结晶与转晶。例如在脱硫石膏中添加 0.6% 的 ZnO 时，在 120～220℃煅烧得到的全是半水石膏，其中 120～140℃的煅烧产物为斜方晶系，160～220℃的煅烧产物为六方晶系。如图 6-16 所示为在脱硫石膏中添加 ZnO 煅烧制备的建筑石膏的水化产微观形貌，其水化产物为针状或纤维状晶体，随着养护期的延长，这些晶体不断变长、变粗，相互交叉堆积成致密性结构，从而改善了建筑石膏的强度。添加 CaO 可以改善脱硫石膏脱水变为半水石膏的结晶度，提升脱硫石膏灼烧产物品质，使脱硫石膏在灼烧过程中按照层状断裂进行分解，颗粒表面脱水后结合力变弱，从边缘开始分解脱落成细小颗粒，最终分解成细颗粒。

脱硫石膏制备的建筑石膏凝结硬化时间较快，无法满足成型和施工需求，因此采用缓凝剂来延长其凝结时间。柠檬酸、酒石酸和三聚磷酸钠是常用的石膏缓凝剂，其中柠檬酸的缓凝效果相对最好，但其对脱硫建筑石膏的强度损耗最大。柠檬酸的缓凝效果在碱性条件下达到最佳，三聚磷酸钠在中性条件下达到最佳。缓凝剂在一定程度上改变了脱硫建筑石膏水化温度峰值的大小和出现时间。由此可见，环境酸碱度对脱硫建筑石膏性能影响较大，因此拌和水对脱硫石膏制备的建筑石膏的凝结时间、强度发展也具有影响。拌和水 pH 为 7.6～12.0 时，随着碱度的提高，脱硫建筑石膏的初凝、终凝时间都明显缩短；在 pH 为 9.0 左右时，脱硫建筑石膏的抗折、抗压强度都最佳。碱性环境可以改变二水石膏的结晶相变热、结晶化程度、结晶形态和密实程度。

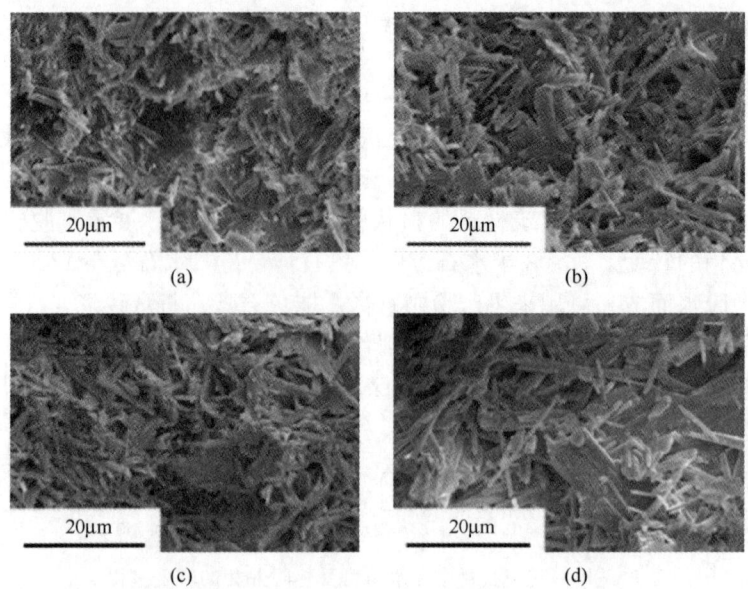

图 6-16　脱硫石膏中添加 ZnO 煅烧制备建筑石膏在不同龄期水化产物的微观形貌
(a) 2h；(b) 1d；(c) 3d；(d) 7d

6.3.6.2　脱硫石膏制备高强石膏

α-半水石膏因其具有更高的强度、更低的需水性，被称作高强石膏，比 β-半水石膏具有更广泛的用途。制取 α-半水石膏的技术对石膏品位要求高，常用的方法从脱硫石膏中挑选品质优良的石膏进行 α-半水石膏的制备，虽然其产量和效益受脱硫石膏品质的影响，但综合利用附加值高，所制备的高强石膏可加入 β-半水石膏中，拓宽 β-半水石膏应用范围。图 6-17 展示了高强石膏（α-半水石膏）的宏观及微观形貌。

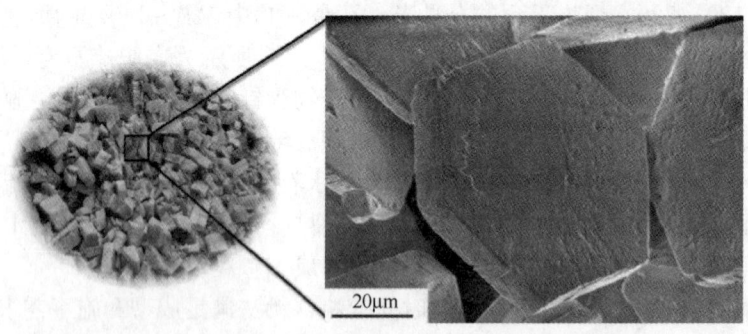

图 6-17　高强石膏（α-半水石膏）的宏观及微观形貌

目前，制备高强石膏的方法主要有蒸压法和水热法。蒸压法是我国主要采用的方法，其工艺方法由来已久，并且工业应用较多，但其原料要求较高，需要以结晶度较好的天然石膏作为原料。水热法常用于湿态石膏。水热法又分为常压盐溶液法和加压水溶液法。常压盐溶液法与蒸压法和加压水溶液法不同，不需要很高的压力，能耗较低，但是其制备工艺较复杂，在实验室研究取得一定的进展，但国内均未见有一定规模工业化生产的报道。

(1) 蒸压法

蒸压法又称为加压水蒸气法，其工艺流程如图 6-18 所示。具体为：将脱硫石膏送入蒸压釜中，升温加压转化后常压干燥，磨细后得到 α-半水石膏。影响制得的 α-半水石膏强度等性能的主要因素有蒸压的温度、压强和反应时间等，该方法制得的 α-半水石膏强度与原料的特性关系很大。选用的脱硫石膏原料越密实，越容易制得高强度的 α-半水石膏。

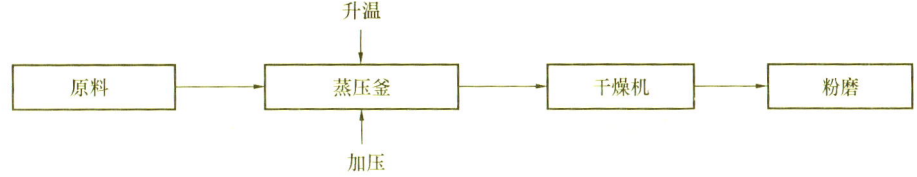

图 6-18　脱硫石膏蒸压法制备高强石膏工艺流程

研究表明，在一定温度区间内（135～165℃），不同的蒸压温度下所制备高强石膏的组成没有显著差别，表明蒸压条件下石膏向半水石膏的转变存在一个相变温度，超过此温度就会发生转变，而不是一个渐进的过程。但干燥条件对高强石膏的微观结构具有明显的影响，出釜后的物料应该立刻被送入已升温的干燥设备中，避免二次生成二水石膏和无水石膏。为了促进脱硫石膏中二水石膏相的转化，研究人员发明了混合蒸压法，主要是在制备过程中加入转晶剂并均匀混合，接着在增压温度环境下反应，之后进行干燥和粉磨，在合适的工艺条件下可以制备抗压强度超过 50MPa 的高强石膏。

(2) 水热法

相比蒸压法，水热法制备工艺较为复杂，其工艺需要提供充分的液相环境，使 α-半水石膏可以在液相中生长，其制备的 α-半水石膏强度更高。常压盐溶液法是脱硫石膏水热法制备 α-半水石膏的代表工艺之一。在正常压强下，利用加入转晶剂的盐溶液，将脱硫石膏加热至一定温度后进行洗涤、过滤、干燥之后可得 α-半水石膏，制备工艺如图 6-19 所示。盐溶液的种类、浓度，转晶剂的种类、用量，以及反应温度和时间，洗涤工艺的参数等都是影响所得的 α-半水石膏品质的因素。因此对该法制备 α-半水石膏的研究主要集中在控制反应温度、pH、盐溶液浓度、固液比和转晶剂等方面。

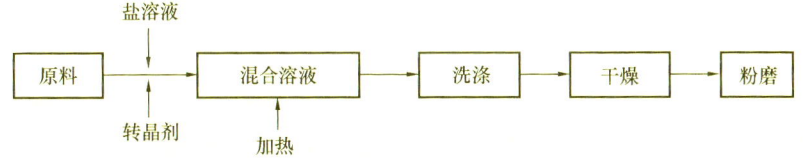

图 6-19　脱硫石膏常压盐溶液法制备高强石膏工艺流程

使用盐溶液作为溶剂的原因是二水石膏和 α-半水石膏在盐溶液中的溶解度均比纯水中高，因此脱硫石膏的溶解度在生产高强石膏中起着至关重要的作用，选择盐溶液可以增大其溶解效果、促进其中生成产物的析出。产物析出的难易程度取决于二水石膏和 α-半水石膏的溶解度差，溶解度差越大，α-半水石膏的生成就越容易。常用的盐溶液包括 $CaCl_2$-HCl 溶液、NaCl 溶液，盐溶液浓度 30%～40%，脱水温度 94～105℃，料浆浓度≤30%。

研究表明，温度和搅拌功率对半水石膏晶体生长速率影响较小，反应物的进料速率影响较大，而且原料粒度越小，晶体生长速率越大。pH和盐溶液浓度是影响脱硫石膏转晶速度最重要的因素，pH在4~5时有利于得到较好晶型的α-半水石膏。盐浓度越大，制得的α-半水石膏晶体越细小。除了盐溶液的影响外，要制备出对硬化强度比较有利的短柱状晶形的α-半水石膏，须采用转晶剂进行调晶。转晶剂一般采用高价可溶性的金属盐与有机酸，金属盐作用效果不及有机酸。还有少数研究表明，对混合溶液加热的同时进行加压可以促进反应进行。

6.4　煤化工资源循环利用与新材料

6.4.1　煤气化渣的来源、分类及特性

6.4.1.1　气化渣的来源与分类

煤气化渣是煤气化过程中排放出的固体废弃物，每年的排放量达到几千万吨。在煤气化过程中，气化炉内的原煤颗粒在高温下快速分解，随着挥发分的不断挥发，碳的石墨化程度不断加深，生成煤焦；然后氧气、蒸气等气化剂扩散到颗粒内部，进行气化反应，产生合成煤气；随着反应的进行，当煤焦颗粒达到破碎临界状态时，继续反应，煤焦颗粒开始破碎，经过均相及非均相反应，煤中矿物质等成分转变为熔渣，一部分熔渣附着在气化炉壁，以熔融态沿壁流入炉底后，经激冷凝固形成粗渣，其粒径较大；另一部分被气流带出，随合成气进入后续净化工序，形成颗粒较小的细渣。最终，气化系统排出粗渣和细渣两种形式的渣样。工艺流程如图6-20所示。

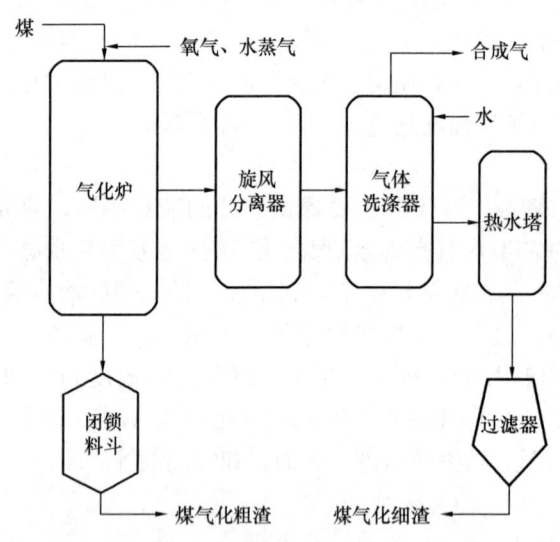

图6-20　煤气化粗渣和细渣形成工艺流程

煤气化残渣分为粗渣与细渣两部分。粗渣是顺着气化炉壁，经过渣口下降管在激冷室淬冷，迅速固化为固体小颗粒沉降在激冷室底部，最终产生于气化炉的排渣口。粗渣含碳量较低，残碳量随着煤气化炉种类、煤气化炉操作条件以及煤种的不同波动较大，一般为5%~30%，其粒径分布主要在4~16目范围，其主要由浆化煤炭颗粒在煤气化炉中高温高压的条件下，经过熔融—激冷—凝结等流程，在煤气化炉底部排出的含水渣，其含量可占煤气化残渣排量的60%~80%。

细渣是由激冷室中的飞灰和悬浮在激冷水中的细颗粒渣组成的，它们随黑水排放进入灰水处理系统，产生于合成器的除尘装置。细渣残碳量较高，一般可高于30%，其

6 煤炭矿产资源分类、储量及分布

由气化炉顶部的气流所带出，并经洗涤净化、沉淀得到的含水渣，其含量可占煤气化残渣排量的20%～40%。煤气化渣的成分含量波动较大，其主要与原料种类、气化炉种类以及操作条件有紧密的相关性，并且地区与气化工艺对煤气化渣的成分含量影响较大，但主要成分均为 SiO_2、Al_2O_3、CaO、MgO、Fe_2O_3、TiO_2 等无机相和残碳，SiO_2、Al_2O_3、Fe_2O_3 三者含量之和最高可达70%以上。

据不完全统计，2018年，煤化工行业转化煤炭约9556万t，2019年上半年，转化煤炭约5570万t。随着煤气化技术的更新和大规模推广应用，煤气化渣大量产生，其年产量超过3300万t。

6.4.1.2 气化渣的特性

煤气化炉种类较多，按照煤在炉内运动方式可分为固定床（移动床）、流化床和气流床3种类型。气流床气化炉因其煤种适应性宽、碳转化率、有效气体积分数和冷煤气效率高而受到关注，是煤气化的首选技术。目前，气流床炉渣的形态、矿物学、化学组成等特性已经达成共识。

(1) 矿物学性质

与其他煤基固废相比，煤气化渣的矿相较为简单，主要分为晶相与非晶相两类。相关研究结果表明煤气化渣晶相主要为石英相，随煤源、炉型及气化工艺不同，部分地区的气化渣中出现了方解石、莫来石、斜长石、钙长石等晶相。非晶相主要指铝硅酸盐玻璃相和无定形残碳。煤气化渣中矿相主要是原料煤中含有的黏土矿物在高温气化过程中经过复杂的物理化学变化而形成的。粉煤灰空心微珠主要为漂珠与沉珠，而煤气化渣中存在的球状玻璃体结构可能为煤灰中的沉珠，并且其中的无定形残碳具有与煤焦炭相似的结构；煤气化残渣中的石英主要是在煤气化过程中未来得及参与反应的石英颗粒残留，并且石英颗粒会与高岭石成分在800℃左右发生反应，并产生新的矿物质或者非晶质物质；煤气化残渣中的莫来石经由高岭石、偏高岭石、Al-Si 尖晶石，最后到莫来石的一系列转换得到；在大约1200℃时莫来石与方钙石反应会生成钙长石，而方解石在炉中受热分解形成方钙石。

(2) 化学组成

煤气化炉渣主要由 Si、Al、Ca 的氧化物与大部分残碳组成，此外少量 K、Na、Mg、Fe 的氧化物夹杂其中。煤气化渣由于煤种的成分差异、造渣助溶剂不同而导致煤气化渣中的化学组分发生波动，并且会因为气化工艺的不同引起参数的变化。尽管各类渣样化学成分存在一定差异，但均以 SiO_2、Al_2O_3、CaO、Fe_2O_3 为主。不同煤气化技术得到的煤气化渣碳含量差异较大，且细渣残炭含量较粗渣高。

煤气化渣主要矿物相为非晶态铝硅酸盐，夹杂着石英、方解石等晶相，富含硅、铝、钙、碳资源的化学组成特点和特殊的矿相构成是煤气化渣回收利用的基础。其中，氧化硅、氧化铝以及氧化钙是火山灰的主要组成部分，因此煤气化渣具有一定潜在的火山灰活性。

(3) 粒径分布

煤气化渣粒径受原煤颗粒的粒径分布、矿相结构、工艺条件和气化环境等多重因素的影响，大部分煤气化渣颗粒粒径较小，煤气化渣中含有大量难以通过物理法分选出的碳。煤气化渣细渣粒径范围主要在0～65μm，粗渣粒径大多分布在38～4000μm。

(4) 颗粒形貌

煤气化渣细渣颗粒分为多孔不规则颗粒、絮状物、黏附性球状颗粒和独立大球形颗粒四种；气化粗渣分为多孔不规则颗粒、光滑密实颗粒、光滑球形颗粒、球状物和针棒状物。颗粒元素分布表明细渣中球形颗粒主要为铝硅酸盐矿物，多孔状与絮状颗粒为碳粒，黏附小球形颗粒为碳与无机颗粒混合体。粗渣中颗粒主要为铝硅酸盐矿物颗粒或者碳与无机颗粒结合体，含碳量显著低于细渣。微观形貌如图 6-21 所示。对比煤气化渣的宏观形貌，粗渣的粒度明显高于细渣，细渣偏黑，粗渣和细渣中都存在大颗粒，但粗渣中更多，且粒径更大。

图 6-21　煤气化渣
(a) 气化炉细渣；(b) 气化炉粗渣

6.4.2　煤气化粗渣复合制备活性粉体材料

气化渣的主要成分除炭以外，还有活性 SiO_2、Al_2O_3 等成分，具有潜在的火山灰活性，这为气化渣用作矿物掺和料（SCMs）替代部分水泥，从而减少水泥熟料的用量，缓解生产能耗及降低 CO_2 排放的问题奠定了基础。常见的矿物掺和料（SCMs）如粉煤灰矿粉等，由于潜在胶凝特性在水泥混凝土中的应用已经非常广泛，并且合理利用矿物掺和料显著提升了水泥混凝土的性能，这也为气化渣的充分利用提供了新的思路。

6.4.2.1　煤气化渣的活性改善措施

(1) 物理激发

借助类似粉磨等机械方法，使煤气化粗渣中的矿物晶体产生缺陷与错位，并形成大量的微小粒子，通过粉磨过程将一部分机械能转化为煤气化渣颗粒的内能或表面能，激发剂的分子可吸附于煤气化渣颗粒表面、微裂纹间，能够降低煤气化渣颗粒表面自由能、中和裂纹处 Si—O 共价键与 Ca—O 离子键断裂后产生的不饱和电荷，阻止 Ca^{2+} 和 O^{2-} 重新组合提高细颗粒的分散度。煤气化渣经过粉磨后煤气化渣中的矿物晶格会发生畸变，同时尺寸变小，降低了煤气化渣矿物晶体中的结合键能，增大了与激发剂的接触面积，使激发剂更易与煤气化渣微粉颗粒进行化学反应，加速煤气化渣水化反应进程。同时煤气化渣中的玻璃体通过机械力破坏后，铝酸盐、硅酸盐等活性微小粒子从玻璃体中分离，加快煤气化渣活性成分的水化。

(2) 化学激发

对煤气化渣而言，玻璃体的化学键包括 Al—O 键与 Si—O 键，并且两者分别以 $[AlO_4]$ 四面体形式、$[AlO_6]$ 配位多面体形式及 $[SiO_4]$ 四面体形式存在。在机械力作用下，煤气化渣表面产生断裂键，并通过碱性激发剂的配合作用，$[AlO_4]$ 四面体解聚生成 $H_3AlO_4^{2-}$，$[SiO_4]$ 四面体解聚生成 $H_3SiO_4^-$。$H_3AlO_4^{2-}$、$H_3SiO_4^-$ 与 Ca^{2+}、Na^+ 等发生水化反应生成类沸石水化产物。当晶体中的 $[AlO_6]$ 配位多面体发生解聚时，$[AlO_6]$ 配位多面体解聚生成的 $Al(OH)_2^+$ 与 $H_3SiO_4^-$、OH^-、Ca^{2+}、Na^+ 等发生水化反应生成类沸石水化产物。随着水化反应的进行，玻璃体中的 Al—O 键与 Si—O 键不断被破坏，直至玻璃体完全解聚。因此，化学激发机理是通过创造一个碱性环境使煤气化渣中的玻璃体充分解聚的过程，常用的激发剂有石膏、碱金属盐及复合激发剂等。

6.4.2.2 煤气化渣制备活性粉体材料

气化渣用作胶凝材料代替部分水泥，与粉煤灰进行对比，掺入后会使流动度降低，早期强度略高于同掺量下粉煤灰，但后期不及粉煤灰。气化渣组的早期水化放热较高，并且在水化产物中可以发现结晶度较低的纤维状 C-S-H 凝胶，这也可能是早期强度较高的原因之一。粉磨对气化渣物化性质的改善较大，粉磨时间足够长，比表面积增大，其力学性能有显著提升。结合能耗与经济成本，粉磨时间不宜过长。粉磨时间与勃式比表面积关系如图 6-22 所示。

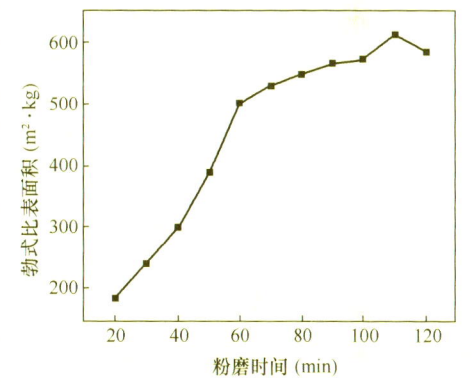

图 6-22 不同粉磨时间煤气化渣和勃式比表面积关系

如图 6-23 所示，气化渣在水泥模拟环境中，Ca^{2+} 溶出率较低，缺乏自硬性，Si^{4+}、Al^{3+} 随时间增长，溶出率增大，表明气化渣存在水化活性，为气化渣用作水泥矿物掺和料提供了条件。碱性环境促进 Si^{4+}、Al^{3+} 溶出，并且高温使 Si—O 键和 Al—O 键更容易断裂，表明气化渣在适当条件的激发下，活性增大。适当的碱性环境和温升有利于气化渣活性的激发。

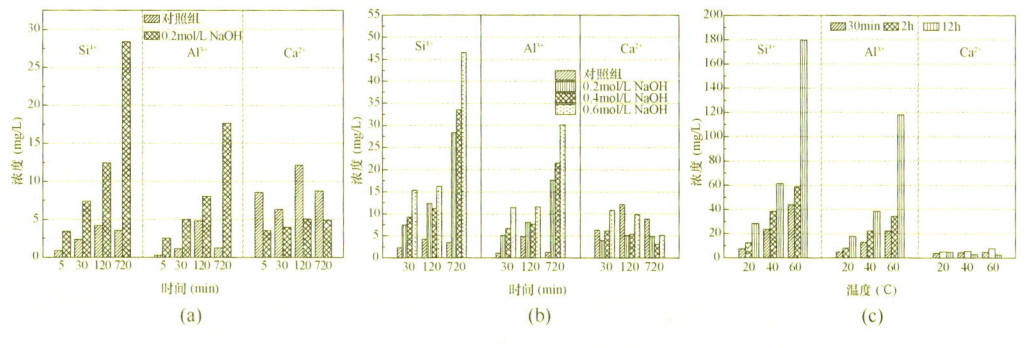

图 6-23 气化渣离子溶出特性

对复合水泥浆体而言，小掺量的气化渣后期可促进水化产物生成，无害孔、少害孔增多，孔隙率减小，可改善复合胶凝材料体系力学性能。高掺量气化渣替代过多水泥，水化产物减少，碱性降低，气化渣活性无法被完全激发，导致有害孔、多害孔增加，孔隙率增大，结构疏松，力学性能会有所下降。与大多数矿物掺和料一样，只有适量添加才可以起到优化调节体系矿相组成的作用。

合适细度的煤气化渣能够显著提升水泥砂浆的后期强度，其中在20%、30%和40%的掺量下，粉磨60min的煤气化渣均表现为较好的提升作用，如图6-24所示。比表面积过大会引起煤气化渣颗粒在水泥基材料体系中的团聚，影响其强度。

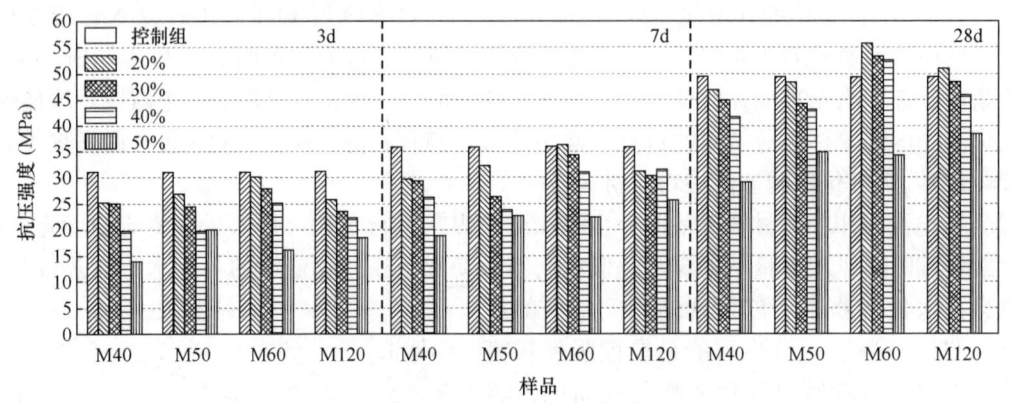

图6-24 掺加不同粉磨时间煤气化渣砂浆的抗压强度
注：M40～M120分别指代粉磨40～120min的气化渣。

同时，可选取合适的激发剂对煤气化渣微粉进行活性激发，例如重钙、碳酸钠、硫酸钠、改性单氰胺、聚合多元醇等外加剂，对气化渣复合胶凝材料的力学强度及耐久性均有不同程度的改善效果。例如，复合激发剂中石灰掺量、水玻璃模数与掺量及高盐废水掺量，对煤气化渣胶凝材料的抗压强度均有一定的影响。水玻璃中的Na_2O为体系提供了OH^-，可使煤气化渣中活性物质溶出，产生大量$[SiO_4]^{4-}$、$[AlO_4]^{5-}$，使水化产物增多；水玻璃中的SiO_2可降低水化产物的钙硅比，硅氧四面体链变长，提高产物的聚合度，生成较多C-S-H、N-A-S-H等水化产物，使试样结构更加密实，体系的后期强度明显增大。复合激发剂对煤气化渣的激发效果显著，主要是因为激发剂可提供较多的SO_4^{2-}、Cl^-及OH^-，使气化渣活性被激发，并且引入Ca^{2+}，促进$Ca(OH)_2$、C-S-H、N-A-S-H、钙矾石和水化氯铝酸钙等物质的生成，使试样孔隙率降低。

此外，助磨剂的使用也可以在气化渣粉磨过程中起到一定作用。例如，化学外加剂与机械粉磨协同改性后的气化粗渣，在适量掺量（10%）下，复合体系中硅酸三钙和硅酸二钙晶体的衍射峰强均有较为明显的降低，说明未反应物质的结晶度降低，水化程度加深，这对体系强度的发展具有积极影响。随着掺量增加，体系的力学强度下降明显。

综上，在控制煤气化渣粗渣含碳量的基础上可以将其粉磨至一定细度并对其活性进行激发，作为辅助胶凝材料用于水泥混凝土中。煤气化渣制备活性粉体，可以从自身活性激发以及与多源固废复合制备活性粉体出发，针对不同技术和应用的需求，所达到的指标也不尽相同，大致的研究思路如图6-25所示。

6.4.3 煤气化粗渣制备集料技术

煤的气化与煤的燃烧不同，煤气化在以还原为主的高温反应下形成，与普通电厂粉

6 煤炭矿产资源分类、储量及分布

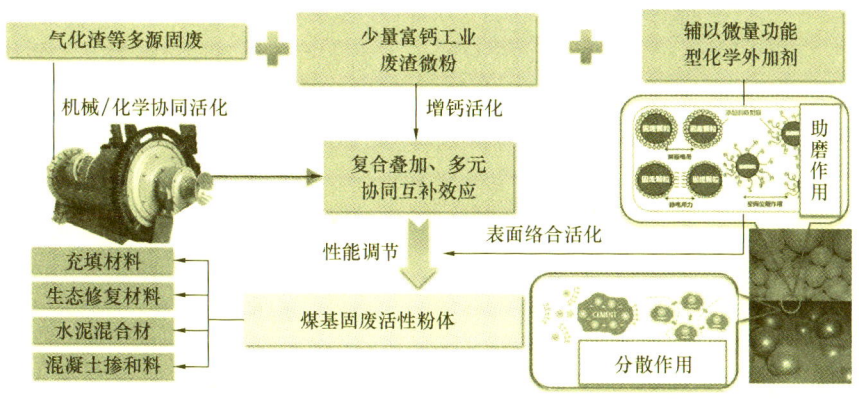

图 6-25 煤气化渣及多源固废制备活性粉体的研究思路

煤灰的形成过程差异较大，其组成和结构与粉煤灰不同。煤气化渣颗粒的多孔疏松组织，微孔很大，吸水并且储水，与水泥配合有利于水泥的养护。鉴于煤气化渣潜在的利用价值，粗渣的成分与锅炉灰渣相似，可以同锅炉灰渣一并利用，用于道路的面层和基层、道路路堤、轻集料以及制备混凝土用轻集料等。细渣由于含碳量较高，烧失量往往超过 20%，其高碳含量在道路与建材等应用中属于有害物质。根据《用于水泥和混凝土中的粉煤灰》(GB/T 1596—2017)，可用于水泥和混凝土中的粉煤灰的烧失量不得高于 15%，故细渣不能直接用于上述领域，若选择将细渣掺混到流化床等锅炉中进行燃烧，将减少细渣的烧失量，节约燃料煤，同时细渣燃烧后的低碳灰可以用于水泥、混凝土等建材、建工领域。

煤气化粗渣颗粒有大有小，具有如同细集料和砂一般的级配，用煤气化粗渣替代细集料或砂，加工简单，是煤气化粗渣用于混凝土的一种有效途径，且煤气化粗渣具有火山灰活性，能与无机胶凝材料发生反应，使混凝土的后期强度有所提高。

气化粗渣作为细集料使用则需要符合《建设用砂》(GB/T 14684—2022) 的指标要求，例如，压碎值、坚固性、含泥量、石粉含量、泥块含量、细度模数等要求。其中小颗粒中存在不利于砂浆工作性和力学性能的未燃烧碳，因此在颗粒级配设计时需要尽可能减少 $0.15\mu m$ 以下的气化粗渣颗粒。综合气化粗渣矿物学特征及化学性质，理论上经过级配设计的气化渣是可以作为细砂使用的，其考察的主要指标有压碎值和坚固性等。

其中，采用硫酸钠溶液法进行试验，气化渣砂的质量损失和压碎指标应符合表 6-7 和表 6-8 中所列规定。

表 6-7 坚固性指标   %

类别	Ⅰ	Ⅱ	Ⅲ
质量损失	≤8	≤8	≤10

表 6-8 压碎指标   %

类别	Ⅰ	Ⅱ	Ⅲ
单级最大压碎指标	≤20	≤25	≤30

煤气化渣作为道路材料的利用方法，目前主要包括煤气化渣作为路基材料和煤气化渣作为路面基层材料两种，并且研究表明路基材料掺入煤气化渣不仅强度满足标准要求，且抗冻性良好。作为道路材料的煤气化渣主要是粗渣，因为经筛分、磁选后可得到粒径较大的煤气化粗渣，其结构密实、稳定性高，与集料、砂浆等材料混合后可确保工程质量。粗渣的残碳含量相对较低，在一定程度上抑制了硅酸盐等矿物在粗渣中的聚合，并且粗渣不具有水硬性，从而提高制品的强度和耐久性。总体来说，煤气化渣颗粒较稳定且基本无毒无害，与路石材料相比粒径更小，在拌和过程中可以填充孔隙从而增大密实度，其外形部分呈球状，表面光滑，在外力作用下起到缓冲作用，能降低和延缓材料裂纹的产生与发展，从而可以改善路面的抗裂性、耐久性，并且能增强混合料的强度和密实性。同时煤气化粗渣可以作为填料改性特殊的道路材料、用作石油沥青铺面混合物或者取代水泥中的矿物成分制备道路材料。

总之，由于煤气化粗渣的残碳含量比细渣的低，且具有一定的级配，适合作为路基材料，并且诸多研究表明煤气化粗渣经过简单的处理即可达到道路材料的应用标准，本身不存在明显的缺陷，因此，煤气化粗渣作为路基材料具有很好的发展前景。但细渣由于烧失率较大，一般不能用于路基材料，但从粉煤灰的研究角度出发，细渣分选后得到的低碳粉煤灰可应用于路基材料，但目前尚无类似的研究。

6.4.4 煤气化粗渣复合制备活矿井充填水泥

矿井充填材料主要包含两部分：一部分是起胶凝作用的矿井充填水泥，另一部分是集料（图 6-26）。其中矿井充填水泥可以采用具有火山灰活性的粉煤灰、矿粉等固废替代，集料可以是煤矸石等具有一定硬度的固废替代。理论上讲，矿井充填材料属于一种可控低强度混凝土，组分中包含胶凝材料、集料、水和外加剂。煤气化渣制备矿井充填材料可分为两方面：一方面是机械化学改性后的气化渣粉制备活性粉体作为矿井充填水泥使用，这一途径在前面活性粉体制备小节中有提到，是属于活性粉体的下游产品；另一方面是气化粗渣代替砂石或煤矸石制备集料。这两部分研究内容的技术可行性在前面章节分别有说明，这里不再赘述。

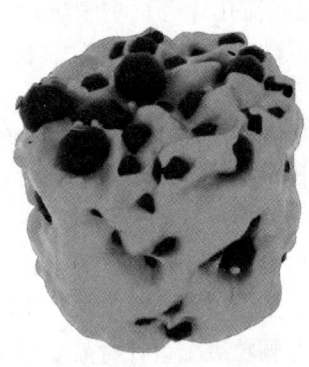

图 6-26 矿井充填材料

气化渣具有较高的非晶相，从无定形矿物相和化学成分表明其具有一定的火山灰反应活性，但高含碳量致使其不能直接应用于矿山充填。气化渣的含碳量随粒径的增大而减小，其粒径的微观形貌在前面章节有提到，分为形状不规整的大颗粒块体、圆球状的玻璃体、絮状的残碳这 3 种类型；其对应的粒径大小和含碳量依次降低，使用过程中可经过合理的筛分和级配设计进行优化。

部分学者研究结果表明，以水泥和气化渣为原料制备矿井充填材料，在水泥含量为 6% 时，充填体的强度即可满足自立的要求，采用煤气化废渣作为充填集料，充填材料的成本是可以接受的。采用粉煤灰、炉底渣、脱硫石膏和水泥为主要胶凝材料，以煤矸石和气化渣为集料，可开发一种性能优良的可控低强度材料（CLSM）用于矿井充填，且制备的不同气化渣掺量下的 CLSM 混合物均达到理想的 28d 抗压强度要求。气化渣替代部分煤矸石作为集料使用,可使体系结构更加致密,降低 CLSM 的膨胀率、密度、孔隙率等性能指标。

也有学者采用硫酸钠对气化渣粉进行活性激发并制备充填水泥,其制备的充填料浆的流动性可满足矿山充填管道运输要求,适当的硫酸钠可改善料浆的流动性,且可显著激发气化粗渣粉的活性。在最佳配比(骨胶比 2∶8,总固体质量分数 80%,硫酸钠质量分数 2%)时,各类重金属浸出量均低于国家标准,满足环保要求。

针对煤气化渣应用于矿山充填中强度低的问题,有部分学者研究了激发剂对煤气化渣活性的影响,并将其部分替代粉煤灰用于矿山充填,其结果表明,单掺激发剂时,最优激发剂及其掺量为 0.5% 氢氧化钙、2.5% 硫酸钙、2.0% 聚合盐,对比未激发组其 3d 抗压强度比分别为 116.9%、113.9%、117.0%。复掺激发剂时,最优激发剂掺量组合为 0.125% 氢氧化钙、0.625% 硫酸钙、1.000% 聚合盐,对比未激发组其 3d 抗压强度比可达到 127.4%。试验表明,改性后的煤气化渣充填体强度可以满足矿山充填强度要求。

思政小结

我国是煤炭储存、开采及使用大国,煤炭在开采及深加工、利用等环节均产生了大量的固体废弃物,保护环境防治污染的关键在源头、重点在过程、希望在利用。尽管煤矸石、粉煤灰、脱硫石膏及煤气化渣是煤炭行业环境治理工作的难点,但以"废弃物是放错位置的资源"为理念,我们应将其视为煤炭矿产资源的一部分,合理发挥其特征矿物属性,开展煤基固废高效利用制备高值建筑材料,延伸拉长煤炭矿产资源循环经济产业链。高校青年学生应当实现中华民族伟大繁荣复兴为己任,从专业课中获得扎实的理论储备,在工作中灵活应用书本中的科学与技术,依据所在行业的特点坚持人与自然和谐共生,践行"绿水青山就是金山银山"发展理念,推进煤炭矿产资源综合利用步入良性发展轨道。

思 考 题

(1) 煤炭分类的方法有哪些?不同分类的意义是什么?
(2) 中国煤炭矿产资源储量包括哪几种形式?
(3) 煤炭开采及利用过程中会产生哪些固体废弃物?
(4) 煤炭过程中产生的固废如何作为新型煤炭矿产资源进行利用?利用的方式主要有哪些?
(5) 煤炭矿产资源分布有哪些特征?
(6) 煤矸石黏土质利用的机理是什么?
(7) 煤矸石制备集料需满足哪些要求?
(8) 煤矸石作为路基材料使用需要注意哪些问题?
(9) 粉煤灰利用技术在我国及其他发达国家的区别有哪些?
(10) 脱硫石膏作为水泥缓凝剂与天然石膏有何区别?

(11) 脱硫石膏制备高强石膏工艺之间的区别有哪些?
(12) 煤气化渣资源化利用的主要难点是什么?
(13) 煤气化粗渣与细渣的性质有何不同?
(14) 煤气化渣制备活性粉体的原理是什么?
(15) 煤气化渣与粉煤灰矿物学特征及化学性质有哪些相同点和不同点?
(16) 煤气化渣作为活性粉体及集料应用需注意哪些问题?

7 石油天然气矿产资源循环利用与新材料

教学目标

教学要求：系统了解石油天然气矿产资源及其衍生物（合成树脂及塑料、合成橡胶、合成纤维等）的定义、分类、特点和转化途径等方面的特征，认知合成树脂及塑料、合成橡胶、合成纤维等循环利用技术的基础原理和实施过程，了解合成树脂及塑料、合成橡胶、合成纤维等循环利用途径及意义，了解合成树脂及塑料、合成橡胶、合成纤维等领域的新进展。明确我国油页岩资源加工利用技术及其循环利用概况。

教学重点：了解石油天然气矿产资源及其衍生物（合成树脂及塑料、合成橡胶、合成纤维等）分类，了解油页岩资源综合利用技术现状及发展趋势。

教学难点：了解石油天然气矿产及其衍生物（合成树脂及塑料、合成橡胶、合成纤维等）转化过程存在的共性问题。

7.1 石油天然气能源矿产资源分类、储量和分布

中国已发现的能源矿产资源有12种，固态的有煤、石煤、油页岩、铀、钍、油砂、天然沥青，液态的有石油，气态的有天然气、煤层气、页岩气。地热资源有呈液态、气态的。石油、天然气和煤等能源矿产资源是工业的重要原料。20世纪以来，随着科技进步和资源开发利用水平的提高，又开发出核能和地热矿产资源作为能源，这些矿产资源包括铀、钍、地热。

能源矿产是中国矿产资源的重要组成部分。煤、石油、天然气在世界和中国的一次性能源消费构成中分别占93%和95%左右。中国能源矿产资源种类齐全、资源丰富，分布广泛。已知探明储量的能源矿产有煤、石油、天然气、油页岩、石煤、铀、钍、地热等8种。其中，煤炭资源有5345处，保有储量总量10025亿t，居世界第3位；石油资源有油区32个，探明地质储量有181.4亿t，剩余探明可采储量22.41亿t，居世界第11位；天然气资源量约70万亿m^3，剩余可采储量0.7060万亿m^3，居世界第21位；铀矿资源较少，探明储量居世界第10位之后；油页岩资源有64处，总保有储量315亿t；石煤资源有93处，总保有储量42.56亿t。

7.1.1 石油天然气能源矿产资源的分类

石油是一种液态的、以碳氢化合物为主要成分的矿产品。原油是从地下采出的石油或称天然石油。人造石油就是从煤或油页岩中提炼出的液态碳氢化合物。天然气就是指蕴藏在地层内的可燃性气体，主要就是低分子烷烃的混合物。

7.1.2 石油天然气能源矿产资源的储量和分布

我国石油资源总量不少,但资源品质相对较差,勘探开发难度较大。目前,石油勘探程度尚处于中等成熟阶段,存在较大潜力,石油储量仍将呈高基值稳定增长态势。已获石油发现的大中型盆地拥有的储量占我国探明石油储量的大部分,它们今后仍然是待发现石油资源的主要阵地。

根据新一轮全国油气资源评价结果统计,石油地质资源量为 765 亿 t、可采资源量为 212 亿 t。石油资源的分布呈极不均衡态势。我国石油资源集中分布在东部、西部与近海三个大区,其可采资源量分别为 100.25 亿 t、47.87 亿 t 和 29.27 亿 t,合计 177.39 亿 t,占全国可采资源量的 83.7%;从分布的盆地上看,我国石油资源集中分布在渤海湾、松辽、塔里木、鄂尔多斯、准噶尔、珠江口、柴达木与东海陆架等八大盆地,其可采资源量 182.31 亿 t,占全国可采资源量的 86%,而其他 100 多个盆地可采资源量都不多,合计起来也只占全国的 14%。

石油化工指化学工业中以石油为原料生产化学品的领域,石油化工的高速发展,使大量化学品的生产从传统的以煤及农林产品为原料,转移到以石油及天然气为原料的基础上来。

以石油及天然气生产的化学品品种极多、范围极广。石油化工原料主要来自石油炼制过程产生的各种石油馏分和炼厂气,以及油田气、天然气等。石油馏分通过烃类裂解、裂解气分离可制取乙烯、丙烯、丁二烯等烯烃和苯、甲苯、二甲苯等芳烃,芳烃亦可来自石油轻馏分的催化重整。石油轻馏分和天然气经蒸汽转化、重油经部分氧化可制取合成气,进而生产合成氨、合成甲醇等。从烯烃出发,可生产各种醇、酮、醛、酸类及环氧化合物等。上述烯烃、芳烃经加工可生产包括合成树脂、合成橡胶、合成纤维等高分子产品及一系列制品,如表面活性剂等精细化学品,因此石油化工的范畴已扩大到高分子化工和精细化工的大部分领域。石油化工生产,一般与石油炼制或天然气加工结合,相互提供原料、副产品或半成品,以提高经济效益。

除高分子合成材料外,石油化工还提供了绝大多数的有机化工原料,在属于化工领域的范畴内,石油化工生产的原料在各个部门大显身手。建材工业是石化产品的新领域,如塑料管材、门窗、铺地材料、涂料被称为化学建材。轻工、纺织工业是石化产品的传统用户,新材料、新工艺、新产品的开发与推广,无不有石化产品的身影。高速发展的电子工业以及诸多的高新技术产业,对石化产品,尤其是以石化产品为原料生产的精细化工产品提出了新要求,这对发展石化工业是个巨大的促进。

石油化工的发展与石油炼制工业、以煤为基本原料生产化工产品和塑料橡胶纤维三大合成材料的发展有关。广义地讲,可以作为塑料制品加工原料的任何聚合物都称为树脂。塑料是指以树脂(或在加工过程中用单体直接聚合)为主要成分,以增塑剂、填充剂、润滑剂、着色剂等添加剂为辅助成分,在加工过程中能流动成型的材料。树脂和塑料的区别是一个是原材料,另一个是成品。树脂是塑料的原材料之一,塑料是树脂的成品。

7.2 废塑料资源循环利用与新材料

7.2.1 废塑料危害及其资源分类回收

废塑料给人们的视觉带来不良刺激，影响城市、风景点的整体美感，由此造成"视觉污染"。据统计，全球塑料消耗量正以每年 8% 的速度增长，2030 年塑料的年消耗量将超 7 亿 t。废塑料进入环境后，很难降解，造成长期的、深层次的生态环境问题。废塑料混在土壤中，影响农作物吸收养分和水分，导致农作物减产；抛弃在陆地或水体中的废塑料包装物，被动物当作食物吞入，导致动物死亡；混入生活垃圾中的废塑料包装物很难处理；填埋处理将长期占用土地，混有塑料的生活垃圾不适用于堆肥处理。近几年来，有关海洋内出现越来越多的废塑料的报道。据"世界银行"的相关报告指出，不采取紧急措施，2050 年全球垃圾量将增长 70%。

废塑料来源品种有塑料薄膜、塑料丝及编织品、泡沫塑料制品、塑料包装箱及容器、电缆包覆材料以及各种日用杂品、文体娱乐、卫生保健等日用塑料制品，其中薄膜、泡沫、包装箱及容器、编织、片材等塑料制品主要用于塑料包装。塑料包装是废塑料的首要来源，此外还有一些其他塑料包装制品（如塑料托盘）、农用塑料制品（如农用塑料节水器材）、装饰装修用塑料制品的报废率也较高。

塑料是家电产品的重要组成部分，我国家用电器的保有量巨大，且每年都在飞速增加。家电产品按正常的使用寿命 10~15 年计算，每年需报废的家用电器就有几千万台。近年来，电子通信器材如电脑、手机等更新换代速度加快，每年报废数量急剧上升，带来了较为严重的环境问题。在工业配套、信息、交通、航空航天等领域电子电器配套塑料配件应用广泛，产品更新换代很快。越来越多的废塑料正堆在我们面前。

国外在废塑料回收方面已积累了不少经验，把废塑料的回收作为一项系统工程，政府、企业、居民共同参与。德国 1997 年回收再利用废塑料达到 60 万 t，是当年 80 万 t 消费量的 75%。目前，德国在全国设立 300 多个包装容器回收、分类网点，各网点统一将塑料制品分为瓶、薄膜、杯、聚苯乙烯（PS）发泡制品及其他制品，并有统一颜色标识。日本树脂再生利用成功的秘诀就在于建立了回收循环体制。回收循环管理体制的核心就是尽量减少回收环节，各厂家在建立销售网点的同时要考虑建立回收网点。厂家负起回收利用自家生产的产品废旧物品的责任。在回收自家生产的废旧物品时，原标准零部件及其材料性能就容易把握，可以充分有效地再生利用，能够确保再生产品的性能。同时，可以减少热回收，减少烦琐程序和环境污染。由于产品的模块化，使再生利用部分的技术研究开发方向更加明确。在城市塑料固体废弃物处理方面，目前主要采用填埋、焚烧和回收再利用三种方法。采用填埋处理，因塑料制品质大体轻且不易腐烂，会导致填埋地成为软质地基，今后很难利用。

主要资源化利用工艺如下：

（1）熔融再生

该法是将废塑料加热熔融后重新塑化，根据原料性质，可分为简单再生和复合再生两种。简单再生技术将回收的废旧塑料经过分选、清洗、破碎、熔融、造粒后直接成型加工生产再生制品，主要用于回收塑料生产及加工过程中产生的边角料、下脚料等，也用于回收那些易清洗和挑选的一次性废弃品。由于工艺简单、成本低、投资少，因此简单再生技术得到了广泛应用。如将废软聚氨酯（PU）泡沫塑料按一定的尺寸要求破碎后，用作包装容器的缓冲填料和地毯衬里料，或将废旧的聚氯乙烯（PVC）制品经破碎及直接挤出后用于建筑物中的电线护管；硬质PVC塑料主要采用重新造粒的方法，将经分拣洗净的废旧PVC塑料在双辊炼塑机上混炼，加入各种添加剂，经充分混炼后出片、切粒，过滤挤出制得再生粒料。PVC门窗废料经收集、分选，除去玻璃和金属，清洁、粉碎后可与新料一起，通过共挤出工艺生产再生门窗型材。回收后的聚对苯二甲酸乙二酯（PET）塑料先进行分离处理，分离的PET碎料经挤出机挤出造粒制成粒料。PET粒料用途广泛，一是重新制造PET瓶（但再生粒料不能用于与食品直接接触场合）；二是纺丝制造纤维，经玻纤增强的再生PET具有较好的耐热性和力学强度，可用来制作汽车零部件。聚乙烯（PE）农用薄膜可用于生产再生粒料。再生粒料用于生产农膜，也可用于制造化肥包装袋、垃圾袋、农用再生水管、栅栏、树木支撑、盆、桶、垃圾箱、土工材料等。然而，由于各种塑料混入的比例不同及相容性各异，采用简单再生法生产的再生制品的质量不稳定、不适合制作高档次的塑料制品。

复合再生所用的废塑料是从不同渠道收集的，杂质较多，具有多样化、混杂性、污脏等特点。由于各种塑料的物化特性差异及不相容性，它们的混合物不适合直接加工，在再生之前必须进行不同种类的分离，国际上已采用的先进的分离设备可以系统地分选出不同的材料。一般来说，复合再生塑料的性质不稳定，故常被用来制备较低档次的产品，如建筑填料、垃圾袋、微孔凉鞋、雨衣及器械的包装材料等。目前，我国大连、成都、重庆、郑州、沈阳、青岛、株洲、邯郸、保定、张家口、桂林、北京、上海等地分别由日本、德国引进20多套（台）熔融法再生加工利用废塑料的装置，主要用于生产建材、再生塑料制品、土木材料、涂料、塑料填充剂等。

（2）改性再生

改性再生是指通过化学或机械方法对废塑料进行改性。改性后的再生制品的力学性能得到改善，可以用来制备档次较高的制品。

物理改性是根据不同废旧塑料的特性加入不同的改性剂，使其转化为高附加值的有用材料。废旧塑料经过改性后，机械性能得到显著改善，可用于制作档次较高的塑料制品。这类改性再生利用的工艺路线较复杂，有的需要特定的机械设备。物理改性包括以下几种：①填充改性。通过添加填充剂改善废旧塑料的性能，提高耐热性等，其实质是使废旧塑料与填充剂混合，使混合体系具有所加填充剂的性能。②增强改性。通过加入玻璃纤维、合成纤维、天然纤维等，提高热塑性废旧塑料的强度和模量，从而扩大应用范围。③增韧改性。使用弹性体或共混热塑性弹性体与回收的废旧塑料共混进行增韧改性。④共混改性。将废旧塑料与其他物质通过特定的加工手段和方法混合在一起，使改性后的共混材料兼具两者的性能。共混物中的两相仍保持各自特性，共混之后也没有新的物质产生，只是两相界面处形成结合，体现出彼此性能互补。

化学改性是指通过接枝、共聚等方法在分子链中引入其他链节和功能基团，或通过交联剂等进行交联，或通过成核剂、发泡剂对废旧塑料进行改性处理，使废旧塑料被赋予较高的抗冲击性能、优良的耐热性、抗老化性等，以便进行再生利用。化学改性包括以下几种：①氯化改性。通过氯化改性可取得良好的阻燃、耐油性能，使产品具有广泛的应用价值。②交联改性。回收料通过交联可大大提高其拉伸性能、耐热性能、耐环境性能、尺寸稳定性能、耐磨性能、耐化学性能等。交联有辐射交联、化学交联、有机硅交联这3种类型。聚合物的交联度可通过添加交联剂的多少或辐射时间的长短来控制。交联度不同，其力学性能也不同。③接枝共聚改性。用接枝单体通过一定的接枝方法进行接枝。接枝改性的目的是提高塑料与金属、极性塑料、无机填料的黏结性或增容性，改性后塑料的性能取决于接枝物的含量、接枝链的长度等。

日本宝家市工业技术研究开发试验所发明了一种方法，可将废纸和废聚乙烯加工成合成木材。这种合成木材可以像天然木材一样加工，质地也和天然木材一样好。澳大利亚克莱顿聚合物合作研究中心研究出一种用聚乙烯薄膜边角料和废纸纤维生产建筑业用木材替代物的生产工艺。该加工过程系在双螺杆挤出机内进行，工艺温度低于200℃，能避免纤维的降解。用该方法生产的新闻纸/聚乙烯复合材料的外观、密度和机械性能与硬纤维板相似，可用标准工具进行切割、成型，在钉钉子时的防裂性也很好，防水性能比硬纤维板好。日本的"爱因木"技术以干态研磨清洗达到塑料废弃物再资源化，使用再生原料PE、PP、PVC等混合废弃木屑，生产木屑含量超过50%的新型木板。

除了上述的物理改性和化学改性外，物理化学改性用于塑料改性的原位反应挤出、改性与成型工艺，同时实现化学改性和物理改性，突破了过去的化学改性、物理改性和成型加工之间的界限或不连续化，大幅度缩短了塑料材料制备和制品生产的周期，有效改善了再生塑料的综合力学性能。

（3）木粉填充改性废塑料

木粉填充改性废塑料是木塑复合材料，其加工方法是物理改性再生方法。木粉与废旧塑料复合材料的开发与研究不但可以提供充分利用自然资源的机会，而且可以减轻由于废旧塑料引起的环境污染，主要应用在建材、汽车工业、货物的包装运输、装饰材料及日常生活用具等方面，中国木塑产量已经跃居世界第一。木粉作为塑料的一种有机填料，具有许多其他的无机填料所无法比拟的优良性能，如来源广泛、价格低廉、密度低、绝缘性好、对加工设备磨损小。

（4）废旧塑料的化学循环利用技术

大部分塑料以石油为原料，主要成分是碳氢化合物，可以燃烧，如聚苯乙烯燃烧的热量比燃料油还高。把塑料垃圾送入焚化炉燃烧，可以提供采暖或发电的热量，因为石油燃料86%都直接烧掉了，其中只有4%制成了塑料制品，塑料用完以后再送去烧掉是很正常的，热能使用是塑料回收的最后方法之一。德国每年有20万t PVC垃圾，其中30%在焚化炉里燃烧。德国联邦环境局已规定所有的焚化炉都必须符合每$1m^3$废气值低于0.1ng（纳克）的限量。

① 直接焚烧技术：对没有进行分类收集和分选的混合塑料，进行焚烧回收热能是最为实用的方法之一。但大多废旧塑料由于焚烧不稳定而产生成分复杂的废气和大量毒性极强的污染物，如多环芳烃、二噁英、呋喃、酸性化合物、一氧化碳等，有些废旧塑料在焚烧后还会残留镉，对环境产生二次污染。因此，废旧塑料焚烧的关键技术是燃烧和排烟处理。此外，废旧塑料焚烧法存在投资大、设备损耗和维修运转费用高等问题。为了使废塑料中蕴含的能源得以充分释放并利用，各国都在开发控制焚烧二次污染的技

术，如美国开发了垃圾固体燃料技术（RDF），德国和日本开发了高炉喷吹炼铁技术。

② 垃圾固体燃料技术：是将难以再生利用的废旧塑料粉碎，并与以生石灰为主的添加剂混合、干燥、加压、固化成直径为20~50mm的颗粒燃料，使废旧塑料体积减小且无臭，质量稳定，其发热量相当于重油，发电效率高，NO_x和SO_x等的排放量很少。对不便直接燃烧的含氯高分子材料废弃物可与各种可燃垃圾如废纸、木屑、果壳等配混制成固体燃料，替代煤用作锅炉和工业窑炉的燃料，不仅能使含氯组分得到稀释，而且便于储存运输。但由于其设备昂贵，不宜推广。

③ 高炉喷吹技术：是利用废旧塑料良好的燃烧性能，将其经分选、粉碎并进行球团化处理，制成粒径适宜的颗粒，取代部分煤粉从风口喷入高炉，用作炼铁高炉的还原剂和燃料，以减少焦炭的消耗，进而获得很好的社会和经济效益。在高炉中，废旧塑料的能量利用率高达80%，其中60%是以化学能的形式还原铁矿石。高炉喷吹技术在德国和日本等国家已被研究开发了30多年，早期试验时每1t铁水喷吹废旧塑料（喷塑比）10kg，现在的喷塑比最大可达250kg。采用化学循环利用技术既可以节省和利用资源，降低处理费用，又可消除或减轻废旧塑料对环境的影响。废旧塑料资源化利用研究的焦点主要包括热分解油化技术、高炉喷吹技术、共焦化技术、热能利用技术等。

④ 共焦化技术：废旧塑料与煤共焦化技术是新发展起来的可以大规模处理混合废旧塑料的工业化实用型技术。它是基于现有炼焦炉的高温干馏技术，将废旧塑料按一定比例配入炼焦煤中，高温干馏，可分别得到20%的焦炭（用作高炉还原剂）、40%的油化产品（包括焦油和柴油，用作化工原料）和40%的焦炉煤气（用作发电等）。产物按炼焦工艺焦炉产物的常规处理方式进行，实现废旧塑料的资源化利用和无害化处理。此项工艺依托现有钢铁企业的炼焦炉、焦油回收系统、煤气净化与回收利用系统，不需对传统的炼焦工艺进行改造，只需增加破碎、混合、成型设备即可投入生产应用。在不影响焦炭质量的前提下，可增加炼焦工艺的焦油产率和高热值煤气，有利于废旧塑料100%的资源化利用，并产生较好的经济效益。废旧塑料与煤共焦化技术的优势：对废旧塑料的原料要求相对较低；加工后的塑料与煤混合技术较简单；处理规模较大；工艺流程简单，设备投资较小，建设周期短，无须对传统焦化工艺进行改造即可投入生产应用，无须增加新设备，大大降低了初期投资与运行费用；废旧塑料处理过程实现全密闭操作，而且废旧塑料不直接焚烧，防止了二噁英类剧毒物质的产生；塑料在超过其熔点时熔化，对煤可起到溶剂的作用，有利于煤中小分子的析出；允许含氯的废旧塑料进行焦炉，含氯塑料在干馏过程中产生的氯化氢可以在上升管喷氨冷却过程中被氨水中和，从而有效避免氯化物造成的二次污染和对设备及管道的腐蚀。

(5) 化学还原法

采用的工艺方法是将聚合物的长链切断，恢复其原有的性质，裂解出的原料可用来制作新的塑料。有些方法是通过加入化学元素促使相结合的碳原子化学裂解，或加入能源促成其热裂解。德国拜耳公司开发出一种水解式化学还原法来裂解PUC海绵垫。化学还原法在技术上是可行的，例如生产制造过程中产生的边角粉末和其他塑料废料。家庭里使用过的沾染上其他污物的塑料，就很难用化学分解法处理。美国伦塞理工学院研制出一种可分解塑料废弃物的溶液，将这种已申请了专利的溶液和6种混合在一起的不同类型的塑料一起加热。在不同的温度下，可分别提取6种聚合物。

(6) 氢化析解法

氢化作用可用于处理混合塑料制品。将混合的塑料碎片置入氢反应炉内，加以特定温度、压力，便能产生合成原油和瓦斯（液化石油气、天然气、煤气）等原料。这种处理方法可用于处理聚氯乙烯废料，其优点是不会产生有毒的二噁英与氯气。采用这种方法处理混合塑料物品，根据不同的塑料成分，可将其中的60%～80%的成分炼成合成原油。氢化作用为热裂解法的最优良方式，析解出的合成原油品质量好，可用来炼油。

美国列克星敦肯塔基大学发明了一种废塑料变成优质塑料燃料油的工艺方法。用这种方法生产的燃料很像原油，甚至比原油更轻，更容易提炼成高辛烷值的燃料油。这种用废塑料生产的燃料油不含硫，杂质也极少。采用类似方法把塑料与煤一起液化。也能生产出优质燃料油。

(7) 生物法

研究目标是开发出一种在使用过程中可以保证其各项使用性能，而一旦用完废弃后，可被环境中的微生物分解，从而完全进入生态循环的塑料。同时，这种塑料的生产成本较低，具有相应的经济性。德国拜耳公司开发出一种可以完全分解为腐殖质的塑料。用这种塑料制成的包装薄膜，可以在土壤中迅速分解，10d之内可以回归大自然，此种塑料及其分解后的中和物对环境和人类均是安全可靠的。这种塑料是将坚硬而不易延伸的纤维素与聚氨酯混合制得，埋入土中后可成为土壤中微生物的可口佳肴，迅速繁殖的微生物很快能将这种材料完全消化成为腐殖质。用这种材料制成的家用保鲜膜，14d后可完全成为粉末，8周后会失去80%的质量。用这种材料制作培养物的营养钵，植入土中数周后均化为腐殖质，充当起堆肥的角色。

(8) 废塑料的分离技术

回收的废塑料往往要进行分离，目前常用的分离技术主要包括密度分离、溶解分离、过滤分离、静电分离和浮游分离等几类，分离效率各异。日本塑料处理促进协会的水浮选分离装置的一次分离率可达99.9%以上。美国DOW（陶氏）公司也开发了类似的分离技术，以液态碳氢化合物取代水作为分离介质，分离效率更高；美国凯洛格公司开发的溶剂法选择分离回收技术利用不同温度下溶剂有选择地溶解不同的聚合物而将之分离；瑞士Bueher公司采用卤素灯作为照射光源，通过4种过滤器来识别，用计算机可分离出PE、PP、PS、PVC和PET废塑料。郝向阳等发明了一种多功能环保电子机智能回收识别系统以达到方便快捷地识别日用塑料制品塑料袋、饮料瓶、日化用品包装，并提高人们对垃圾分类和资源回收的积极性的目的。根据光谱峰位等可以进一步区分出PE、PP、PET、PVC等，输出信号，触发收纳底门倾斜不同角度开启分离不同种类的塑料。

(9) 废塑料新用途

① 造公路：2021年中国首条废塑料再生环保路在上海华东理工大学徐汇校区正式建成。不仅"变废为路"减少环境垃圾的产生，与常规纯沥青铺设的路面相比，这类聚合物改性沥青的路面性能更为优异，而且经久耐用。

② 食品包装容器：2020年北京盈创再生资源回收公司旗下盈创汇智食品级再生聚酯切片工厂在天津市宝坻经济开发区开工，工厂落成后将实现国内饮料瓶到食品级再生聚酯切片的处理流程。

③ 木塑类型材：海南昆仑新材料公司将回收塑料"变废为宝"，改造成各类木塑产

品，每生产 1m³ 木塑材料，相当于节约 8 桶石油、11t 标煤、减少木材的砍伐、减排 13.8t 的二氧化碳。

④ 阅兵红毯：2019 年中华人民共和国成立 70 周年阅兵盛典在京举行，在天安门广场内外观礼台铺设的 2.4 万 m² 红色地毯十分醒目。"国旗红"地毯是由山东阳信县一家公司生产制造的，以回收的废旧矿泉水瓶为原料生产而成，具有阻燃、抗污、抗紫外线的功能，共消耗掉 40 余万个废旧矿泉水瓶，约 10t。

⑤ 塑料桶：根据科思创签署的一项三方合作协议，农夫山泉将负责回收报废的 19L 水桶，并将它们出售给另一合作方上海奥塞尔材料公司。这种采用聚碳酸酯材料制作的 19L 塑料桶，平均使用寿命约 2.5 年。每年，农夫山泉约有 100 万只此类规格的水桶达到报废标准。

⑥ 行李箱：苏伊士（Suez）与利安德巴塞尔（Lyondell Basell）的塑料回收合资企业 Quality Circular Polymers（QCP）生产的回收材料被新秀丽采用，用于其一款全新的行李箱系列。行李箱由回收塑料二次加工制成。新的行李箱系列中大尺寸的行李箱包含相当于 483 个酸奶杯和 14 个塑料瓶的回收材料，其外壳完全由回收塑料制成，内部织物由 100％ 回收 PET 瓶制成。

⑦ 椅子：伦敦设计师汤姆·罗宾森采用从电子垃圾中回收的 100％ 再生塑料，设计制作了名为"Evolve"的椅子。在这把椅子的使用寿命结束时，塑料部件可以回收，金属连接器也可再次利用。

⑧ 建筑用砖：美国 ByFusion 公司致力于打造可持续发展建筑，打造出首款完全由再生塑料制成的建筑用砖 ByBlock。

⑨ 电动汽车：荷兰埃因霍温理工大学的 TU/ecomotive 发布了一款几乎完全采用废塑料制成的电动汽车 Luca。Luca 的车身、表面处理、窗户和内饰都是用回收材料制成的，包括 PET 瓶、ABS 和生活垃圾等。底座则采用亚麻和再生塑料制成，大部分来自从海洋打捞上来的塑料。

⑩ 恒温器、智能音箱：谷歌公司发布 Pixel5 智能手机及 Nest 系列新款智能家居产品，其 Nest 恒温器及智能音箱分别含有 75％ 及 70％ 的再生塑料。这家科技巨头承诺到 2022 年将回收塑料成分纳入所有硬件生产线，覆盖智能扬声器、平板电脑、手机壳和充电座等产品。

7.2.2 废聚氯乙烯资源循环利用与新材料

PVC 作为全球第三大通用合成树脂，广泛用于化工、汽车、建材、包装等众多国民经济重要领域。截至 2020 年，我国 PVC 的年产量达到 2000 万 t。PVC 材料中增塑剂（特别是邻苯二甲酸盐）的存在以及热处理时需要消除 HCl 的二次污染，难以实施物理回收，容易污染并腐蚀反应器。

7.2.2.1 废旧 PVC 回收工艺、再生技术和设备

（1）溶剂法

① Vinyloop 工艺。该工艺用于回收除去铜后的含 PVC 及橡胶的电缆料，以间歇法操作。回收时，首先采用静电分离器将原始物料分离，得到 PVC、橡胶料，后者经磨碎后送入溶解器，用甲基乙基甲酮（MEK）溶解，所得溶液送入自旋过滤器以特殊过

滤法除去未溶的杂质及其他污染物。滤液送入沉淀器，往溶液中加入添加剂及吹入蒸汽，令 PVC 沉淀为小圆球粒料。然后将溶剂蒸发、冷凝，再送入溶解器循环利用。得到的 PVC 粒料则进入自旋干燥器预干，再进入空气干燥器干燥后即成流散性良好的 PVC。Vinyloop 工艺经济可行，回收的 PVC 粒料可直接使用，不需再造粒。间歇法的 Vinyloop 工艺流程如图 7-1 所示。

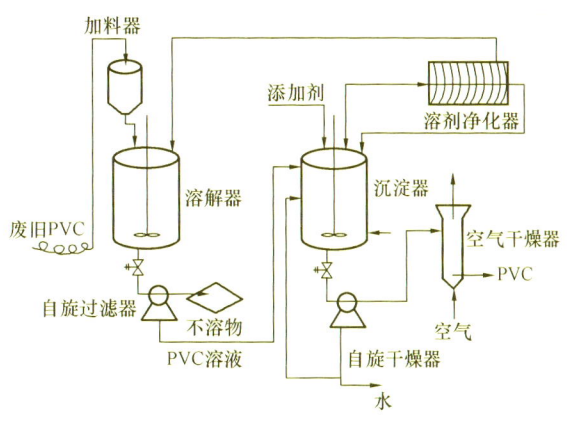

图 7-1　间歇法 Vinyloop 的工艺流程

Vinyloop 工艺可用于处理各种 PVC 废旧料，如电缆包覆层、绝缘层、地板等，而回收得到的 PVC 仍可作为原用途的原料。但不能将电缆料与粉碎后的地板料混合，因为 PVC 电缆料中的各种铅稳定剂是彼此相容的，PVC 地板中的各种锡稳定剂也是相容的，但铅稳定剂和锡稳定剂混合后使回收 PVC 显棕色。

② Delphi 工艺。用于从整个汽车配线板中回收 PVC。此工艺由位于德国的 Delphi 汽车厂及 Wuppertal 大学联合开发，已被工业化。采用此工艺回收 PVC，所耗费用低于新 PVC 价格 20%。该工艺以酯和酮为溶剂，但溶剂用量比 Vinyloop 工艺少得多。在 Delphi 工艺中，溶剂并不将废 PVC 完全溶解，而只是将其软化，使其易于与铜线分离，而所得铜线即可用于支付回收 PVC 过程所需费用。Wietek 公司发明了采用离心法分离塑料与溶剂的工艺并已获专利权。因为用此工艺回收带 PVC 护套或绝缘层的电缆时并不将电缆切断，所以回收工艺无尘，也不需要过滤和分离金属。Wietek 公司按此工艺建立的回收 PVC 生产线每年可回收 225t 可重新使用的 PVC 且该生产线也可用于回收某些其他材料，例如 Wietek 公司已研究成功利用溶剂法由汽车格栅和照明器及某些含金属的塑料部件回收 ABS（丙烯腈-丁二烯-苯烯共聚物）的新工艺。

（2）机械法

采用机械法可回收多种 PVC 制品，包括管材、电缆料、板材、薄膜、汽车元件及瓶子等。经此法回收后的 PVC，可重新用于制造很多制品，包括窗框、地垫、地板、防护板、隔声板、管子配件、排水沟、涂层、非食品瓶等，甚至可用于制造纤维及次要的计算机元件。对回收 PVC 瓶，机械法已工业化。

① Solvay 工艺。此工艺已用于回收 PVC 瓶，其流程如图 7-2 所示。采用 Solvay 工艺时，首先将成捆的 PVC 瓶在捆材松解器上松开，如其中混杂有 PET 瓶，则可采用 XRF（X 射线荧光法）自动系统或手工操作的 UV（紫外）系统，将 PET 瓶从 PVC 瓶分出（回收来的废旧瓶子通常是 PVC 瓶及 PET 瓶混杂的）。然后令瓶流通过一个金属检测器，以去除瓶流中的金属碎片，以免其损伤工艺下游的破碎设备。随后，PVC 被轧碎为片材，后者用螺旋输送器送入一组离心分离器，并在此除去软质材料，如纸标签、塑料薄膜及瓶材上黏附的污物等，而 PVC 瓶盖上的铝片则可采用静电分离器除去。在破碎过程中，形成的 PVC 片材的大小是一个很关键性的因素，片材不宜过小；否则

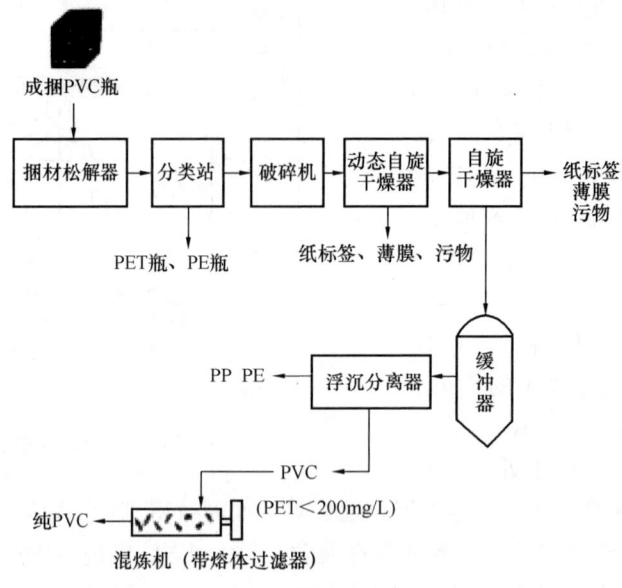

图 7-2　回收 PVC 瓶的 Solvay 工艺流程

它们会与软质的纸标签、塑料薄膜等一起被清除。此外，PVC 片材的尺寸应大于离心过滤器筛网的孔径，否则会堵塞筛网，降低筛分效率。上述经过离心分离后的 PVC 片材再用螺旋输送器进入沉浮分离槽，在此槽中，PVC 片材中的聚烯烃和聚苯乙烯泡沫塑料等杂质浮起，而 PVC 及 PET 片材则沉下，于是得以分开。将经上述处理所得的片材回收和干燥，其中 PVC 的含量大于 99%。这种 PVC 可通过熔融过滤进一步纯制，使其中的 PET 含量小于 100mg/L。这种纯的 PVC 可用于造粒和加工成制品。也可采用细碎再筛分的方法分离 PVC 片材及 PET 片材，因为 PVC 及 PET 的脆性不同，所以细碎后所得 PVC 及 PET 片材大小各异，因而可经筛分将两者分开。但 PET 瓶颈部和底部材料在细碎过程中的行为与 PVC 相似，所以这部分材料还会混杂在 PVC 中而不能分开。还可采用泡沫浮选或静电分离 PVC 及 PET。

② Geon 工艺。此工艺也用于回收 PVC 瓶，其流程如图 7-3 所示。Geon 工艺采用一系列的密度不同的溶液将 PVC 瓶与 PET 瓶及其他杂物分离。PVC 瓶被破碎成片材后，先经真空抽吸除去其中的微尘、纸标签及塑料薄膜等异物，再在 80℃的水（含 1% 的洗涤剂）槽中搅拌洗

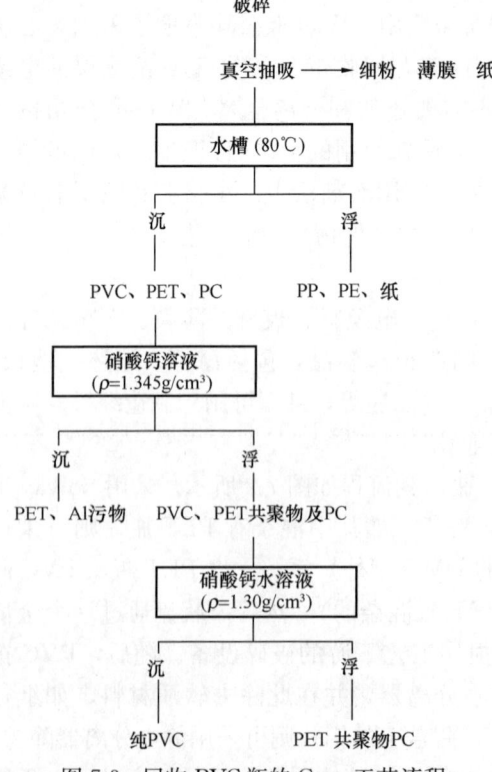

图 7-3　回收 PVC 瓶的 Geon 工艺流程

涤,此时聚烯烃和纸碎屑在水中浮起,而 PVC、PET 及 PC 则沉下。随后,令下沉材料在硝酸钙水溶液(密度为 1.35g/cm³)槽中洗涤和纯制。在此槽中,铝片及 PET 沉下,而 PVC、PET 共聚物及 PC 则浮起。将浮起的物料再送入另一个硝酸钙水溶液槽(此槽中溶液的密度为 1.30g/cm³)中。在此槽中,PET 共聚物和 PC 浮起,而纯 PVC 沉下。将沉下的 PVC 洗涤、干燥和熔融混炼。熔融混炼时应进行过滤,以使回收 PVC 达到接近零污染的水平。

(3) 化学法

PVC 碎屑可在充氧的氢氧化钠溶液中,于 150~260℃ 及高压下被氧化为草酸和苯甲酸。图 7-4 是 PVC 进行的氧化反应:反应的第一步 [图 7-4 中的 (a)],PVC 脱 HCl 生成多烯烃;第二步 [图 7-4 中的 (b)],在氧作用下通过双分子加成反应和多烯烃的环化生成芳香环;第三步 [图 7-4 中的 (c)],芳香族化合物的液相氧化生成苯甲酸。通过液相的碱催化氧化,多烯烃、芳香族化合物及均苯三甲酸均可转化为草酸及 CO_2。在 250℃ 及 5MPa 的氧分压下,PVC 碎屑可在 12h 内被浓度为 15mol/L 的氢氧化钠溶液完全分解。此法可用于回收处理含填料的 PVC 或软 PVC,因为软 PVC 中的增塑剂(如邻苯二甲酸酯)此时也可被氧化为草酸。

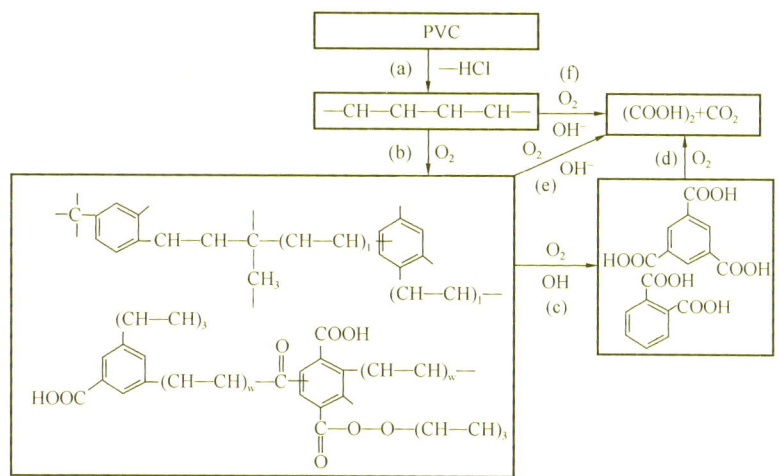

图 7-4 PVC 碎屑在充氧的氢氧化钠水溶液中进行的氧化反应

(4) 焚烧法

世界上已建立大规模焚烧废旧 PVC 的装置,但因焚烧 PVC 时会生成二噁英及释出 HCl,所以此法一直遭到公众的非议。但含氯的城市垃圾焚烧时都会生成二噁英,而试验证明,城市垃圾中 PVC 含量增加时,焚烧时二噁英的生成量并不增高。同时,即使焚烧时形成二噁英,它在高于 800℃ 下也会分解。另外,PVC 焚烧时放出的 HCl 很容易用碱中和。另外,即使城市垃圾中不含 PVC,焚烧它们时也必须净化焚烧炉的废气。所以当焚烧城市垃圾或其他塑料时,没有必要消除其中所混杂的 PVC。

有些难以用机械法或化学法回收的 PVC 复合材料制品,可以用焚烧法处理以回收 HCl 及能量,每焚烧 1tPVC,可回收约 0.35tHCl。此 HCl 可用 $Ca(OH)_2$ 吸收,而生成的 $CaCl_2$ 可用于融化冬天道路的积雪。也可用 NaOH 吸收,生成的 NaCl 可被电解生

成 Cl_2、NaOH。NaOH 可循环使用，而 Cl_2 可与乙烯制造氯乙烯，后者可再聚合为 PVC。这样，相当于将废旧 PVC 解聚为单体，单体再聚合为新 PVC，同时回收能量。上述用 NaOH 吸收焚烧 PVC 生成的 HCl 的方法，称为闭路盐循环工艺（图 7-5）。

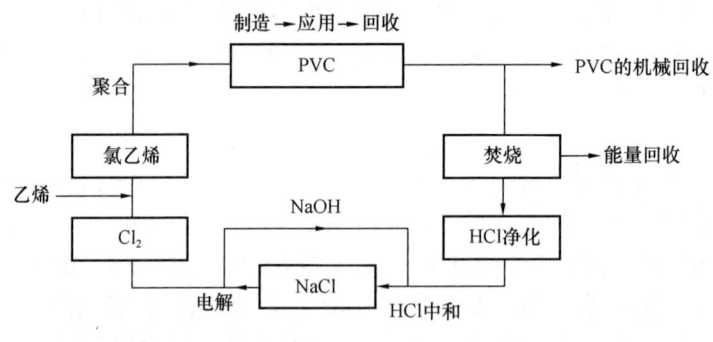

图 7-5 闭路盐循环工艺

（5）添加新型阻燃剂加速热降解

在加工 PVC 制品中添加新型阻燃剂能有效加速 PVC 废弃物降解。利用锡酸锌阻燃剂（AC-Zn_2SnO_4）加速 PVC 样品热降解：AC-Zn_2SnO_4 对 PVC 的降解效果好，原因是 Zn_2SnO_4 中的 Zn^{2+} 可作为路易斯酸，在热解初期催化加速 PVC 脱 HCl 的速率，并进一步促进 PVC 主链上多烯结构中交联成炭反应，其次反应中脱去的 HCl 气体可与 Zn_2SnO_4 反应生成 SnO_2，进而与 HCl 反应生成 $SnCl_2$，促使 PVC 迅速脱氯。与纯 PVC 样品相比，加入 AC-Zn_2SnO_4 的 PVC 样品的残炭量大幅增加。

废旧 PVC 因来源不同，其加工方法有所区别。废旧 PVC 的来源途径如下：

PVC 生产过程中形成的下脚料：这种料均是有色料，杂质含量很多，热定性和物理性能较差，可用于物理性能要求不是很高的制品，如凉水塔填料、鞋底等产品生产。PVC 加工中形成的边角料和次品料：这些料的大部分特别是挤出料和模压料等，经过充分粉碎后一般仍可用于该种制品的生产。以国外挤出 PVC 塑窗统计为例，回收利用废料可在生产中节约纯原料 7% 以上，降低生产成本 5%。为了不影响制品的性能，废料的粉碎粒度要求能达到一定细度，而且一般是粉碎料以一定比例掺入正品料中一起加工成制品。

7.2.2.2 废旧再生 PVC 制品料

这些料的再生利用工艺很复杂，首先，要将不同用途的废 PVC 料分开，根据其原有的一些特性来选择加工档次相对低一些的制品。其次，由于 PVC 加工过程中添加了许多助剂，而这些助剂在制品使用过程中存在分解和迁移等现象，而且 PVC 会随使用过程而发生老化，因此在废旧再生 PVC 制品料生产制品时需根据情况加入适量助剂如增塑剂、热稳定剂、润滑剂及光稳定剂等。一般废软 PVC 制品（软质 PVC 废料）回收再生产软制品时，因增塑剂在使用过程中会有不同程度的迁移，需重新加入适量增塑剂，而废软 PVC 制品回收再生产硬制品时，可以不必重新加入增塑剂；废硬 PVC 制品（硬质 PVC 废料）回收再生产软制品时，需加入大量的增塑剂，生产硬制品时可不加或少加增塑剂；PVC 制品回收再生利用一定要添加热稳定剂。再次，由于废旧 PVC 回收时总有可能混入其他塑料，而且很难分离，加入适当的相容剂、分散剂或交联剂是必要的，以改善加工性能。最后，根据回收再加工制品的情况，适当加入填料和改性剂等，可以降低再加工生产成本并提高制品性能。

7.2.2.3 PVC 回收利用的应用

(1) 木塑复合材料

以废旧 PVC 塑料、PVC 树脂和植物纤维为原料，经特殊加工工艺复合而成的 PVC 木塑复合材料可用于生产木塑托盘、货架、地板等。尤其是地板，可用于化工车间，经久耐用。由于 PVC 木塑复合材料制成的托盘的综合性能高于木制托盘和全塑托盘，而且在耐酸碱性、耐水性、耐用性、尺寸稳定性、可回收性等方面优于木质托盘，因此得到广泛应用。江苏省玛维斯德塑料公司用热压法生产的半硬质印花地砖，其底层每年消耗废旧 PVC 农膜数千吨，所得到制品符合《低中压锅炉用无缝钢管》（GB/T 3087—2022）中的规定。辽宁建平县橡胶厂将废旧 PVC 薄膜破碎为 3mm×3mm 粒状物或中 5mm 片状物，再与新料以 50：50 或 25：75 配比，生产出的钙塑地板外观与纯 PVC 制品相同。

(2) 再生的 PVC 发泡塑料鞋

河南淮阳南乐鞋厂用废旧 PVC，采用新的加工配方，重新生产出发泡 PVC 粒料，用于注塑鞋底、地板、天花板及贵重仪器的包装材料，这种再生发泡料塑化性能好，无生料，无焦料，发泡均匀，每 1t 成本低于新料约 1000 元。

(3) PVC 壁纸

PVC 壁纸是由 PVC 塑料和纸复合而成的。它的再生处理工艺：先加热使 PVC 膜收缩，然后用空气分离机将两者分离；也可用湿浆法，在搅拌机作用下使纸浆流出；还也可用电动分离法，在电场的作用下将纸分离。宁波工艺塑料厂运用共混改性技术，改善了废旧 PVC 再生料的力学性能，扩大了再生料的用途，该厂以废旧 PVC 塑料和共混物改性，制得的泡沫 PVC 制品主要性能已达到《低中压锅炉用无缝钢管》（GB/T 3087—2022）中的指标。

7.2.3 废高密度聚乙烯资源循环利用与新材料

聚乙烯（PE）是五大合成树脂之一，在我国所有合成树脂中，它也是产能最大、进口量最多的品种。它主要分为线性低密度聚乙烯（LLDPE）、低密度聚乙烯（LDPE）和高密度聚乙烯（HDPE）三大类。其中，HDPE 是塑料回收市场增长最快的一部分，这主要因为其易于再加工，有最小限度的降解特性及其在各类行业中得到大量应用。

以废轮胎胶粉、高密度聚乙烯为主要原料的废白色塑料袋作为改性剂，可以制备出一种废轮胎胶粉-废塑料复合改性沥青。废塑料在高温下吸收了沥青中的轻质组分，发生溶胀，然后在高速的剪切作用下，均匀分布于沥青中，形成网状结构，同时与沥青紧密连接，降低了沥青的流动性。除此以外，将不同尺寸废弃的高密度聚乙烯塑料加入混凝土中作为细集料的替代物，可以代替砂子生产混凝土。

7.2.4 废聚苯乙烯资源循环利用与新材料

聚苯乙烯是一种无色透明的热塑性塑料，经常被用来制作一次性容器，如泡沫饭盒等。日本大成建设公司成功将废弃的聚苯乙烯泡沫塑料改性再生成低成本的吸声建筑材料。废旧聚苯乙烯塑料经粉碎、远红外线照射加热，再与特殊的水泥相混合，即可被改性成这种建筑材料,这种材料的吸声效果平均约为60%,同时其对某些频率的噪声的吸收甚至可以达到90%以上,这种改性材料的制造成本只有之前吸声材料的80%,搬运轻便,耐久性和耐水性都良好。可以用作发电站隔声设施的墙壁和天花板,以及高速公路的隔声墙等室外隔声材料。以废聚苯乙烯泡沫塑料为基料,研制出一种成本低、性能优良的水性防腐涂料,其工艺流程如图7-6所示。以废弃发泡聚苯乙烯颗粒为轻集料,水泥和粉煤灰为胶结材,纤维和高分子黏结剂为辅助材料,可制备新型建筑保温隔热材料。以废弃聚苯乙烯泡沫塑料为主要原料挤出造粒,混合增韧剂、发泡剂、塑化剂等助剂,经过双层内发泡挤出、冷却定形、表面热转印等工艺,可制备新型装饰板材。

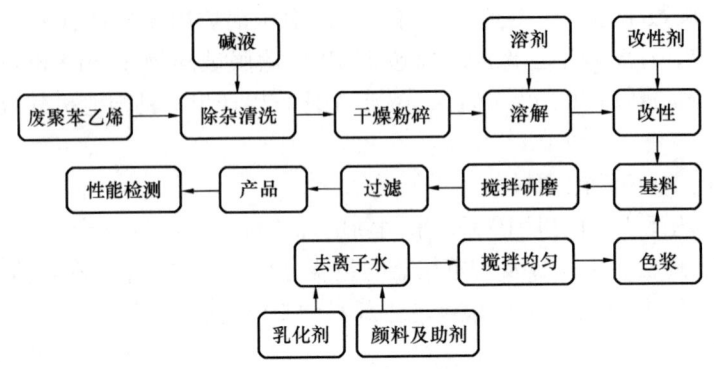

图7-6 利用废PS制备水性防腐涂料工艺流程

7.2.4.1 热降解制苯乙烯单体

聚苯乙烯由苯乙烯单体加聚而成,但是在聚合上限温度以上和催化剂的作用下,反应能向相反的方向进行,即解聚生成苯乙烯单体和低分子量的苯系物,便得到苯乙烯单体和燃料。国际上有下面几种方法:①日本的流化床热解聚苯乙烯工艺,采用粒径0.2mm的砂子作为载体,当炉内温度达到450~530℃时,收集热解生成的气体,冷凝后得到一种褐色的油。经过简单分馏可回收纯度达98%以上的苯乙烯单体,其中含1%左右的苯、甲苯、乙苯、苯乙烯单体的回收率为70%左右。②采用管式连续解聚设备,在380℃的条件下解聚,然后收集冷凝的液体产物,经除杂质、分馏,可得到纯度高的苯乙烯单体。③采用Y2型催化剂,在400~500℃解聚PS,得到苯乙烯单体和高辛烷值汽油的调和组分,而且把解聚气用作热解的热源。聚苯乙烯的解聚主要是选择和研究合适的高效催化剂,降低能耗,提高苯乙烯收率,减少副反应和结渣问题。

7.2.4.2 制造黏合剂

将聚苯乙烯溶于溶剂后,本身就是一种黏合剂,但由于聚苯乙烯是非极性的,不含有极性基团,而且含有刚性大、柔性小的苯环。由于它直接制成的黏合剂与极性被黏物的黏结力很弱,胶层脆且硬,应用范围窄,为此对其进行了大量的改性研究,目的在于引入极性基团,提高粘接强度和极性,以适用多种物质的胶结。

为了增强胶黏剂的运动能力而起到扩散作用,使胶黏剂处于溶液状态,对所用溶剂的选择依据对基料溶解性能好、经济、无毒、挥发适当的原则。现在市售的"PS胶黏剂"以废聚苯乙烯泡沫塑料、酚醛树脂、异氰酸酯、3-氯丙烯、乙酸乙烯酯、丙酮、环己酮、甲苯、氯化锌、氧化镁防老剂为主要原料,在一定温度下,经搅拌制得PS胶。

该胶价格低廉、工艺简单、操作方便、不需特殊设备；对木材及日常用品的黏结性能好，耐气候变化、耐稀酸、稀碱、酒精及减少对植物的侵蚀；可用于木材的粘接，日常塑料制品、塑料贴面、塑料贴墙纸及铭牌粘接。

7.2.4.3 制造涂料

在由废旧聚苯乙烯制得的黏合剂中加入填料、颜料、涂料助剂等，即可制得PS涂料，广泛用于建筑防水（如内外墙、地面和屋面的装饰）和纸品防水涂层（如纸箱防水涂料）、纸塑涂料（如广告、美术装潢等）。首先将收集到的废聚苯乙烯进行预处理，即将其放在热碱水中泡，然后进行机械搅拌除去污物，取出聚苯乙烯放入清水池中进行搅拌清洗，烘干或晾干，粉碎。准备工作就绪后，根据不同的需求选择不同的涂料制备方法。例如可按一定的比例量取乙酸异戊酯、三氯甲烷、丙酮配制成混合溶剂，随后在室温条件下将一定量预处理后的废聚苯乙烯泡沫塑料加入配制好的混合溶剂中，搅拌使之充分溶解。待全部溶解后，加入适量的乳化剂和改性剂，加热搅拌，乳化1~2h，加入填料氯化锌或其他填料。加热搅拌大约1h，直到涂料均匀，冷却至室温，加入适量防老剂，过滤即得成品。也可用少量丙烯酸酯和活性单体对PS进行接枝改性，改善聚苯乙烯的成膜特性，增强与基体的附着力，使聚苯乙烯有较强的可乳化性，同时减少了有机溶剂的用量，既降低了成本又减轻了毒性，制成性能良好的乳液涂料。或者将聚苯乙烯、松香树脂、增塑剂和活性单体按一定比例混合，使聚苯乙烯接枝改性制成涂料基料。将清洗粉碎好的聚苯乙烯加各种改性剂，搅拌均匀后制成PS-I胶。用涂布机将此胶均匀涂布于玻璃纤维布表面，干燥后收卷即制成PS防水卷材。PS防水卷材可取代传统的沥青油毡应用于建筑屋顶、管道、设备等的表面防水处理。

7.2.4.4 用聚苯乙烯颗粒制复合硅酸盐保温材料

该材料分为保温绝热层和抗裂罩层，保温绝热层由复合硅酸盐胶粉料和聚苯乙烯颗粒轻集料两部分组成，分别包装。复合硅酸盐胶粉料采用预混合干拌技术，在工厂将复合硅酸盐胶凝材料与各种外加剂均混包装，将回收的废PS板粉碎均混按袋分装。使用时将一包25kg的复合硅酸盐胶粉料与水按1:1的比例在砂浆搅拌机中搅成胶浆后，将200mL（约2.5kg）的聚苯乙烯颗粒加入搅拌机中，搅拌3min后可形成塑性良好的膏状浆料。将该浆料喷抹于墙体上，干燥后可形成保温性能优良的绝热层。抗裂罩面层由水泥抗裂砂浆复合玻纤网而成。这种弹性的水泥砂浆有很好的弯曲变形能力，弹性水泥砂浆复合耐碱玻纤网后能够承受基层产生的变形能力，增强了罩面层的抗裂能力。ZL聚苯乙烯颗粒复合硅酸盐保温材料适用于新建的工业与民用建筑和旧楼改造。外墙保温施工，面层可做涂料，也可用于粘贴砖、干挂石材等其他装饰。

7.2.5 废聚丙烯资源循环利用与新材料

聚丙烯（PP）因具有较高的热变形温度，优良的刚性、电绝缘性，密度小，卓越的耐折叠性和易加工成型等特点，被广泛应用于塑料、纤维、日用品、包装薄膜、工业制品、涂料等领域。随着PP产量和消耗量的不断增加，废旧PP越来越多。

7.2.5.1 能源化

PP废料燃烧可释放大量的热量，因此可充分利用废旧PP的高热值。其发热量与煤和石油相当，且具有不含硫、灰分少以及燃烧速度快等优点。用废旧PP塑料焚烧回收热能的方式主要有两种：（1）使用专用焚烧炉焚烧废塑料回收热能，所用的焚烧炉有流动床式燃烧炉、浮游式燃烧炉以及转炉式焚烧炉等。（2）将废旧PP塑料作为补充燃料与生产蒸汽的其他燃料掺混使用。

热分解是利用热能使PP的高分子链发生断裂，得到低相对分子质量的化合物。废旧PP料与其他物质的共裂解可克服单一塑料裂解时因导热性差、反应温度不均匀导致产物收率低的缺点。利用低温煤焦油与废旧PP料共裂解制油，油品收率可达86%，用页岩油与废旧PP通过一步低温热解制油，油品收率可达93%~95%。

7.2.5.2 资源化

资源化是将废旧PP塑料作为一种有效资源，再次加以利用的过程，主要包括以下几类。

直接再利用指无须改性，将废旧PP经过一定的分类、清洗、破碎塑化直接加工成型或通过造粒后加工成型。优点是工艺简单，再生制品成本低廉；缺点是再生材料制品的力学性能下降较大，不宜制作高档制品。废旧PP可再生为粒料、絮状料等，返回与原树脂混合，加工成与原树脂用途相同的制品或将其相融固化，直接成型制造各种制品。

废旧PP塑料进行直接使用的前提是其成分单一，老化程度低，性能与新料相差不大。但大部分废旧PP料都难以满足以上条件，因此对废旧PP料的直接再利用很有限。直接再利用主要是回收PP树脂生产厂和PP塑料制品厂在生产过程中产生的边角废料，也可以包括那些易于清洗和挑选的一次性废弃品，如PP编织袋仪表盘、CD盒以及PP扁丝等。此外，将废PP塑料熔融再生，即将废旧塑料加热熔融后重新塑化，也是一种直接使用的方法。

改性再生利用是指采用物理或化学的方法对废旧PP塑料进行改性，以改善其力学性能和机械性能，从而达到再利用要求。经过改性后的再生PP塑料，其机械性能得到改善或提高，可用于制作档次较高的PP制品。废旧PP一般可通过共混、增强、增韧以及化学等方法进行改性处理。

7.2.6 废聚碳酸酯资源循环利用与新材料

聚碳酸酯（PC）是一种综合性能优良的工程塑料，其产量和消费量仅次于尼龙，位列五大通用工程塑料第二位。PC是一类分子链中含有碳酸酯结构的高分子化合物及以它为基础制得的各种材料的总称，由于其无色透明和优异的抗冲击性，广泛应用于汽车制造、医疗器械、航空航天、包装、电子电器、光学透镜等多种行业。随着我国聚酯行业的迅猛发展，所产生的废旧聚碳酸酯材料的量越来越多，这些废聚碳酸酯PC材料本身毒性不大，体积庞大，很难在自然条件下降解。因此，近年来废聚碳酯材料的循环利用日益受到人们的重视。目前，我国对废聚碳酸酯材料PC循环利用主要的方法是化学方法和物理方法。化学方法是指在热和化学试剂的作用下高分子发生降解反应，形成低分子量的产物，产物可进一步利用，如单体可再聚合，油品可进行深加工，但化学方法需要高温高压，导致耗能高、条件苛刻，对设备材质要求高，难以实现大规模操作。物理方法是通过切断、粉碎、加热熔化等工序对废旧塑料进行再加工的循环利用技术，但各种再生塑料的性能比新材料大为降低，且含有大量杂质。

对PC回收料的处理方法主要有以下几种。①直接再生利用。虽然这种方法工艺简单、再生料的成本低廉，但是再生料制品的力学性能下降较大，不宜制作性能要求高的制品，因此，这种方法仅能够在非常有限的程度上实现。②通过解聚反应回收双酚 A、碳酸二苯酯等化工原料，但这种处理方法的工艺复杂，成本较高。③对其进行共混改性，弥补其在长期使用过程中热、光和氧老化造成的性能下降，为再利用创造条件。由于第三种方法简单易行，而且理论较成熟，能最大限度地利用聚碳酸酯回收料的价值，故目前对其进行共混改性的处理方法占绝大部分。

日本胜利（JVC）公司与日本先进工业技术研究院（AIST）以及日本清洁化中心合作，开发了从废弃光盘（如 CD、CD-ROM、DVD 等）中回收高纯度双酚 A 的工艺。该新工艺使聚碳酸酯（PC）在约 200℃、2MPa 下和氮气气氛中分解，以置于环己酮中的碳酸钠为催化剂。60min 后约 78%的 PC 分解成粗双酚 A，其中含少量其他酚类。经四步蒸馏后，双酚纯度提高至 99.9%：第一步除去溶剂；第二步除去低沸点酚类；第三步除去有机碳酸酯；第四步从重油残留物中分离出双酚 A。反应在小试高压釜中完成，模拟试验表明，双酚 A 回收率可达 80%，纯度可达 99.9%。

日本帝人化学公司开发了可完全循环回收利用废 PC 树脂新工艺。该工艺采用新的提纯技术，回收和循环利用高纯度双酚 A（BPA）。采用该新技术，预计可使从纯单体制取 BPA 所需能耗降低 66%。从废 PC 回收 BPA 的不同工艺正在日本开发中，采用碳酸钠分解 PC 树脂，并用四步蒸馏工艺提纯被回收的 BPA，以去除苯酚和其他残余物。而在帝人的工艺中，PC 被强碱在常压和 40~50℃下分解，在这种条件下，不生成副产物，因而生成的单体适宜制取纯度达 99.9%的 BPA，它可以直接用 PC 装置生产 PC。关键的创新点在于专有的液相提纯工艺，与蒸馏相比，可大大节约操作费用，BPA 总回收率可超过 95%。

7.3 废橡胶资源循环利用与新材料

7.3.1 废橡胶资源分类回收及其危害

废橡胶具有耐燃、耐碱、耐酸等特点，数十年也难以自然降解，大量废旧橡胶造成的黑色污染已成为环境治理的重要对象。目前，废旧橡胶产生量每年以 8%左右的速度增长，2020 年废旧橡胶突破 2000 万 t。截至 2019 年，我国经过正规途径回收的废旧橡胶不足 50%。其中超过 60%被填埋、烧毁或闲置堆积。废旧橡胶无法被有效利用造成资源浪费，而且废旧橡胶还会释放有毒有害的物质，影响水质和土壤环境，同时还会造成火灾等风险。

由于橡胶的三维网络结构使其在土壤中不易降解，因此，随着橡胶制品产量的不断增加，废旧橡胶造成的"黑色污染"对环境影响日益严重。因此，废旧橡胶的回收再生成为我国橡胶行业面临的一个重大问题。当前我国废旧橡胶回收行业主要存在以下问题：第一，废旧橡胶回收率低，仅为发达国家的一半左右；第二，处理技术落后，再生过程对环境造成二次污染；第三，所得再生产品质量差，应用范围窄，附加值低。

橡胶再生技术主要是利用某些方法（物理法、化学法或生物法）来破坏橡胶分子中的交联网络，使橡胶分子从三维网状变成二维的线性分子，恢复橡胶分子的流动性，从而使其能够再次加工成型。

7.3.1.1 物理法回收废橡胶

物理法是利用外界能量,使硫化胶的三维网络解交联。因为橡胶中的交联网络由C—C键、S—S键和S—C键组成,且C—C键键能远高于其余两者。因此,只需通过控制外界能量的大小,使其恰好能够断裂S的交联网络,同时保持C—C主链分子的完整性。那么,再生后的橡胶在恢复流动性的同时,亦能够保持良好的力学性能。根据物理过程的不同,物理再生技术可分为机械法、微波法、超声波法、电子束辐射法这4种。

(1) 机械法

机械法是将废橡胶置于双辊开炼机中在高温下作用,在高机械剪切力和高温的双重作用下,将橡胶中的分子剪切断链。利用双辊开炼机再生后的天然胶,其力学性能得到保持,但是,因为再生过程中天然胶只有表面的交联网络被切断,其内部交联度仍旧很高,不利于二次加工。

用单螺杆挤出机对三元乙丙橡胶进行脱硫再生,由于橡胶中不同交联键键能的不同,通过控制挤出机转速、压力和温度等条件,使三元乙丙橡胶的含硫交联键充分断裂,并尽可能地保持了主链C—C键的完整性。再生中橡胶硫交联键的反应机理:通常情况下先是多硫键被剪切断裂为二硫键或单硫键,随着脱硫的进行,二硫键和单硫键最后才发生断裂。

(2) 微波法

微波法是利用一定范围的微波频率和能级,保持硫化胶主链不被破坏的前提下,尽可能多地断裂S—S键和S—C键。微波法再生的原理是利用微波对高分子中极性基团的极化作用,产生热量来达到断裂交联键的目的。微波可以最大限度地破坏交联网络并保持橡胶主链的完整性。经过微波脱硫再生后的再生橡胶,加入硫黄和助剂后,断裂的硫交联键可以重新交联。由于该法简单易行,再生过程不产生污染,具有工业化前景。1987年,美国Goodyear公司成功建造了微波脱硫的大型反应装置,实现了微波脱硫的工业化。

(3) 超声波法

超声波脱硫与微波脱硫原理类似,超声波脱硫是利用超声波产生的"空穴作用",使具有一定压力和热的超声波也可以有选择地破坏交联键,并且橡胶主链能够得到保留,使得硫化胶得到再生。如对天然橡胶硫化胶施以50kHz的超声能量10min,可以获优良的再生胶,然后将其硫化,可以获得与原胶相似的性能。此法是利用高密度能量场来破坏交联键而保留分子主链,从而达到再生的目的。超声波场可在多种介质中产生高频伸缩应力,高振幅振荡波能引起固体碎裂和液体空穴化。从理论上讲,可能是声波空穴化作用机理引起超声波的能量集中于分子键的局部位置,使较低能量密度的超声波场在破坏空穴处转变为高能量密度,进而破坏交联键。超声波脱硫法是对废橡胶的真正再生,但该法尚未扫除工业化生产的成本和技术障碍,超声波脱硫法的工业化生产还需要一段时间。Isayev等研究者创造性地在单螺杆挤出机末端安装超声发生器,实现了橡胶再生过程的连续化生产,为其工业化奠定基础。由于超声波不涉及化学助剂的使用,再生过程不产生废气、废水,是一种环境友好的再生方法。但是,超声所需能耗较高。

(4) 电子束辐射法

一般来说，橡胶分子中的结构基团并不会对电子束敏感。只有丁基橡胶存在大量季碳结构，使其可以被电子束作用，产生热量致使分子链断裂，从而达到再生橡胶的目的。丁基橡胶分子的降解程度与辐射注射量有关。不同电子束注射量，得到的丁基橡胶再生胶的力学性能亦不相同。由于电子射线在反应过程中不会产生"三废"，是一种环境友好的再生方法。

7.3.1.2 化学法回收废橡胶

化学法是利用一些有机无机化学助剂，与橡胶中的交联网络产生化学反应作用断链，是现今橡胶回收再生产业中，使用最为广泛的一种方法。但是，由于化学助剂往往需要高温反应，因此，对硫化胶中的C—C主链会造成不同程度的破坏，同时反应过程中产生的副产物有毒有异味。根据化学助剂和使用方法的不同，主要分为以下有机二硫化物的硫醇再生剂、无机化合物再生剂、De-Link再生剂、超临界二氧化碳再生剂这4种。

(1) 有机二硫化物和硫醇再生剂

二硫化物和硫醇再生剂种类较多，且作用并不相同，主要是对多硫键产生断裂作用。利用芳基二硫醚再生天然橡胶与合成橡胶，再生时温度控制在150～180℃之间，并加入了含二硫化物的芳烃油以充分溶胀废橡胶。再生反应在密炼机中进行，经过再生后的橡胶，其力学性能较差，推测是由于大量分子主链断裂造成的。

(2) 无机化合物再生剂

铁基催化剂和铜基催化剂两者均可使废橡胶的三维网络发生断裂。利用无机金属类催化剂再生废橡胶，其反应过程简单，反应速度较快。但是，由于金属较活泼，利用这些再生剂使脱硫反应的过程很难控制，而且再生过程中使用的溶剂和反应产生的副产物，都会对环境造成污染。

(3) De-Link再生剂

De-link再生剂主要成分为二甲基二硫代氨基甲酸锌、巯基苯并噻唑、硬脂酸、硫黄、氧化锌等，通过将以上成分分散于乙二醇中制备得到。

(4) 超临界二氧化碳再生剂

超临界法是利用超临界二氧化碳特殊的物理化学性质，使化学脱硫剂能够充分渗入橡胶分子网络内部，提高橡胶再生效果的一种方法。利用超临界二氧化碳再生丁基橡胶，在超临界状态下，丁基橡胶的再生效果提高，分子链降解可达90%以上。将经过超临界法再生后的丁基橡胶与丁基胶生胶混合并用，并用胶带的气密性和热稳定性得到保持，同时，再生胶可以被树脂交联。

7.3.1.3 生物法回收废橡胶

利用某些微生物对橡胶特异性的代谢作用，通过微生物代谢过程中产生的酶，靶向性地与橡胶分子链中的交联网络发生生化反应，使交联网络断裂。

7.3.1.4 其他回收技术

例如，将废胶粉作为填料加入沥青中使用，利用不同粒径、不同填充量的胶粉粒子填充于沥青中，使沥青的黏度提高，在高温下能保持较高的黏度，不会因黏度过低而导致强度下降，改善了沥青的高温流动性。利用特殊的蒸馏法裂解橡胶，可将废胶转化为热能利用。近年来有人将废胶粉加入建筑材料如砂浆等，在提高材料韧性的同时，还可提高材料的绝热性。

7.3.1.5 世界废旧橡胶的利用现状

（1）作为燃料利用

废旧橡胶拥有很高的燃烧热值，其燃烧热通常可达 33MJ/kg。可与优质煤炭相媲美，用于火力发电，焙烧水泥，可以替代燃煤。其中焙烧水泥是一种极为高效的利用方法，在水泥烧制过程中，轮胎中的钢丝可形成氧化铁，硫黄可以形成石膏，所有燃烧固体废物都形成了水泥的原料，不影响水泥质量，还不会污染环境。有报道说将煤与废旧橡胶一起液化，能大大提高两者燃烧效率。

（2）翻新直接再利用

对轮胎直接翻新再利用，此方法节约成本，能高效利用轮胎，翻新胎甚至可以达到全新胎寿命的90%，翻新所需耗材仅占新胎的15%~20%且能多次翻新。但是目前市场上的翻新胎的质量良莠不齐。废旧轮胎在我国废旧橡胶中占比很大，直接把废轮胎翻新能够直接减少废橡胶的数量。翻新的轮胎又能够再次返回使用阶段，能够有效满足人们对轮胎的需求，从而缓解轮胎制造业的压力。车用废旧轮胎翻新再利用技术主要有模具硫化法和预硫化胎面法。模具硫化法是指胎面胶（一般没有花纹）在未硫化的状态下施加到旧胎体上，然后按照与新轮胎几乎相同的方法进行工艺加工，胎面花纹利用模具制得。预硫化胎面法是将用于翻新轮胎上面的胶体，提前在最佳的硫化压力、硫化温度及硫化时间等适宜的工艺条件下生产，使其具有一定的横截面形状、长度、宽度和胎面花纹的方法。轮胎翻新对轮胎制造企业而言，可以根据不同的废胎损坏程度选择合适的橡胶修补生产新轮胎，能够节约企业成本和时间。除此之外，预硫化翻新的轮胎具有更好的性能，因此其能有效提高废橡胶的利用率。

可以直接将废旧橡胶绑在一起填入砂石料做人工鱼礁石，为鱼类提供栖息场所。废旧轮胎依然有较好的弹性，可以作为缓冲材料，可用于高速护栏减少人员伤亡，用于码头、赛道吸收撞击能量，减少人员伤亡。不用或用极少的处理手段，就可以达到理想的利用效率。

（3）裂解回收

在无氧或弱氧氛围下对废旧轮胎加热，可以让其分解为热解碳、热解油、热解气等产物。经过一系列处理方法可重新作为化工原料。热解气还可以作为能源为热解反应供能。热解油可以生产高质量燃油，应用于航天领域。热解碳可以代替炭黑，用于吸附或制作文化用品。目前常用的热解技术主要是常压惰性气体热解技术、真空热解技术、熔融盐热解技术。热解过程比直接焚烧过程提升橡胶废旧胶的回收利用的经济性，如图7-7所示。

裂解废轮胎为轮胎转化为燃料提供了一种有利的途径。热解过程是在缺氧环境下对高分子材料进行高温加热，导致大分子分解，形成广泛的碳氢化合物，热解产物包括热解油、热解气体和固体残渣（焦炭）。热解油具有作为燃料的潜力。焦炭以及其他用途可以用作活性炭，而气体可以用作热解的燃料，蜡作为涂料、染料和塑料的添加剂，在工业应用热解油裂解制得的类柴油燃料已在柴油机上进行了试验，结果表明，该燃料在发动机上不经改造就具有很高的效率。

7 石油天然气矿产资源循环利用与新材料

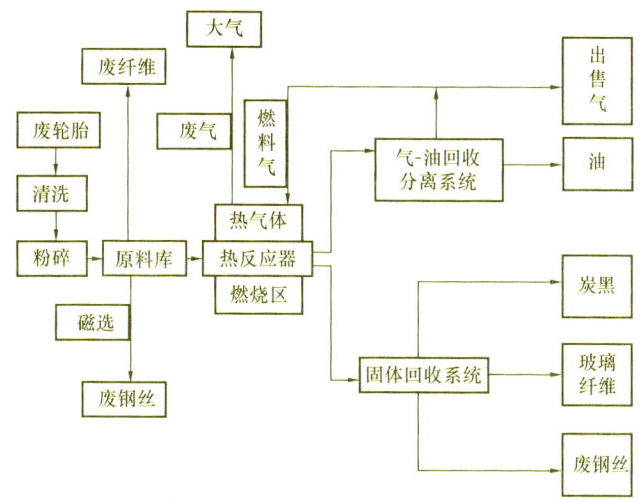

图 7-7 工厂热裂解流程

(4) 将废旧橡胶制成胶粒胶粉等再生胶原料

目前利用机械力将废旧轮胎粉碎加工成胶粉是一种回收再利用废旧橡胶的主流做法。制成胶粉后，废旧橡胶依然有较强的弹性，可以直接再次作为轮胎、鞋底、传送带、管道的原料。主要方法如下：

①常温粉碎法，利用设备的剪切作用在常温下对废旧橡胶进行粉碎。②低温粉碎法，在低温作用下使废旧橡胶脆化，然后利用机械粉碎完成。③湿法或溶液法，先用溶剂对磨成一定粒度的胶粉进行溶胀，再进行粉碎而制成超细胶粉。

低温减径涉及用化学剂（如液氮）将橡胶冻结在玻璃转变相以下。然后使橡胶受力到所需的尺寸。低温减径生产的橡胶材料几何形状均匀，表面光滑，有点像破碎的玻璃。因此，可以生产出小而均匀的产品。与环境尺寸缩小不同，这种方法不会改变材料的性能。低温粒度还原可以产生更光滑、更小的碎屑，但与更常见的环境粒度还原方法相比，成本更高。

崔国彪等人报道了一种利用液化天然气（LNG）冷能粉碎废旧橡胶的工艺。例如，山东威海 LNG 汽化站一期工程供气 $4.0×104m^3/d$，属于卫星站。由于 LNG 卫星站汽化量较小，昼夜波动大，不适合利用 LNG 冷能制取液氮，所以把空气作为中间媒介。利用 LNG 冷能粉碎废旧橡胶的工艺流程如图 7-8 所示。

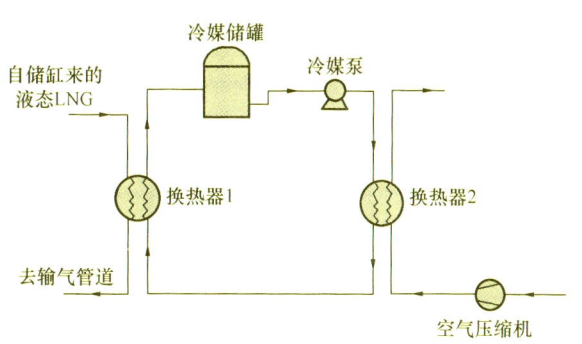

图 7-8 利用 LNG 冷能粉碎废旧橡胶的工艺流程

由 LNG 储罐来的 LNG（-162℃，0.6MPa）经过换热器 1，与冷媒二氟一氯甲烷（R22）进行换热，汽化后的 LNG（25℃、0.55MPa）进入城市天然气管网。经过换热器 1 冷却后的冷媒 R22（-125℃，1.55MPa）被输送至冷媒储罐，然后通过冷媒泵被送到换热器 2，与经过压缩机压缩后的空气（62.7℃、0.14MPa）进行换热，空气经过冷却，温度达到-115℃，然后被喷洒到废旧橡胶上进行冷却破碎。由于卫星站不同于接收站，其分布范围较广，可以利用其冷能建设废旧橡胶低温深冷粉碎装置，就近粉碎当地的废旧轮胎，大大节约轮胎的运输成本。因此，利用 LNG 汽化站的冷能粉碎废旧橡胶不仅可以节约能源，提高 LNG 卫星站的经济效益，而且可以降低精细胶粉的生产成本。

(5) 制备橡胶混凝土

废旧橡胶混凝土就是将废旧橡胶制成的胶粒或胶粉按不同掺配方式和比例掺加到普通混凝土中所形成的一种新型复合材料。橡胶混凝土质量轻、弹性性能优异，同时具有良好的韧性与延展性能。橡胶混凝土具有比普通混凝土更低的弹性模量、更高的韧性和更低的脆性。

(6) 废旧橡胶作为吸声材料

橡胶是一种黏弹性高分子材料，内耗较大，基体橡胶的分子量分布可调，能适应各种频率声波的吸收。木材-橡胶复合材料是一类较为火热的功能型复合材料，防水、防腐、防蛀、防静电、隔声吸声、阻尼减震、隔热保温等性能优异。因为可以用作室内装修装饰材料、隔声吸声材料、阻尼减震材料、隔热保温材料而广受关注。静音地板作为功能性地板产品，适应市场需求而生，具有很强的生命力和广阔的发展空间。

(7) 制作人行设施透水材料

废旧橡胶颗粒再生集料透水混凝土是绿色环保建筑材料。因为透水混凝土孔隙率大、强度较低，掺加适量的橡胶颗粒，可以有效改善其韧性，提高其抗冻耐久性。废旧橡胶制作人行设施透水铺面材料，有望解决人行道的积水问题，用于建设海绵城市。

7.3.2 废氯丁橡胶资源循环利用与新材料

氯丁橡胶（CR）是以氯丁二烯为主要原料进行 α-聚合生成的弹性体。杜邦于 1931 年 11 月公开宣布已经发明氯丁橡胶，并于 1937 年正式推向市场，使氯丁橡胶成为第一个实行工业化生产的合成橡胶品种。

(1) 废橡胶热解产物

热解产品组成随热解温度不同略有变化，一般来说，随着热解温度的提高，热解产物中气体含量增加而油品含量减少，碳含量则增加。

(2) 热解工艺

废轮胎热解炉主要有流化床和回转窑两种。

如图 7-9 所示的流化床由分置为两层的 7 根辐射火管间接加热。生成的气体一部分用于流化床，另一部分则燃烧为分解反应提供热量。整个轮胎通过气锁进入反应器，轮胎到达流化床后，慢慢地沉入砂内，热的砂粒覆盖在它的表面，使轮胎热透而软化。流化床内的砂粒与软化的轮胎不断交换能量、发生摩擦，使轮胎渐渐分解，2~3min 后轮胎即可全部分解完，在砂床内残留的是一堆弯曲的钢丝。钢丝由伸入流化床内的移动式格栅移走。热解产物连同流化气体经过旋风分离器及静电除尘器将橡胶、填料、炭黑和氧化锌分离出去。气体通过油洗涤器冷却，分离出含芳香族高的油品。最后得到含甲烷和乙烯较高的热解气体。整个过程所需能量不仅可以自给，而且还有剩余热量可供其他地方使用，如图 7-9 所示。

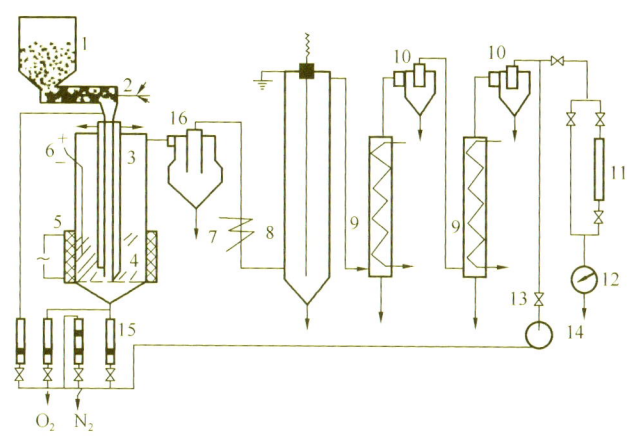

图 7-9 流化床热解橡胶的工艺流程

1—塑料加料斗；2—螺旋输送机；3—冷却下伸管；4—流化床反应器；5—加热器；
6—热电偶；7—冷却器；8—静电沉积器；9—深度冷却；10—气旋；11—气体取样器；
12—气量计；13—节气阀；14—压气机；15—转子流量计；16—气旋

产品中芳香烃馏分含硫量小于 0.4%，气体含硫量小于 0.1%。含氧化锌和硫化物的炭黑，通过气流分选器可以得到符合质量标准的炭黑，再应用于橡胶工业。残余部分可以回收氧化锌。

7.3.3 废丁腈橡胶资源循环利用与新材料

1931 年德国首先报道了丁二烯与丙烯腈的共聚物，它在耐老化、耐日光、耐热、耐油以及气密性等方面均优于天然橡胶。丁腈橡胶大分子结构中含有强极性的—CN 基团，对汽油及脂肪烃油类，有优异的稳定性。丁腈橡胶生产厂家在生产加工过程中会产生部分具有较高利用价值的半成品和边角料，而一般的企业自己不愿处理，造成大量废料堆放，一旦处置不当将对环境造成重大黑色污染。将生产丁腈橡胶过程中的废胶制成丁腈再生胶，不仅能够使这些废料变废为宝，而且可以实现利益的最大化。国内大部分企业生产基本沿用传统的油法和水油法，少量企业采用动态脱硫法。前两种方法工艺陈旧且污染严重，已不适应现代企业的需求，而动态脱硫法集油法和水油法之长而避之短，是较为新型的再生方法，但是现行企业的工艺配方还有待改进，再生胶质量有待进一步提升。

利用高温高压动态脱硫法采用双向螺杆技术，可以制备出高质量的丁腈再生胶。再生工艺流程如图 7-10 所示。脱硫过程采用动态脱硫法，将废胶按上述配方

图 7-10 再生工艺流程

置于反应罐内，在双向螺杆连续搅拌下采用夹套传热方式密闭电加热。调节温度升高至 230℃，螺杆转速为 100~200r/min。脱硫时间为 2h 左右，压力可以升至 2MPa。采用智能控制设备，使罐内胶粉和再生剂在短时间内升至反应温度，且保持物料在反应过程

不断搅拌，反应结束后使用膨胀器将脱硫罐中气压降至0.2~0.3MPa后，使少量废气通过软胶管进入吸收塔。以氢氧化钠的稀溶液作为吸收液，在40℃条件下利用涡旋脉冲反应器脱除废气中的有机污染物，使其达到国家排放标准。

借助改性废丁腈橡胶粉末（WNRP）提高3D打印树脂的韧性。将改性的WNRP加入3D打印光敏树脂中，可以打印出高精度的项目。

7.4 废纤维资源循环利用与新材料

7.4.1 废纤维资源分类回收及其危害

我国是纺织品生产和消费大国，"十二五"期间废旧纺织品累计产生量达1.4亿t，"十三五"末达2亿t。2019年纤维加工总量9583万t，其中涤纶4784万t、棉1695万t；据估算，废旧纺织品产生量达到3500万t，其中废旧涤纶占53%，废旧棉占30%，再生利用率不足20%，预计到2025年再生废旧化纤材料处置利用率将达到50%以上。目前，国外知名品牌（如宜家、迪卡侬、阿迪达斯等）明确其使用再生涤纶比例将逐步从10%~30%提升到2025—2030年的100%，对品质也提出了更高要求。废旧纺织品成分复杂，棉、涤纶、氨纶等纤维混杂，还有染化料、不明杂质等。目前废旧纺织品处理以填埋和焚烧为主（约占83%），再生方法主要以物理法为主（约占13%），但存在技术调控窗口窄、资料利用率低、存在二次污染、产品品质和附加值较低等问题。相比而言，化学法通过将废旧纺织品降聚或解聚、再聚合利用，是弥补物理法缺陷的有效途径，但目前存在技术难度大、生产成本高、回收利用率低、产品品质差，且"治废产废"程度有待进一步降低，仅占现有废旧纺织品处理方式的1%。

废旧纺织品的综合利用是纺织产业未来的一种发展趋势，与发达国家相比，我国整体呈现回收种类少、品质低、产能分散的特点。面对来源广泛、复杂度高的废旧纺织品，现有的技术难以做到精细化处理，尤其是对废旧原料的安全性能的监控。此外，由于大部分织物结构紧密、颜色复杂，开松、梳理后对纤维损伤大，从而导致使用价值低、回收利用率低。这些将成为未来循环发展的难题。由于不同纤维的化学性质不尽相同，其回收所采用的技术也不同。主要方法有以下几种。

(1) 焚烧回收能源法

焚烧回收能源法的技术原理是通过废旧纤维燃烧，将其化学能转变为热能。该方法操作简单，成本低廉，适用于多种纤维物质。但燃烧时排放的烟气会增加空气中的CO_2、SO_2、NO_x等有害物质，对含氯的塑料纤维还会产生氯化氢气体和剧毒的二噁英，使环境受到污染。

(2) 机械回收法

机械回收法是对废弃纤维经过简单的机械处理，然后重新加工成型投入生产的一种最简单直接的方法。该法的技术难点在于对废弃纤维中的杂质进行处理。通常会先对纤维采用静电分离、X射线探测分离、近红外识别、悬液分离技术等将杂质分离，然后根据不同工艺要求进行练漂处理，对有色纤维还会进行剥色整理，干燥后直接作为原料备用。这些废料经一定的成型工艺可制得各种产品。该方法适用于多种废旧纤维的回收。

目前，研究比较普遍的是将聚酯纤维、聚丙烯纤维等废弃物经过一定工艺制成板材，即将废旧纤维一部分作为增强骨架材料，另一部分作为基体，在一定温度和压力下制成板材等。这种回收聚酯废料的方法操作简单，成本低廉，不宜制作高档产品。为改善再生产品的材料性能，可采用在再生原料中加入添加剂的方法。常见的添加剂包括增塑剂、增强剂等。

（3）热裂解法

热裂解法的技术原理是在还原性气体氛围下加热有机物质，破坏有机物质的键合状态，将其分解成低分子物质，反应的生成物是气体、油和焦炭。该法适合于聚乙烯、聚丙烯、聚苯乙烯等非极性塑料纤维和一般废物中的混杂废塑料纤维的分解。

将废旧纤维作为原料生产燃料油品，虽然在技术上是可行的，但由于投资大，产品的质量及售价等方面均无法与石油相比。尤其是对含氯的塑料（如聚氯乙烯），还必须先脱氯化氢，并且要回收氯化氢气体，否则易造成环境的污染。目前，国内利用废旧氯乙烯塑料制备活性炭纤维的技术就用到了该方法。

（4）化学改进法

化学改进法的技术原理是通过采用增链改性、交联改性、氯化改性等来改变聚酯的链长和结构，从而提高其某些特性。化学改性还可通过固态聚合的方法来实现。

（5）化学降解法

化学降解法的技术原理为采用解聚剂在一定条件下打断酯键，将高聚物降解为单体或者低聚物以实现再资源化。该法主要用于通过缩聚反应生成的高分子聚合物，如涤纶纤维和锦纶纤维。

① 水解法

水解法一般是在酸、碱、盐的溶液中进行，反应需要在一定的温度和压力下完成。对涤纶纤维采用该法得到的产物是对苯二甲酸（TPA）单体和乙二醇（EG）单体。传统的水解法有两大缺点：一是除杂困难、工艺复杂、成本较高，还会引起杂质累积。但日本将分离除杂和水解同时进行，使产品的纯度和回收率都大大提高；二是反应条件要求加热加压，且反应速度慢。将相转移催化剂用于聚酯水解，常压下即可进行，产率达93%。

② 热解法

热解法通常是将一种碱与聚酯纤维在溶剂中加热，但需在高温高压下才有较高的转化率。日本人研制出一种用氧化铁系触媒对废聚酯热解进行改进的新方法，使 PET 在200℃时常压下即可反应，且回收率高。

③ 超临界流体降解法

在超临界介质中对聚合物纤维进行解聚的研究已经揭示出其良好的应用前景。超临界介质中的解聚反应，利用超临界流体优异的溶解能力和传质性能，分解或降解废塑料，通过控制解聚反应条件，得到单体或化工原料产物。生产过程不产生有毒和三废物质，不产生二次污染。该技术在回收废旧 PET 纤维上运用比较普遍。

④ 胺解法

目前尚未发现用这种工艺实现工业化的报道，不过在纤维改性方面，已经有胺解方面的应用。反应通常用伯胺水溶液，如甲胺、乙胺、乙醇胺以及乙二胺，温度范围为

20~100℃。

⑤ 醇解法

已有学者研究了 PET 纤维的醇解,醇解法按不同的交换物质主要分为一元醇解聚法、二元醇解聚法和多元醇解聚法。

⑥ 微波降解法

微波在聚酯解聚中应用的研究刚起步,理论和试验手段尚未成熟。初步认为其作用机理为通过微波作用加剧反应物分子间的热运动,达到加热和降解的效果。逯德木等尝试利用红外加热均匀,引发反应较温和的优点,采用红外和微波复合解聚废 PET 来改善微波醇解反应不易控制、加热不均的缺点。

7.4.2 废旧涤纶纺织品化学法再生利用

(1) 涤纶纺织品解聚单体制备技术

废旧涤纶纺织品再生利用技术包括物理法、物理化学法和化学法。化学法可实现"聚合物-单体-聚合物"的闭环回收,获得高值化、多品种再生产品,其主要有水解法和醇解法。水解法原理简单,但技术实施难度大。故目前以醇解法为主,包括甲醇醇解和乙二醇醇解(图 7-11)。其中乙二醇醇解法工艺条件相对温和,对设备要求较低,日本帝人、美国杜邦等公司拥有相关专利技术,但解聚单体纯度低。为此,帝人进一步开发了乙二醇醇解甲醇酯交换技术,2013 年浙江佳人新材料有限公司引进了该技术,并建成了中国第一家化学法再生聚酯纤维工厂。该公司生产的对苯二甲酸二甲酯(DMT)产品纯度高,可满足纤维级聚酯合成需要,其生产的再生聚酯切片和长丝在 2016—2019 年的市场占有率为 100%,但因催化效率和反应传质效率低、非涤纶组分作用等因素影响,回收率尚需进一步提高。此外,废旧涤纶纺织品中其他组分或转化产物难以分离,利用率不高,存在二次污染问题,因此,发展解聚高效催化和传质技术,以及其他组分的有效分离和高值利用技术,是实现资源高效循环利用亟待解决的核心问题。

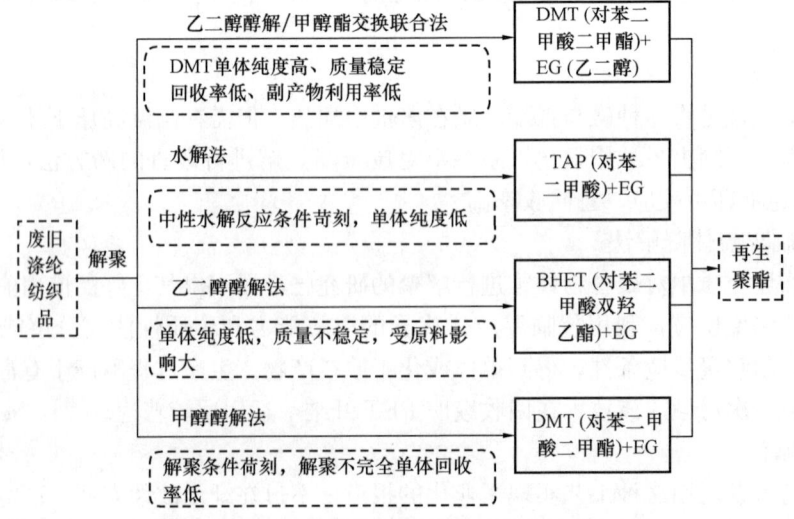

图 7-11 废旧涤纶纺织品化学循环再生的技术现状

浙江佳人新材料有限公司研究提出"化学法循环再生技术"。该技术是将废旧织物中的纤维还原成分子级别，再重新通过化学反应形成新的纤维。纤维仍然可以作为原料循环再生，从而达到无限次循环，实现废纤维资源真正的循环再生利用。该技术的生产原料为废旧聚酯及聚酯纤维制品，产品为循环再利用聚酯纤维，且从源头到末端的设计遵循低能耗、低排放、低污染的原则，尤其是高精度过滤、精制再聚合等工艺过程的实现。这不仅能确保再生品的品质达到原生产品的水平，拓展再生产品的应用领域，而且能实现废旧原料、加工、应用、废弃到再生的全循环，真正构建纺织纤维从"摇篮到摇篮"的多级、多次闭合绿色循环体系。

（2）涤纶织物解聚单体再聚合技术

废旧涤纶纺织品化学法回收得到的再生单体中，DMT纯度最高、质量最稳定，因此DMT酯交换法成为高品质纤维级化学再生聚酯生产的唯一工业化技术路线。但是DMT法需要使用乙酸锰、乙酸钴等酯交换催化剂和三氧化二锑、乙二醇锑等缩聚催化剂，重金属残留量大，随着相关法规和标准对纺织品中重金属种类和含量的严格限定，再生聚酯产品面临严重的环保壁垒。针对DMT法的绿色催化剂的研发工作鲜有报道。钛系催化剂高效环保，但普遍存在催化稳定性差、副反应剧烈等缺点，合成的聚酯（PET）色相差、品质低。东华大学开发的有机无机杂化钛系催化剂具有高效且活性可调的特点，在浙江佳人新材料有限公司DMT法再生PET生产线中试用，成功制备了无锑再生聚酯（添加酯交换乙酸锰催化剂），取得了良好成效，但仍存在聚合工艺不适配和酯交换催化剂带来的重金属含量高等问题，亟须开发绿色高效的兼具酯交换与缩聚催化活性的非重金属催化剂及适配的应用技术。

（3）废旧涤纶织物在再生车用毡基材料中的应用

该技术选择以新纤维和再生纤维结合作为原材料，其中新纤维包括麻纤维和低熔点涤纶短纤，再生纤维为处理后回收涤纶，通过机械梳理成网、气流成网与热风黏合的联合工艺制备再生车用毡基材料。该技术在回收利用废旧涤纶织物制作再生车用毡基材料、减少废纤维资源的同时，采用新旧纤维结合的方式，提高了该毡基材料的柔软性、蓬松度和透湿性，也利于增加用户体验的舒适性和满意度。相比于传统的车用毡基材料（传统纺织、玻纤、橡胶、塑料制品），该材料具有广阔的市场应用前景，有望成为汽车领域的热门材料。

7.4.3 废腈纶资源循环利用与新材料

腈纶纤维主要成分为聚丙烯腈（PAN），在正常的腈纶生产中，其废料（包括废丝、废块、废液等）占总产量的2%～5%。此外，以腈纶为主要原料的其他应用厂家，如人造毛皮厂、地毯厂、毛线厂、毛纺厂等，生产过程中也会产生大量的腈纶废料，由于这些废料不能解聚，不能热压成型，不能做燃料，而将其抛弃无疑会污染环境，因此只能掩埋，但造成废腈纶的浪费。

7.4.3.1 废腈纶的化学处理

废腈纶的化学处理法主要可分为三种：酸法水解、加压水解和碱法水解。例如，酸法水解腈纶纤维的主要成分是聚丙烯腈，其分子中的—CN基易发生水解，可采用硫酸等强酸使之水解。酸法水解时，腈纶中的氰基在硫酸的作用下，首先水解为酰胺基，然后进一步水解为羧基。随着酰胺基水解的加深，反应速度将逐渐加快，出现所谓自催化作用，这是由于邻基—COOH参与亲核进攻形成酸酐结构，而后急速水解的结果。影响酸法水解反应的主要因素有酸的浓度、反应温度和反应时间，若在50%硫酸中反应，温度130℃左右，反应4h，其羧基的比率可达100%。

7.4.3.2 综合应用

腈纶水解产物实质是丙烯酰胺与丙烯酸的无规共聚物，且随着水解程度的不同而不同。如果要得到干燥的水解产物，可把水解产物加入甲醇或乙醇溶液中，静置沉降，可得到黏稠状聚合物，取出后在烘箱中于80℃下干燥即可。该法得到的水解产物易溶解于水，不会有不溶物产生。水解产物可应用于多个领域中。

（1）作为絮凝剂

① 直接用作絮凝剂。将2g腈纶纶丝、50mL水以及16mL 25%氢氧化钠水溶液加热，回流，搅拌2.5~3h，得到浅黄色透明的水解产物，将其用甲醇沉淀出来，烘干即可。该产物可与铅盐配合使用，对某些废水还可以直接用水解液稀释后进行处理。产物对染整、造纸、制革等废水有良好的絮凝效果。

② 合成PAN-DCD絮凝剂。将腈纶废丝（PAN）与双氰双胺（DCD）在N,N-二甲基甲酰胺溶液中充分混合，在碱性条件下，升温到100℃，剧烈搅拌，反应4h后用盐酸中和，水洗，于50℃恒温干燥过夜即可。该絮凝剂单独使用效果强于聚丙烯酰胺，对染料废水最高除色率可达94%，与聚铝复配使用时，效果强于聚丙烯酰胺与聚铝复配使用。产物不仅适用于染料废水处理，也适用于炼油厂废水处理。

（2）制吸水材料

① 与甲醛交联。腈纶废丝10g，与100mL 10%氢氧化钠加热至沸腾并维持反应4h，然后用10%的盐酸将产物调至pH为6~7，再加入交联剂0.5mol/L甲醛溶液1.5mL，于100℃回流进行交联反应2h，交联产物用300mL乙醇沉淀，先于160℃烘2h，再于80℃烘12h，粉碎过筛即可。该吸水剂为乳白色，吸水率（纯水）为500g/g，吸生理盐水率为60g/g，吸水时间为2.5min。

② 与铝盐交联。按氢氧化钠：腈纶丝：水=0.65：1：10的投料比加入腈纶废丝、氢氧化钠和水，搅拌，回流，于95℃下反应8h，将水解产物用1：1盐酸中和至pH=6，然后搅拌下慢慢加入一定量的10% $AlCl_3$ 溶液，使水解产物交联，最后将交联凝胶在真空烘箱中干燥至恒重，得到产物。该吸水剂对去离子水、自来水、0.9%生理盐水和新鲜尿液吸水率分别为530g/g、170g/g、65g/g。

超级吸水性材料是一种含有强吸水性基团的高分子材料，能吸收自身质量几百甚至上千倍的水，因此，可以广泛地应用到石油、化工、轻工、建筑、医药、农业、沙漠治理等领域。将废旧腈纶纤维转化为超级吸水材料是废物增值利用的有效途径。超级吸水材料在国内通常称为高吸水性树脂，大多由丙烯酸类单体、淀粉类物质通过各种聚合、交联、改性等手段生产。用腈纶废丝生产超级吸水材料也有报道，基本上都是将腈纶与碱液（多是氢氧化钠溶液）直接接触反应，反应后进行中和、交联等步骤，最后得到目的产品。

（3）用作油田处理剂

① 采油堵水调剖剂。水解产物经甲醛、苯酚等交联剂交联，可在地层条件下就地

形成凝胶体。如碱水解产物 4%、甲醛 0.4%～0.6%、苯酚 0.4%～0.6%、$CaCl_2$ 0.5%，所形成的堵水剂有较高的强度和表观黏度，是较理想的堵水调剖剂。

② 钻井液处理剂。把 1 份腈纶丝与 0.5 份 NaOH、10 份饱和石灰水混合煮沸，4h 后可得到部分钙盐的水解产物。作为钻井液处理剂，具有降滤失、增黏、防堵及润滑等作用。若将腈纶废料碱性水解后，用强酸中和、沉淀、水洗，然后溶于热水中，用高价金属离子络合、交联，使产物分子量提高到 20 万以上，性能更优，是发展的方向。

(4) 用作黏结剂

① 芯砂黏结剂。水解产物与铸造砂混合可得到优良的砂型料。

② 棉、涤、丙纶等纤维上浆剂。水解产物与橡子粉共混，得到高黏度的浆液，可用于涤、棉经纱上浆，一个近 200 台织机的工厂，使用该浆料后，每年可节约苞米粉 3000kg。

(5) 其他应用

① 黏土质土壤改良剂。水解产物与黏土交联可形成团粒化结构，使土壤成为适度的大颗粒，从而使水的通过性、空气流通性得到改善，其作用数倍于腐殖土，在土壤中加入 0.02%～0.03% 的水解产物可显著促进作物生长。

② 皮革填充剂。水解产物加入适当的改性剂、分子量调节剂等，可合成高分子皮革填充剂，应用于猪、牛正面革的填充，其填充性好、皮革丰满、柔软，能消除松面，又能增进对铬液的吸收，减少铬污染。

7.4.4 废锦纶资源循环利用与新材料

锦纶是第二大合成纤维，用量仅次于涤纶。为了同时提升纺织品的机械强度、亲肤性等多项性能，在锦纶纺织品中往往存在其他种类的纤维与之混纺，例如涤纶、氨纶、棉等；而传统机械法难以实现锦纶混纺织物中各组分的分离。目前主要通过螺杆高温熔融后挤出造粒对锦纶混纺织物的回收利用，所得到的再生产品质量无法保障，多为低档制品，附加值低，大部分用于低端塑料领域，或者作为树脂填料使用；当前锦纶混纺织物回收利用率低，是纺织领域技术发展的瓶颈。

锦纶纤维的价格高昂，从锦纶混纺织物中分离并回收锦纶组分，是解决废旧锦纶纤维混纺织物无法高值化、综合化再利用的有效途径。传统技术利用 N,N-二甲基甲酰胺（DMF）对锦纶的选择性溶解作用，从锦纶/氨纶织物中分离回收锦纶纤维，但是由于 DMF 的毒性及昂贵的溶剂回收费用，该方法仍未能实现商业化应用。

7.4.4.1 物理回收

将回收的尼龙作为混凝土结构材料和混凝土加固材料，这样可以明显改善混凝土的韧性和收缩性能以及混凝土加固材料的强度；也可将尼龙短纤维干燥后使用挤出机熔融造粒，可以与新的尼龙共混制成其他产品。

7.4.4.2 化学回收

纯尼龙 6 的回收可总结为：在碳酸钾或氢氧化钠做催化剂，压力 4.05MPa、温度 270～300℃ 条件下真空解聚，可以得到回收率 80% 的高纯度己内酰胺。尼龙 66 解聚回收单体的工艺可以归纳为：在盐酸/硫酸/硝酸的催化下，将尼龙 66 分解为单体，冷却后，解聚液结晶得到粗己二酸，重结晶得到纯度大于 99.5% 的精制己二酸，剩余的液体为相应的盐酸盐/硫酸盐/硝酸盐己二胺，其中，盐酸盐/硝酸盐己二胺用芳烃/醇混合溶剂萃取，减压蒸馏到纯度达到99.7%的己二胺，而硫酸盐己二胺则用强碱中和至pH大于12，从水中游离出的己二胺在真空脱水浓缩后减压蒸馏得到纯度高达99.7%的己二胺。对尼龙6和尼龙66的共混物或共聚物的回收可以参照美国DuPont公司的氨解工艺。此工艺采用氨气和磷酸盐为催化剂，在330℃和7MPa压力下解聚，再经过蒸馏和精馏得到单体己内酰胺、己二胺，反应中产生的副产物氨基己腈、己二腈等可以在精馏后用于其他产品制作。

7.5 废涂料资源循环利用与新材料

7.5.1 废涂料资源分类回收及其危害

人们平常所说的油漆只是涂料的一种，指涂布于物体表面在一定的条件下能形成薄膜而起保护、装饰或其他特殊功能（绝缘、防锈、防霉、耐热等）的一类液体或固体材料。因早期的涂料以植物油为主要原料，故又称作油漆。现在合成树脂已取代了植物油，故称为涂料，涂料并非液态，粉末涂料是涂料品种一大类。

在涂料的生产过程中，由于涂料的品种多、分类贮存管理难度大、回用时质量不易控制等原因，涂料用溶剂一直按照行业的传统方法进行回收，即研磨工序中漆浆细度合格后，将冲洗研磨机、中转罐等的部分溶剂，以及涂料包装后刷盆、刷罐的溶剂都直接集中到指定的大桶中，进行蒸馏回收。实际蒸馏回收溶剂率约60%，回收溶剂大多用作低档涂料的稀释剂，其余约40%渣液只能用于生产各种低附加值的腻子。虽然蒸馏回收溶剂方法简单，但很大程度上浪费了能源，且回收溶剂只能回用于附加值低、产品质量要求不高的涂料产品中。

废漆种类：喷漆生产中产生的废油漆有黏稠状、半干状及固体状，就其所受的污染程度分为三类：A类是落到地面上、墙壁上、塑料薄膜上及不含化学药品的水里，这类废漆经处理再制后，其性能与原漆接近，属一等品回收漆。B类是落到皂化水中的废漆，浸泡时间在一周以内，其油漆结构未被破坏，经技术处理、加工再制后的再生漆性能仅次于A类，属于二等品回收漆。C类是落到含强力破坏性的化学药品的水里，由于长时间的浸泡，这类油漆结构被破坏，不能回收利用。

在工业生产中，大多数工业产品如电视机、电冰箱、洗衣机及各种小家电等都要对表面进行喷涂处理，以起到保护和装饰等作用。喷涂工艺一般是在喷涂房内将涂料用喷枪喷涂在被处理物体的表面，形成一涂层，使物体表面变得平整光滑，并按人们的意愿体现出色彩的变化。工业涂料的品种繁多，其中电视机壳喷涂用的涂料的主要成分是丙烯酸树脂。现有喷涂工艺中，物料支架都是放在水槽外部，喷涂过程中部分涂料落入水槽中，与水槽中的水混合，一部分随水一起排出，一部分则沉淀于槽底。另一部分涂料分子则在水槽外飞扬，既造成了涂料的浪费，又污染了环境。涂料里的有毒物质和其他装修用材（人造板材、天然石材等）所释放的有毒气体和放射物，一起构成室内空气污染。

汽车工业中，废漆渣和废涂料一般占整车企业危险废物排放总量的30%以上。汽车涂料废物（涂装漆渣）是指涂装车间喷漆、流平和烘干等工序中产生有机废气及过喷漆雾在循环水系统中经絮凝作用下所形成的废渣，其成分取决于所用油漆类别、喷涂及循环水系统处理工艺，主要由树脂、溶剂、颜料和添加剂组成，从而引入重金属、有机物等污染物，其中溶剂一般为沸点在250℃以下的脂肪烃、芳香烃（苯类）、醇醚类、酯类、酮类等挥发性有机物（VOC）和水（水性漆）。

7.5.2 废溶剂型涂料资源循环利用与新材料

溶剂型涂料是以有机溶剂为分散介质而制得的涂料。虽然溶剂型涂料存在污染环境、浪费能源以及成本高等问题，但溶剂型涂料仍有一定的应用范围，还有其自身明显的优势。涂料溶剂主要包括三大类产品：第一类是烃类溶剂，根据不同沸点进行分级；第二类也是应用最为广泛、最为主流的一类，是含氧溶剂类；第三类则是最为独特的溶剂——水。

一种废溶剂油再生利用的方法步骤如下：①粗过滤：废溶剂油进入粗过滤装置中过滤掉大颗粒物质。②精过滤：粗过滤后的废溶剂油进入精过滤装置，在精过滤装置中将小颗粒物质过滤掉。③预热处理：在预热装置中预热至设定温度。④主反应处理：预热后的废溶剂油进入主反应器。⑤副反应处理：在主反应器中未反应完全的黏稠状物料再进入副反应器。⑥产品实现：回收二甲苯与乙酸丁酯的混合溶剂，通过添加缺失的成分制备成溶剂型涂料清洗剂再回用至涂料体系；该法较焚烧法而言，不会带来二次污染，较减压蒸馏而言，能耗更低，更有回收价值，真正做到废弃物的减量化、无害化、资源化。流程图如图7-12所示。

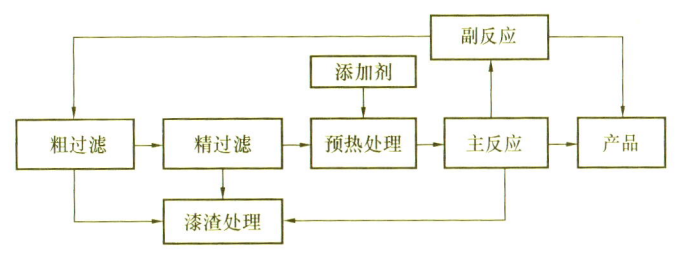

图7-12 废溶剂油再生利用流程

7.5.3 其他废涂料资源循环利用与新材料

在工业生产中，大多数工业产品如铝型材、家电、汽车、摩托车等要进行表面粉末喷涂处理，以起到保护和装饰等作用。金属型粉末涂料是一种特殊的粉末涂料，最大的特点就是以金属微粒作为颜料的一部分，而颜料是影响表面平整度、外观颜色等的重要因素之一，树脂、固化剂等为成膜物质，通过机械搅拌混合而成，其各组分含量会对涂膜的颜色、流平性、缩孔及溶解性能产生极大的影响。

在静电粉末喷涂作业中，由于金属颜料与树脂、填料等介电常数不同，导致粉末涂料在喷涂到工件上时各成分沉积附着不同，并且由于金属粉末涂料中金属粉的相对密度较高，其微粒均一性差，在喷涂时，不同粒径涂料微粒被工件吸附也不同。为了减小浪费，可以将未被工件吸附的涂料（回收粉）收集起来再次使用，但由于回收粉中金属成

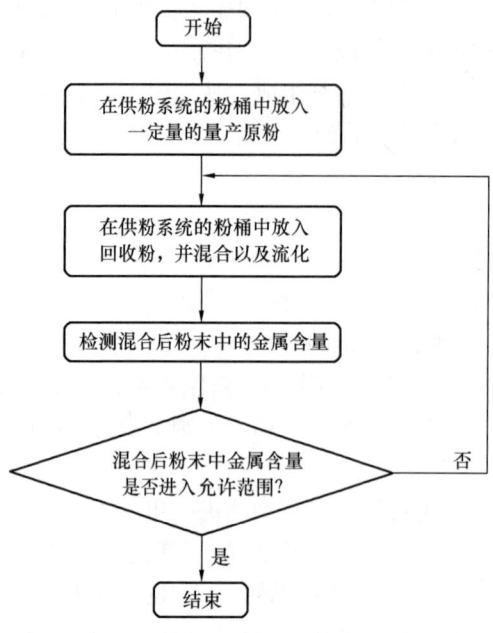

图 7-13 金属粉末涂料回收再利用方法的流程

分的含量与原粉不同，不管是单独使用回收粉还是将这些回收粉重新与原粉混合后使用，都将导致喷涂出来的产品颜色或流平性与直接使用原粉产生变化，从而导致同一批工件喷涂出来的效果不一致。为了保证喷涂质量，有的生产厂家只使用原粉而不用回收粉，这样通常会有接近30%的原粉浪费。如果被喷涂件结构复杂，则浪费比例可达50%以上。也有的厂家通过固定回收粉与原粉的混合比例大致保证金属粉末涂料中金属粉的含量，但对原粉和回收粉中金属粉的含量一致性有较高要求，而且当原料粉或回收粉中金属粉含量波动时，易导致喷涂质量波动。

一种金属粉末涂料回收的再利用方法的流程如图7-13所示。在供粉系统的粉桶中放入一定量的量产原粉；在供粉系统的粉桶中放入回收粉，并混合以及流化。该方法能够在保证质量稳定的前提下使回收的金属粉末可以重复利用，解决了现有技术对原粉和回收粉中金属含量准确性要求高的问题，而且当回收粉成分波动时，不会导致喷涂质量波动。

7.6 其他有机化工资源循环利用与新材料

使用不同再生方法，沥青旧料利用率有很大的差别。冷再生技术只是将价格高昂的沥青混合料进行普通利用，当成为"黑集料"时，并非真正的沥青再生。沥青路面再生的定义应为将旧沥青路面的沥青混合料进行处理和加工，使其能够达到沥青标准混合料技术要求，并且重新摊铺成新沥青路面。此处的再生包含三重要素，即沥青、沥青混合料和沥青路面的再生。沥青的再生是沥青路面再生的首要条件，然后才是旧沥青混合料的再生，最后将之铺设成为路面。旧沥青无法单独分离，只能在旧沥青混合料的再生过程中完成沥青再生。

作为沥青老化的逆过程，沥青的再生也就是沥青路面的再生，理论上总结为以下两点：第一，以需要的黏度范围为指标，将旧沥青材料的黏度适当调低；第二，减弱旧沥青的非牛顿特性，这通过调整旧沥青材料的流变性来实现。作为一种低饱和酚、低黏度的矿物油料，再生剂黏度范围为 0.1～20Pa·s，它的作用就是分散沥青质、溶解旧沥青质，改变沥青的流变性，降低沥青的非牛顿特性。测定旧沥青混合材料中沥青性能、沥青含量以及矿颗粒级配，进一步确定需要重新添加的旧料和新集料的掺和比例，达成合理的级配水平。

厂拌热再生应用的工艺就是先铣刨旧沥青混凝土路面，并运回工厂进行破碎，再参照旧料中的沥青老化程度、沥青含量、碎石级配等指标，掺加相应数量的沥青、新集料和再生剂，使其碎石级配和油石化能够满足设计的要求。根据规范规定的各项指标对沥青混合料进行加热拌和，以新建立路面施工方法为参照依据进行重新铺筑。该方法能够补强一些已被翻挖的路基和基层。沥青层重铺需要按照不同的上面层、中面层、下面层技术要求设计配合比，从而进一步确定旧沥青回收料的掺加比例。厂拌热再生的沥青混凝土性能完全能够超过普通热拌沥青混凝土，适应性较好。无论原有路面混合料设计中问题的改进，还是路面外观的修复和改善，或是作为路面高程受限时的修复方案，厂拌热再生都有广泛的用途。厂拌热再生设备投入少，回收料循环利用比例高。

与传统维修方法和道路施工方法相比，今后沥青路面养护大中修和公路建设将出现一种全新的理念，这就是废弃材料的应用。这种应用在同等质量前提下，更具备方便、环保、延长道路使用寿命和开放交通早等优势，大大减小公路养护对环境造成的污染，也降低了工程成本，值得大力推广。

7.7 油页岩矿产资源循环利用与新材料

7.7.1 油页岩矿产资源储量和分布

油页岩是一种含固体有机质于无机矿物骨架内的沉积岩。不同地区油页岩形成条件不一，其有机质含量也存在差别，一般有机质质量少于35%。在隔绝空气或在惰性气体条件下，加热有机质会逐渐裂解成页岩油。油页岩是我国一种重要的替代能源，同时具有可供综合利用的潜在用途。世界约达90%的油页岩资源储量集中在美国、俄罗斯和中国。我国油页岩资源储量丰富，资源储量达7199.37亿t，折算成页岩油资源为476.44亿t，主要分布在我国东部、中部和青藏地区，资源量分别占全国资源总量的48%、22%和17%，我国西部和南方的资源量相对较少。目前，我国石油对外依存度较高。若油页岩资源得以充分、合理的开发利用，必将为我国能源及相关产业增加充沛的新鲜血液。

7.7.2 油页岩资源综合利用及提取石油技术

经过十多年的优化发展，目前的油页岩提取石油工艺，综合考虑了有机质裂解特性、余热回收，以及产生的瓦斯安全性分析等因素，进一步提升了能源利用水平，更加高效、安全、环保。目前的气体热载体干馏工艺是最成熟的油页岩炼油技术。这项工艺以油页岩的干馏瓦斯气作为热载体，生产调度灵活，原料适应性好。其核心设备为集预热、干馏、气化及冷却为一体的立式方形炉，物料采用移动床形式均匀进料，炉内根据物料阻力设计成垂直薄料层，引导气体横通折返，并通过双侧输进高温循环气体实现强化干馏。

7.7.3 油页岩渣综合利用制备建材技术

油页岩渣是油页岩干馏或燃烧后所剩产物。一座年加工500万t油页岩的干馏厂，每年能产生近300万t的油页岩渣。油页岩渣主要含有SiO_2和Al_2O_3，还有少量的Fe_2O_3、CaO和MgO等，其化学成分与黏土相似，使其在水泥等建筑材料领域具有广泛应用前景。

我国作为人口大国，每年水泥的用量超过 20 亿 t。油页岩渣除了在水泥中得到应用，还广泛应用于许多建筑工程中，包括混凝土、混凝土黏合剂、地质聚合物黏合剂和沥青黏合修饰剂等。油页岩渣具备轻质、多孔和高活性等特点，当作为制备墙体砖的原材料时，不仅会提高墙体砖的保温、加固等性能，也能大幅降低制砖成本。人们以油页岩渣为主要原料，以水泥、生石灰及激发剂为辅料，制备了油页岩渣砖。以油页岩渣为主要填料，将树脂、固化剂、促进剂与填料按一定比例混合，均匀倒入模具，后经过振动脱泡、成型、固化、脱模、修饰等工艺步骤，制得人工大理石，为油页岩渣的处理提供了新的方法和方向。微晶玻璃是通过控制玻璃的核化和晶化温度而得到的，具有玻璃和陶瓷的双重特性，比陶瓷的透明度高，比玻璃的韧性强。

7.7.4　油页岩渣制备其他材料技术

利用油页岩渣的成分特性，制备氧化铝和白炭黑是其重要的综合利用途径。以油页岩渣为原料，采用酸浸-微湿气体法制备 γ-Al_2O_3，氧化铝提取率达到 95%。油页岩渣也可作为土壤改良剂的新材料。常年使用化肥的土壤，往往产生次生的土壤盐渍化、盐碱化和酸化。以油页岩渣为主原料，通过添加特定辅料，经水淬、堆沤、调酸碱等工艺，制成保水、改土新材料，具供肥、保肥、保水、改土等功能，可用于土壤改良、土地复垦、中低产田改造等。油页岩渣作为重金属吸附材料，在废水处理方面也有应用价值。以油页岩渣为原料，经酸碱改性，得到吸附剂，用于处理 Pb^{2+} 废水。对油页岩渣采用碱熔—水热工艺，合成 P 型沸石。人们通过采用碱熔融-水热合成 P、X 型沸石，该沸石对以亚甲基蓝为代表的有机污染物具有较好的吸附去除效果。

约旦长期面临能源短缺，能源对外依存度超过 90%。从 2020 年开始，该国能源短缺得到大大缓解。这种转变开始于约旦参加"一带一路"建设。中国企业深度参与的阿塔拉特油页岩电站项目，让该国位列世界第四的油页岩储量得到有效利用。约旦油页岩探明储量约 700 亿 t。然而，受技术和资金限制，其油页岩的勘探、开发和利用未有进展。2015 年在中国的参与下，电站建设取得实质性进展，并于 2020 年建成全球最大的油页岩电站。据测算，电站年供电量可达 37 亿 kW·h，满足约旦 10%～15% 的用电需求。中国企业带来的不仅是解燃眉之急的资金，还有处于世界前沿的技术和先进管理经验。

思政小结

随着经济发展，资源环境问题日趋突出，为应对全球气候变化和适应产业绿色发展的国际趋势，结合我国面临的资源环境巨大压力，循环利用资源和发展循环经济将是转变我国经济发展方式和建设资源节约型社会的重要支撑。随着石油化工和下游合成塑料橡胶纤维加工业的迅速发展，废弃的塑料橡胶纤维制品量急剧增加。合成塑料橡胶纤维的原料主要来自不可再生的石油天然气，塑料橡胶纤维的再生利用就是在节约石油。因此对废弃塑料橡胶纤维的再生循环利用，对减小环境污染、节约自然资源有着极为深远的意义和价值。废弃塑料橡胶纤维再生循环利用行业的发展将为我国解决污染及发展循环经济、绿色节能经济做出巨大的贡献。在目前"双碳"目标下,以发展石油天然气能源矿产循环利用的产业、行业将迎来新的历史发展机遇。

思 考 题

(1) 举例说明废旧塑料的循环利用原理和用途。

(2) 举例说明废旧橡胶的循环利用原理和用途。

(3) 举例说明废旧纤维的循环利用原理和工艺。

(4) 油页岩燃烧发电的难点是什么?

参考文献

[1] 顾真安,同继锋,崔源声,等.建材非金属矿产资源强国战略研究[J].中国工程科学,2019,21(1):104-112.

[2] 李剑,朱洋扬,刘勇强,等.我国固体矿产资源储量分类与CRIRSCO分类定义术语对比[J].中国矿业,2020,29(2):11-15.

[3] 李伟锋.我国矿产资源储量家底究竟怎样[N].地质勘察导报,2017-09-01.

[4] 唐凤.全国矿产资源储量"大调查"[J].科学新闻,2012(2):17-21.

[5] 傅雷,仲冰.中国矿产资源现状与思考[J].资源与产业,2008(1):83-86.

[6] 黄凡,王登红,王岩,等.《中国矿产地质志》阶段性研编进展(2018—2021年)[J].中国地质调查,2022,9(2):1-14.

[7] 王岩,王登红,黄凡.中国矿产地质志中国矿产地分省图集(2020)[M].北京:地质出版社,2020.

[8] 马海泉.世界上10种主要矿产资源的分布[J].西部资源,2014(4):66.

[9] 鞠建华."双碳"目标背景下矿业发展新机遇与实现路径[J].中国矿业,2022,31(1):1-5.

[10] 王方里,沈铭成.浅析数字化矿山建设意义及关键技术[J].中国金属通报,2020(13):65-66.

[11] 安海忠,李华姣.战略性矿产资源全产业链理论和研究前沿[J].资源与产业,2022,24(1):8-14.

[12] 陈骥,吴登定,雷涯邻,等.全球天然气资源现状与利用趋势[J].矿产保护与利用,2019,39(5):118-125.

[13] 刘文宝,张昊,刘文刚,等.铁矿废石综合利用研究进展[J].矿产保护与利用,2021,41(3):118-125.

[14] 张凤霞,张志刚,燕菲.贵金属回收技术综述[J].节能与环保,2010(10):37-38.

[15] 宋磊,周少珍.铜尾矿中铜矿物综合回收影响因素分析[J].中国矿业,2014,23(S1):178-180.

[16] 张丽军,梁友伟.某选铜尾矿中回收重晶石浮选试验研究[J].矿产综合利用,2017(4):98-101.

[17] 张彪,姜春志.铜尾矿资源综合利用及研究进展[J].世界有色金属,2019(18):125-126.

[18] 田键,鲁锋,陈坤,等.铜尾矿与陶瓷抛光泥复合蒸压加气混凝土的制备及其性能研究[J].环境工程,2020,38(1):157-161.

[19] 李萍,唐小刚.我国石英尾矿的研究现状[J].科技与企业,2012(16):161-162.

[20] 王威,柳林,曹耀华,等.从某钾长石尾矿中提取稀土和铌工艺研究[J].有色金属(冶炼部分),2020(6):43-47.

[21] 姚博宇,柯国军.天然沸石在混凝土中的应用研究评述[J].山西建筑,2022,48(10):82-87,96.

[22] 辽宁科技大学.用菱镁矿尾矿和滑石尾矿合成高纯镁橄榄石的方法:CN201110159148.6[P].2011-12-28.

[23] 梁玉,吴思媛,姚宇奇,等.白云母/纳米TiO_2复合光催化剂的制备及性能研究[J].沈阳化工大学学报,2021,35(2):152-160.

[24] 武慧，孙春意，杨凤林，等. 莫来石负载碳纳米管复合膜的制备及膜蒸馏性能研究[J]. 膜科学与技术，2021，41(5)：35-42.

[25] 崔奎，胡应模. 电气石功能复合材料研究进展[J]. 化工新型材料，2021，49(S1)：30-34.

[26] 陈远其，张煜，陈国梁. 石灰对土壤重金属污染修复研究进展[J]. 生态环境学报，2016，25(8)：1419-1424.

[27] 王少阳，祁欣，罗旭东，等. 白云石的应用进展[J]. 耐火材料，2022，56(1)：88-92.

[28] 滕吉文，乔勇虎，宋鹏汉. 我国煤炭需求、探查潜力与高效利用分析[J]. 地球物理学报，2016，59(12)：4633-4653.

[29] 杨方亮，许红娜. "十四五"煤炭行业生态环境保护与资源综合利用发展路径分析[J]. 中国煤炭，2021，47(5)：73-82.

[30] 洪达峰. 铁矿石中铁含量的测定分析、探讨与创新[J]. 地球，2013(10)：98-100.

[31] 郎丰双. 磁铁矿[J]. 宝藏，2015(9)：65-68.

[32] 刁玉东，宋美玲. 赤铁矿选矿工艺流程研究[J]. 中国化工贸易，2015(14)：105-106.

[33] 糇明亮，孙阳. 陕西某镜铁矿选矿工艺技术研究[J]. 矿产综合利用，2014(1)：49-51.

[34] 秦彩霞，秦丽娜. 国外某高铝赤褐铁矿选矿试验研究[J]. 矿冶工程，2017(6)：57-59.

[35] 莫峰，黎洁，谢贤. 钛铁矿浮选研究概述[J]. 云南冶金，2019，48(3)：40-44.

[36] 王学萍. 当代高炉炼铁技术若干问题的探索与思考[J]. 甘肃科技，2020，36(5)：50-51.

[37] 张超，岑方杰，肖文荣. 铁电陶瓷的电卡效应及其应用[J]. 硅酸盐学报，2022，50(3)：642-660.

[38] GAO M，GE W，LI X，et al. Enhanced Dielectric and Energy Storage Properties in Fe-Doped BCZT Ferroelectric Ceramics[J]. Physica Status Solidi (a)，2020，217(16)：2000253.

[39] 黄艳伟，陆伟豪. 锆钛酸钡陶瓷的Fe掺杂改性与电学性能研究[J]. 传感器与微系统，2022，41(1)：50-53.

[40] 张鹏杰，高峰，孙威. Fe含量对Ca-La-Co联合取代M型锶铁氧体性能的影响[J]. 磁性材料及器件，2021，52(2)：61-64.

[41] 宋桂林，方松科，童金山. 多铁材料SmFe$_{1-x}$Cr$_x$O$_3$陶瓷的介电特性及磁相变的研究[J]. 功能材料，2019，50(6)：66-74.

[42] 冀彬，王为. Fe基软磁性薄膜的电化学合成研究进展[J]. 表面技术，2021，50(4)：151-158.

[43] 罗露林，张洁，羊新胜. 氩气退火时间对Fe(Se，Te)薄膜的性能影响研究[J]. 人工晶体学报，2022，51(4)：660-665.

[44] 吴深，潘胜利，刘建秀. Fe-硅酮树脂软磁复合材料的成形工艺与磁性能研究[J]. 热加工工艺，2018，47(18)：96-98.

[45] 曾威，王佳营，李俊建. 华北地区铝土矿成矿规律概要[J]. 华北地质，2021，44(3)：25-32.

[46] 张海坤，胡鹏，姜军胜. 铝土矿分布特点、主要类型与勘察开发现状[J]. 中国地质，2021，(1)：68-81.

[47] 杜远生，余文超. 沉积型铝土矿的陆表淋滤成矿作用：兼论铝土矿床的成因分类[J]. 古地理学报，2020，22(5)：812-826.

[48] 池清泉，金星，戎慧. 国内外铝土矿拜耳法工艺中石灰综合添加量分析[J]. 冶金管理，2021，(15)：20-22.

[49] ZHANG Y H，CHEN W，LV G C，et al. Adsorption of polyvinyl alcohol from wastewater by sintered porous red mud. Water Science and Technology，2012，65(11)：2055-2060.

[50] 张以河，张安振，甄志超. 一种赤泥填充的抗菌塑料母料及其复合材料：ZL200910157204.5[P]. 2009-07-02.

[51] ZHANG Y H, ZHANG A Z, ZHEN Z C, et al. Red mud/ polypropylene composite with mechanical and thermal properties[J]. Journal of Composite Materials, 2011, 45(26): 2811-2816.
[52] 孟智广. 从铜阳极泥中提取金银的研究[D]. 昆明: 昆明理工大学, 2013.
[53] 安红武. 电积金泥中金银的综合回收[J]. 新疆有色金属, 2011(2): 2.
[54] 杜康, 王军强, 曹海龙, 等. 航空航天用铝锂合金研究进展及发展趋势[J]. 铝加工, 2022(2): 3-9.
[55] 张文毓. 锂产业技术经济综合分析[J]. 金属世界, 2010(1): 64-67+71.
[56] 周文, 孙志强, 刘华伟, 等. 铅锌尾矿综合利用中的合理用能诊断[J]. 金属材料与冶金工程, 2011, 39(2): 25-28.
[57] 陈玲玲, 韩俊伟, 覃文庆, 等. 铅锌冶炼渣综合利用研究进展[J]. 矿产保护与利用, 2021, 41(3): 49-55.
[58] 刘少军, 刘畅, 戴瑜. 深海采矿装备研发的现状与进展[J]. 机械工程学报, 2014, 50(2): 8-18.
[59] 张永康, 任少峰, 刘金海. 贵州某低品位高硫铝土矿拜耳法溶出试验研究[J]. 矿产保护与利用, 2015, (6): 35-39.
[60] 吕吉敏, 章潇慧, 熊定邦. 超高导电铜基材料的研究现状与展望[J]. 中国材料进展, 2018, 37(6): 453-462.
[61] 李周, 肖柱, 姜雁斌. 高强导电铜合金的成分设计、相变与制备[J]. 中国有色金属学报, 2019, 29(9): 2009-2049.
[62] 刘佳, 郭子豪, 李皓琪. 铜材料应用现状及发展建议[J]. 科技创新与应用, 2022, 12(16): 140-143.
[63] 许玮, 李炳宏, 贾妍. 碳纳米管增强铜基复合材料的拉伸性能[J]. 西安工程大学学报, 2017, 31(4): 533-536.
[64] 兰志强, 蓝卓越. 铜尾矿资源综合利用研究进展[J]. 矿产保护与利用, 2015(5): 51-56.
[65] 阙绍娟, 陆智, 吴福初. 广西某选铜尾矿铁铜硫锡综合回收选矿试验[J]. 有色金属(部分), 2015(6): 17-21, 49.
[66] 聂琦蔚, 阮华东. 江西某铜矿铜硫分离浮选试验研究[J]. 矿业研究与开发, 2019, 39(3): 29-32.
[67] 乔晓磊, 金燕. 金属镁冶炼还原渣脱硫性能的实验研究[J]. 科技情报开发与经济, 2007(7): 185-187.
[68] XIA D H, REN L, CHEN L Z. Study of Ca-Mg-S-Si fertilizer produced by magnesium slag[C]. 2011 International Conference on Energy, Environment and Sustainable Development, 2011: 166-3170.
[69] 张翼, 李有新, 朵兴茂. 镁合金废料的回收与再生分析[J]. 科技与创新, 2015(15): 126.
[70] 孟兆磊. 我国天然石墨行业可持续发展问题研究[D]. 北京: 北京科技大学, 2021.
[71] 王国平, 张伯兰, 瞿美臻, 等. 改性球形天然石墨锂离子电池负极材料的研究[J]. 合成化学, 2005, 03: 249-253.
[72] GEIM A K. Random walk to graphene (Nobel lecture)[J]. Angewandte Chemie International, Edition., 2011, 50(31): 6966-6985.
[73] 张以河, 王新珂, 张娜, 等. 一种石墨尾矿复合材料及其制备方法: CN109575443A [P]. 2019-04-05.
[74] 白云峰, 孟欣, 秦杰, 等. 我国硅藻土产业发展前景及对策建议[J]. 居业, 2018(9): 2.
[75] 于智慧. 以硅藻土为原料合成介孔材料及吸附性能研究[D]. 大连: 大连理工大学, 2016.

[76] 李忠水,刘小楼,吴彦岭. 我国硅藻土矿新应用及资源保障对策[J]. 中国非金属矿工业导刊, 2013(5):4.

[77] 丁瑞,金希,刘国杰. 我国硅藻土矿产资源特征及供需形势分析[J]. 吉林地质, 2021(4):040.

[78] 李敬,高永璋,张浩. 中国萤石资源现状及可持续发展对策[J]. 中国矿业, 2017, 26(10):8.

[79] 赵鹏,郑厚义,张新,等. 中国萤石产业资源现状及发展建议[J]. 化工矿产地质, 2020, 42(2):6.

[80] 陈石义,张寿庭. 我国氟化工产业中萤石资源利用现状与产业发展对策[J]. 资源与产业, 2013, 15(2):5.

[81] 刘佳囡. 钾长石高附加值绿色化综合利用的研究[D]. 沈阳:东北大学, 2016.

[82] 马鸿文,杨静,张盼,等. 中国富钾正长岩资源与水热碱法制取钾盐反应原理[J]. 地学前缘, 2018, 25(5):9.

[83] FRIZZO R G, ZACCARON A, NANDI V, et al. Pyroplasticity on porcelain tiles of the albite-potassium feldspar-kaolin system: A mixture design analysis[J]. Journal of Building Engineering, 2020, 31:101432.

[84] 胡佩伟,杨华明,胡岳华,等. 重晶石矿物材料的制备技术与应用进展[J]. 材料导报, 2008, 22(C2):191.

[85] 刘秋颖,屈云燕,韩贝贝. 世界重晶石资源供需形势分析[J]. 国土资源情报, 2020, (10):110-114.

[86] 王庆伟,张元元. 中国重晶石矿产现状及可持续发展对策研究[J]. 现代化工, 2014, (12):5-7.

[87] 秦雅静,朱德山. 我国水镁石矿资源利用现状及展望[J]. 中国非金属矿工业导刊, 2014 (6):1-3.

[88] 肖丽聪,代淑娟. 我国菱镁矿现状及选矿方法的介绍[J]. 有色矿冶, 2017, 33(1):29-31.

[89] 陈肇友,李红霞. 镁资源的综合利用及镁质耐火材料的发展[J]. 耐火材料, 2005, 39(1):6-15.

[90] SINGH I, HAY R, CELIK K. Recovery and direct carbonation of brucite from desalination reject brine for use as a construction material[J]. Cement and Concrete Research, 2022, 152:106673.

[91] 葛新亚. 建筑装饰材料[M]. 武汉:武汉理工大学出版社, 2004.

[92] 向才旺. 新型建筑装饰材料使用手册[M]. 北京:中国建筑工业出版社, 2001.

[93] 罗东山,彭同江,孙红娟,等. 大理石尾矿碳化法制备文石晶须及其形貌分析[J]. 矿产保护与利用, 2019, 39(4):60-65.

[94] 洪大卫,王涛,童英. 中国花岗岩概述[J]. 地质评论, 2007, 53(增刊):9-16.

[95] 刘坤,陈泳霖,黄丹峰,等. 河南南召神仙崖饰面花岗岩矿床地质特征及加工性能浅析[J]. 中国非金属矿业导刊, 2021, (6):19-23, 40.

[96] 赵亮亮,刘雷,吴亮. 花岗岩类分类方案及其在造山带地质填图中的局限性[J]. 西部探矿工程, 2015, 27(2):106-107, 110.

[97] 孙佳雯. 深埋隧洞围岩中花岗岩矿物组成与其断裂性能与强度的相关性研究[D]. 西安:西安建筑科技大学, 2021.

[98] 丁宝明,张蕾,刘嘉麒. 中国玄武岩纤维材料产业的发展态势[J]. 中国矿业, 2019, 28(10):5.

[99] 霍泳霖,霍冀川,张行泉,等. 玄武岩的开发利用进展[J]. 材料导报, 2022, 36(6):11.

[100] 金白云,黄允金,陈丽萍,等. 玄武岩尾矿炭化营养土的生产方法:CN104987226A[P]. 2015-10-21.

[101] 周园,李丽娟,吴志坚,等. 青海盐湖资源开发及综合利用[J]. 化学进展, 2013, 25(10):1613-1624.

[102] 郑绵平,侯献华. 青海盐湖资源综合利用与可持续发展战略[J]. 科技导报, 2017, 35(12):

11-13.

[103] 郑绵平,张永生,刘喜方,等. 中国盐湖科学技术研究的若干进展与展望[J]. 地质学报,2016,90(9):44.

[104] 程芳琴,成怀刚,崔香梅. 中国盐湖资源的开发历程及现状[J]. 无机盐工业,2011,43(7):1-4,12.

[105] 李维,高辉,罗英杰,等. 国内外磷矿资源利用现状、趋势分析及对策建议[J]. 中国矿业,2015,000(6):6-10.

[106] 薛珂,张润宇. 中国磷矿资源分布及其成矿特征研究进展[J]. 矿物学报,2019,39(1):7-14.

[107] 张亚明,李文超,王海军. 我国磷矿资源开发利用现状[J]. 化工矿物与加工,2020(6):43-46.

[108] 汉军. 磷尾矿综合利用研究[D]. 武汉:武汉工程大学,2015.

[109] 高惠民,张凌燕,管俊芳,等. 石墨、石英、萤石选矿提纯技术进展[J]. 金属矿山,2020,(10):58-69.

[110] 颜玲亚,刘艳飞,于海军,等. 中国高纯石英资源开发利用现状及供需形势[J]. 国土资源情报,2020,(10):98-103.

[111] 欧阳静,陈广,梁力行,等. 石英矿物资源的提纯及在战略性新兴产业中的应用技术分析[J]. 矿产保护与利用,2021,41(6):35-45.

[112] 余丽秀,孙亚光,赵留喜. 高附加值膨润土深加工及应用研究[J]. 中国矿业,2010,19(10):97-100.

[113] QIAN T, LI J, DENG Y. Pore structure modified diatomite-supported PEG composites for thermal energy storage [J]. Scientific reports,2016,6:32392.

[114] BUMBUDSANPHAROKE N, LEE W, CHOI J C, et al. Influence of Montmorillonite Nanoclay Content on the Optical, Thermal, Mechanical, and Barrier Properties of Low-density Polyethylene [J]. Clays and Clay Minerals,2017,65(6):387-397.

[115] 朱润良,曾淳,周青,等. 改性蒙脱石及其污染控制研究进展[J]. 矿物岩石地球化学通报,2017,36(5):697-705.

[116] 林小琴,王钺博,朱建喜,等. 酸化蒙脱石对挥发性有机物的吸附研究[J]. 矿物学报,2015,35(3):281-7.

[117] 余丽秀. 我国坡缕石粘土资源分布与特征研究[J]. 中国非金属矿工业导刊,2014,(6):3.

[118] 吕国诚,廖立兵,饶文秀. 凹凸棒石的资源及应用研究进展[J]. 矿产保护与利用,2019,39(6),9.

[119] ZHANG Z, GUI W, WEI J, et al. Functionalized Attapulgite for the Adsorption of Methylene Blue: Synthesis, Characterization, and Adsorption Mechanism[J]. ACS Omega,2021.

[120] MAO X, DUAN Y, WANG C. Mechanistic Understanding of the Adsorption Behavior of Metal Lead Ions by Attapulgite-Induced Porous Nanocomposite Hydrogels[J]. Journal of Chemical & Engineering Data,2018,63(11):4241-4247.

[121] 陈馨,蔺海明. 凹凸棒石新型材料必将在现代生态农业中发挥重要作用[J]. 甘肃农业,2019(8):4.

[122] 卢承龙,苟晓琴,韩海生,等. 天然铝硅酸盐矿物对氟离子的吸附性能研究[J]. 矿产保护与利用,2020,40(1):28-36.

[123] 刘钦甫,李晓光,郭鹏,等. 高岭石-烷基胺插层复合物的制备与纳米卷的形成[J]. 硅酸盐学报,2014,42(8):1064-1069.

[124] 刘杰,曹亦俊,李晓恒,等. 溶液环境对高岭石分散行为的影响[J]. 矿产保护与利用,2017(4):35-39.

[125] 董峰,郝洪顺,崔文亮,等. 陶瓷工业固体废弃物的回收再利用[J]. 硅酸盐通报, 2006, 25(3): 124-127.

[126] KE S, CHEN C, FU N, et al. Transparent Indium Tin Oxide electrodes on muscovite mica for high-temperature-processed flexible optoelectronic devices[J]. ACS Applied Materials & Interfaces, 2016, 8(42): 28406-28411.

[127] 钟盛文,匡敬忠,叶雪均,等. 珠光颜料的研究方法与新进展[J]. 中国钨业, 2001(4): 33-36.

[128] WANG X, TONG W, LI Y. Mica-based triboelectric nanogenerators for energy harvesting[J]. Applied Clay Science, 2021, 205: 106330.

[129] 凌辉,沈上越,范力仁,等. 伊利石/聚丙烯酸钠-丙烯酰胺高吸水复合材料的表征及释钾性能[J]. 高分子材料科学与工程, 2018: 132-135.

[130] 李娜,王凡,赵恒,等. 伊利石矿物的主要应用领域述评[J]. 中国非金属矿工业导刊, 2012: 32-36.

[131] OH H, LEE J S, LEE H S, et al. A Novel Polyvinylpyrrolidone-Stabilized Illite Microparticle with Enhanced Antioxidant and Antibacterial Effect[J]. Polymers, 2021, 13: 12.

[132] FU L X, GUO Y, ZHANG Q H, et al. Tourmaline@ZnO Core-Shell Structural Composites: Fabrication, Characterization, and Optical Properties[J]. Journal of Electronic Materials, 2018, 47(8): 4289-4295.

[133] LI Y, XING X, PEI J, et al. Automobile exhaust gas purification material based on physical adsorption of tourmaline powder and visible light catalytic decomposition of g-C3N4/BiVO4[J]. Ceramics International, 2020, 46(8): 12637-12647.

[134] 何光辉. 电气石微结构分类及其改色改性研究[D]. 武汉: 中国地质大学, 2017.

[135] 刘欢. 电气石的研究现状及其在地质学意义[J]. 地球科学前沿, 2022, 12(3): 396-402.

[136] ZHANG S, SUN J, DI Hu, et al. Large-sized graphene oxide/modified tourmaline nanoparticle aerogel with stable honeycomb-like structure for high-efficiency PM 2.5 capture[J]. Journal of Materials Chemistry A, 2018, 6(33): 16139-16148.

[137] 张一聪. 埃洛石纳米管缓释性能及其纳米复合凝胶材料的制备与性能研究[D]. 广州: 广东工业大学, 2014.

[138] 祝可成. 改性粘土复合材料制备及其对重金属的吸附特性研究[D]. 上海: 东华大学, 2017.

[139] LIN S, Li S T, ZHANG Y, et al. All-in-one polarized Cd/CdS/halloysite ferroelectric hybrid for exceptional photocatalytic hydrogen evolution[J]. Journal of Materials Chemistry. A, 2021, 9(33): 17936.

[140] LIN S, ZHANG Y H, YOU Y, et al. Bifunctional hydrogen production and storage on 0D-1D heterojunction of Cd0.5Zn0.5S@Halloysites.[J] Advanced Functional Materials, 2019, 29, 1903825.

[141] 刘福生,彭同江,张宝述,等. 我国工业蛭石矿床地质特征及其成因类型探讨[J]. 中国非金属矿工业导刊, 2004, (3): 48-51.

[142] 孟冰露,李辉,杨文斌,等. 碳基材料改性石灰石增强其对CO_2的捕集效率[J]. 硅酸盐通报, 2015, 34(3): 644-648.

[143] 孟晶晶,李辉,孟冰露,等. 利用蛭石增强石灰石对CO_2的循环捕集效率[J]. 硅酸盐通报, 2016, 35(1): 68-72.

[144] 严育通,贾宝剑,周红升,等. 珍珠岩矿床地质背景研究进展[J]. 信阳师范学院学报(自然科学版), 2016, 29(4): 645-649.

[145] 于永生,葛灵,武珂,等. 我国珍珠岩矿产综合利用及其发展战略[J]. 矿产保护与利用,

2019，39：159-163.

[146] 宋靖珂，王学江，王佳忆，等. 漂浮型 Ag_2CrO_4-g-C_3N_4-TiO_2/膨胀珍珠岩可见光催化材料除藻性能[J]. 复合材料学报，2021，38：1914-1921.

[147] 鲁秀国，盘贤豪，郑宇佳. 改性及天然沸石对水中氨氮吸附性能的研究[J]. 离子交换与吸附，2020，36(6)：520-529.

[148] 张凡，冀晓东，马媛媛，等. 天然沸石改良黑土的物理力学性质及其微观结构[J]. 2019，017(5)：120.

[149] 王小芳，高建明，郭彦霞，等. 循环流化床粉煤灰与煤粉炉粉煤灰磁选除铁差异性研究[J]. 环境工程，2020，38(3)：6.

[150] 王冲，杨长辉，钱觉时，等. 粉煤灰与矿渣的早期火山灰反应放热行为及其机理[J]. 硅酸盐学报，2012，40(7)：9.

[151] 郝建英，胡涛，程冠吉，等. 脱硫石膏掺杂氧化锌转晶制备高性能建筑石膏[J]. 无机盐工业，2022，54(6)：96-101.

[152] 管学茂，张文艳，袁运法. 湿式脱硫石膏做水泥缓凝剂的实验研究[J]. 河南理工大学学报：自然科学版，2010，29(2)：5.

[153] 段晓牧. 煤矸石集料混凝土的微观结构与物理力学性能研究[D]. 徐州：中国矿业大学，2014.

[154] QIAN T T, LI J H Synthesis of Na-A zeolite from coal gangue with the in-situ crystallization technique [J]. Advanced Powder Technology. 2015, 26 (1), 98-104.

[155] 吕学涛. 激发剂对煤气化渣微粉胶凝体系性能的影响研究[D]. 包头：内蒙古科技大学，2019.

[156] 仇韩峰. 煤气化灰渣资源环境属性研究[D]. 太原：山西大学，2021.

[157] 袁蝴蝶. 煤气化炉渣本征特征及应用基础研究[D]. 西安：西安建筑科技大学，2020.

[158] 朱菊芬，李健，闫龙，等. 煤气化渣资源化利用研究进展及应用展望[J]. 洁净煤技术，2021，27(6)：11-21.

[159] 王秀娟，王强，杨浩，等. 轮胎翻新技术发展探讨[J]. 内燃机与配件，2021(11)：190-191.

[160] 赵国樑. 我国废旧纺织品综合再利用技术现状及展望[J]. 北京服装学院学报（自然科学版），2019，39(1)：95-100.

[161] 任涛. 油页岩渣综合利用研究[D]. 长春：吉林大学，2017.